MICHEL DE MONTAIGNE

C(

Jean Lacouture

Michel de Montaigne

Ein Leben zwischen Politik
und Philosophie

Aus dem Französischen
von Holger Fock und Sabine Müller

Campus Verlag
Frankfurt/New York

Die Originalausgabe »Montaigne à cheval«
erschien 1996 bei Editions du Seuil
© Editions du Seuil April 1996

Dieses Buch erscheint im Rahmen eines 1985 getroffenen Abkommens
zwischen der Wissenschaftsstiftung
Maison des Sciences de l'Homme und dem Campus Verlag.
Das Abkommen beinhaltet die Übersetzung
und gemeinsame Publikation deutscher und französischer
geistes- und sozialwissenschaftlicher Werke,
die in enger Zusammenarbeit mit Forschungseinrichtungen
beider Länder ausgewählt werden.
Cet ouvrage est publié dans le cadre d'un accord entre
la Fondation Maison des Sciences de l'Homme et le Campus Verlag.
Cet accord comprend la traduction en commun d'ouvrages allemands et français
dans le domaine des sciences sociales et humaines.
Ils seront choisis en collaboration avec des institutions de recherche des deux pays.

Die Deutsche Bibliothek – CIP-Einheitsaufnahme

Lacouture, Jean:
Michel de Montaigne : ein Leben zwischen Politik und Philosophie/
Jean Lacouture. Aus dem Franz. von Holger Fock und Sabine
Müller. – Frankfurt/Main ; New York : Campus Verlag, 1998
Einheitssacht.: Montaigne à cheval <dt.>
ISBN 3-593-36025-X

Redaktion: True Text
Umschlaggestaltung: Atelier Warminski, Büdingen
Satz: Leingärtner, Nabburg
Druck und Bindung: Druckhaus »Thomas Müntzer«, Bad Langensalza
Gedruckt auf säurefreiem und chlorfrei gebleichtem Papier.
Printed in Germany

*»(…) Ich mochte mich nicht anders
als zu Pferde bewegen (…).*

*Und wäre mir von meinem Los hienieden/
ein Leben ganz nach meiner Art beschieden/
so würde ich es mit dem Hintern
im Sattel verbringen.«*

MICHEL DE MONTAIGNE

Inhalt

Vorwort

Das Grabmal Montaignes, das früher in der Eingangshalle zur Philosophischen Fakultät der Universität von Bordeaux stand und jetzt im Musée d'Aquitaine untergebracht ist, hat etwas Strenges, Bedrückendes. Es scheint kaum angemessen, diesen behutsamen und gründlichen Erforscher des menschlichen Herzens mit einem solchen Mausoleum aus kaltem Marmor zu ehren, auf dem er von Kopf bis Fuß in Rüstung dargestellt ist – selbst Helm und Schwert fehlten nicht. Über die Absicht,

ABBILDUNG I
Grabmal Montaignes in Bordeaux. *Foto:* Reportage Photographique YAN

Montaigne nachträglich zu einer Art Karl Martell machen zu wollen, kann man sich allerdings wundern, wenn man die *Essais*, das Reisetagebuch oder die Briefe des früheren Bürgermeisters von Bordeaux nicht richtig liest.

Doch das Bild Montaignes wird vor allem von gelehrten Büchern über die Selbstreflexion eines zurückgezogen lebenden Schloßherrn und kränklichen Egotisten bestimmt, über dessen Leben außerhalb des Turms man wenig weiß. Um Montaigne als unerschrockenen Akteur der Geschichte kennenzulernen, als Weltbürger, der in den Auseinandersetzungen seines bluttriefenden Jahrhunderts an vorderster Front kämpfte, genügt es, sich in die *Essais* II, 6 (»Über das Üben«), II, 1 (»Über die Wechselhaftigkeit unseres Handelns«) oder III, 13 (»Über die Erfahrung«) zu vertiefen. Dort erscheint er als Pionier im Kampf um Toleranz, der zwischen gegnerischen Lagern hin- und herritt und dessen politische Mission ihre Vollendung in der Thronbesteigung seines Freundes Heinrich von Navarra fand.

Fortunat Strowski, der seinen Studenten an der Universitt von Bordeaux über viele Jahre Montaigne nahegebracht hat, schreibt in der Einleitung seiner Montaignebiographie, angeregt von seiner Arbeit an der berühmten *Edition municipale*:

»Montaigne erscheint nun in einem klareren Licht. Er ist kein neureicher, bügerlicher Edelmann mehr, der ängstlich über seine Bücher gebeugt ist, sondern eine Persönlichkeit von großer Bedeutung, ein Vertrauter von Fürsten und Königen, berufen, eine aktive Rolle in der Politik seines Landes zu spielen, ein Vertreter des Schwertadels, wie es sein Vater war, und im ganzen Königreich geachtet (…). Seine Weisheit scheint uns keine Folge einer angeborenen Unbekümmertheit mehr zu sein, sondern ein Sieg des Willens und des Geistes über die qualvolle Unruhe und die Todesangst – erst recht natürlich über die vor der Gewalt seiner Zeit.«

In diesem Licht betrachtet, scheint uns das Grabmal (vgl. Abb. 1) doch zu Montaigne zu passen. Die Marmorrüstung wirkt nicht wie die würdevolle Verkleidung eines Deserteurs der Geschichte, sondern erinnert an einen Mann, der während der sogenannten Religionskriege die gefährlichsten Ämter und Aufgaben übernahm und dabei Eigenschaften an den Tag legte, die er selbst seinen römischen Vorbildern gemäß und mit Machiavelli als »Tugend« bezeichnet hätte.

Statt von »Tugend« oder »politischem Spürsinn« sollten wir besser von einem in der Politik erstaunlichen, »umfassend gebildeten Charakter« sprechen. Schon 1933 schrieb Albert Thibaudet anläßlich des vierhundertsten Geburtstages in der Nouvelle Revue Française: »Montaigne steht für das politische Frankreich wie Sokrates für das politische Athen steht. Ich spreche nicht vom moralischen, religiösen oder literarischen Frankreich: Auf diesen Gebieten erfuhr Montaigne starke Widerstände. Doch politisch findet sich bei ihm alles, bis hin zu solchen Gegensätzen, die heute nur von verschiedenen oder verfeindeten Denkern gedacht werden können.«

Zweifellos ist Montaigne in erster Linie Autor eines großen Buches, ein Begründer der Selbsterkundung und einer »Philosophie vom Schaukeln der Dinge«[1], wie sie uns von André Gide, Albert Thibaudet, Hugo Friedrich, Stefan Zweig, Michael Andrew Screech oder Jean Starobinski nahegebracht worden ist. Bei aller Zurückgezogenheit in seinen Turm, in den ein Michelet ihn gerne eingesperrt hätte, ist er auch einer der Erfinder abendländischer Empfindsamkeit und Kultur.

Dennoch lohnt es sich, ihm wieder einen Platz in der Geschichte zu geben und hinter dem großen Dichter der Freiheit und der Intelligenz eine der lebendigsten Gestalten in einer an Dämonen und Wundern reichen Zeit zu entdecken. Auf die Arbeiten von Alphonse Grün, Paul Bonnefon und Fortunat Strowski bauend, haben zahlreiche Montaigneforscher der Gegenwart die historische Figur Schicht für Schicht aus den Binden der Mumie gelöst und einen Adligen aus der Gascogne zum Leben erweckt, der eines Alexandre Dumas oder Sainte-Beuve würdig gewesen wäre. Es schien mir daher naheliegend, ihn nun einmal »hoch zu Pferde« zu zeigen, dort also, wo er nach eigener Aussage seinen Gedanken freien Lauf lassen konnte …

* * *

Bei meiner Arbeit habe ich mich auf die »moderne« Ausgabe der *Essais* von Claude Pinganaud (Paris, 1992) gestützt, für die anderen Texte Montaignes auf die (von R. Barral und P. Michel) hervorragend edierte Ausgabe der *Œuvres complètes* (Paris, 1967). Freilich habe ich immer die Ausgabe von Albert Thibaudet und Maurice Rat (Paris, 1962) und die von Pierre Villey (Paris, 1965) zu Rate gezogen.

Angesichts der unterschiedlichen Paginierungen in den verschiedenen Montaigne-Ausgaben wurde auf die Seitenangabe der Zitate verzichtet. Wer genauere Angaben wünscht, möge sich bitte dem Vergnügen einer Lektüre der *Essais* widmen … Neben Standardwerken der Sekundärliteratur zu Montaigne – einige wurden bereits erwähnt, die übrigen sind in den Fußnoten oder in der Bibliographie zu finden – bildete das *Bulletin de la Société des Amis de Montaigne (BSAM)* eine wertvolle Referenz.

Die Verantwortlichen des Fonds Montaigne in der Stadtbibliothek von Bordeaux, vor allem Pierre Botineau, Hélène de Bellaigue und Nadine Massias standen mir kompetent und hilfsbereit zur Seite. In Montaigne hat mir Frau Mahler-Besse großzügigerweise die Tore des Schlosses geöffnet. In Paris habe ich meinen unermüdlichen Freunden bei Le Seuil zu danken, Dominique Miollan ebenso wie Jean-Claude Guillebaud und Mireille Demaria, Carole Simonelli ebenso wie Muriel Carasso und Manuela Vaney. Und allen voran Paul Flamand und Simonne Lacouture.

* * *

Anmerkung zur deutschen Ausgabe: Die zahlreichen Zitate, die diese Biographie schmücken, sind größtenteils der neuen deutschen Übersetzung der *Essais* von Hans Stilett, Eichborn Verlag, Frankfurt, 1998, entnommen. Manchmal war es notwendig, sie dem Text Lacoutures anzupassen. Bei manchen Zitaten, vor allem solchen, die nicht aus den Essais stammen, stützt sich die Übersetzung auf die alten Montaigne-Übersetzungen der *Essais* von J.-D. Tietz (Zürich, 1992) und der *Gesammelten Schriften* von J.-J. Bode in der Bearbeitung von O. Flake und W. Weigand (8 Bde, München, 1908-1915). Die Zitate aus dem *Tagebuch einer Reise durch Italien, die Schweiz und Deutschland* in den Jahren 1580 und 1581 stammen, ggf. dem Text Lacoutures angepaßt, aus der Übersetzung von O. Flake (Frankfurt/Main, 1988).

KAPITEL I

Der erste Ritt

Auf dem Weg nach Paris ❖ Es riecht nach Hering ❖ »Micheau«
und die französische Sprache ❖ Der große Aufstand gegen die
Salzsteuer ❖ Durch das ländliche Frankreich ❖ Ein wunderbarer
Vater, eine strenge Mutter ❖ »Nicht anders als zu Pferd«

Wenn er auf seiner Stute durch die Wälder von Montravel preschte und
entlang des Ufers der Lidoire oder des Léchou in Richtung Montpeyroux
ritt, erwartete ihn sicher wieder ein Mädchen bei der Mühle von Pomba-
zet oder in Mussidan.

In südwestliche Richtung hingegen, über Lamothe und Castillon nach
Bordeaux ins Collège de Guyenne¹, ritt er mit weniger Begeisterung als
durch die Kastanienwälder von Gurson. Das lag nicht allein daran, daß
»Micheau«, wie der Sohn des Herrn von Montaigne allgemein genannt
wurde, die Gesellschaft der Mädchen seinen Lehrern vorzog, sondern
auch an der Beschaffenheit des Weges, der ihn in die Großstadt führte: An
zwei Stellen, bei der Überquerung der Dordogne und der Garonne, mußte
man absteigen, sein Pferd auf eine als Fähre dienende, breite und flache
Piroge führen und sich dem »Geschüttel« aussetzen: »Die leichten Stöße,
welche die Ruder dem von ihnen vorangetriebenen Boot mitteilen, erzeu-
gen mir ein irgendwie schwummriges Gefühl in Kopf und Magen.« (III, 6)
Dabei konnte man noch von Glück reden, wenn die braunen Flüsse nicht
– wie zur Winter- und Sommersonnenwende – von den berüchtigten, vom
Meer kommenden Flutwellen aufgewühlt waren, die die Einheimischen
nach einem wild gewordenen Stier »le mascaret« nannten. Gute Reiter
erkennt man eben oft an ihrer mangelnden Seetüchtigkeit.

Über solche schwindelerregenden Passagen mußte sich »Micheau« am
Morgen seiner ersten großen Reise keine Sorgen machen. Sie sollte ihn
ausschließlich über festen Boden führen, was den Ehrgeiz des Unternehmens aber nicht schmälerte: Es galt, Paris zu entdecken oder sogar zu

erobern. Zur rechten Jahreszeit waren alle Wasserläufe bis zur Loire pro-
blemlos zu überqueren, wollte man sie nicht weiter östlich umgehen, und
so konnte er nach Montpon und durch das tiefste Périgord, das Limousin
und die nordfranzösischen Landstriche reiten, ohne abzusteigen.

Aber wann fand diese Reise statt? 1549 oder 1550? Im Winter oder im
Sommer? War der Sohn von Pierre Eyquem – damals Ratsherr und zweiter Bürgermeister von Bordeaux – sechzehn oder siebzehn Jahre alt, als er
nach seiner Schulzeit am Collège de Guyenne, wo er in Grundzügen der
Logik und der Moral unterrichtet worden war, zum Studium an der Universität aufbrach und in die Welt hinausging, um vielleicht einmal zu den
Mächtigen zu gehören.

Um die Wahrheit zu sagen, so genau weiß das niemand. Vom Kind
Montaigne wissen wir nahezu alles – von den Schreien des Säuglings und
seiner Amme in Papessus über die Launen des Jünglings, der sich dem
Schulunterricht nur schwer fügen konnte, bis zur frühen Entjungferung
und frühreifen Lektüre erotischer Lateiner – vom Jugendlichen dagegen
nichts. Bis zu seinem Eintritt an den Gerichtshof von Périgueux 1554
klafft eine Lücke von fast zehn Jahren.

Einer Kindheit, die so bekannt ist wie die des kleinen König Ludwig –
wir kennen sogar Montaignes ersten Lateinlehrer[2] –, folgt eine Jugend in
der Anonymität der Provinz als Sohn eines Edelmanns vom Lande, der es
jedoch bald zum Bürgermeister einer großen Stadt bringen sollte. Uns
bleiben nur spärliche Hinweise, die auf wiederholte Aufenthalte in
Toulouse, einige Ausschweifungen in Bordeaux, Abenteuer in Bonnefare
und Jagdausflüge in den Wald von Bretenord schließen lassen. Diese
Lücke ist um so schmerzlicher, als sie jene Jahre betrifft, in denen Michels
Persönlichkeit, seine Einstellungen zu Vater und Mutter, zur Kultur im
allgemeinen, sein Ehrgeiz, seine Tatkraft, sein Verhältnis zu Sein und
Schein geprägt wurden. Die *Essais* verraten uns lediglich, daß der Montaigne jener Jahre, so »träge und zögerlich« sein Geist gewesen sein mag,
durchaus zu törichtem Stolz neigte.

Wenn wir uns ein Bild von Montaigne als jungem Mann machen wollen, müssen wir freilich berücksichtigen, welch regen Gebrauch er in seinen Schriften (in den *Essais* zum Beispiel in I, 21) von der Vorstellungs-
kraft macht. Er fordert den Leser sogar ausdrücklich auf, ihn beizeiten
darin zu zügeln. Um diese Mahnung zu beherzigen, werden wir uns für
diesen Zeitraum auf die Arbeiten von Roger Trinquet stützen, dem –

wegen seiner Detailgenauigkeit – vielleicht überzeugendsten Biographen Montaignes für diesen Zeitabschnitt, sowie auf die erhellenden Untersuchungen von Jacques de Feytaud[3], der Montaigneforscher geworden ist, wie man im benachbarten St. Emilion Kellermeister wird.

Wenn wir uns also eingangs dafür entschieden haben, den jungen Michel 1550 auf die unbequeme, weite Reise von den Hügeln der Dordogne zur Montagne Sainte-Geneviève in Paris zu schicken, folgen wir Trinquets schlüssigen und gut untermauerten Thesen. Er widerspricht damit den meisten seiner Vorgänger, die Montaigne in jenen Jahren nach Toulouse stecken, als Jurastudent auf dem Weg ins Richteramt, das er tatsächlich ab 1554 am Steuergerichtshof von Périgueux und dann bis 1568 als Parlamentsrat in Bordeaux bekleidet hat.

Die wichtigsten Argumente für seine These und für die Abkehr vom, wie er schreibt, »Mythos der Toulouser Studienjahre« findet Trinquet in den *Essais*. Dort steht tatsächlich nichts über einen Studienaufenthalt in der Hauptstadt des Languedoc, aber mancher Hinweis auf frühe Aufenthalte in Paris. Die *Essais* sind sicher keine Autobiographie – wobei gerade dann ein prüfender Blick erforderlich wäre –, sie verbergen oft mehr, als sie verraten, und bemühen sich manchmal mit großer Überzeugungskraft, dem Leser nahezulegen, was er glauben soll. Dennoch bleiben sie eine gute Quelle. Über sein Studium gibt es bei Montaigne nichts als beredtes Schweigen, und am beredtesten schweigt er über das Studium der Jurisprudenz. Von Toulouse, wo die Familie der Mutter eine wichtige Stellung einnahm (der seines Vaters in Bordeaux vergleichbar), erwähnt er lediglich zwei Aufenthalte. Wir können jedoch mit Sicherheit annehmen, daß er dort – trotz des ihm verhaßten Wasserweges – zwischen 1548 und 1560 mehrmals seine Großeltern besucht hat. Als Universitätsstadt übertraf die Hauptstadt des Languedoc Bordeaux damals bei weitem, insbesondere für die juristische Fakultät ist dies unbestritten. Und gerade darin liegt ein entscheidendes Argument gegen die Annahme, Montaigne habe dort studiert: Gerne verweist er auf seine Bekanntschaften, seine Zeugnisse, seine Lehrer, und er lobt und würdigt ausführlich jeden, der ihn unterrichtet hat – sei es Gouvea in Bordeaux oder Turnebus in Paris –, nur über die berühmten Toulouser Rechtsgelehrten seiner Zeit schweigt er hartnäckig. Lediglich Jean de Coras wird in Zusammenhang mit dem berühmten Prozeß gegen Martin Guerre erwähnt, der freilich mehr als zehn Jahre nach seiner Studienzeit stattfand.[4]

Nicht ein Wort über so glanzvolle Namen wie Cujas, zu dem Studenten aus Augsburg, Bologna und Salamanca pilgerten, und den er kaum
verschwiegen hätte, wo er doch ausgiebig Sylvius und seinen Buchanan
lobt. Es sieht ihm auch nicht ähnlich, jene Toulouser Studenten unerwähnt zu lassen, die es später zu einer gewissen Berühmtheit bringen sollten, wie die allseits verehrten Henri de Mesmes oder Guy de Pibrac.

Letztlich waren es aber viel erfreulichere Gründe, die »Micheau« zu
Pferde auf den Weg nach Paris führten — nach ausgiebigen Ferien in der
Umgebung von Schloß Montaigne, die ihm sein Vater nach dem langen
Schuljahr in Bordeaux wahrscheinlich gegönnt hatte[5]. Pierre Eyquem de
Montaigne, Michels Vater, war für viele immer noch ein »Emporkömm-
ling«. Das Gut Montaigne war vom Urgroßvater Ramon Eyquem über
seinen Großvater Grimon Eyquem, die beide mit getrocknetem Fisch,
Farben und Wein gehandelt hatten, an Pierre vererbt worden. Und
obwohl dieser fast zehn Jahre auf Feldzügen in Italien, zwischen Marig-
nano und Padua, unterwegs war, hatte man ihn noch nicht zum Ritter
ernannt. Pierre Eyquem de Montaigne? »Herr von Montaigne«? Sicher,
doch selbst Jules-César Scaliger, der in Agen den Aufstieg seines Nachbarn mißgünstig beäugte, nannte den Autor der *Essais* den »Sohn eines
Heringhändlers« – ein zwar ehrbarer Beruf, mit dem jedoch immer ein
gewisser penetranter Geruch einherging, der noch Michel anhaftete,
obwohl schon sein Großvater den Handel aufgegeben hatte. Ratsherr
in Bordeaux, dann Bürgermeister, Schloßherr, Lehnsherr des Bischofs
von Bordeaux, Besitzer eines beachtlichen Vermögens – und dennoch
behauptete sich hartnäckig das Gerede, er sei eher bürgerlich denn adlig,
vielleicht reich, aber nicht herrschaftlich. Auch die neuen Türme und
Befestigungsanlagen am Herrenhaus auf dem Hügel, der zu einem Berg
geworden war, halfen nicht gegen den Fischgeruch aus dem Hafen von
Bordeaux.

Aus dem 1533 geborenen »Micheau«, Pierre Eyquem drittem Sohn –
die ersten beiden waren früh verstorben –, sollte ein kleines Wunderkind
werden, ein Musterbeispiel für die Pädagogik des großen Erasmus und
seiner Erziehungslehre *De pueris,* ein Junge, der nach dem Willen seines
Vaters mit frühen Lateinkenntnissen und künstlerischen Fertigkeiten
bestechen sollte, ein Junge von geziemender, doch selbstbewußter
Erscheinung mit angenehmen Umgangsformen. Nun war es an der Zeit,
ihm Stil und Auftreten eines wahrhaftigen Edelmanns beizubringen,

damit auch seiner Familie endlich die verdiente Anerkennung zuteil würde.

Wodurch aber konnte sich ein Edelmann damals Ansehen erwerben? Durch Ausbau und Vergrößerung des Stammsitzes? Diesen Weg hatte Pierre nach seinen Schlachten eingeschlagen. Sein teurer Sohn schätzte am Landleben jedoch nur die Schäferinnen und Müllerinnen, denn er war unfähig, wie er später in den *Essais* gestand, einen Kohlkopf von einem Salat zu unterscheiden, einen Weinstock von einem Rosenstock oder eine Elster von einer Ringeltaube.

Sollte man ihn als Page bei Brantôme oder Monluc unterbringen, wo er zuerst Fahnenträger sein und später eine Kompanie befehligen würde, dann vielleicht ein Regiment Gascogner? Der Krieg war kein prunkvolles und erhabenes Geschehen mehr wie einst unter Franz I., und der schwächliche, ungeschickte Junge schien kaum für Schlachten und noch weniger zur Disziplin zu taugen. (Später wird er die Zufälle eines eigenhändig bestimmten Kriegsgeschehens schätzen[6], doch bis dahin war es noch ein weiter Weg.)

Die Würden des Richteramts waren in Adelsfamilien gewöhnlich den Nachgeborenen vorbehalten, und einem neuen Edelmann, der besessen den Aufstieg seines Sohnes förderte, mußte dies als mittelmäßige Karriere erscheinen. Sollte der älteste Sohn des Italien-Veteranen an einem Landgericht der Gascogne oder des Languedoc enden? Ein de Thou konnte es sich angesichts seiner Abstammung erlauben, die Richterrobe anzulegen – um so höher würden ihn seine nichtadligen Kollegen ansehen. Doch Pierre Eyquem, Nachfahre von Händlern aus dem Hafenviertel von Bordeaux, konnte sich erst im letzten Augenblick dazu entschließen, aus seinem Sohn einen Robenträger zu machen.

Blieb also eine Stellung am Hof mit großen gesellschaftlichen Aufgaben oder die Übernahme diplomatischer oder politischer Missionen im Auftrag eines mächtigen Höflings: An solchen, heiklen Aufgaben herrschte kein Mangel in jenen bewegten Zeiten, als die Italienkriege zu Ende gingen, die Verhandlungen mit dem Hause Habsburg voranschritten, der reformatorische Eifer auf politischem wie religiösem Gebiet Erfolge zeitigte und die Ambitionen von Bourbonen und Guisen angesichts der aussterbenden Erbfolge der Valois deutlicher hervortraten.

Trotz seines unsteten Wesens, seiner Ausschweifungen, seiner Zerstreutheit und obwohl sein Geist träge war und er zwei linke Hände hatte, zeigte sich Michel von außergewöhnlicher Verstandeskraft und verstand es, seine humanistische Bildung zur Geltung zu bringen, die ihm am Collège de Guyenne, wo viel von Reformation die Rede war, von den brillantesten humanistischen Lehrmeistern der Zeit vermittelt wurde.

Die »Intellektuellen« standen damals, wie wir seit Hugo Friedrichs überzeugenden Arbeiten[7] wissen, nicht sehr hoch im Ansehen, da sich der französische Adel im Unterschied zum italienischen von Reimeschmieden wie Ronsard oder Schreiberlingen wie du Bellay bewußt abgrenzte. Pierre Eyquem ging es auch gar nicht um solche Künste: Die Kunst des Gesprächs, die sein Sohn schon beherrschte, sollte er nicht als Lehrer oder Autor ausüben, sondern als Berater, der aufklärt und Einfluß nimmt. In diese Berufung wurde er »bis zu den Ohren getaucht«, wie er später schrieb, ihr galt es am Gerichtshof und als Parlamentsrat zu entsprechen, und deshalb sollte er die nötigen akademischen Weihen am Collège des »Lecteurs royaux« in Paris erhalten.

Schön und gut – aber wer sind denn schon die Montaignes? Kleiner Landadel, vor kurzem erst mit einem Lehen versorgt, Herren über ein Gut, wie es sie zwischen Meuse und Pyrenäen zu Hunderten gibt – kein Vergleich zu einem Biron oder dem in der Nähe wohnenden Brantôme. Pierre Eyquem wußte allerdings, daß er auf einen einflußreichen Verbündeten zählen konnte, nämlich auf seinen Nachbarn, den Marquis von Trans, dessen Schloß man von Montaigne aus am nördlichen Horizont sieht. Man könnte auch sagen, daß der Graf von dort auf die frischbestallten Herren herabsah. Nichtsdestotrotz hielt er viel von Pierre, und alles deutet darauf hin, daß er ihm versprochen hatte, den jungen, begabten Michel unter seine Fittiche zu nehmen.

Pierre Eyquem de Montaigne beließ es nicht dabei, für seinen Sohn edle Pläne zu schmieden. Schon lange vor seiner Wahl zum Bürgermeister von Bordeaux 1554, ein Amt, das eigentlich dem höheren Adel vorbehalten war, ersann er für ihn eine außergewöhnlich vielfältige und ausgeklügelte Erziehung, die sowohl ein Leben unter gemeinen Bauersleuten, zu denen er als Säugling gegeben wurde, als auch den Unterricht durch berühmte Humanisten umfaßte. Dabei wird er wohl kaum im Sinn gehabt haben, aus Michel einen Provinzadligen zu machen, der sich als geschickter Gärtner oder als Fachmann in Fragen des Steuerrechts hervortun sollte. Ganz offensichtlich gedachte er aus dem umsorgten und umhegten Sohn, diesem im Geist des heiligen Erasmus erzogenen Mei-

sterwerk, dem die Lateiner in die Wiege gelegt waren, das Glanzlicht seiner Sippe zu machen.

Pierre Eyquem selbst hatte seine jungen Jahre der Suche nach Helden-
taten auf dem Schlachtfeld gewidmet. Michel sollte diesen Aufstieg nun
vollenden, er sollte am Hof, zumindest aber in Regierungsgeschäften
glänzen, einem Tätigkeitsbereich, der immer mehr Wissen, Bildung und
sicheres Gespür erforderte, da die kriegerischen Auseinandersetzungen
mit den Habsburgern um Mailand oder Neapel seltener wurden. Schon
kursierte das geflügelte Wort von den Büchern, denen die Waffen Platz
machten: »cedant arma libris«. Für einen Edelmann führte der Weg zur
Macht nun über den steilen Pfad von Bildung und Kultur.

Michels Parisreise diente daher auch der Ausbildung seiner Sprache.
Zwar war er im Lateinischen durchaus firm, doch in seiner dörflichen
Umgebung verständigte sich »Micheau« nach wie vor im ländlichen Dialekt: Mit Gänsemägden war eben nur schwer Latein zu reden. Und das
Französische? Im Erlaß von Villers-Cotterêts 1539, der vielleicht wichtigsten Amtshandlung Franz' I., wurde Französisch zur Amtssprache im
Königreich erklärt. Wer diese Sprache nicht mit jener großer Gewandtheit
beherrschte, die du Bellay soeben anschaulich dargelegt hatte[8], konnte
keine hohen Ämter bekleiden. Und nirgendwo war diese Gewandtheit
besser zu erlernen als in Paris, wo der Umgang mit Höflingen, »ehrbaren
Damen« und Universitätsdozenten die Sprache des kleinen Gascogners
von ihren ein wenig anstößigen Wendungen und ihrem »Heringsgeruch«
reinigen würde. »Ehrgeiz« habe ihm sein Vater schon in früher »Kindheit« anerzogen, so versichert der Autor der *Essais*, wobei man hier wie
andernorts über den genauen Sinn dieser Altersangabe streiten mag. Es
kommt vor, daß der Essayist es synonym zu Jugend im weitesten Sinne
verwendet und damit die Zeit bis über seinen zwanzigsten Geburtstag
hinaus bezeichnet. Doch im Zusammenhang mit der Wahl seiner künftigen Laufbahn nach Abschluß des Collège de Guyenne ist unter »Kindheit« eher jene Phase zwischen sechzehn und siebzehn zu verstehen, in der
es den Vater um so mehr drängte, den Heranwachsenden an Frankreichs
berühmtester Universität einzuschreiben, als er es eilig hatte, seinen Sohn
von Bordeaux fernzuhalten.

Woher rührte diese väterliche Ungeduld? Seit 1548 war die Hauptstadt Aquitaniens – wo es ohnehin an angemessenen Berufsaussichten für
den Sohn mangelte – ein unsicheres Pflaster. Als Herd ständiger Unruhen

und im Zentrum von Aufständen jeder Art war Bordeaux von jener königlichen Gewalt heimgesucht worden, die Pierre Eyquem um jeden Preis verringern wollte und vor der es den hoffnungsvollsten Sproß seiner Familie so schnell wie möglich in Sicherheit zu bringen galt.

Im Frühjahr 1548 war, zunächst in der Charente und der Saintonge, schließlich in ganz Guyenne, der Aufstand der »pitauts« ausgebrochen, der Kleinbauern, Knechte und Bettler, die am meisten unter der Steuerlast zu leiden hatten. Insbesondere unter der »gabelle«, der neuen, für die Bewohner dieser Küstenregion besonders demütigenden Salzsteuer, die ihnen von Heinrich II. auferlegt worden war. Damit sollten die öffentlichen Kassen saniert werden, die aufgrund der ausgabenfreudigen Haushaltspolitik Franz' I. stark belastet waren. Von April bis Juli erstreckte sich die gut organisierte Revolte gegen die »gabeleurs«, die Eintreiber der Salzsteuer, von Angoulême bis Bordeaux, wo die Abgabenlast ohnehin schon ausgesprochen hoch war. Im Juli riefen die Aufständischen eine »Commune« aus und wetterten mit dem Ruf »Guyenne, Guyenne« gegen das übrige Frankreich. Dies war mehr als ein einfacher Bauernaufstand und gab schon einen Vorgeschmack auf jene regionalen Aufstände gegen die Zentralgewalt, die sich später in der Vendée gegen die Revolution richten sollten. Möglicherweise spielte von La Rochelle ausgehend auch ein protestantischer oder sogar englischer Einfluß eine Rolle. Auf jeden Fall aber hatte der Aufstand eine deutliche politische Dimension.

Am 17. August beherrschten die »Communeux« die Straßen von Bordeaux, wo sich der königliche Statthalter, Tristan de Moneins, nicht anders zu helfen wußte, als in die Festung Château-Trompette zu flüchten, die eigens erbaut worden war, um die Repräsentanten des Königs vor den Bürgern zu schützen. Das Volk verlangte von Moneins, er solle zu Verhandlungen in die Rue des Ayres, ins Rathaus kommen, das in der Altstadt lag. Moneins willigte ein, verließ die Festung und wurde augenblicklich gestellt, verprügelt und schließlich mit einigen Eintreibern brutal niedergemetzelt.

Schon bald stellten königliche Truppen die Ordnung wieder her. Doch die eigentliche Rache des Königs sollte noch weitaus grausamer sein. Zwei Monate später, im Oktober, leitete der Konnetabel Anne de Montmorency eine Strafexpedition, die Bordeaux wochenlang dem Terror der Obrigkeit aussetzte: Adlige wurden enthauptet, Bürger zum Scheiterhaufen geführt und Hunderte von Aufständischen geviertelt, gepfählt oder erschlagen. Es herrschte blankes Entsetzen, das noch lange in Erinnerung bleiben sollte. Im Namen des Königs wurden »Gemeinde, Stände und Universität der besagten Stadt auf ewig von allen Privilegien, Freiheiten, Stadtrechten, Rathaus, Rat und Magistrat, Siegel, Glocke und Gericht für ausgeschlossen erklärt.«[9] Die Amtsperiode des Bürgermeisters wurde auf zwei Jahre begrenzt, was die Autorität des Amtes und des Amtsinhabers herabwürdigte und ihn zu einem Statthalter königlicher Macht herabstufte – eine Maßnahme, die das Leben, die Karriere und die Handlungen von Vater und Sohn Montaigne noch stark beeinflussen sollte.

Die Szenen der Gewalt und die sadistischen Unterdrückungsmaßnahmen, deren Zeuge Michel, wie er uns mitteilt, im Alter von fünfzehn Jahren geworden war, mußten ihn für immer geprägt haben – auch wenn der Kommentar, den er dreißig Jahre später dazu gab, weniger von Gefühlen des Abscheus und des Mitleids verrät, als vielmehr die Schwierigkeiten des glücklosen Moneins bei der Aufrechterhaltung der Ordnung schildert. Bei dieser Schilderung im Tonfall Machiavellis erscheint er – wir werden noch darauf zurückkommen – als regelrechter Machtmensch.

Als der junge »Micheau« durch die Ebenen zwischen Dordogne und Charente ritt, war die Erinnerung an die Schrecken jener Tage vor zwei Jahren wohl noch sehr lebendig in ihm. Und es wird ihm bewußt gewesen sein, daß sein Ritt nach Paris nicht nur dazu diente, ihn bei Hofe und in die Kreise von Wissen und Macht einzuführen, sondern ihn, den hoffnungsvollen Sproß der Familie, von einer geplagten Stadt fernhalten sollte, in der wie so oft in jenen Zeiten zu allen Unbilden, wie den großen Mengen an Unrat, der sich unter den ungehobelten königlichen Verwaltern in der Stadt angesammelt hatte, oder der enormen Hitze im Sommer, noch die Pest hinzugekommen war.

Daraus läßt sich schließen, daß Pierre Eyquem den Tag der Abreise seines Sohnes kurz vor den langen Sommertagen anberaumt haben wird, die am pestträchtigsten sind, und daß die Pferde der Reisenden eher in sommerlichen Staubwolken als in jenem Morast versunken sind, in den sich die Wege durchs Périgord und Limousin im April verwandelten.

Wer begleitete eigentlich den jungen Michel? Der Herr von Montaigne konnte seinen heranwachsenden Sohn schlecht allein auf die Reise schicken und wird sich große Mühe gegeben haben, für seinen Sohn einen würdigen Reisebegleiter zu finden. In den *Essais* erfahren wir, daß dieser findige Schloßherr einmal die Idee zu einer Börse hatte, an der mit Informationen oder Dienstleistungen gehandelt und nach Arbeitern, Soldaten oder Gebrauchtwaren gesucht werden sollte: Vielleicht war ihm dieser Gedanke ja auf der Suche nach einem Reisebegleiter für seinen Sohn gekommen? So mag vielleicht ein älterer Student, ein Sekretär oder ein junger Geistlicher angeworben worden sein, und natürlich ein zu Fuß reisender Diener.

Wir wissen auch nicht, ob sie sich einen Streckenplan anfertigten. Die erste Karte von Frankreich wurde erst zwanzig Jahre später, 1578, von Jean Jolivet erstellt. Auch bevor die »picoreurs« auftauchten, jene Wegelagerer, von denen es in den Religionskriegen regelrecht wimmelte, war jede Reise schon ein Abenteuer. Nicht alle Aufständischen von 1548 waren gehängt, und viele Überlebende hatten sich verständlicherweise zu Plünderern entwickelt. Darum war man gut beraten, die Provinzen zu meiden, in denen der Aufstand begonnen hatte. Auch hier wird es die väterliche Fürsorge geboten haben, die Strecke über Périgueux und Limoge, und nicht die über Angoulême und Poitiers zu wählen.

Unsere Reisenden durchqueren, sei es auf westlichem, sei es auf östlichem Weg, ohne es zu wissen, eine ländliche Welt am Vorabend eines goldenen Zeitalters der Landwirtschaft. Frankreichs Bauern erleben einen kurzen Wohlstand, vor allem weil sie seit fast einem Jahrhundert von Kriegshandlungen verschont geblieben sind – von einigen Einfällen kaiserlicher Truppen im Osten und in der Provence einmal abgesehen.

In seinen (1547 erschienenen) *Propos rustiques* und in den *Baliverneries* zeichnet Noël du Fail ein recht fröhliches Bild des Bauernvolks, wie übrigens auch der liebenswürdige Herr von Gouberville, ein normannischer Landadliger, der das Landleben mit viel Wohlwollen und Witz beschrieben hat. Jean Jacquart stellt im zweiten Band der *Histoire de la France rurale* das Ausmaß dieses Aufschwungs dar, der sich sowohl im Anstieg der Geburtenzahlen bis 1580 als auch in dem der Preise für landwirtschaftliche Erzeugnisse niederschlug.

Dennoch blieben die Landbewohner weiterhin jene »Maultiere des Staates«, von denen Richelieu sprach, und Banden von Notleidenden, Obdachlosen und Vogelfreien suchten das Land in panischer Raubgier heim und erinnerten daran, daß trotz des wachsenden Wohlstands überall Elend drohte. Während dieser Reise im Frühjahr 1550 konnte der Jüng-

ling aus dem Périgord von den Weinbergen der Guyenne, die im 14. Jahrhundert unter englischer Herrschaft angelegt worden waren, bis zu den
Weizenfeldern der Ile de France auf eine vorübergehend blühende Land-
schaft blicken, die seinem optimistischen Naturell sehr entgegenkam.

Um uns diese Initiationsreise Montaignes zu seiner, so Thibaudet, wahren
Heimat Paris besser vorstellen zu können, auf der, wenn auch nicht die
Geburt seines Bewußtseins, so doch die Entwicklung seiner intellektuellen Fähigkeiten zu beobachten ist, wollen wir der Darstellung einer solchen Reise von Anne Marie Cocula[10] folgen. Unnachahmlich hat sie die
Umstände einer Reise im 16. Jahrhundert dargestellt, als man von Dorf zu
Dorf und von Stadt zu Stadt zog. Nachts waren die von Mauern und
Schutzwällen umgebenen Ortschaften verschlossen, die Tore gut bewacht,
so daß die Ackerbauern sich beeilen mußten, um vor Einbruch der Dun-
kelheit in die Städte zurückzukehren. Die Dörfer sammelten sich um Kirche und Schloß, und auch die Befestigungen alleinstehender Häuser auf
dem Lande zeugten von fortwährender Angst.

   Landstraßen waren nichts anderes als unbefestigte Wege, voller Staub
im Sommer, im Winter hingegen schlammig und zerfurcht. Dort begegne-
ten sich reiche Reisende und Kaufleute zu Pferde, wie unser junger Gascogner, wohlhabende Bauern mit Maultieren, die sie als Reittiere oder als
Zugtiere für die Karren benutzten, mit denen sie ihre Waren transportier-
ten, und arme Leute, die zu Fuß mit Rucksack wanderten und sich mit
einem beschlagenen Stock gegen wilde Tiere, streunende Hunde, gelegentlich auch gegen Wölfe und andere unliebsame Überraschungen wehr-
ten. Das andauernde Mißtrauen zwischen Girondins und »Gavaches«,
wie Nordlichter im Südwesten genannt wurden, zwischen Katholiken
und Hugenotten, Bewohnern des Limousin und des Berry erstickte jedes
Gespräch. Hinzu kamen sprachliche Unterschiede: Nördlich der Creuse
hielt man alle Bewohner der Gascogne oder des Limousin für Leute, die
nur Kauderwelsch redeten. Unterwegs dachten die Reisenden zweifellos
an das nicht vollständig zur Gironde zählende Périgord, das sie nun hinter sich ließen. Während Montaigne später seine brennende Leidenschaft
für Paris bekundete, erfährt man von ihm kaum etwas über seine Hei-
matliebe. Ohne uns zu sehr darin zu vertiefen, daß er es lieber mit Bäue-
rinnen als mit Bauern hielt, lieber mit Schäferinnen als mit Schafen und
lieber mit Müllerinnen als mit Mühlen, wollen wir doch festhalten, daß

Montaigne im Gegensatz zu seinem späteren literarischen Nachfahren
François Mauriac wenig Aufhebens von der Lidoire und den anderen
Flüßchen seiner Heimat machte, aus deren Quellen der Genius Mauriacs
schöpfte. Seine autobiographischen Meditationen verzichten auch ganz
auf die schönen Namen Castillon, Montcaret, Nastringues, Villefranche-
de-Lonchat usw., die Orte aus der Umgebung Montaignes schmücken.
Der junge Reiter scheint, wie sich noch zeigen wird, weder unter der Trennung von seiner Mutter noch unter dem Abschied von den vertrauten
Horizonten gelitten zu haben.

Als was versteht sich der junge Montaigne eigentlich: als Gascogner,
als ein Sohn des Périgord oder als Bürger von Bordeaux? Auf einem Votiv-
bild anläßlich seiner Pilgerfahrt nach Loreto dreißig Jahre später hat er
sich als »*Gallum Vasco*«, als einen Franzosen aus der Gascogne bezeichnet. Wir wissen, daß er die Sprache seiner Heimat genügend schätzte,
um nebenbei einmal zu bemerken: »Wo das Französische nicht mehr
mitkommt, führt das Gascognische ans Ziel.« (I, 26) Die Sprache, die
Mitte des 16. Jahrhunderts von den Bewohnern der unteren Dordogne
gesprochen wurde, ähnelte eher dem Dialekt um Limoge als dem Okzita-
nischen der Gascogne, jener Gegend zwischen Garonne, Languedoc und
Pyrenäen also, aus der Monluc und Montaignes letzter Freund Pierre de
Brach stammten.[11]

Die Hügel von Montaigne liegen ohne jeden Zweifel auf okzitani-
schem Gebiet, erst recht aber die verschiedenen Ländereien seiner Vorfahren. Zwar könnte der Name Montaigne aus allen Gegenden Frankreichs stammen, nicht aber der Name Eyquem, dessen Ursprünge bis zu
den Kelten oder Spaniern reichen (vielleicht ist er auch jüdischen
Ursprungs, nämlich eine Abwandlung des Namens Joachim). Er ist ein-
wandfrei aquitanisch und tief verwurzelt in der Gegend der Gironde, der
Landes oder um Blanquefort, von Bordeaux bis zum Médoc, um Saint-
Médard-en-Jalles, Eyzines oder Mérignac. Und seine Vorfahren waren
Bauern (möglicherweise sogar Leibeigene) gewesen, bevor sie Händler
wurden. Auch der Klang der ersten Worte des 1473 aufgesetzten und
1478 eröffneten Testaments von Ramon Eyquem erinnert noch an den
Duft der Gascogne: »Jo Ramon Eyquem, marchant, parropiant de la
gleysa de sant Miqueu, borgués de Bordeu ...«[12] Montaigne wurde vor-
geworfen, er wolle seine bäuerliche Herkunft ebenso verbergen wie die
Heringslager seines Großvaters. Doch der Autor der *Essais* bekennt sich

eindeutig zum Namen Eyquem, der unverkennbar nach Reben und Pinienwäldern duftet.

Als er nach Überquerung der Charente die ockerfarbenen (oder, wie im Sarladais, braunen) römischen Ziegel hinter sich läßt, merkt Michel an den Ufern der Vienne genau, daß er eine Grenze überschreitet und Neuland betritt. Noch unterscheidet er, wie die Aufständischen zwei Jahre zuvor, zwischen Guyenne und Frankreich. Nun ist er also in jenem Land angekommen, wo »Oïl« gesprochen wird, das Gewohnheitsrecht gilt, eine spitze Aussprache vorherrscht, und die Dächer mit grauem Schiefer gedeckt sind. Langsam wird ihm bewußt, daß er sich in der Fremde befindet. Wieviele Gascogner Kadetten hatten vor ihm diesen Schock erfahren und sich etwas fester am Griff ihres Rapiers festgehalten?

Doch der vorbildliche Zögling aus dem Collège de Guyenne verfügt noch über einen besonderen Reisepaß: sein Latein, das er allerorten den Mächtigen, Richtern und Prälaten entgegenhalten kann. Diesem Latein, mit dem ihn sein deutscher Lehrmeister nährte wie seine Amme in Papessus, verdankt er zweifellos sein sicheres Auftreten als allgemein anerkannter Intellektueller und hochgebildeter Adliger, dem schon als solchem eine gewisse Macht zufällt. Er verdankt ihm aber vor allem seine ersten Erfahrungen freizügiger Lektüre, die er während der langen Abende nach dem Unterricht von Elie Vinet, Guérente, Grouchy oder Buchanan genossen hat. Vielleicht hat der gewitzte Marc-Antoine Muret ihm seinen Ovid ausgeliehen und die Gelegenheit zu verstohlenen Berührungen genutzt, wobei Michel ihm deutlich gemacht haben dürfte, daß dies nicht nach seinem Geschmack sei. Dem Buch konnte der junge Mann, der schon manch galantes Abenteuer hinter sich hatte, außer den Freuden der Lektüre freilich keine neuen Lustbarkeiten entnehmen.

Während er mit seinem Pferd im Schritt Richtung Loire reitet, wird »Micheau« auch an die Wonnen jener Komödien des Schultheaters gedacht haben, bei deren Aufführungen er als Schauspieler Erfolge feierte, sei es in Buchanans *Jephte* oder in Murets *Julius Cäsar*, wo er vielleicht die Hauptrolle spielte. Das hatte sowohl seiner Neigung zum »Nachahmen und Nachäffen« als auch seinem Hang zu antiken Helden und schönem Latein entsprochen. Eine gute Gelegenheit also, um mit seinen Talenten zu glänzen, die sein Vater unter der matten Schale des als Schlafmütze geltenden Jungen ganz richtig erkannt hatte.

Michel spricht von Pierre Eyquem – man muß kein großer Montaigne-forscher sein, um das zu wissen –, als dem »besten Vater, den es je gab«. (I, 28; II, 12) Unermüdlich lobt er den Mann, der ihn fünfzehn Jahre lang wie Knetmasse geformt hat, von der Amme über den deutschen Latein-lehrer, von Züchtigungen mit dem Stock bis zur Rebhuhnjagd am Lérou. Sein Einfallsreichtum, seine Gutmütigkeit, die Mühe und Sorgfalt, die er für Gestaltung und Pflege des Gutes und des Herrensitzes von Montravel aufgewendet hat, werden dabei ebenso gepriesen wie seine immer wieder unter Beweis gestellte Hingabe an das öffentliche Amt. Und er scheut sich nicht, der Fülle dieser Tugenden seine eigene Unzulänglichkeit und sein Unvermögen bei der Verwaltung von Schloß und Gut gegenüberzustellen. Das Kapitel, das er dieser Art von Beziehung gewidmet hat, überschreibt er »Über die Liebe der Väter zu ihren Kindern«. (II, 8)

Wir werden auf die bevorzugte Darstellung des Vaters auf Kosten der Mutter noch zurückkommen.[13] Halten wir unterdessen fest, daß die Liebe im Titel des dreißig Jahre später geschriebenen Essais vom Älteren aus-geht, ohne freilich daran zu zweifeln, daß der Sohn das Gefühl des Herrn von Montaigne erwiderte. Zu Groll zwischen ihnen kam es erst aufgrund eines Anflugs von Geiz, den Montaigne »Vätern« im allgemeinen zu-schreibt, was aber sehr wohl auf Pierre Eyquem gemünzt war, der 1561 aus Verärgerung ein Testament aufgesetzt hatte, das er später korrigierte.

In den *Essais* findet sich nicht die geringste Spur einer Zurückweisung der umfassenden Vorkehrungen des Vaters. Während er auf vielen Seiten seine Wut über die Schuldisziplin und die Brutalität der Erzieher im Collège de Guyenne ausdrückt, unter der er freilich weniger zu leiden hatte als seine schwächeren oder schlechteren Mitschüler, liest man keine Vorwürfe gegen den, der diese Schule ausgewählt hat.

Ich würde wetten, daß der jugendliche Reiter beim Gedanken an sei-nen Vater, an seine behütete Kindheit und an die Freiheiten, derer er sich erfreute, Achtung und Zärtlichkeit für Pierre Eyquem empfindet, während er von Dorf zu Dorf in Richtung Loire reitet. Sein Pferd wird jeden Morgen nicht von ihm – er ist dazu unfähig, wie er gesteht –, son-dern von einem Knecht gesattelt, der anschließend zu Fuß am steinigen Wegrand folgt, bei Furtüberquerungen die Zügel hält und abends Stroh sammelt, wenn sie in einer Scheune übernachten müssen.

Natürlich wollen wir nicht darüber hinweggehen, daß »Micheau« nicht alle Erziehungsgrundsätze seines Vaters vorbehaltlos bewunderte:

»In Wahrheit zielen Sorge und Aufwand der Väter bei uns auf nichts anderes ab, als den Kopf der Kinder mit Bücherschränken zu möblieren; von Urteilskraft und Tugend hingegen – kaum ein Wort!« (I, 25) Doch er bewundert auch den Veteranen der Italienkriege, den Wegbereiter Blaise de Monlucs und Freund der Humanisten, der mutig genug war, den Schotten George Buchanan in Montaigne aufzunehmen, nachdem dieser seine Stellung am Collège de Guyenne wegen reformatorischer Neigungen verloren hatte – übrigens kein unbegründeter Verdacht. Schon bevor er Bürgermeister von Bordeaux wurde, verfügte der kleine, aber energische Pierre Eyquem über genügend Eigenschaften, die einen Sohn von eher trägem Geist und weichlichem Körper beeindrucken konnten: Er war Katholik und doch tolerant, ein Gründer und erfolgreicher Verwalter privater wie öffentlicher Güter, ein treuer Ehemann, geschickter Jäger, Ballspieler, Fechter und Reiter, ein vielseitiger Athlet, der im Wettkampf ebenso erfolgreich war wie bei der Bewirtschaftung seines Gutes – kurz: Wo der Vater das Ruder fest in der Hand hielt, ließ sich der Sohn treiben, wo der Vater geizte, war der Sohn verschwenderisch.

Die Bewunderung, die der Jugendliche auf dieser Reise immer wieder empfunden haben mochte, sollte die künftigen Konflikte überdauern, die Vorwürfe, Mißverständnisse, Enttäuschungen und Meinungsänderungen, die ihn in den ungeliebten juristischen Beruf geführt haben, oder auch zu dem böswilligen Testament von 1561, das nichts anderes bezweckte, als den verschwendungssüchtigen Sohn zu enterben oder zumindest unter die Kuratel der Mutter zu stellen. Zehn Jahre nach dieser kränkenden, später notdürftig korrigierten Maßnahme zeichnet der Autor der *Essais* dieses eindringliche Bildnis seines verstorbenen Vaters:

»Für den Umgang mit den Damen« (brachte er) »von Natur aus wie durch seine Lebenskunst die besten Voraussetzungen mit. Er sprach wenig, aber gut (…). Sein Auftreten hatte eine sanfte, schlichte, ja bescheidene Würde. Außerordentlich bedacht auf Untadeligkeit und Dezenz in Körperhaltung und Kleidung, sei es zu Fuß oder zu Pferde. Unglaublich zuverlässig im Worthalten und durchgängig von skrupulöser, fast zur Übertreibung neigender Gewissenhaftigkeit. Für einen kleinwüchsigen Mann höchst kraftvoll und von aufrechter, wohlgeformter Statur. Angenehme Gesichtszüge, ins Bräunliche gehender Teint. In allen ritterlichen Übungen geschickt und sich auszeichnend. Ich habe neulich wieder jene mit Blei ausgegossenen Stäbe gesehen, mit denen er, sagt man, die Arme ins Stangen- und Steinstoßen oder ins Fechten einübte, sowie seine bleibesohlten Schuhe, die seine

Beine für ein leichtes Laufen und Springen kräftigen sollten (…). Ich sah ihn, wie er, unsere Gelenkigkeitsübungen belächelnd, mit mehr als sechzig Jahren im Pelzmantel aufs Pferd sprang oder nur vom Daumen gestützt sich überm Tisch drehte – und kaum je in sein Zimmer hinaufeilte, ohne voller Elan drei, vier Stufen auf einmal zu nehmen.« (II, 2)

Immer wieder verdunkelt Melancholie die natürliche Fröhlichkeit des Autors der Essais und verleiht seinen spontanen Gedanken eine ergreifende Tiefe. Und vermutlich entgeht ihr auch der junge Reiter auf den Hügeln des Limousin nicht, wenn er an die eigenartige und bittere Beziehung zu seiner Mutter Antoinette denkt, der Herrin von Montravel.

Eine solch feindselige Beziehung zwischen einem sensiblen und gutmütigen Schriftsteller, einem Freund des Menschengeschlechts, der keine besonderen Neigungen zur Revolte hegte, und seiner Mutter dürfte in der Geschichte der Literatur beispiellos sein. In einem pointierten Artikel im *Bulletin de la Société des Amis de Montaigne* von 1984 geht Françoise Charpentier[14] so weit, bei der Beschreibung der Beziehungen zwischen Mutter und Sohn an zwei Stellen von »Haß« zu sprechen. Insbesondere beschäftigt sie sich mit den außergewöhnlichen Vorkehrungen, die Pierre Eyquem 1567 traf, als er sein erstes Testament ändern und die schlimmsten Demütigungen für seinen ältesten Sohn wieder herausnehmen ließ: Ein regelrechter Vertrag zur friedlichen Koexistenz wird hier unter der Ägide des sterbenden Vaters ausgearbeitet und von Mutter und Sohn unterzeichnet. Die Vorkehrungen drücken laut Charpentier die Gehässigkeiten und fortdauernden Spannungen zwischen Mutter und Sohn unverhohlen aus. Das Testament schreibt die Rechte Antoinettes genau fest: Zu welchen Zeiten sie ins Schloß kommen darf, welche Wege sie zu benutzen hat, die Anordnung und Aufteilung des Gemüsegartens. Ein erstaunliches Dokument. Und was sollen wir erst vom Testament Antoinettes halten, die Michels einzige Tochter Léonor enterbt, weil sie angeblich schon zu wohlhabend sei? Wofür nahm sie an ihrer Enkelin Rache? Daß in den *Essais*, einem so sorgfältig durchdachten Werk, das insbesondere im dritten Buch Züge eines Selbstporträts aufweist und in dem Montaigne so beredt über seinen Vater schreibt, seine Mutter nur an zwei Stellen – und das ganz beiläufig, ja anekdotisch – erwähnt wird, ist schon sehr verwunderlich, zumal darin viele andere Frauen, ob Ehefrauen oder Liebesdienerinnen, ob aufrichtig oder nicht, ausführlich beschrieben sind. Bisweilen stößt man auf die Erklärung, er habe es sich untersagt, über lebende Per-

sonen zu schreiben, doch Montaigne hat, von Heinrich II. bis zu seinen
Brüdern, viele Zeitgenossen geschildert. Nein – die Verbannung der Mutter aus den Essais muß andere Gründe haben, die weit schwieriger herauszufinden und noch schwieriger zu formulieren sind. Um dieses zu versuchen, sollten wir ein wenig beim sogenannten »Beuther« verweilen.
Das in einer Art Privatlatein abgefaßte Familienbuch der Montaignes
unterrichtet uns über den im Jahre 1529 geschlossenen Ehevertrag zwischen »Petro Montano« und »Anthonia Lopessia«. Sie ist eine Tochter
von Antoine de Louppes de Villeneuve, einem reichen Toulouser Kauf-
mann mit Verbindungen nach Bordeaux, der einer Linie jüdischer Kaufleute aus Aragon entstammt. Ihr Ahnherr war ein gewisser Abraham
(oder Meyer) Paçagon, wie wir durch die Arbeiten von Théophile Malvezin, Cecil Roth und Donald Frame wissen, und soll ursprünglich Lum-
penhändler in Calatayud gewesen sein. Der soziale Aufstieg Mitte des 15.
Jahrhunderts soll ihn dazu gebracht haben, den Allerweltsnamen Lopez
anzunehmen und sich schließlich Lopez de Villanueva zu nennen. Die
Nachkommen des Lumpenhändlers aus Paçagon gehörten später zur besseren Gesellschaft von Saragossa und waren (aus freien Stücken?) zum
Katholizismus konvertiert.

Vermutlich waren es keine Maranen, die insgeheim und unter großer
Gefahr ihrer früheren Religion nachgingen: Wären sie nämlich aus Saragossa geflohen, um der Inquisition zu entkommen, hätten sie sich wohl
kaum in Toulouse niedergelassen, der Hauptstadt der Dominikaner, wo
die Inquisition in Frankreich am schärfsten vorging.

Nach ihrer Ankunft gegen Ende des XV. Jahrhunderts verhalf ihnen
der Handel mit Pastell bald zu einem gewissen Wohlstand, und ein Onkel
Antoinettes wurde sogar in den »capitoul«, den Rat der Stadt, gewählt.
Pierre Eyquem lernte die junge Dame vermutlich auf einer Geschäftsreise
in Toulouse kennen. Sie muß damals noch sehr jung gewesen sein, da sie
dreißig Jahre nach der Hochzeit noch einen Sohn bekam. In Toulouser
Notariatsakten findet sich ein Ehevertrag vom 12. Dezember 1528 zwischen dem »Jungen Edelmann Pierre Eyquem, Herrn von Montaigne, und
Fräulein Anthonye von Lopez«, was darauf hinweist, daß allein der bor-
delaiser Zweig der Familie den Namen französisiert hatte. Die kirchliche
Trauung fand zwei Monate später statt.

Eine reine Vernunftehe? Davon können wir nicht ausgehen. Nach
Auskunft von Fachleuten war ihre Mitgift mit 400 Pfund nur mittel-

mäßig. Der Herr von Montravel, nach allem, was wir wissen, ein guter Ehemann, wird dennoch keinen Nachteil davongetragen haben, in eine Familie wohlhabender und einflußreicher Kaufleute einzuheiraten, die nicht nur in Toulouse und Bordeaux, sondern auch in London und Antwerpen tätig waren.

Mütterlicherseits scheint Michels jüdische Herkunft also erwiesen, doch in der Familie Lopez hatte es schon des öfteren Ehen mit Christen gegeben. So war Antoinettes Mutter Giraude (oder Honorette) du Puy beispielsweise eine Bürgerstochter aus Auch. Inwieweit kann man überhaupt noch von einer jüdischen Herkunft sprechen? Um dies angemessen zu beantworten, müßten wir die rabbinischen wie die kanonischen Vorschriften berücksichtigen. Eines ist jedoch klar: Im Verhalten von Michels Mutter deutet nichts auf eine Formung oder Beeinflussung durch den jüdischen Glauben hin, nichts läßt auf eine existentielle Verbindung mit dem Judentum schließen.

Am Ende seines 1935 (in den *Mélanges Laumonier*) veröffentlichten Aufsatzes über die Mutter Montaignes schließt der bekannte Historiker Paul Courteault aus Bordeaux die Möglichkeit aus, Antoinette de Louppes könnte die jüdische Religion insgeheim weiter praktiziert haben. Einige Forscher sind der Ansicht, sie sei eher der Reformation zugeneigt gewesen und zwei ihrer Kinder hätten bei ihr Unterstützung für ihre Konversion zum Calvinismus gefunden.

Für uns ist freilich wichtiger, daß Michel gegenüber dem Judentum nie etwas anderes an den Tag legt als jene Sympathie und Toleranz, die er allen fremden Religionen entgegenbringt – ob er nun aus der Leidensgeschichte der Hebräer berichtet oder von einem Besuch in einer Synagoge. Ungerechtigkeiten und Grausamkeiten gegen Juden prangert er im gleichen Tonfall an wie das Leid, das den Indianern zugefügt wurde. Eine gefaßtere Einstellung, eine freundlichere Distanz kann man sich kaum vorstellen. Und wenn er sich über diesen oder jenen Akt der Intoleranz, des Fanatismus, der Grausamkeit oder des Ausschlusses seiner katholischen Glaubensbrüder empört, so geschieht dies nur selten bezüglich der jüdischen Gemeinden, obwohl jene zur damaligen Zeit kaum geschont wurden. Auf seiner Italienreise hat er die abscheulichen Erniedrigungen, die den Juden zugefügt wurden, sogar mit schockierender Ungerührtheit beschrieben. Hatte man ihn über die Abstammung seiner Mutter im Ungewissen gelassen?

Aller Wahrscheinlichkeit nach wußte er darüber Bescheid. Deshalb wird man in ihrer Herkunft sicher keine Ursache für die Entfremdung zwischen Mutter und Sohn finden. Diese Hypothese muß entschieden zurückgewiesen werden: Es hieße die eigentliche Größe des Autors der *Essais* zu verkennen, der mit seiner vorbehaltlosen Öffnung zum Anderen in persönlicher, kultureller, ethnischer oder religiöser Hinsicht Neuland betreten hat.

Erst recht gilt es, den Gedanken zurückzuweisen, es gäbe einen Zusammenhang zwischen der mütterlichen Abstammung und dem Genius Montaignes mit seinen schöpferischen und tragischen, seinen scharfsinnigen und melancholischen, ja kosmopolitischen Zügen, den einige oberflächliche Interpreten (darunter Barrès, der seine Meinung später jedoch änderte) und auch ein so intelligenter Historiker wie Thibaudet[15] vorgebracht haben: Dies hieße den törichten und verlogenen Phantasien des – angeblich wissenschaftlichen – Rassismus anheimzufallen. Es ist eine schlichte und schmerzliche Tatsache, daß Michel seine Mutter nicht liebte und sie ihn noch weniger. Vielleicht wegen einer bis ins kleinste frauenfeindlichen Erziehung? (Einige römische Autoren der stoischen Erziehungslehre warnen ja vor einer Einbeziehung der Mutter in die Erziehung junger Männer.) Oder aufgrund des Verhaltens seines Vaters, der seinem ersten Sohn übermäßige Aufmerksamkeit schenkte, was seine Gemahlin bewegt haben mag, sich den jüngeren Kindern zuzuwenden? Oder lag es daran, daß Antoinette Sympathien für die Protestanten hegte und deshalb mit Thomas und Jeanne jene Kinder bevorzugte, die der Sache der Reformation nahestanden? Zum Teil mag ihre Feindseligkeit gegen Michel auch auf die Schwierigkeiten mit ihrer Schwiegertochter Françoise de La Chassaigne zurückzuführen sein, die ihr in der Tat die Verwaltung ihres Schloßgutes entzogen hatte.

Als diese eigensinnige Frau 1601 fern vom Familiensitz in Bordeaux starb, hinterließ sie ein Testament, das ihre ganze Abneigung für ihren ältesten Sohn, seine Frau Françoise und ihre Enkelin Léonor bezeugte und in dem sie ihre eigenen häuslichen Tugenden pries:

»Gleichfalls ist es bekannt, daß ich mit meinem Gemahl vierzig Jahre hindurch im Hause Montaigne geschafft habe, derart, daß durch meiner Arbeit, Sorge und Haushälterei besagtes Haus höchlich an Wert und Gütern zugenommen, wovon in der Folge Michel de Montaigne seliger, mein ältester Sohn, mit meiner Einwilligung und Erlaubnis friedlich die Nutznießung genossen (…).«

»An Wert und Gütern zugenommen«, »Einwilligung und Erlaubnis« –
das ist nicht gerade die Sprache häuslicher Zärtlichkeit. War Antoinette
schon 1550, als Michel nach Paris aufbrach, diese häusliche Virago? Die
verschwenderischen Ausgaben, die ihr Sohn tätigte, konnten ihre bitteren
Vorbehalte mit den Jahren nur verschlimmern. Und wer weiß, ob der
junge Mann, der im Schritt am Ufer der Loire entlang ritt und bei Orléans
oder Cléoy einen Übergang suchte, nicht schon darüber nachdachte, die
Wut seiner Mutter zu provozieren, indem er mit größtem Vergnügen all
die Ecus unter die Leute bringen würde, die seit 1529 in den Truhen des
herrschaftlichen Hauses angespart und von Antoinette »höchlich« ver-
mehrt worden waren.

Die eigentliche Ursache dieser erstaunlichen Feindseligkeit ist eher in
handfesten Interessensgegensätzen zu suchen als in zweifelhaften Zeu-
gungslegenden, die auf Angaben Montaignes beruhen, er sei nach einer
elfmonatigen Schwangerschaft geboren, was manchen Kommentator
dazu verleitet hat, aus ihm ein uneheliches Kind zu machen und darin
einen Grund für das Zerwürfnis mit der Mutter zu sehen. Der Haß des
Geizigen gegenüber dem Verschwender, der das geduldig angehäufte
Gold vergeudet, ist bekanntlich unermeßlich. Montaignes Mutter mußte
erleiden, was die Väter bei Molière befürchten. Und wie bekannt, springen
bei Molière die Söhne mit den knauserigen Alten nicht gerade pfleglich
um. Aus dieser bitteren Komödie mit tragischen Zügen geht jedenfalls
hervor, daß Montaigne keine Mutterliebe kannte: Weder jene, die man
empfindet, noch die, die einem entgegengebracht wird. Und dies, obwohl
Mutter und Sohn fast fünfzig Jahre gemeinsam auf dem Schloß lebten.
Keine seiner Taten, Schriften oder Gefühle konnte von diesem fürchterli-
chen Liebesentzug unbeeinflußt bleiben. Vielleicht ist dies die größte
Quelle jener »Traurigkeit«, die seine natürliche Fröhlichkeit trübte, wie
er selbst es nannte.

Was erwartet unseren jungen Reiter in der großen Stadt, in Paris? Wird er
sich am Hofe des Königs einschleichen können, wo nun schon seit drei
Jahren Heinrich II. thront, der zwar weniger imposant ist als sein Vater,
aber doch ein starker, muskulöser, trotzdem schöner und sehr beredter
Mann? Um in den Louvre vorgelassen zu werden, glaubt Michel auf einen
wichtigen Nachbarn zählen zu können, auf Germain Gaston de Foix-
Candale, Graf von Gurson, Markgraf zu Trans, Schloßherr in Fleix und

Mitglied des königlichen Rats. Doch er ist nicht der einzige Gascogner, der einen »solchen« Traum träumt. Andere, die aus Nerac oder Condom, Marmande oder Orthez stammen, können ein älteres Familienwappen, bessere Fechtkünste, einen stolzeren Blick und ein beeindruckenderes Äußeres vorweisen.

Seit dem Tod König Franz' I. haben die »Schöngeister« viel von ihrem Glanz verloren. In der Umgebung des Herrschers erklingen nunmehr weniger Zitate von Ovid oder Vergil, weniger Maxime von Terenz als vielmehr Gelächter und Geschrei von den »Spielen, die körperlich ausgefochten werden, hirnlos und hart: à la française« und die »Micheau« kaum schätzte, oder vom Tanzboden, wo der gedrungene und ungeschickte Junge ebenfalls nicht zu glänzen vermochte. Doch wenn es ihm schon in Bordeaux gelungen war, kaum daß er die heimatlichen Kastanienwälder verlassen hatte, die größten Humanisten seiner Zeit, Gouvea, Buchanan und Vinet zu verblüffen, wieso sollte ihm dies nicht ein zweites Mal am Hof der Valois gelingen, wo Muskelkraft noch nicht völlig über Verstandeskräfte gesiegt hatte. War dies nicht das Frankreich Ronsards oder Guillaume Budés?

So folgt der Erbe des Herrn von Montaigne jenem Ehrgeiz, mit dem ihn der Sohn des Heringshändlers aus Bordeaux erzogen hat. Er reitet an Schloß Etampes vorbei, wo die Erinnerung an die Liebe zwischen Franz I. und Anne de Pisseleu noch lebendig ist. Natürlich hätte Michel Paris lieber zur Zeit des »Vaters der Literatur« kennengelernt, als das Collège der »Lecteurs royaux« gegründet wurde, statt dieser Klasse von Tänzern und Degenfechtern gegenüberzustehen. Aber er freut sich auch auf mögliche Begegnungen mit du Bellay, Dorat und vielleicht Ronsard …

Nun reitet Michel de Montaigne also schon seit drei Wochen durch die Lande und er könnte noch tagelang weiterreiten, denn hoch zu Roß fühlt sich der kleine Mann viel wohler als zu Fuß im Schlamm:

»Ich mochte mich nicht anders als zu Pferde bewegen (…). Und wäre mir von meinem Los hienieden/ein Leben ganz nach meiner Art beschieden/so würde ich es mit dem Hintern im Sattel verbringen (…). Hätte ich indessen zu wählen, würde ich, davon bin ich überzeugt, lieber als im Bett zu Pferde sterben (…). Wenn ich im Sattel sitze, steige ich nicht gern wieder ab, denn in dieser Haltung fühle ich mich am wohlsten (…). Dort finde ich meine beste Unterhaltung.«

Schreibt hier Brantôme, Monluc oder etwa d'Artagnan? Nein, es ist tatsächlich Montaigne, der den verschiedenen Aspekten des Reitens nicht

weniger als drei Kapitel der *Essais* widmet. Beim Reiten hatte er seine kurzen Beine wie ein Jockey ein wenig angezogen und saß doch fest und
bequem im Sattel – wenn man ihm glauben darf; schließlich läßt er keine
Gelegenheit aus, sich über die eigenen athletischen Leistungen lustig zu
machen. Er konnte nie, so gesteht er, ein Pferd zäumen oder pflegen. Aber
er wußte, wann er sein Pferd wechseln mußte, und verstand es, im Stall
der Herberge das beste Tier auszuwählen. Lange bevor ihn der rhyth-
misch wiegende Gang und die Massage des Sattels von seinen Nierensteinen befreiten, galt er als versierter Pferdehändler, als Liebhaber schöner
Tiere und außergewöhnlicher Reitkünste.

Aber so weit sind wir noch nicht. Unser ehrgeiziger Reiter ist bei den
Türmen von Notre-Dame angelangt. Schon bei den Gärten von Sceaux
und Montrouge hat er den Hügel von Sainte-Geneviève ins Visier genommen, die Bibliothek der Sorbonne. Nach Wissen und Macht strebend,
betritt er Paris über die Fossés Saint-Jacques, wo einige Monate zuvor
Rabelais' *Quart Livre* und du Bellays *Défense et Illustration de la langue
française* erschienen sind.

Ob er sich schon als Opfer jener Versuchungen des Ehrgeizes fühlte,
von denen er später sprechen sollte? Ob er mit siebzehn Jahren schon
glaubte, »daß die ehrenvollste Tätigkeit darin besteht, dem Gemeinwohl
zu dienen und vielen Menschen nützlich zu sein?« (III,9) Nun muß er sich
jedenfalls den Herausforderungen der Großstadt stellen, nicht wie ein
Vorläufer seiner Landsleute d'Artagnan oder Rastignac, sondern vielmehr wie ein junger Mann, von dem das Wunder erwartet wird, zu hohen
Würden zu gelangen.

KAPITEL 2

In Paris zur Jahrhundertmitte

Zärtliche Liebe zu Paris ❖ Eine Stadt im Wachstum ❖ Die politischen Ziele eines Provinzadligen ❖ Im Hörsaal des großen Turnebus ❖ Von Morel zu Carnavalet ❖ Die Feste am Hof der Valois ❖ Toulouse und das Recht ❖ Eine enttäuschende Bilanz

Der junge Michel verliebt sich auf Anhieb in das Paris Heinrichs II. Und seine nachhaltige Begeisterung wird spürbar, wenn er in den *Essais* mit der zitternden Stimme eines jungen Verliebten über die Hauptstadt der Valois spricht.

Wir haben diesen vermeintlich trägen, distanzierten Skeptiker nun schon als glühenden Bewunderer seines Vaters, als Rebellen gegen brutale und unfähige Lehrer an seiner Schule, als draufgängerischen Schürzenjäger und als Pferdenarren kennengelernt. Nun begegnen wir dem Liebhaber einer Stadt, der Paris so vorbehaltlos und uneingeschränkt geliebt hat wie später nur noch seinen Freund Etienne de la Boétie. Schlagen wir das dritte Buch der *Essais* auf:

»(...) Soviel ich auch an Frankreich auszusetzen finde, betrachte ich doch Paris stets mit liebendem Auge. Diese Stadt hat mein Herz von Jugend an besessen, und es ist mir mit ihr wie mit allen außergewöhnlichen Dingen ergangen: Je mehr andere schöne Städte ich seitdem zu sehen bekam, desto mehr zog mich die Schönheit dieser einen an und eroberte all meine Zuneigung. Ich liebe sie um ihrer selbst willen, inniger in ihrem unverfälschten Alltagsdasein als mit fremdem Pomp überladen. Ich liebe sie zärtlich, bis in ihre Warzen und Sommersprossen. Franzose bin ich nur dank dieser großen Stadt: groß durch die Zahl ihrer Einwohner, groß durch ihre glückliche Lage, unvergeßlich groß aber vor allem durch die Fülle und Vielfalt ihrer Annehmlichkeiten; sie ist der Ruhm Frankreichs und eine der edelsten Zierden der Welt. (...) Wenn sie unverbrüchlich geeint bleibt, glaube ich sie vor jeder fremden Gewalttat geschützt.

Deshalb warne ich sie: Jene Partei wird die schlimmste von allen sein, die sie in Zwietracht stürzt. (...) Ich fürchte für sie gewiß ebensosehr, wie ich um jeden anderen Teil unsres Staates bange. Solange Paris bestehen bleibt, wird es mir nicht an einem Zufluchtsort fehlen, wo ich meinen Geist aushauchen kann – dergestalt, daß ich keinem anderen nachtrauere.« (III, 9)

In dieser Liebeserklärung drückt sich von Anfang bis Ende eine Zuneigung und Zärtlichkeit aus, wie man sie sonst nur Menschen entgegenbringt, die man bis zu ihren »Warzen« und »Sommersprossen« liebt. So spricht Molières Alceste von Célimène, so liebt das Kind bei Baudelaire. Die innige Beziehung zwischen dem Reisenden und der Stadt, dem Jungen aus der Provinz und der Metropole sollte keine Abkühlung erfahren – weder nach der Bartholomäusnacht noch unter der Herrschaft der katholischen Liga, als Montaigne unvermittelt in die Bastille gesperrt wurde.

Paris entfaltete vor dem Reiter aus den Wäldern und Weinbergen der Gascogne seine ganze, damals schon üppige Pracht, die nach Rabelais von den jungen Literaten der Pléiade und den »Lecteurs royaux« gefeiert wurde, die Guillaume Budé im Quartier latin um sich geschart hatte.

Die Stadt, in die der kleine Landadlige kommt, ist mit schätzungsweise 350 000 Einwohnern die größte des Kontinents geworden. Ihre Fläche hat sich in einem Jahrhundert nahezu verdoppelt. Die alte Stadtmauer aus der Zeit Philipp-Augusts kann dem Ansturm der Zuwanderer kaum noch standhalten, dem sich der Bürgermeister Claude Guyot und verschiedene Zünfte vergeblich entgegenstemmen. Beinahe tausend Straßen waren zu zählen, die Stadt gleicht einer riesigen Baustelle. Von allen Seiten schließen Vorstädte – damals »faux-bourgs« genannt – oder Satelliten sie ein, die sie sich einverleibt und die von Montmartre bis St. Germain bald ihren Ruhm ausmachen werden.

Gegen die Empfehlungen zahlreicher königlicher Ratgeber, wie Marschall François de Montmorency, die vor der wachsenden Gefahr eines Einfalls fremder Truppen warnen, seien es kaiserliche, englische oder spanische, wird die Stadtmauer, an der sich elendige, baufällige Hütten und Läden drängen, vor allem im Süden durchbrochen, um neue Stadttore zu schaffen: Porte Saint-Jacques, Porte Saint-Michel, Porte de Buci. Am Ende des Jahrhunderts werden es insgesamt fünfzehn Stadttore sein. Die »bessere« Gesellschaft wohnt am linken Seineufer zwischen dem Pont Saint-Michel, der Tour de Nesle und dem Pré-aux-Clercs im Schatten des riesigen Hôtel de Nevers und des Augustinerklosters, wo wir Michel de Montaigne wieder treffen werden. Die spätere Brücke Pont-

Neuf ist bereits in Planung. Bis zu ihrer Fertigstellung bringt eine Fähre die Pariser von der westlichen Spitze[1] der Ile de la Cité an die beiden Seineufer.

Wahrscheinlich ritt der staunende junge Mann durch die Porte Saint-Jacques in die Stadt, nachdem er von der Loire bis Paris dem Verlauf der alten Römerstraße gefolgt war, die von den Pilgern nach Compostella noch immer benutzt wurde. Hinter dieser Ausfallpforte zeichneten sich die Montagne Sainte-Geneviève, die Moulin de Gobelins und inmitten kleiner Gärten das Kloster Vaugirard vor den Augen des Ankömmlings ab. War das alte Lutetia nach dem allgegenwärtigen Schlamm, *lutus*, benannt worden, so hatten es sich die neuzeitlichen Sanierer zur Aufgabe gemacht, alle Haupt- und Zufahrtsstraßen zu pflastern, so auch die Rue Saint-Jacques. Ist es ein ferner Nachhall dieses Augenblicks, wenn wir in den *Essais* lesen: »Über Straßenpflaster aber mochte ich mich seit meiner frühesten Jugend nicht anders als zu Pferde bewegen, denn zu Fuß beschmutze ich mich bis zu den Gesäßbacken. Auch müssen kleinwüchsige Menschen auf den Straßen stets damit rechnen, gestoßen und umgerannt zu werden, weil man sie übersieht.« (III, 13)

Der junge Montaigne reitet vorbei am Jakobinerkonvent, am Hôtel de Cluny, der Kirche Saint-Séverin und der Universität, die zu Rabelais' Zeiten auf viele einzelne Gebäude verteilt war, und genießt von der Höhe seines Rosses das eindrucksvolle Schauspiel, das ihm die Pariser Händler und die vielen Händel suchenden Pariser bieten.

Um 1550 erlebt Paris ein Blüte, die von den Jahren der Prachtentfaltung unter Franz I. bis zu den Schrecken der sogenannten »Religionskriege« andauert. In dieser Zeit läßt sich die vagabundierende französische Monarchie (für etwas mehr als ein Jahrhundert) dort nieder und betraut Pierre Lescot mit der Aufgabe, die alte Festung des Louvre in einen Palast zu verwandeln, der einer der größten Nationen Europas würdig ist. Am Hof der Valois lebt man den überschwenglichen Zeiten unter Heinrich III. entgegen und gibt sich als Musterbeispiel der höfisch verliebten Renaissancekultur, wie sie im Spiegel der *Prinzessin von Clèves*[2] so hinreißend erscheint.

Dem Chronisten Gilles Corrozet, Verfasser der *Fleur des antiquités de Paris*, verdanken wir eine farbige Schilderung der seit Beginn des Jahrhunderts immer überspannteren Lebensformen in der Stadt. Gleichzeitig erstellen die Kartographen Truschet und Hoyau um 1550 die erste

»wahrhaftige Ansicht von Stadt, Cité und Universität«. Ihr »Plan de
Bâle« zeigt in einem Triptychon sehr anschaulich ihre drei Funktionen als
Handelsmetropole, politische Hauptstadt und Wiege der Künste, von
Kriegführung und Gesetzgebung, von Wissenschaft und Bildung.

Wir können Montaigne nicht auf all seinen Streifzügen durch Paris
folgen und nicht alles Staunenswerte und Abscheuliche beschreiben, das
ihm dabei begegnet. Sie führen ihn durch die Rue Galande und die Rue
des Marais (die heute Rue de Visconti heißt) zur Place Maubert, wo
bereits unter Franz I. Scheiterhaufen für berühmte Ketzer wie Etienne
Dolet oder Berquin (ein Freund Königin Margaretes) errichtet wurden
(eine Praxis, die unter Heinrich II. noch zunehmen sollte), dann weiter
von der Rue des Rats zur sogenannten Rue Perdue, von der Rue Trousse-
vache zu den Gassen von Sucre-Raisins, von der Rue du Paon, Rue du
Bon-Puits, Rue de la Mortellerie, Rue de la Putigneuse oder vom Petit-
Pont, der gerade ausgebessert wird, zur Rue des Poirées, die an der Sorbonne vorbei führt, vom Kloster Saint-Séverin zum Petit Châtelet, das
nunmehr als Gefängnis dient, und vom Geflügelmarkt am Quai des
Grands-Augustins zum schon seit langem nicht mehr neuen Quai Neuf
mit seinem Fischmarkt.

Welche Überraschung, welche Freude: Die Pariser sprechen eine Sprache, die so blaß und bar aller Eigenheiten ist wie weißes Hühnerfleisch
(manche sagen sogar »bonhur«, »malhur«), und selbst die nicht mehr
ganz jungen Mädchen schwingen mit den Hüften, ohne sich darum zu
kümmern, wie aufreizend sie auf Jünglinge wie »Micheau« wirken, dem
gerade der erste, hübsche kastanienbraune Flaum am Kinn wächst. Und
überall lauern Taschendiebe, »guilleris« (Bauernfänger), »tire-laine (Beu-
telschneider), »grisets« oder »rougets« (diebische Elstern oder Knurr-
hähne), die in Banden organisiert sind und am Galgen enden, dazu Kut-
tenträger, die nicht sehr vertrauenswürdig aussehen, und Gaukler, die auf
den Brücken Gaffer um sich sammeln, wie uns der Straßenname Rue
Badaude verrät.

Heute wissen wir, daß dieses Paris bereits in der Dämmerung des »goldenen« sechzehnten Jahrhunderts lag, daß unter seinem Glanz bereits die
ersten Pestbeulen des Bürgerkriegs schwelten, und daß zwanzig Jahre später der Morgen jenes 24. August anbrach, der unter der Bezeichnung
»Batholomäusnacht« in die Geschichte eingegangen ist. Doch während
sich die Zeitgenossen des jungen Montaigne und er selbst um ein Wieder-

aufflammen des Kriegs gegen die Habsburger, um Steuererhöhungen und die allgemeine Unsicherheit Sorgen machten, kamen die Renovierungsarbeiten am Louvre zum Abschluß, wurden die Quais gemauert, Marktrechte erlassen und unter Leitung des Architekten Guillain die neuen Befestigungsanlagen bei der Abtei von Saint-Germain fertiggestellt, die die Entwicklung der Stadtviertel Saint-Séverin und Saint-André-des-Arts vorangetrieben haben.[3]

Wo bezieht Montaigne eigentlich Quartier? Und begleitet ihn noch jener unbekannte Hauslehrer, der ihn wohlbehalten von der Dordogne ans Seineufer gebracht hat? Wohnt er in einem der überfüllten Collèges, im Sainte-Barbe, Navarre oder Boncourt? Anscheinend ist der junge Mann mit dem prall gefüllten Geldbeutel, der wenig auf seine Ausgaben achtet (doch dazu später mehr), in einem Gasthof von der Art des »Petit More« in der Rue Huchette[4], der »Petite Galère« in der Rue de Seine oder der »Pommède-Pin« am Pont Notre-Dame abgestiegen, von wo aus er sich »mit kleinen Schlucken langsam vorantastete«[5], wie Michel Chaillou schreibt.

In den amtlichen Briefen Heinrichs II. findet sich ein Dokument aus jener Zeit, das sich auf die Bautätigkeit im Faubourg Saint-Germain bezieht und den Eindruck erweckt, man könne den Aufenthaltsort unseres Helden sicher bestimmen. Darin heißt es: »Montaigne, wohnhaft in besagtem Faubourg, ist einige Male vorstellig geworden.«[6] Doch bei genauerem Hinsehen stellt man fest, daß es sich bei diesem Montaigne um einen gut betuchten Händler mit Vornamen Gabriel handelte, der schon lange Zeit in der Rue de Seine ansässig war.

»In Paris fällt einiges vom Ruhm der Lehrer des Collège Royal, die ihn unterrichten, und vom Glanz der Namen, die ihn fördern und bei Hofe einführen, auf den jungen Montaigne ab.«[7]

Die ausgezeichnete Montaigne-Kennerin Géralde Nakam stellt ihn in ihrer Abhandlung *Montaigne et son temps* kühn und überzeugend als Mann des öffentlichen Lebens, als Mitgestalter und Bürger seines Jahrhunderts dar und stützt die schon früher von Grün, Strowski, Nicolaï aufgestellten und von Roger Trinquet stark untermauerten Thesen: In Paris, wo das Studium an der Universität seine »Kindheit« über das zwanzigstes Lebensjahr hinaus verlängerte, hat der Sohn von Pierre Eyquem seinen eigenartigen Bildungsgang vollendet. Diese Zeit hatte zweifellos wesentlichen Anteil daran, daß aus ihm einer der führenden Köpfe des europäischen Humanismus wurde.

Für Géralde Nakam verfolgte er in Paris ein klares, vom Vater eindeutig vorgegebenes Ziel: seine Vorbereitung auf die Herausforderungen eines Lebens im Dienste des Staates und der Öffentlichkeit. Schon 1981 auf einem Kolloquium in Bordeaux[8] betonte sie, daß dieses begabte Kind tatsächlich auf eine Karriere als Staatsmann vorbereitet werden sollte, da man der Auffassung war, es sei eine Pflicht, dem Gemeinwohl zu dienen. Ob sie mit »man« ausschließlich den Vater meinte oder andere Verwandte, Freunde und Förderer einschloß, sei dahingestellt. Tatsache bleibt, daß die Parisreise in dieser »Berufung« ihren Ausgang nahm.

Wie bekannt, entzog sich der Stammhalter aus dem Périgord dieser erdrückenden Pflicht zunächst und sträubte sich gegen die Selbstaufopferung, die er als die vornehmste Aufgabe eines vollendeten Menschen erachtete. Im Laufe der Jahre hatte er jedoch feststellen müssen, daß sie die nicht unbeträchtlichen Kräfte seines Vaters ebenso aufzehrte, wie sie seine eigene Unbeschwertheit beeinträchtigte. Erst dreißig Jahre später, nach einem langen Zwischenspiel an Gericht und Parlament, in deren Dienst er sich mangels anderer Perspektiven fünfzehn Jahre stellte, erfüllte er – durch seine überraschende Wahl zum Bürgermeister von Bordeaux und durch die »Verbindungen« zu Heinrich von Navarra – die Bestimmung, die sein Vater ihm gewiesen hatte.

Der Grundstein dazu wurde indessen in jungen Jahren gelegt, und die Ausführung des väterlichen Plans verhalf ihm zu den höheren Weihen der Pariser Universität, zu einem für einen Provinzadligen außerordentlichen Netz von Beziehungen, vor allem aber zu jenem gewandten Auftreten, das ihm mancherlei Früchte eintragen sollte, wie wir noch sehen werden. Als Michel de Montaigne von seinem Vater und Former Abschied nahm, besaß er bereits alles, um ein zweiter Michel de L'Hospital, wenn nicht gar Macchiavelli zu werden.

Wie schlüssig die Bausteine im Plan von Pierre Eyquem – vom »lateinischen Präludium« bis hin zur großen Expedition nach Paris – aufeinander abgestimmt waren, hat niemand besser beleuchtet als Roger Trinquet: »Hätte sich dieser vernünftige Mann, der so oft eine praktische und zweckgerichtete Natur an den Tag legte, auf ein so kostspieliges Unternehmen eingelassen, nur um aus seinem Sohn einen großen Literaten zu machen? (…) Das Bewußtsein des Adels war damals unter dem Einfluß der zeitgenössischen Humanisten im Wandel begriffen. Bildung und Ausbildung sollten von nun an weit mehr darstellen als bloß schmückendes Beiwerk. Wo es galt, hohe Staatsämter bei Hofe oder in den Provinzen zu erlangen oder zu bewahren, kam es jetzt mehr auf Bildung an als auf Waffen. (…) Der adlige Nachwuchs hatte sich diesen zeitgemäßen Anforderungen zu stellen! Mit Bildung ließen sich die Interessen der Krone und die Vorrechte ihrer Klasse besser verteidigen als von ungebildeten Soldaten.«[9]

Als Montaigne in der Hauptstadt eintraf, gab es dort drei Einrichtungen oder Kreise, die Paris zum tonangebenden Zentrum machten: das Collège der »Lecteurs royaux« (aus dem das Collège de France hervorging), der Kreis der Pléiade-Dichter, die mit *Défense et Illustration de la langue française* von Joachim du Bellay soeben ihre Satzung erhalten hatten, und die Salons, die in gewisser Weise schon die Salons des XVIII. Jahrhunderts vorwegnahmen.

Zwanzig Jahre zuvor, 1530, war auf Initiative von Franz I. und Guillaume Budé mit dem Aufbau des Collège der »Trois langues« oder »Lecteurs royaux« begonnen worden, das dreisprachige Gegenmodell zu der unter kirchlicher Bevormundung stehenden Sorbonne. Der König hätte die Leitung gerne Erasmus übertragen, der das Angebot mit dem Hinweis auf seine gesundheitliche Verfassung jedoch ausschlug. Außerdem machte er geltend, daß eine Stadt, die auf einen Budé zählen könne, seiner nicht bedürfe. Neben Latein wurden am Collège die griechische und die hebräische Sprache gelehrt, die der Sorbonne als Quellen der Häresie galten, was der Grund für ihre feindselige Haltung gegenüber der neuen Einrichtung war. Das Collège überlebte nur durch die Gunst des Königs: So »rechtgläubig« Heinrich II. auch war, er blieb dem Erbe seines Vaters treu.

Von Beginn an verpflichtete das »Collège royal« ruhmvolle Gelehrte: Vatable, Mercier, Galland, Toussain und als bekanntesten von allen Pierre de la Ramée, genannt Ramus, der als erster wagte, seine Vorlesungen in »gemeinem« Französisch zu halten und seine Sympathien für die Reformation offen zu bekunden. Er gehörte zu den berühmtesten Opfern der Bartholomäusnacht.

Den größten Beifall und die höchste Aufmerksamkeit schenkte der junge Montaigne jedoch dem Gelehrten Turnebus. Von allen zeitgenössischen, in den *Essais* erwähnten Autoren wird ihm zusammen mit Jacques Amyot die größte Huldigung zuteil. Den aus der Normandie stammenden Adrien Tournebœuf, genannt »Turnèbe« oder »Turnebus«, der ein bedeutender Kommentator der lateinischen Denker und der griechischen Klassiker von Sophokles bis Thukydides war, nennt Montaigne bisweilen auf gut gascognisch »meinen Turnebus«.

Als Montaigne zum Studium nach Paris kam, genoß jener einen unvergleichlichen Ruf: Er galt als der beste Lehrer Europas. Alles deutet darauf hin, daß seine Ausstrahlung und sein Talent seine wissenschaftlichen Leistungen übertrafen, denn seine *Adversaria* begeisterten zwar Montaignes Zeitgenossen, finden bei heutigen Fachleuten jedoch wenig Zuspruch.

Doch der Jüngling, der aus der Provinz angereist war, um Paris zu entdecken, erblickte in ihm den herausragenden Gelehrten, Humanisten und geistigen Vater, der dem begabten, jungen Lateiner die Türen zu seinem neuen Paradies, der griechischen Welt, öffnete. Turnebus' Vorlesungen, in denen er sich freimütig äußerte und sich viele Abschweifungen erlaubte, dienten den *Essais* möglicherweise als Vorbild. Voller Stolz schreibt Montaigne im ersten Buch: »Adrian Turnèbe befaßte sich beruflich mit nichts anderem als Literatur und war darin meiner Meinung nach der größte Mann der letzten tausend Jahre (…).« (I, 25)

Wir sehen einen Studenten, der nicht mit Anerkennung geizt für einen Lehrer, dem er die Entdeckung seiner beiden Lieblingsphilosophen verdankt: Sokrates und Plutarch. Für einen Lehrer, der besser als jeder andere verstand, die Beziehungen zwischen den antiken und den zeitgenössischen Tragödien aufzuzeigen: Nichts fasziniert die Studenten mehr als diese nicht ganz ungefährliche Übung. Turnebus bezahlte seinen Wagemut nicht mit dem Leben wie Ramus, den er übrigens nicht ausstehen konnte. Aber er wurde auch nicht gerade mit den höchsten Weihen beigesetzt: Die katholische Liga hielt ihn für einen heimlichen Hugenotten.

Dieser Kenner der Antike, der auf Latein lehrte, war zugleich ein Bewunderer und Freund der jungen Dichtkunst: Dorat, du Bellay, Baïf, Jodelle und Ronsard, der ihm folgendes Lob widmete:

> »Von einem solchen Mann braucht man nicht schreiben,
> Sein Name glänzt auch ohne unsere Verse.«[10]

Befürchtete Montaigne in Paris, daß ihm der Duft von Heu und Kastanienwäldern noch zu sehr anhaftete? Diese Sorgen dürften geringer geworden sein, als er in der Hauptstadt zwei seiner Lehrer aus dem Collège de Guyenne in Bordeaux wieder traf: Marc-Antoine Muret und George Buchanan unterrichteten nun beide am Collège de Boncourt in Paris. Buchanan hatte die Kerker der Inquisition in Portugal glücklich überstanden, während es Muret nach Paris verschlug, nachdem er sich in verschiedenen Städten der Gascogne den Ruf eines Schönredners und skandalumwitterten Lebemanns eingehandelt hatte.

Der dicke Marc-Antoine mochte sich noch so sehr in erbaulichen Reden ergehen, seine Lüsternheit behielt letztlich immer die Oberhand: Seine *Juvenilia* konnten es an Kühnheit mit allen erotischen römischen Texten aufnehmen. In den *Essais* hat sich sein einstiger Schüler belustigt an ihn erinnert: »In meiner Jugend habe ich erlebt, daß ein bedeutender Mann mit einer Hand an Schönheit wie an Zügellosigkeit hervorragende Verse und mit der anderen das polemischste Werk für eine Erneuerung des Glaubens veröffentlichte, das die Welt seit langem zu schlucken hatte.« (III, 9) Muret war also ein gutes Vorbild für den Autor der ernsten *Apologie für Raymond Sebond*, der später auch »einige Verse des Vergil« mit vielen Ausschweifungen kommentiert hat.

Es ist außerordentlich schwierig, etwas über die Beziehungen des Studenten aus der Gascogne zu den jungen Pléiade-Dichtern herauszufinden. Das Lob, das er ihnen in den *Essais* zollt, läßt keine Rückschlüsse auf persönliche Bekanntschaften zu, sondern zeugt lediglich von der Beziehung eines Lesers zum Autor. Doch die Leichtigkeit, die der junge Mann bereits bei allen Arten zwischenmenschlicher Beziehungen an den Tag legte (vorausgesetzt, die Person oder die Sache schienen ihm interessant), und die vielfältigen Gelegenheiten zu Begegnungen und Gesprächen, die sich durch ihre jeweiligen Verbindungen ergaben – in den Collèges, Salons oder auch bei Hofe – lassen den Schluß zu, daß es zu einem Austausch zwischen den jungen Meistern der neuen Dichtkunst und dem Jüngling aus der Provinz kam: Just 1550 veröffentlichte Ronsard seine »*Ode anläßlich seiner Rückkehr aus der Gascogne, wenn Paris in Sicht kommt …*«.

Michel de Montaigne hatte keinen »Pariser« Akzent, aber war er nach Stil und Geschmack nicht Pariser? Ohne gesellschaftlichen Umgang mit der mondänen Welt, den Damen oder am Hofe, wäre er es nicht geworden. Zwar schreibt er über Turnebus, dieser habe »überhaupt nichts schulmeisterlich Verschrobenes an sich, es sei denn in seiner Kleidung und einigen sonstigen Äußerlichkeiten (...)« (I, 25), doch sind es gerade diese »äußeren Manieren«, die es bei dem Schüler aus dem Périgord wie dem Lehrer aus der Normandie zu verbessern galt. Es ist daher nicht verwunderlich, daß sich beide, Meister Adrian und »Micheau«, an eine jener Stätten begaben, wo man in Paris den heimatlichen Stallgeruch am schnellsten verlor.

Jean de Morel d'Embrun zählte damals zu den Personen, die einen »Pariser Gang« hatten und die die in der Hauptstadt erforderlichen Manieren und Gepflogenheiten am sichersten beherrschten. Er stammte aus der Haute-Provence und war ein Schüler des Erasmus, bei dem er studiert hatte und an dessen Sterbebett in Basel er gesessen haben soll. Durch seine Vermählung mit Antoinette de Loynes hatte er seine Stellung in der besseren Gesellschaft von Paris und in der literarischen Welt gefestigt. Nacheinander war er Stallmeister Katharinas von Medici, »Mundschenk« Heinrichs II. (ein Amt, das weit mehr erforderte als vornehme Tischsitten) und Erzieher eines der Prinzen. Er befand sich am Puls des politischen und intellektuellen Lebens.

Sein Stadthaus in der damaligen Rue Pavée, das in unmittelbarer Nachbarschaft zum prachtvollen Anwesen der Herzogin von Etampes lag, war der Schauplatz literarischer Versammlungen, denen seine Gattin vorstand. Mit ihren beachtlichen schöngeistigen Fähigkeiten gelang es ihr, aus dem Kreis den ersten Pariser »Salon«[11] zu machen. Hier wurden die Nachrufe auf Margarete von Navarra gedichtet, die Schwester Franz' I. und Autorin des Heptamerons, die als feinsinnigste Schriftstellerin ihrer Generation gilt. In seinem Familienbuch (dem sogenannten »Beuther«) würdigt Montaigne die Dichterin des Heptamerons und Beschützerin der verfolgten Reformierten später so überschwenglich, daß man ermessen kann, welche weit über die allgemeine Hochschätzung hinausreichende Verehrung ihr in diesem Kreis entgegengebracht wurde. Wollte Montaigne leise daran erinnern, daß auch er zu ihren Schützlingen zählte?

Turnebus, der in der Rue Pavée ein- und ausging, könnte Montaigne dort eingeführt haben, vielleicht aber auch Buchanan, der die Töchter des Hauses, Camille, Lucrèce und Diana, unterrichtete (die älteste inspirierte übrigens Joachim du Bellay zu wehmütigen Liebesgedichten). Es dürfte dem jungen Studenten nicht schwer gefallen sein, einen Platz in dieser illustren Gesellschaft zu finden, wobei sein hervorragendes Latein, von Buchanan schon ausgiebig mit Vorschußlorbeeren bedacht (ganz wie der Vater es sich vorstellte), zweifellos Wunder wirkte. Bei den Morels wurden junge Menschen aus der Provinz ohnehin äußerst wohlwollend aufgenommen, die Sprachfärbungen gingen ebenso durcheinander wie die Schreibweisen: Klang Ronsards Akzent aus der Vendôme vielleicht besser als das Provencalische des Hausherrn, der gascogner Akzent eines Pierre de Bruès oder der italienische Einschlag Marschall Strozzis, um einige der Prominentesten aus diesem Kreis zu nennen?

Hier oder anderswo lernte Montaigne schon bald viele Landsleute kennen, die mehr oder weniger zur Pariser Gesellschaft gehörten. Einige studierten wie er, um Wissen und Diplome zu erwerben und anschließend in Amt und Würden zu gelangen, andere bekleideten bereits gute Stellungen: sein Vetter Jean de Villeneuve (Lopez de Villanueva) war Parlamentsrat,[12] Paul de Foix, Arnaud de Ferrier und Aimar de Ranconnet ebenfalls, und sein späterer Freund Guy du Faur de Pibrac, den er in den *Essais*, zum Beispiel in III, 8, besonders gewürdigt hat, war königlicher Rat.

Von allen Landsleuten, die Michel de Montaigne auf seiner Suche nach Verbündeten und Beziehungen in Paris kennenlernte[13] oder denen er dort wiederbegegnete, muß Guillaume de Lur-Longa besonders hervorgehoben werden. Nicht allein, weil dieser Rechtsgelehrte einen Namen trägt, der in der Geschichte des Hauses Montravel immer wieder auftaucht, sondern auch, weil er Michel mit dem Essay eines jungen Rechtsgelehrten aus Sarlat bekannt machte, dem er soeben, bevor er nach Paris »aufstieg«, seinen Sitz im Parlament von Bordeaux abgetreten hatte: Das Manuskript handelt »Von der freiwilligen Knechtschaft«, und sein Autor war Etienne de la Boétie.

Doch Paris besteht nicht nur aus Studentenleben, literarischer Geselligkeit und politischen Schriften, hier lernt man auch die Lebenskunst, hier bekommt man Geschmack und gute Manieren beigebracht, auf die kein Adliger verzichten kann, der zu Glanz oder Anerkennung gelangen will. An seine Lehrjahre in Paris dachte Montaigne wohl, als er schrieb: »Nicht nur jedes Land hat seine eigenen Umgangsformen, sondern auch jede Stadt und jeder Stand. Ich bin von klein auf sorgfältig genug zur Einhaltung der unseren erzogen worden und habe genug Zeit in recht guter Gesellschaft verbracht, um genau zu wissen, wie die französischen Verhaltensregeln lauten – ich könnte geradezu Unterricht darin geben (…).« (I, 13)

Da Montaigne sich vor allem wegen Paris als Franzose fühlte, müssen wir folgerichtig von seinem Aufenthalt in der Hauptstadt den Bogen schlagen zu jenen »Umgangsformen«, in denen er »Unterricht (hätte) geben« können, wie zu der von ihm so sehr geschätzten »fröhlichen, freien Wesensart der Franzosen« und zu jenem Grundsatz, an den er sich offenbar mit Erfolg gehalten hatte: »In einer Monarchie sollte aber für die Erziehung jedes Edelmannes gelten, was für einen Höfling gilt.« (I, 26) Auch wenn er sich nicht immer entsprechend verhielt ...

Mit seiner Kleidung entsprach Montaigne durchaus der jungen Mode seiner Zeit, und in den *Essais* gesteht er: »Ich habe die Lässigkeit in der Kleidung, wie man sie an unsrer Jugend sieht, gern übernommen; den Mantel schräg umgebunden, die Kapuze auf einer Schulter, einen Strumpf nicht straffgezogen – zeigt das doch eine stolze Geringschätzung der uns fremden Modevorschriften und eine große Gleichgültigkeit gegenüber kunstvoller Aufmachung.« (I, 26) Er unterschied sich in nichts von seinen Altersgenossen gleich welchen Jahrhunderts, die sich je nach Mode mal niedlich, mal stutzerhaft, elegant oder exzentrisch herausputzten. Wir richten unser Augenmerk auf diesen Zug, weil er nicht ohne Folgen für die Zukunft des Jünglings ist: Der italienische Diplomat Lippomano bezeugt, daß die modischen Launen der jungen Leute im damaligen Paris »beträchtliche Ausgaben erforderten«[14]. Von ihm wissen wir auch, daß Montaigne damals »leichtsinnig« und sorglos Geld ausgab und »das Vermögen (der Familie) stark strapazierte«.

Müssen wir diese »Ausschweifung« – zu den anderen werden wir noch kommen – nicht in Zusammenhang mit der Krise sehen, die wenig später das Verhältnis zwischen Michel und seinem Vater oder vielmehr seinen Eltern belastete und die anscheinend nur dadurch beigelegt werden konnte, daß der verschwenderische Sohn an den heimischen Herd zurückbeordert wurde? Und führte sie nicht auch zu der offensichtlich erzwungenen »Entscheidung«, eine bescheidenere, aber regelmäßiger entlohnte Laufbahn einzuschlagen als die eines ruhmreichen »Pariser Höflings«, auf die seine frühe Erziehung und seine große Reise nach Paris abzielten.

Die Rechnungen für die Garderoben waren längst nicht die einzigen, die Pierre Eyquem zu begleichen hatte. Den Schliff zum Edelmann »à la française« erhielt man zu Zeiten der Valois durch allerhand nützliche – und unnütze – Betätigungen. Wir glauben gerne, daß »Micheau« seine Ecus nicht für den Unterricht im Tanzen, Fechten oder Federballspiel verschleudert hat, Künste zu denen ihn nichts befähigte, wie er immer wieder schrieb, wenngleich die schönen Augen einer jungen Dame ihn auch zu einer Gigue oder einem Florett verführt haben könnten. Doch es gab eine andere Kunst, auf die er versessen war und für die er seiner Meinung nach große Begabung besaß: die Reitkunst. Ihr dürfte er manche Stunde während seines Parisaufenthalts geopfert haben.

Die Reitkunst stand noch nicht in jener Blüte, die sie im 18. Jahrhundert, vor allem in Wien, erreichen sollte. Noch war das Pferd vor allem ein Nutztier, geeignet auf Reisen, zum Transport und besonders im Krieg. Pferde für artistische Zwecke einzusetzen, davon war man noch weit entfernt. Doch schon am Hof Franz' I., der sich selbst immer wieder als Reiter darstellen ließ, wurde die erste Reitakademie gegründet, die Petite Ecurie. Später stellte Heinrich II. ihr die Schule von Tournelles zur Seite, die sich unter Antoine de Pluvinel zur »Manège royal« entwickelte. Es gilt als sicher, daß Ronsard Schüler der ersten war. Montaigne war mit großer Wahrscheinlichkeit Schüler an der Schule von Tournelles – dafür spricht zumindest seine überschwengliche Huldigung für den Mann, der diese Reitschule gegründet und wie kein anderer verkörpert hat, den Herrn von Carnavalet.

Der bretonische Adlige François de Kernevenoc'h oder de Kernevenoy, genannt »Carnavalet«[15], war Stallmeister Heinrichs II., dann Gouverneur des Herzogs von Anjou, des späteren Heinrich III., und im übrigen ein Sympathisant der Reformation (als solchen würdigte ihn d'Aubigné). Er galt, nicht nur nach Aussagen Montaignes, als der beste Reiter seiner Zeit: »Ich glaube nicht, daß im Sattel uns irgendein Volk an Geschicklichkeit und Eleganz übertrifft. (…) Der kundigste, sattelfesteste und in der Pferdedressur gewandteste Mann, den ich je gekannt habe, war der unserm König Heinrich II. als Stallmeister dienende Herr de Carnavalet.«[16] (I, 48)

Hier können wir Montaigne vertrauen: Der Mann, der nicht müde wird, seine körperlichen Fähigkeiten herabzusetzen, hält sich für einen »sehr passablen« Reiter. Seine Leidenschaft für alles, was mit der Reitkunst zu tun hat, steht außer Zweifel, und kein Pferd ist ihm zu »verkehrt«, um nicht einen Ritt zu wagen. Nur wenige Kapitel in den *Essais* sind so von Begeisterung getragen wie jenes, das von »Streitrossen« (I, 48) handelt. Ob für Schlachten, auf Reisen oder beim Kunstreiten, sobald es um Pferde geht, zeigt Montaigne ein äußerst lebhaftes Interesse. Denn hoch zu Pferde kann ein Tolpatsch aus der Provinz neben einem blaublütigen Prinzen bestehen.

Kurz: Bevor er sich mit der Feder in der Hand in ein »durchgegang-
nes Pferd« verwandelte, hatte Michel de Montaigne sein »unablässiges
Zappeln«, jenes »Quecksilber«, das ihn seit Kindestagen antrieb, seinen
»Streitrossen« gewidmet. Und keine der bezaubernden Vergnügungen in
Paris genoß er so sehr wie die Reitstunden des großen Carnavalet in der
Manege von Tournelles: Wenn schon nicht mit Laute, Tanzbein oder
Degen, so wollte der junge Gascogner wenigstens bei dieser Übung
glänzen.

Von Jean de Morel zu Carnavalet waren sein Blick und seine Schritte auf
den Hof gerichtet, der damals schon im Mittelpunkt aller Sehnsüchte
nach Aufstieg, schönen Damen und einem Zipfel Macht stand. Nachdem
Franz I. sich aus dem Loiretal zurückgezogen und das Palais des Tournelles aufgegeben hatte, ließ die Königin die alte Zitadelle des Louvre unter
Leitung von Pierre Lescot zu einem herrschaftlichen Schloß umbauen. Zu
dieser Zeit ging vom Königshaus beinahe schon soviel Glanz aus wie ein
Jahrhundert später von Versailles.

Die ersten Seiten der *Prinzessin von Clèves* vermitteln ein erstaunlich
überzeugendes Bild von der poetischen wie auch politischen Ausstrahlung
des Hofes und stellen das seltsame Quintett vor, das König Heinrich, seine
Frau Katharina von Medici, die offizielle Mätresse des Königs, Diane de
Poitiers (sie war schon königliche Mätresse seines Vaters Franz I., bevor sie
von Anne de Pisseleu, der Herzogin von Etampes, abgelöst wurde, die nun
ihrerseits auf ihre Güter verbannt war), die »Thronanwärterin« Maria
Stuart und der Konnetabel Anne von Montmorency bildeten:

»Prachtliebe und höfisches Wesen standen in Frankreich niemals in
solchem Glanze wie in den letzten Jahren der Regierung Heinrichs II. Der
König war wohlgestaltet, von ritterlicher Art und verliebtem Wesen;
obwohl seine Leidenschaft für die Herzogin von Valentinois, Diane de
Poitiers, schon über zwanzig Jahre dauerte, war sie darum nicht weniger
heftig, und er bezeugte sie ihr mit nicht minder auffallenden Beweisen.

Da Heinrich II. sich in allen körperlichen Übungen durch große Erfolge auszeichnete, gehörten sie zu seinen liebsten Beschäftigungen. Kein
Tag verging ohne Jagdpartien, Ballspiele, Tanzfeste, Ringelstechen und
ähnliche Vergnügungen. Überall waren die Farben und Initialen der Herzogin von Valentinois zu sehen (…). Wo die Königin erschien, durfte die
Herzogin mit gleichem Recht anwesend sein.

Katharina von Medici war eine schöne Frau, obwohl sie nicht mehr in der ersten Jugend stand; sie liebte Glanz, Gepränge und Lustbarkeiten. (…) Ihre ehrgeizige Natur ließ die Königin am Herrschen besonderen Gefallen finden. Es schien, sie duldete die Liebe des Königs für die Herzogin von Valentinois, ohne selbst darunter zu leiden, aber sie war so verschlossen, daß man ihre Gefühle schwer erraten konnte, und die Staatsräson zwang sie dazu, die Herzogin an sich zu fesseln, um nicht selbst an Einfluß auf den König zu verlieren. (…)

Die Königin, ihre Schwiegermutter und Madame, die Schwester des Königs, hatten großes Gefallen an Dichtung, Theater und Musik. Noch war in Frankreich der Geschmack an Dichtkunst und schönen Wissenschaften wie in den Zeiten Franz' I. lebendig, und da sein Sohn, Heinrich II., körperliche Übungen liebte, wurden alle Formen der Unterhaltung am Hof gepflegt. Was ihm jedoch besonderen Glanz verlieh, war die große Zahl der Fürsten und hohen Herren von außergewöhnlichem Verdienst.«[17]

Haben sich diese vielen verdienstvollen Männer an den Hof und in das schwer zu durchschauende Kräftespiel begeben, um der unermüdlichen Herzogin von Valentinois Einfluß und Macht streitig zu machen? Dem einen oder dem anderen mag der Aufstieg von Diane de Poitiers zustatten gekommen sein, solange er Vorteile daraus ziehen konnte. Ohnehin setzte damals ein Wertewandel ein, bei dem die neuen politischen Tugenden im Verein mit den Werten eines aufsteigenden und im höchsten Maße aufgeklärten Bürgertums die traditionelle militärische Ordnung des Adels abzulösen begannen. Am Ende wuchs bei allen Überspanntheiten am Hof ein Gebilde heran, das bereits den absolutistischen Staat ankündigte. Jean Jacquart hat sich diesem Thema in einem Buch über Franz I. besonders eindringlich gewidmet. Darin beschreibt er die Einrichtung staatlicher Strukturen unter den Valois, die Heinrich IV. den Weg ebneten:

»Der Hof (…) ist an erster Stelle ein Instrument der königlichen Macht. Er unterhält den Adel und zähmt ihn zugleich. Viele Adelsgeschlechter waren durch ihren Lebenswandel, die Sorge um ihre äußere Erscheinung und die Weigerung, über ihre Ausgaben Buch zu führen, »hauszuhalten«, in Schwierigkeiten geraten. Für sie sind die Stellungen, Vorrechte und Geschenke, die der Herrscher verteilt, der einzige Ausweg, um dem Ruin und sozialen Abstieg zu entgehen. Immer öfter stellen sich junge Adlige aus der Provinz beim König vor, die auf seine Unterstützung zählen, um ihren Rang zu wahren.«[18]

Im Fall der Familie Montaigne ist das Problem aber nicht das »Bewahren« der sozialen Stellung, sondern der Aufstieg. Sie befürchtet keine Einbußen, sondern will ihr Emporkommen befördern. Nach den Vorstellungen Pierre Eyquems ist sein kluger Erbe dazu berufen, mit anderen jene Entwicklung voranzutreiben, die man als Öffnung des Hofes und Herausbildung des Nationalgedankens bezeichnen könnte, an der niedere und mittlere Landadlige bereitwillig mitwirkten.

Noch ahnt man nicht, daß diese Phase langfristig in einen Rachefeldzug der Florentiner Königin gegen die Mätresse des Königs mündete und – für eine verheißungsvolle, aber zu kurze Zeit – die Ablösung der im Palast tonangebenden Fürsten durch Staatsmänner wie die Kanzler Olivier und de L'Hospital zur Folge hatte. In dieser Zeit fand der gesellschaftspolitische Wandel statt, der es möglich machte, daß sich »ein Staat, dem es an Adligen nicht mangelt, von Männern der Tinte und Feder regieren läßt‹, wie der englische Diplomat Robert Dallington staunend feststellte.

Wie kann der junge Montaigne, der alles mitbringt, um an dieser Entwicklung teilzuhaben, am Hof Fuß fassen? Wie soll es der kleine Adlige aus dem Périgord, der sich noch keinen Ruhm »mit Tinte und Feder« erworben hat, nur anstellen, um in jenes Räderwerk der Macht vorzustoßen, dessen Spielregeln vom Pariser Hochadel bestimmt werden? Kann er seine Hoffnungen allein auf seine Kenntnisse in Literatur und schönen Künsten gründen, die immer mehr Anerkennung finden?

In solchen Fällen muß man auf Beziehungen, auf eine bestimmte Partei oder, besser noch, auf ein Netz guter Freunde bauen können. Schon zu Beginn der Reise, lange bevor sein Sohn, wie wir gesehen haben, eigene Verbindungen zu seinen »Landsleuten« aus dem Salon der Morels knüpfte, hatte Pierre Eyquem auf die gascogner Verbindungen gesetzt, oder vielmehr auf das Ansehen und den Einfluß seines mächtigen Nachbarn und Freundes, des Marquis von Trans, der nicht nur königlicher Rat war, sondern auch dem berühmten Adelsgeschlecht der Foix' vorstand, das bei Hofe wie im Land den Ruf des »bedeutendsten Hauses von Guyenne« hatte.

Germain Gaston de Foix-Candale war nach der alten Feudalordnung Lehnsherr der Herren von Montravel, deren kleines Lehen wiederum dem Erzbischof von Bordeaux, Jean de Foix, verpflichtet war. Von diesen Verkettungen abgesehen, warf die mächtige Persönlichkeit des Marquis ihren

Schatten über die gesamte Region, ob er dabei als Schutzherr auftrat oder auch nicht. Der Herr von Fleix war ein hochgeachteter Offizier, ein gewitzter und gebildeter Höfling.[19] König Heinrich II. schätzte seine diplomatischen Dienste so sehr, daß er ihn in den königlichen Rat aufnahm und ihn sogar als seinen Gesandten nach England schickte, um die Verhandlungen über die Rückgabe Calais' an die französische Krone zu führen. Für den jungen Michel de Montaigne war seine einflußreiche Stellung ein Segen. Alles deutet darauf hin, daß er seine Einführung am Hof der Valois dem Herrn von Fleix verdankt.

Später sollten sich die Beziehungen zwischen Lehnsherr und Vasall verschlechtern: Der Autor der *Essais*, Bürgermeister von Bordeaux und Vermittler zwischen Königen, empfand die Vormundschaft als bedrückkend und hat den greisen Edelmann als den größten Wüterich von Frankreich bezeichnet. Für seine Unterstützung war er ihm jedoch immer dankbar.

Wahrscheinlich hat noch ein weiterer Verbündeter zur Aufnahme bei Hofe beigetragen: Louis de Lansac, Graf von Saint-Gelais, der uneheliche Sohn Franz' I., dem der Verfasser der *Essais* eines der Bücher von La Boétie widmete: »Zum Dank, den wir Ihnen schuldig sind, und in Anerkennung der Freundschaft und Gunst, die Sie unserem Haus entgegengebracht haben.«[20] Die Dienste, die de Lansac ihm erwies, sind allerdings weniger belegt als diejenigen des Marquis von Trans.

Jedenfalls erhielt Pierre Eyquems Sohn Zugang zum Hof Heinrichs II., sei es in Tournelles, wo der König residierte, solange die Arbeiten am Louvre andauerten, oder in Fontainebleau, das seine Sommerresidenz blieb. Der aufmerksame Leser der *Essais* wird sich vielleicht an den wichtigsten Hinweis auf den Herrscher erinnern: »Ich habe es erlebt, wie König Heinrich II. einen Edelmann aus meiner heimatlichen Gascogne nie korrekt anzureden vermochte (…).« (I, 46)

Es wurde eingewandt, daß der Ausdruck »ich habe es erlebt« bei Montaigne auch ein vages »ich habe davon gehört« bedeuten könnte. Dagegen hat sich Géralde Nakam gewandt, die dieser Formulierung ihren vollen Wortsinn zurückgibt. Darüber hinaus legt das iterative Verbum im Perfekt deutlich den Finger auf die Wunde, auf die der junge Mann aufmerksam machen will: Mehrfach mußte er feststellen, daß Heinrich II. unfähig war, die gascognischen Edelleute »korrekt anzureden«, das heißt, fehlerlos beim Namen zu nennen.

Offensichtlich war der junge Gast am Hof pikiert darüber, daß der Herrscher – der ansonsten im Rufe stand, äußerst »umgänglich« und gastfreundlich zu sein – die in seiner Heimat gebräuchlichen Wörter verhunzte, ob es sich nun um die Titel eines Roffignac, eines Pibrac oder eines Lur-Longa handelte, die fernab vom Loiretal oder der Ile-de-France zu Hause waren, oder um die Aussprache und Betonung ihrer Namen.

Entweder bei Hofe, im Salon der Morels oder im Studienkreis um den aus Südfrankreich stammenden Gelehrten Henri de Mesmes hat Michel de Montaigne den späteren Kanzler Michel de L'Hospital kennengelernt, den er, wie François Olivier, in den *Essais* mit Lob überhäufte und dem er die lateinischen Gedichte seines geliebten Etienne de La Boétie widmete. Es ist erstaunlich, daß sich unter so vielen eifrigen Montaigneforschern so wenige finden, die den Spuren einer Freundschaft zwischen zwei Männern folgen, die zu den klügsten und tapfersten ihrer Zeit gehörten, die jedenfalls mehr als alle anderen in der Lage waren, den Schrecken entgegenzuwirken, die der Fanatismus, zu dessen hellsichtigsten Gegnern sie gehörten, über das Land bringen sollte.

Haben wir bei unserer Darstellung der Pariser »Kindheit« Michel de Montaignes vielleicht mehrere Parisaufenthalte durcheinander gebracht? Das wirft mehrere Fragen zugleich auf: Hat Montaigne immer an derselben Universität studiert? Hat er vorwiegend Literatur und Sprachen studiert? Was für ein Student war er? Wie urteilten andere, vor allem seine Mutter über ihn? Welche Schritte unternahm sein Vater, welche Zuwendungen erhielt er von ihm, der 1554 zum Bürgermeister von Bordeaux gewählt wurde?

Drei oder vier Angaben sind gesichert, auf alle Fälle aber belegbar. Während des Zeitraums zwischen 1546 und 1555, jener biographischen »Lücke«, in der wir zusammen mit den bereits genannten, verläßlichen Autoren einen oder mehrere längere Parisaufenthalte sehen, hat der junge Montaigne nicht nur studiert und Zugang zur Welt und bei Hofe gesucht – davon zeugen mancherlei Abschnitte in den *Essais* und zahlreiche, eher nebensächliche Belege –, sondern reiste auch des öfteren in andere Städte, vor allem nach Toulouse.

Wie schon gesagt, stammte die Familie der Mutter aus der Stadt Raymonds VI., und sie findet an mehreren Stellen in den *Essais* Erwähnung. Besonders in Zusammenhang mit der anzüglichen Anekdote über eine Frau, die von Grobianen vergewaltigt worden war und diesen Vorfall mit den Worten kommentierte: »Gott sei Dank! Wenigstens einmal im Leben konnte ich es ohne Sünde tun!«. Oder im Bericht über den »lungenkranken Greis«, dem der Arzt den jungen Montaigne vorstellen wollte, da der Anblick seines blühenden Gesichts den Gesundheitszustand des Kranken möglicherweise verbessern würde – »es sei denn«, wirft der Verfasser der *Essais* ein, »daß der meinige sich dadurch verschlechterte ...« In Toulouse fand auch der Prozeß gegen Martin Guerre statt, den der große Rechtsgelehrte Jean de Coras kommentierte: »Ich habe in meiner Jugend den Kommentar gelesen, den Jean de Coras, Richter am Parlament von Toulouse, zu seinem Urteil im Prozeß über einen seltsamen Vorfall drucken ließ.«(III, 11)

Doch es lassen sich keine Aussagen und kein Hinweis finden, die die Annahme rechtfertigten, der Sohn von Antoinette de Louppes habe in der Heimatstadt seiner Mutter die Rechte studiert – auch fand der Prozeß gegen Martin Guerre erst 1560 statt, als Montaigne längst dem Studienalter entwachsen war. Es könnte allerdings sein, daß er sich dort zwischen zwei Aufenthalten in Paris und Bordeaux in wenigen Monaten einige Grundkenntnisse im Rechtswesen angeeignet hat, die ein Fachmann wie André Touron nach Prüfung seiner Amtsführung als Parlamentsrat für beachtlich hielt: Man kann die Gesetze kennen und etwas vom Recht verstehen, ohne den geringsten Gefallen an seiner richterlichen Ausübung oder an juristischen Texten zu finden. Dies ist, wie wir noch sehen werden, beim Autor der *Essais* der Fall.

Doch warum kam es überhaupt zu einem solchen Studium, sei es in Toulouse oder anderswo? Wir haben den jungen Michel von Turnebus und Galland, seinen Lehrern am Collège des »Lecteurs royaux«, in die Salons der Pléiade-Dichter und von der Reithalle des Herrn Carnavalet in das prunkvolle Labyrinth am Hof Heinrichs II. begleitet – und dort suchte er zunächst weder nach einer Stellung noch nach politischen oder diplomatischen Aufträgen, sondern nach Wegen, die zu solchen führten, und nach den Fürsprechern, die ihn dabei hätten befördern können. Und jetzt soll auf einmal von der Rechtswissenschaft, von Roben, Amt und Würden die Rede sein?

Es ist nicht bekannt, ob Pierre Eyquem jeden Schritt seines Sohnes in der Hauptstadt verfolgte, ob er sich über seinen Umgang, seine Verbindungen und seine Damenbekanntschaften – darauf werden wir noch zurückkommen – Bericht erstatten ließ. Sicher ist jedenfalls, daß Antoinette über seine Ausgaben Buch führte und mit wachsender Wut beobachtete, wie der verschwenderische oder verwöhnte Sohn die Ecus ausgab, die seit einem Viertel Jahrhundert zwischen Lidoire und Dordogne so geduldig angespart worden waren. Und welche Vermögenswerte konnte ihr Ehemann gegenüber diesen Verbindlichkeiten schon ins Feld führen? Auch ist nicht bekannt, ob Pierre nachsichtiger war als seine Gattin. Im dritten Buch der *Essais* berichtet Montaigne, sein Vater habe ihm als dem Erben des Hauses prophezeit, »daß ich es gewiß zugrunde richten würde«. (III, 9)

Setzte Pierre Eyquem de Montaigne dem Pariser Abenteuer ein Ende, als er sich nach seiner Wahl zum Bürgermeister von Bordeaux 1554 oder 1555 an den Hof nach Paris begab, um die Aufhebung der Strafmaßnahmen zu erwirken, die der Stadt im Anschluß an den Aufstand gegen die Salzsteuer 1548 und die Plünderung durch den Konnetabel Montmorency auferlegt wurden? Die Stadt hatte die Mission für so wichtig erachtet, daß sie ihrem Bürgermeister ein Geschenk von zwanzig Fässern besten Weins vorausschickte.[21]

Diese Mission mag für Pierre Eyquem die Gelegenheit gewesen sein, eine Bilanz des Aufenthalts seines Stammhalters in der Stadt zu ziehen und unumwunden festzustellen, daß der junge Mann beileibe nicht mehr so »schwerfällig, schlaff und verschlafen« war, daß er die »träge Gemütsart« und den »langsamen Geist«, die ihn in seiner Kindheit auszeichneten, abgestreift hatte. Nach der Ausbildung bei Gouvea, Buchanan, Muret und Turnebus »sah er gut« und besaß »Anschauungen und kühne Gedanken, die (seinem) Alter vorauseilten«. (I, 26) Doch was machte er mit den vielen Gaben, die nun in ihm erwacht waren? Die einstige Prognose war noch nicht aus der Welt: »(…) nicht, daß ich etwas Übles, sondern daß ich gar nichts täte. Nicht ein schlechter Mensch würde aus mir werden, wohl aber ein nichtsnutziger.«

Sicherlich hatte Michel bei den Humanisten, in den Reitställen und bei den Damen, unter Höflingen und Kurtisanen einen scharfen Verstand, Feinsinn, kurz, den letzten Schliff bekommen. Doch welches Ergebnis konnte er dem sehr vernünftigen Herrn von Montaigne und seiner noch vernünftigeren Gattin vorweisen? Welche Vorteile, welchen Nutzen hatte er daraus gezogen? Welche Beziehungen geknüpft? Welche Glanzlichter aufgesetzt? Jetzt, mein Sohn, ist es Zeit, auf den Boden der Tatsachen zurückzukehren. Mit zweiundzwanzig oder dreiundzwanzig sollte man eine »Stellung« bekleiden. Da sich in der Politik oder im diplomatischen Dienst noch kein Weg auftut und ein Genießer von deinem Schlage nicht zum Kriegsdienst taugt, bleibt dir nur die lange Robe eines Richters: Deine Onkel und deine Vettern schlagen sich darin mit Erfolg. Und jetzt, wo ich Bürgermeister von Bordeaux bin, ist die Verbreitung unseres Namens gesichert, hat der Adel unserer Familie eine Bestätigung gefunden.

Wir haben uns erlaubt, Pierre Eyquem diese Worte in den Mund zu legen und dabei ganz frech einige verstreute Hinweise und Einschätzungen zu mißbrauchen. Doch es gibt triftige Gründe für diese Vermutung: Erstens wogen die verschwenderischen Ausgaben, die Michel in Paris tätigte, schwer bei der elterlichen Entscheidung. Hinzu kam, daß das Ergebnis des Bildungsaufenthalts unter dem Strich als unzureichend angesehen wurde, daß Pierre Eyquem nach seiner Amtseinsetzung der Überzeugung war, er habe seinem Namen nun genügend Glanz verschafft, um seiner Familie einen Platz in den oberen Adelsrängen zu sichern. Und schließlich stellte der Weg ins Richteramt nur einen Notbehelf, wenn nicht gar eine Strafe dar. So sah es der Vater, und noch viel mehr der Sohn, der in den gesamten *Essais* nie ein Hehl daraus macht!

KAPITEL 3

Von ehrbaren und von anderen Frauen

Das »Zeitalter des Hosenlatzes« ❖ »Ich habe mir in der Jugend die Finger daran verbrannt« ❖ Die Lust, die uns beherrscht ❖ Eine Akademie der schönen Montaigne-»Liebhaberinnen« ❖ Namen, nichts als Namen! ❖ Der unehrenhafte Handel ❖ »Eine ungeheurliche Versehrung« ❖ »Ein Esel nennt den andern ein Langohr«

Im Musée Carnavalet hängt das Bild eines unbekannten holländischen Meisters aus dem XVI. Jahrhundert: *Der verlorene Sohn und die Kurtisanen.* Aus derselben Zeit stammt auch ein Bild gleichen Titels von Louis de Caulery, das zwar weniger feinsinnig ist, dafür aber mehr verrät.

Der Niederländer zeigt uns einen bärtigen Jugendlichen mit Mandelaugen, schwarzem Samtbarett, granatrotem Wams und schneeweißen Rüschen, der im Kreise Flöten und Lauten spielender Damen musiziert, die einen züchtigeren Ausschnitt tragen als die Gräfinnen am Hof der Valois. Der verlorene Sohn seines französischen Rivalen hingegen besteigt munter eine Kurtisane, die noch von einem anderen geherzt wird.

Wollte man in einem der Bilder den jungen Michel de Montaigne wiedererkennen, der sich in den Jahren seiner größten Ausschweifungen gerne in irgendein »Bourdeau« an den Seinequais verirrte, dürfte man ihn eher in der Szene des französischen Malers sehen. Natürlich hat er später in den *Essais* seine Abneigung gegen »den Verkehr mit öffentlichen Dirnen« geäußert, den er grundsätzlich ablehnt und auf dessen Gefahren er aufmerksam macht. Dennoch zitiert er anderenorts einen seiner Meister, Aristippos, der »jungen Leuten, die darüber erröteten, daß sie ihn das Haus einer Dirne betreten sahen, zugerufen: Ein Laster ist es erst, wenn man nicht mehr herauskommt, keineswegs aber, wenn man hineingeht.« (III, 5)

Michelet hat die Epoche der Valois, zugleich die Rabelais' und Clément Marots, das »Zeitalter des Hosenlatzes« genannt, und sicher nicht, weil das kleine Stoffdreieck damals erfunden wurde, das vorne an den Oberschenkelhosen aufzuknöpfen war, sondern weil man einen äußerst freizügigen Umgang damit gepflegt hatte – unter anderem auch der junge Michel.

»Nie war ein Mann, wenn er sich ans Werk machte, mehr auf Verhütung bedacht« (III, 5), gesteht er ohne übertriebene Bescheidenheit. Als unbefangener Sittenhistoriker stellt er gerne die Zügellosigkeit seiner Zeit der – wie ihm gesagt wurde – Keuschheit »zu Zeiten der Väter«gegenüber, insbesondere der seines Vaters, der »heilige Eide schwur, daß er selber unberührt in den Ehestand getreten sei«. Eine überraschende Feststellung, wenn man bedenkt, daß Pierre Eyquem bei seiner Hochzeit das dreißigste Lebensjahr überschritten hatte, »für den Umgang mit den Damen von Natur aus wie durch seine Lebenskunst die besten Voraussetzungen mitbrachte« und ein Mann war, der seinen muskulösen Körper regelmäßig trainierte und über zehn Jahre in Italien gekämpft hatte, wo die Truppen Franz' I. nicht gerade abstinent lebten.

Wie bei der Bewirtschaftung des Familienguts war Michel auch auf diesem Gebiet weit davon entfernt, ein gelehriger Schüler seines Vaters zu sein. Wenn wir ihm glauben dürfen, verlor der kleine Lateiner seine Unschuld nicht erst nach der Hochzeit, sondern bereits nach der ersten Kommunion.

Als er an den *Essais* schrieb, lag das Ereignis schon so lange zurück, daß er sich nach dem Vorbild einer römischen Kurtisane kaum noch daran erinnern konnte. »Es war, wie ich bekennen muß, wahrhaftig Malheur und Mirakel zugleich, in welch zarter Jugend ich rein zufällig jenem Gott erstmals in die Arme lief; (…) es geschah lange vor dem wahl- und erkenntnisfähigen Alter.« (III, 13) War er wenigstens schon abgestillt? Diese Gascogner …

Seitdem hat er die Wonnen der Liebe ausgiebig genossen. Die Ufer der Lidoire und die Mühlen in der Gegend von Gurson haben wir schon erwähnt. Vergessen wir nicht Bordeaux, wo er vom sechsten bis zum fünfzehnten Lebensjahr am Collège des Arts, ehemals Collège de Guyenne, die Schulbank drückte. Neben der Schulkantine lag ein gutgehendes Freudenhaus, das die Lehrerschaft stark in Anspruch nahm. Einem Schelm wie Marc-Antoine Muret ist es durchaus zuzutrauen, den jungen Mann

dort eingeführt zu haben. Der überaus wählerische Professor hätte ihn
zwar lieber sich selbst zugeneigt gemacht, aber …

> »Daß der junge Schüler
> Von den jungen Schülerinnen läßt,
> Darauf ist nicht zu zählen (…)«,

wie François Villon schrieb, den unser Montaigne wohl zu Zeiten las, stu-
dierte und nachzuahmen suchte, als sein »bartloses Jünglingsalter« ihn
noch an den Hof jenes »Großtürken« hätte bringen können, wo die
Geliebten beiderlei Geschlechts »die er ihrer Schönheit wegen in Dienst
genommen hat, spätestens mit zweiundzwanzig Jahren ihren Abschied
erhalten«. (III, 3) Bis er dieses Alter erreichte, hatte er die meisten seiner
Abenteuer in Paris. Ob mit oder ohne musizierende Kurtisanen, der verlorene Sohn erlebte dort wahrscheinlich eine recht zügellose Zeit. In der
Bilanz seines Vaters um 1554 schlugen die Ausschweifungen jedenfalls
negativ zu Buche.

So eifrig er auch seinen Lehrer Turnebus hörte, die Vorlesungen am
Collège Royal ließen ihm Muße genug, die Gegend um das Collège du
Cardinal-Lemoine zu erkunden, was um so reizvoller war, als die nahe
Place Maubert im Zentrum des »Rotlichtviertels« lag. In einem 1562 ver-
öffentlichten Bericht beklagte sich der berühmte Ramus, ein Rivale von
Turnebus, bitter über die »unangemessene Freizügigkeit«, derer sich die
jungen Leute erfreuten.

Wir wissen nicht, ob Michel schon bei »Margo der Kupplerin« verkehrte, die später eine gewisse Berühmtheit erlangen sollte, oder bei
»Catin Bon-Bec«, einer Metze, die auf dem rechten Seineufer arbeitete,
oder ob er sich regelmäßig zu Würfel-, Karten- und anderen Spielen bei
»Frédoc« einfand. Einige Passagen der *Essais* und des Reisetagebuchs[1]
zeugen von einer großen Vertrautheit mit diesen Örtlichkeiten und ihren
mannigfachen Freuden.

> Wie schelmisch Paris doch ist! Je länger man bleibt
> Und seinen Wonnen frönt, desto schwerer fällt
> Der Abschied. Mußt Du aber weiter, junger Held,
> Hol schnell die Pferde aus dem Stall und zäume sie,
> Damit wir noch rechtzeitig von hier fortkommen.

Nein, diese Verse stammen nicht von Montaigne, sondern von Jean Pas-
serat, einem zeitgenössischen Dichter aus der Champagne, der zu den

Verfassern der *Satire Ménippée*[2] gehörte und dem strengen Ramus an der Spitze des Collège de France nachfolgte. Aber wir spüren unseren aufgeweckten »Micheau« darin, stets bereit, einem Rockzipfel hinterherzulaufen, und das sogar zu Pferde!

Heute können wir uns die Gefahren gut vorstellen – oder ahnen sie zumindest –, die einst auf einen Kavalier lauerten, der vor einem *Bourdeau* vom Pferd stieg oder im Hinterhof einer Gevatterin, die so unbesonnen war, ihren Galan ohne allzu große Vorsichtsmaßnahmen zu empfangen. Hören wir Montaigne:

> »Aber es ist ein Umgang, bei dem man sich ein wenig in acht nehmen muß; und das gilt namentlich für Männer, über die der Körper viel vermag, wie bei mir. Ich habe mir in der Jugend die Finger daran verbrannt, denn ich mußte all die Feuersbrünste durchmachen, von denen, sagen die Dichter, jene heimgesucht werden, die sich den Frauen ohne Maß und Verstand hingeben. Seither ließ ich mir diesen Hieb mit der Zuchtrute zur Warnung dienen.« (III, 3)

Solch ein »Hieb« schmerzt freilich länger als einer mit dem Rohrstock. An anderer Stelle sagt Montaigne uns sehr deutlich, daß viele Studenten an Syphilis erkrankten, bevor sie Gelegenheit fanden, Aristoteles' Warnungen über die Gefahren bei der Liebe zu beherzigen. »All die Feuersbrünste«? Er betont, er habe sich nur »zweimal angesteckt, freilich leicht und bloß bis zum Anfangsstadium«. (III, 3)

Syphilis oder Gonorrhöe? Obwohl so viele Montaigneforscher aus der Medizin stammen, hat sich erstaunlicherweise niemand mit dieser Frage beschäftigt, die ja nicht ohne Konsequenzen ist. Selbst die besten Kenner von Montaignes »Kindheit«, Nicolaï, Trinquet und Leschemelle, konnten sich bislang nicht zu einer Entscheidung durchringen. Trinquet beruft sich auf einen Fachmann, der zur pessimistischen Antwort neigt, und bietet damit eine Erklärung für den frühen Tod der ersten sechs Kinder Montaignes (aber diese Erklärung kann ja schlecht für die hohe Säuglingssterblichkeit im 16. Jahrhundert herangezogen werden). Ein anderer Biograph hat eine Geschlechtskrankheit für den vorzeitigen Haarausfall und die Impotenz verantwortlich gemacht, worüber Montaigne schon vor seinem fünfzigsten Geburtstag klagte, wie wir noch sehen werden – wenngleich seine letzte Tochter erst 1583 zur Welt kam. An den Nierensteinen, die ihn zu jener Zeit schon quälten, waren seine jugendlichen Eskapaden aber mit Sicherheit nicht schuld. Ob er dafür büßen mußte oder nicht – die Wollust hatte jedenfalls einen gewichtigen Anteil im Leben des Sohnes

von Pierre Eyquem, dem Keuschen. Nicht nur während seines Studenten-
lebens, als er sich austobte, sondern vielleicht noch mehr nach dem Verlust seines Freundes La Boétie (Montaigne war damals dreißig Jahre alt)
und nach seiner Vermählung zwei Jahre später. Die Heirat war von den
Eltern betrieben worden, die ihn mit einer Art Erpressung in den Stand
der Ehe zwangen: Entweder er führte ein Leben, wie es sich für einen
Gutsherren geziemt, oder man würde ihn enterben. Kurz: Heirate oder
sieh zu, wo du bleibst!

Welches Feuer aber, welche Lust an der Lust trieben ihn in der Zwischenzeit! Lesen wir, im Kapitel über die verschiedenen Gerüche, die
Erinnerungen eines notorischen Frauenhelden, der sich dem Vergnügen
mit Haut und Haaren verschrieb: (…) Mir steht dafür ein dichtgewach-
sener Schnurrbart zu Diensten. (…) Stets verrät er so, woher ich komme.
Die gierig sich einsaugenden Küsse der Jugend durchdrangen ihn ehedem mit ihrer ganzen Würze, die sich mehrere Stunden darin hielt.«
(I, 55)

Benutzt er die Vergangenheitsform, weil er in der Zeit, als er am
ersten Buch der *Essais* schreibt, in seinen Vierzigern, keinen vollen
Schnurrbart mehr trägt? Wenn er ihn erwähnt, benutzt er jedoch die
Gegenwartsform. Die zeitgenössischen Porträts sind in diesem Punkt
nicht einheitlich. Oder sollte es bedeuten, daß die Küsse im reiferen Alter
etwas von ihrer Feurigkeit verloren haben? Jedenfalls war Montaigne
zwanzig Jahre lang – zumindest aber so lange, daß La Boétie ihn 1560
noch darum beneidete –, was man einen »geilen Bock« nennt, ob im Périgord, in Bordeaux, Toulouse oder Paris. Fast möchte man annehmen,
dieses philosophische Naturtalent, das, wie die alten Griechen, den Menschen für ein vernunftbegabtes Wesen hielt, habe sich die Welt vor allem
durch jenes Körperteil erschlossen, das er witzigerweise »Monsieur ma
partie« nannte.

Davon zeugt auch dieses Geständnis: »Und als junger Mann (…)
frönte ich ebenso unbesonnen und hemmungslos wie sonstwer den
Begierden, die mich gepackt hielten.« Dann fährt er fort mit Horaz: »Wer
wie ich das Schwert geführt/ ist ein Mann, dem Ruhm gebührt,« und zieht
den Schlußstrich mit Ovid: »Auf sechsmal habe ich's in einer Nacht/
soweit ich mich entsinne, kaum gebracht.« (III, 13)

Wie der hervorragende Altphilologe und Herausgeber der *Essais*
Maurice Rat feststellt, hat Montaigne die von Ovid (seinem ersten Leit-

stern in Sachen Liebe) so forsch angegebene Leistung – »neunmal« – verringert. Wer ist nun der Gascogner? Vielleicht dachte er, als kleiner Prosaist könne er dem Dichter auch auf diesem Feld nicht das Wasser reichen. Außerdem wußte er, daß der eine oder andere Verwandte, Bekannte oder Adressat einer Widmung das Buch tatsächlich lesen würde und ihn vielleicht berichtigen könnte.

Hat Montaigne hier Anekdoten und Zitate nutzlos mißbraucht? Oder ist es vielmehr der Tonfall seiner Zeit? Es genügt, Brantôme in die Hand zu nehmen, um sich von letzterem zu überzeugen, von den einschlägigen Geistlichen ganz zu schweigen. Nicht aus Angeberei oder weil es ihm an Zurückhaltung mangelt, sondern aus Prinzip nimmt sich der Autor der *Essais* auf diesem Gebiet bewußt alle Freiheiten heraus, denn die Scham über »den Akt, der uns hervorbringt«, mißfällt ihm mehr als alles andere. Und er wird noch deutlicher: »Machen wir uns aber nicht zu Tieren, wenn wir den Akt tierisch nennen, der uns hervorbringt?« (III, 5)

Seine »Zurückhaltung« hindert Montaigne nicht daran, eine »anstößige Redeweise« zu benutzen, denn »es war die Natur, die es für mich getan hat«. Schließlich komme es darauf an, »den Menschen von seiner so törichten und abergläubischen Überängstlichkeit vor Worten« zu befreien. (III, 5) Und um sich sozusagen abzusichern, beruft er sich auf das Beispiel zweier »Männer der Kirche«, auf Calvins Stellvertreter Theodor Beza und auf den Dichter und Beichtvater Franz' I., Mellin de Saint-Gellais. Der erste schrieb: »Und fall ich tot auch um – O Gott erhalte/mir stets das zarte Strichlein ihrer Spalte«[3], und der zweite: »Versorgt von ihres Freundes Rute/ist jeder Frau stets wohl zumute«.[4] (III, 5)

Bevor wir zu den Erfahrungen und Prüfungen kommen, die eine tiefe Wandlung bewirkten – Kennenlernen und baldiger Verlust des geliebten Menschen, der als einziger seine Gefühlswelt voll und ganz erschlossen hat, Spannungen mit dem Vater, Bruch mit der Mutter, frühzeitiger Verlust seiner Männlichkeit – sollten wir einige Aspekte seiner widersprüchlichen und vielfältigen erotischen Persönlichkeit beleuchten.

Verliebt zu sein, hieß für Montaigne zunächst einmal, unbesorgt einer Philosophie der Lust zu huldigen, losgelöst von allen religiösen oder auch klassischen Moralprinzipien, die das gesellschaftliche Leben einengten, in dem er gleichwohl als Ehrenmann auftrat und die Sakramente empfing. Und es hieß für ihn, eine radikale Trennung von Sexualität und Gefühlen vorzunehmen. Zu guter Letzt bedeutete es auch das gleichmütige Nebeneinander von zeitgenössischer Frauenfeindlichkeit, die sich bei ihm oft sehr banal äußerte, was um so erstaunlicher ist bei einer Persönlichkeit, die in der Lage war, sich von allen landläufigen Vorurteilen frei zu machen, und einem prinzipiellen Feminismus, den er ebenso mutig vertrat wie seine Ablehnung des Rassismus oder seinen Haß auf Körperstrafen – Haltungen, die zeigen, daß er seiner Zeit um einige Jahrhunderte voraus war.

Im Grunde könnte man Montaignes Haltung in Herzensangelegenheiten als im weitesten Sinne hedonistisch bezeichnen: »(...) selbst in der Tugend trachten wir letzten Endes nach Lust« (I, 20) und »(...) die Natur drängt uns durch den Geschlechtstrieb zur edelsten, nützlichsten und angenehmsten aller von ihr vorgesehnen Tätigkeiten«. (III, 5) Selten wurden Sinn und Zweck der Lust so gelassen verkündet, selten die alten Philosophen so unverfroren dafür in Anspruch genommen: »Die Philosophie ist den natürlichen Lüsten keineswegs feind, solange sie Maß halten.« (III, 5) Um den Selbstzweck der Liebe zu behaupten, schreckt er nicht einmal davor zurück, sich auf den Heiligen Hieronymus und die Kirchenväter zu berufen: *amor ordinem nescit* (»die Liebe kennt keine Regeln«) – man kann darin eher eine Feststellung als einen Ratschlag sehen.

In der Zusammenfassung seiner knappen Untersuchung »Montaigne und die Lust«[5] widerspricht Marcel Conche der weitverbreiteten Annahme, Montaigne sei Epikureer gewesen. Der Autor der *Essais* kann sicher nicht als Anhänger Epikurs (und noch weniger Platons) gelten, denn er möchte sein Wissen über die Liebe, und vor allem über die sexuelle Begierde, nicht durch Zurückhaltung erlangen, sondern weist der Fleischeslust eine entscheidende Rolle dabei zu. Statt einen Epikureer oder auch Hedonisten sollte man Montaigne deshalb lieber einen Dionysiker nennen.

Nie habe ich Schaden genommen von einer Handlung, die mir wohl bekommt (...), meint er rückblickend und weigert sich, die »Sinnenlust« zu verdammen, selbst wenn »Laster« oder »Ausschweifungen« mit ihr einhergehen. Die Fleischeslust ist bei ihm nicht nur »eindringlich«, was Platon und Epikur entspräche, sondern auch »wahr«. Und wenn er empfiehlt, der Wollust »auf gemäßigte Art zu frönen«, gibt er sogleich zu verstehen, man könne es bei der Mäßigung auch übertreiben, die Jugend

aber dürfe sich mancherlei »Übermaß« erlauben. Vom guten Gebrauch
der Torheit: Hier entfernt sich unser Gascogner allerdings von seinen griechischen Vorbildern – abgesehen von Aristippos, dem Freund der Bor-
delle, von dem schon die Rede war. Wie aber soll man nach diesem Philosophen (und Montaigne) Liebe von Lust, Lust von Begierde und Begierde
von Jugend unterscheiden?

Ein dionysischer Hedonist wie Montaigne ist aber auch ein Meister
der Erotik. Er betont nicht nur die heilsame Wirkung der Lust, sondern
auch die der Begierde oder vielmehr des Begehrens und der notwendigen
Zeit, die man ihm geben müsse, um zu einer vollständigen Befriedigung
zu gelangen: »Wenn man mich fragte, was in der Liebe die erste Rolle
spiele, würde ich antworten: den rechten Augenblick zu ergreifen wissen;
und dies auch die zweite Rolle und die dritte. Alles vermag die Gelegenheit.«(III, 5)[6] In dieser Kunst erweist sich Montaigne als Vorläufer der
Meister des 17. Jahrhunderts, ja sogar Stendhals. Wer die Liebe als »fröh-
liche und springlebendige Gefühlsregung« (III, 5) beschreibt, so daß selbst
Nietzsche darin das Wesentliche seiner Lehre erkannt hat, kann zurecht
als »Meister der Lust« oder der »beherrschten Wollust« gelten.

Hier gibt sich kein alternder, zurückgezogen lebender Schriftsteller den
Meditationen seines Lebensabends hin. Was hier zum Ausdruck kommt –
eine Philosophie der Liebe und der Lust als »Hauptabsicht« unseres Stre-
bens – liegt Montaignes Denken ursprünglich zugrunde. Das zeigen schon
die Zitate und Verweise auf Autoren unterschiedlichster Herkunft und
Epochen in den *Essais*. Hier hat sich kein junger Hitzkopf zu einem alten
Mann gewandelt wie auf anderen Gebieten, und es handelt sich auch
nicht um einen chinesischen Greis, der sich im Alter zynisch darauf
beschränkt, über die Liebeskunst zu schreiben. Es handelt sich vielmehr
um eine Vertiefung und Verinnerlichung, die im Laufe einer langen Entwicklung stattfindet, die mit dem Studenten beginnt, der durch das Paris
Heinrichs II. irrt, und beim Philosophen endet, der von einer langen Italienreise zurückkehrt. Aber dabei bleibt er stets derselbe umherstreifende
Reiter.

Ebenso bemerkenswert wie das Lob der Wollust ist seine Forderung,
die Lust müsse beiderseitig sein – denn davon ist bei seinen verehrten antiken Philosophen ebensowenig die Rede wie bei zeitgenössischen. Doch
was ist schon die Lust an einem Körper, der weder begehrt noch begehrt

wird? »Ja, hier umschmeichelt die Lust, die ich spende, mein Empfinden in Wahrheit noch lieblicher als die, welche man mir spendet« gesteht er, und wechselt vom »Kitzel« der Lust zur Moral: »Es verrät eine niedrige Seele, wenn einer alles schuldig bleiben will und sich gar darin gefällt, nur mit solchen Frauen zu verkehren, auf deren Kosten er sich vergnügt.« (III, 5) Der scheinbar zynische Liebhaber, dieser ausgemachte Genießer, der Frauen rügt, die »nur mit einer Gesäßbacke« (III, 5) bei der Sache sind, verkündet immerhin, daß ein Kavalier nur dann wirklich Lust empfinden könne, wenn er auch welche gebe, da die Wollust zur Hälfte aus der Lust bestehe, die der andere empfange. Deshalb nennt er jenen Ägypter wahnsinnig, »der in heißer Begierde zur Leiche einer Frau entbrannte, die er einbalsamierte und in ein Grabtuch wickelte«, ebenso Periander, der seiner Frau »noch beiwohnte, als sie längst verblichen war«, und sein Tadel gilt durchaus beiden Geschlechtern: »Muß man es nicht als geradezu lunatische Laune der Luna bezeichnen, daß sie ihren Geliebten Endymion, da sie seiner nicht anders habhaft werden konnte, mehrere Monate in Schlaf versetzte, um an einem Jüngling ihre Lust zu befriedigen, der sich nur traumumfangen zu regen vermochte?« (III, 5)

Ist es Erfahrung, eine elegante Form von Takt oder Nächstenliebe an der richtigen Stelle? Auf diesem wie auf anderen Gebieten zeigt sich Montaigne als Wegbereiter, der die Bedeutung das Gesprächs, der erotischen Kommunikation, hervorhebt und die Sprache für eine wesentliche Zutat gemeinsam erlebter Wollust hält. Sind wir damit nicht über Stendhal hinaus schon bei Aragon und Bataille angelangt?

Hier können wir aber auch den verwirrendsten Aspekt am »Fall« Montaigne sehen: Dieser Mann, der so viel Wert auf das gemeinsame Erleben der Lust legte, für den das Wesen der Lust in der Gegenseitigkeit lag, hat in seinem ganzen Liebesleben wahrscheinlich keine tiefe Leidenschaft, keine dauerhafte Liebesbeziehung, keine jener Verbindungen gekannt, in denen die Lust gesteigert und verfeinert wird. Der Verfechter der sexuellen Gleichberechtigung hat diesen lustvollen Austausch nur in einer Beziehung gefunden, bei der es wahrscheinlich zu keinen sexuellen Kontakten gekommen ist: in der Freundschaft mit Etienne de la Boétie. Hat der begeisterte Frauenliebhaber in Wirklichkeit vielleicht nur einen Mann geliebt?

Paradoxer geht es nicht mehr. Man mag ja davon ausgehen, daß ihm nach der vollkommenen Liebe zu Etienne jede andere Liebesbeziehung

oberflächlich und wie ein fader Ersatz vorkam – insbesondere die »Ausschweifungen«, in die er sich nunmehr mit Kunst und Beflissenheit
stürzte. Einen großen Teil seines Liebeslebens hatte er jedoch schon hinter sich, als er mit fünfundzwanzig Jahren Etienne de la Boétie in Bordeaux kennenlernte. Hat dieser Mann, dem der Umgang mit »schönen
und edlen« und anderen Frauen so sehr am Herzen lag, also keine der Leidenschaften gekannt, die das Leben der meisten abendländischen Schriftsteller bewegt und sie inspiriert haben?

Viele Biographen und Fachleute haben sich hartnäckig, aber vergeblich darum bemüht, eine Laura oder Helena an seiner Seite zu entdecken.
Selbst Alexandre Nicolaï, dem sorgfältigsten von allen, die nach Montaignes schönen Damen geforscht haben, ist es in seinen Büchern *Montaigne intime* und *Les Belles Amis de Montaigne* nicht gelungen, auch nur
eine »Weibsperson« (wie es in den Memoiren aus jener Zeit heißt, als das
Wort noch keine abfällige Bedeutung hatte) ausfindig zu machen oder
zu benennen, die mit dem kleinen Schloßherrn aus der Dordogne jenen
»wollüstigen Umgang« gepflegt haben könnte, bei dem er alle anderen
Lüste »stillgelegt« hätte.

Montaigne, der in den *Essais* und im *Reisetagebuch* so freimütig über
seine eigenen Liebeserfahrungen berichtet hat, muß von einem besonders
großen Ehrverständnis geleitet gewesen sein, sonst hätte er den guten Ruf
seiner Partnerinnen wohl kaum so gut gewahrt (die sich ihrerseits einer
solchen Bekanntschaft vielleicht gerühmt hätten …).

Auf keinem anderen Gebiet hat Montaigne eine solch bemerkenswerte
Verhüllung betrieben. So zurückhaltend er hinsichtlich seiner Zeitgenossen auch war, für den Montaigneforscher ist es eigentlich nicht schwierig,
zwischen den Zeilen lesend den Herzog von Guise, den König von
Navarra, die Königin Katharina oder den Marquis von Trans zu erkennen. Den Lesern eines Brantôme (leider konnte er Montaigne nicht als
Vorbild dienen) geht es in dieser Beziehung weitaus besser, und sie können
sogar die Namen einer Margarete de Valois oder Anne d'Este bei ihm entdecken, oder die »der größten Huren von Guyenne, allzeit bereit, ihre
Lunte am erstbesten Glimmstengel zu entzünden«; fast auf jeder Seite
lesen wir von einer Mademoiselle de Rouart oder de Châteauneuf, und
selbst eine Diane de Poitiers ist bei Brantôme nur unter einem sehr durch-
sichtigen Schleier verborgen.

Dergleichen sucht man bei unserem berittenen Edelmann vergeblich.

Aber hätte er nicht wenigstens einige Umrisse, Schatten oder undeutliche Profile zeichnen können? Alexandre Nicolaï konnte lediglich eine Art Akademie schöner »Montaigne-Liebhaberinnen« errichten, die angesichts ihres Alters oder ihres Standes keinen anderen Umgang mit ihm gepflegt haben dürften, als den »der Gesprächs-und Diskussionskunst«, die er freilich hoch achtete. Hier treten die Namen der Damen hervor, denen er das eine oder andere Kapitel in den *Essais* widmete: Diane de Foix, Louise d'Estissac, Marguerite de Duras oder »jene große Corisande«, Diane d'Andoins, die Gräfin von Guiche und Gramont und Schloßherrin von Hagetmau. Die Aufzählung dieser berühmten Namen verraten zugleich den einfältigen »Snobismus« Montaignes und seinen schwelenden Ehrgeiz, der ihn nie ganz in Ruhe gelassen hat. Doch um welche Art von Beziehungen, von weiblicher »Schirmherrschaft« handelte es sich?

Es ist offensichtlich, daß Montaignes Beziehungen zu Diane d'Andoins allenfalls freundschaftlicher Natur waren, schließlich mußten sie sich mit ihrer allseits bekannten Liaison mit Heinrich von Navarra vereinbaren lassen. Dasselbe gilt für Diane de Foix, der Gattin seines Freundes Louis de Foix. Doch wie steht es um die Damen d'Estissac und de Duras? Beide hatten am Hof der Valois ein so bewegtes Leben geführt, daß ihnen ein Abenteuer mit dem kleinen Herrn von Montravel eher ergänzend und fast unschuldig erschienen sein mochte.

Bevor aus Louise de la Béraudière, Tochter des Herrn von Rouet und Madeleine de Fous, Madame d'Estissac wurde, zählte sie zum »Geschwader« der Schönheiten, die Katharina von Medici bei Hofe versammelt hatte, um die hugenottischen Adligen für sich zu gewinnen. (Wäre die Königinmutter um des himmlischen – katholischen – Friedens willen doch nur bei dieser Strategie geblieben). Wichtigste Vorgabe an die auserwählten Damen war, »sich vor der Schwellung des Bauches zu hüten«, ansonsten aber …

Ihrer Schönheit wegen war »die Rouet« für Heinrichs Vater Antoine von Navarra bestimmt, der nicht aus der Art geschlagen war. Er ließ sich nicht lange bitten und zeugte mit seiner Hofdame einen Jungen, der später Erzbischof wurde. Bei der Belagerung von Rouen setzte ein Schuß aus der Armbrust seinem Leben und seinen vielen Liebschaften ein Ende. Die Krone fiel nun Heinrich zu, der bald von sich reden machen sollte. Jene Hofdame aber, die der spanische Gesandte in seinen Depeschen »die

Ruetta« nannte, wurde von »Madame Katharina« nunmehr gebeten, sich
ihres jüngsten Sohnes anzunehmen, des undurchsichtigen Herzogs von
Alençon, dem späteren Herzog von Anjou[7], bis sie von ihr schließlich mit
dem sechzigjährigen Louis d'Estissac verheiratet wurde, einem Statthalter
der Könige von Navarra. Sie ließ sich mit ihm in Coulonges-les-Royaux
nieder und empfing von ihm zwei weitere Kinder (darunter Charles, der
uns noch beschäftigen wird).

Wie streng man seine Tugend auch hüten mag, die Vergangenheit
bleibt immer an einem haften. Als sie später den Herrn von Combaud
ehelichte, der ihr als Mitgift einige Hoffnungen auf das Bistum Cornwall
machte, spottete man über den »Cornu de Cornouailles«, den »gehörnten
Cornwaller«, und Pierre de L'Estoile, der berühmte Historiograph Heinrichs IV., ließ sich die Gelegenheit nicht entgehen, in seinem Tagebuch
über den »Rouet de cocuage«, das »Hahnrei-Spinnrad« zu höhnen.

Der mit knapp dreißig Jahren verwitweten und zurückgezogen in der
Guyenne lebenden, »göttlichen Rouet«, die man auch das »Relict«
nannte, fehlte es nicht an Bewunderern. Ihr Vetter Brantôme widmete ihr
Verse wie diese:

»Rouet, die ich wie eine Heilige anbete (…)«,

nicht ohne sich über ihre Kühle zu beschweren:

»(…) denn nie, Rouet, litt ich solchen Schmerz (…).«

Ob sie immer so abweisend war? Auch zu Montaigne, der zu ihren ent-
fernten Nachbarn gehörte und nicht nur den Umgang mit schönen Frauen
liebte, sondern auch auf Neuigkeiten vom Hof versessen war? Und davon
hatte »die Göttliche« nun weiß Gott viele erlebt und gehört, unter anderem auch von der Königinmutter.

Vielleicht gründet der Haß auf Montaigne, den Brantôme sorgsam
gehegt haben soll, in den Vertraulichkeiten, die Madame d'Estissac, spätere de Combaud jenem zum großen Bedauern des abgewiesenen Vetters
gewährt haben könnte?

Marguerite de Duras hingegen wurde für keine »Liebesgeschwader«
rekrutiert. Das war auch gar nicht nötig, denn sie war die engste Vertraute, Verbündete und gelegentlich auch die Hebamme Margaretes von
Valois, der berühmten »Reine Margot«. Und das sollte schon etwas
heißen. Jedenfalls waren es der »Skandale« so viele, daß Heinrich III. per-

sönlich(!) sie samt seiner Schwester Margarete und Mademoiselle de
Bethunes vom Hof verbannen ließ, eine Maßnahme, die weniger mit dem
Lebenswandel der Damen zusammenhing als mit den Intrigen, die sie
zugunsten seines Bruders gesponnen hatten, des Herzogs von Anjou und
Anführers der »Unzufriedenen« — Katholiken, die die Hugenotten unter-
stützten —, doch hier bot sich dem König ein willkommener Vorwand zur
Durchsetzung seiner politischen Absichten.[8]

Als sie zurückgezogen bei ihrem Ehegatten, dem Grafen von Durfort,
in Bordeaux lebte, umwehte Marguerite noch ein Hauch von Abenteuer,
der dem Herrn von Montaigne zu Kopf gestiegen sein könnte. War es so?
Wer in der Widmung an Madame de Duras am Ende des zweiten Buches
der *Essais*, also noch in der ersten Ausgabe, unbedingt eine Art Botschaft
an eine ihm sehr nahestehende Person sehen will oder sogar die Spur eines
Geständnisses über eine mehr oder weniger intime Beziehung, wird dies
kaum belegen können. Es handelt sich beim fraglichen Kapitel um eine
Anklage gegen die Ärzteschaft und ihre kleinen Fehler, die er ebensogut
an einen Bischof wie an eine lebenslustige Dame hätte richten können.

Im übrigen sollten wir lieber nicht fabulieren. Oder, im Gegenteil,
fabulieren wir munter drauf los, aber nur ins Blaue, in die Nebel, die im
September über der Dordogne liegen, und nur im Morgengrauen, wenn
die einen »Steinpilze sammeln« gehen und die anderen übernächtigt
heimkehren …

Das Paradoxe an Montaigne liegt nicht im Zwiespalt zwischen seinem
Hang zu leidenschaftlicher Liebe und seiner Neigung zu Vorsicht und
Besonnenheit, die einige auch Weisheit nennen, sondern vielmehr darin,
daß seine Auffassung von der Gleichberechtigung in der körperlichen
Liebe keine Entsprechung in seinem Gefühlsleben fand.

Nichts liegt ihm ferner, als diesen »Umgang« (III, 3) für ruchlos zu
halten – wenngleich er es im dritten Kapitel von Buch III der *Essais* nicht
ganz so hoch bewertet wie die unvergleichliche Freundschaft und das
Vergnügen der Lektüre –, denn er betont ausdrücklich: »Ich kenne außer
der Liebe keine Leidenschaft, die mich noch in Atem halten könnte.« (III, 5)
Auch sei keine »edler und nützlicher«, ja, er versichert sogar: »Sie gäbe
mir wieder wachen Sinn und klaren Blick, gefälliges Auftreten und Acht-
samkeit auf mein Äußeres«, und »sie ließe mich zu einer mit Sinn und
Verstand betriebenen Erkenntnissuche zurückkehren, durch die ich mir

mehr Ansehen und Zuneigung erwerben könnte.« (III, 5) Wohl gesprochen!

Doch hören wir auch die Gegenstimme: »In den Liebesbeziehungen
habe ich mich nie völlig gehenlassen. Sie machten mir Spaß, aber ich vergaß mich dabei nicht. Das bißchen Verstand und Urteilsvermögen, das
mir von der Natur mitgegeben wurde, wußte ich zum Vorteil der Frauen
und zu meinem eignen voll und ganz zu bewahren: etwas Erregung, ja –
aber bitte keine Raserei!« (III, 5) Löst sich der Widerspruch vielleicht
durch die naheliegende Formel: »Keine Venus ohne Amor«? Da müßte
man besagten Amor schon für ein stilles Genie halten, mit einem Bogen,
dessen Pfeile nicht verletzen – oder für ein Engelchen aus den gemäßigten
Breiten zwischen Dordogne und Lidoire, der keine Medea und keine Dido
besucht und erhitzt hat.

In was für ruhigem, gelassenem Ton hier von brennenden Dingen
gesprochen wird! Pierre Leschemelle, der aufmerksame Erforscher seiner
Leidenschaft für Frauen, staunt und zeigt sich geradezu empört über den
Mangel an »Zärtlichkeit« bei diesem andächtigen Freund und Verehrer
der Weiblichkeit, und wie Montaigne, der sich gerne selbst angeklagte
und Vorwürfe machte, spricht er von »Trockenheit«.[9] Wie kommt er nur
dazu, die Bande der Liebe im Tonfall eines Diplomaten oder eines Schweizer Strategen bei der Beschreibung einer Schlacht abzuhandeln? Schließlich hat er sich nicht damit begnügt, die Schönheit der Frauen zu loben
und zu genießen, sondern hat verlangt, ihnen mit »Achtung« gegenüber-
zutreten, sie »zu ehren und zu fürchten«, vor ihnen »den schüchternen
Jüngling und ergebenen Diener« zu spielen. Er bewundert ihre Tugend
um so mehr, je anspruchsvoller sie beim Sex sind. Und er fordert sogar, sie
in allen Punkten gleich zu behandeln.

Der offensichtliche Mangel an Gefühl zeigt sich vor allem daran, wie
wenig Aufhebens dieser »Verehrer« von der Eifersucht macht, die selbst
die glücklichsten und siegreichen Liebhaber nicht verschont. Montaigne
verurteilt die Eifersucht ganz banal als »die zweckloseste und dabei hef-
tigste Krankheit des menschlichen Gemüts«. (III, 5) Schön und gut. Aber
bedeutet das nicht, daß er bei keinem seiner Abenteuer sein Herz so
richtig verloren hat? Von den »Spielchen« der Frauen spricht er so
unbekümmert wie ein Insektenforscher. Heißt es aber nicht, auch wenig
Aufhebens von der Liebe zu machen, wenn man Eifersucht für »zweck-
los« hält?

Ein kaltes Herz hat man ihn genannt. Und doch verdanken wir ihm diesen wunderbaren Aufschrei: »Gleichwohl ist dieses wider die Natur der Liebe, wenn sie anders nicht heftig ist, und wider die Natur der Heftigkeit, wenn sie beständig ist.« (III, 5) Und auch dieses Geständnis:

»Wenn all das Papier erhalten wäre, das ich ehedem, als die Leidenschaft meine Hand regelrecht mit sich riß, für die Damen bekritzelt habe, würde sich vielleicht das eine oder andere Blatt darunter finden, das es verdiente, der noch unbeschäftigten Jugend zugänglich gemacht zu werden, die heute der gleiche Furor um den Verstand zu bringen droht.« (I, 40)

Läßt aber der Briefeschreiber sich jemals »um den Verstand bringen«? Aus dem lebenslustigen Jungen ist tatsächlich kein vorbildlicher Ehemann geworden: Wir werden noch darauf zurückkommen, wenn wir die ausgefallene – damals aber übliche – Idee beleuchten, Ehe und Liebe seien unvereinbar miteinander, eine Vorstellung, nach der auch Montaigne gelebt hat. Da er sich den Frauen jedoch nicht rückhaltlos hingab, konnte er auf das flegelhafte Benehmen verzichten, das zu seiner Zeit die Regel war. Und wir finden bei ihm nichts von jenem männlichen Eroberungswahn, der hundert Jahre zuvor die »höfische Liebe« abgelöst hatte und dem es vor allem darauf ankam, schnell ans Ziel zu gelangen, was Montaigne im Vergleich zu italienischen Gebräuchen voller Verachtung französisches »Draufgängertum« nannte.

Brantôme bietet vielleicht nicht die besten Belege dafür, so vielsagend er auch sein mag, und die Edelmänner aus der *Prinzessin von Clèves* benötigten ihr Ungestüm auf einem ganz anderen Gebiet. Doch zu Zeiten der »Reine Margot«, — die fand, »mit dreißig Jahren sei es für Frauen an der Zeit, statt auf Schönheit nur noch auf Güte Anspruch zu erheben« (III, 5), die sich jedoch selbst nicht an diese Regel gebunden fühlte, als sie in die Jahre kam —, zwischen den Italienfeldzügen und den Religionskriegen, waren auf beiden Gebieten sowohl Übergriffe als auch Plünderungen an der Tagesordnung.

Montaigne, der, wie wir wissen, nicht danach trachtete, sein Bild zu beschönigen — nicht einmal auf dem tabuisierten Gebiet der Männlichkeit — legt Wert auf die Feststellung, es sei für ihn Ehrensache gewesen, seine Herzensdamen mehr als nur gleichberechtigt behandelt zu haben (auch wenn er ihnen nicht immer gleich treu sein konnte): Er hat von ihnen nicht mehr erwartet, als er zu geben vermochte. Vertrauen wir ihm, wenn er beteuert:

»Auf meine Treue konnten sie selbst in ihrer Untreue bauen, ihrer eingestandenen und manchmal öfters wiederholten (…). Ich fühle mich in solch intimen Beziehungen (…) stets zur Aufrechterhaltung eines gewissen Wohlwollens verpflichtet (…). Wenn ich ihnen je Grund gab, sich über mich zu beklagen, dann allenfalls darin, daß ich beim Lieben im Vergleich zum heutigen Brauch auf einfältige Weise gewissenhaft vorging. (…) Um ihrer Ehre willen habe ich aber mehr als einmal auf dem Höhepunkt der Begierde die Segel gestrichen.« (III, 5)

Ohne in seiner Zurückhaltung immer richtig verstanden worden zu sein … Freilich kann man unter dieser knabenhaften und aufrichtigen Männlichkeit auch eine Strategie zur Steigerung der Wollust erkennen (der schelmische Gascogner ist aber auch mit allen Wasser gewaschen!):

»Unsre Liebesabenteuer (habe ich), damit sie weniger Argwohn erregten, auf den steinigsten, von keinem für gangbar gehaltenen und ebendarum, wie ich fand, gangbarsten Wegen ins Werk gesetzt. Dinge, um die man sich am wenigsten sorgt, werden auch am wenigsten im Auge behalten und geschützt. Was niemand glaubt, daß ihr es wagen werdet, könnt ihr um so unbesorgter wagen – da es so schwierig ist, wird es leicht.« (III, 5)

Ist die »höfische« damit die durchtriebene Liebe? Jedenfalls zeugt sie vom Stil eines Strategen – halb Valmont, halb Danceny, wäre man versucht zu denken, hätte Montaigne nicht weitaus weniger Opfer auf dem Schlachtfeld hinterlassen als der Vicomte aus Laclos' *Gefährlichen Liebschaften*.

Der schäkernde und tändelnde Montaigne, der unermüdliche, wohlwollende und selbst in seinen ein wenig naiven Listen noch »gewissenhafte« Liebhaber gibt sich nicht erfolgreicher als er war – wie wir bereits gesehen haben, achtet er darauf, seine Leistungen nicht aufzubauschen. Wir können bei ihm sogar Geständnisse lesen, die nicht dem Alter geschuldet sind, in dem er das dritte Buch der *Essais* und insbesondere das berühmte fünfte Kapitel »Über einige Verse des Vergil« schrieb, sondern vielmehr einer Veranlagung, die ihm seit seiner »Kindheit« gelegentlich Ärger bereitet hat.

Sehr wahrscheinlich hat sich mit zunehmendem Alter die geringe Größe seines Geschlechtsteils immer unangenehmer bemerkbar gemacht, jenes »ungehorsamen und widerspenstigen« Gliedes also, das er bescheidener als Rabelais, der von »Maître Chouart auf der Suche nach Unterkunft« sprach, »Monsieur ma partie« nannte. Hören wir, wie er selbst seine Erfahrungen schildert:

»Wenn ich eine mit mir unzufrieden fand, habe ich keineswegs gleich ihren locke-
ren Lebenswandel dafür verantwortlich gemacht, sondern mich vielmehr gefragt,
ob es nicht angebrachter wäre, meiner Natur die Schuld zu geben,

> denn ist mein allerbestes Stück/
> nicht lang genug und stramm und dick/
> und zuckt der Damen kund'ger Blick/
> vor solchem Schwanz geschockt zurück.« (III, 5)

War Montaigne wohl beraten, hinsichtlich seines eigenen Gliedes ausgerechnet aus den *Priapeia*[10] zu zitieren? »Jedes meiner Glieder macht mich
zu dem, was ich bin, keines aber mehr als dieses zum Mann.« Um der
Wahrheit willen ...

Unser Michel war also für die Liebeshändel mit einer nach dem
Geschmack der Damen ein wenig zu kurzen Waffe ausgestattet. Überdies
verhehlt er uns nicht, daß sein »Strohfeuer« häufig nicht so lange brannte
(III, 5), wie es sich seine Partnerinnen erhofft hatten: Wenn er im dritten
Buch seinen »zaghaften Daumen« erwähnt (III, 5), spricht er wie ein alter
Knabe, dessen Schwächen mit dem Alter zugenommen haben.

Doch eine Überlegung wie die folgende ist nicht allein dem Alter
geschuldet: »Ich neige von Natur aus zum Jähzorn, der, obwohl nur oberflächlich und kurz, mir oft meinen Handel verdirbt.« (III, 5) Und an anderer Stelle spricht er auch von einem Alten, der sich wünschte, »sein
Schlund möchte so lang wie der eines Kranichs sein, damit er, was er hin-
unterschlinge, länger schmecken könne.« Solchermaßen wäre er »bei der
überstürzten und flüchtigen Wollust des Liebesakts (namentlich für
Naturen wie die meine, deren Fehler das Ungestüm ist)« besser gerüstet
gewesen. (III, 5)

Michel war also auch zu schnell bei der Sache, ein Opfer der »vorzeitigen Ejakulation«, die noch manch anderen – und manch andere –
bekümmerte. Bei der Aufzählung seiner Unzulänglichkeiten glaubt man
Herrn Beyle[11] zu hören, der bei den Schilderungen seines Liebeslebens
ständig sein Übergewicht und seine Mißerfolge beklagt. Falls es aber
noch eines Beweises bedurfte, daß die »schönen und ehrbaren Frauen«
nicht töricht sind, würde ein Hinweis darauf genügen, daß weder der
Schloßherr aus der Dordogne mit dem kurzen Glied noch der Diplomat
aus dem Dauphiné mit dem Schmerbauch immer nur einen Korb von
ihnen erhalten hatten ... Soviel »von der »Gesprächs- und Diskussionskunst«!

Daher also der schöne Liebesgesang, den der eine wie der andere an die Frauen gerichtet hat – Montaigne zudem in einem Jahrhundert, in dem Frauenfeindlichkeit die Regel war. Oft wurde er als verächtlicher »Macho« beschrieben, als Vorläufer von Molières Chrysale, der »eine Frau (für) klug genug (hielt,) wenn sie's so weit gebracht hat, Wams und Hosen zu unterscheiden«. Man tut also gut daran zu erinnern, daß der Frauenfeind im Alltagsleben ein Feminist aus Überzeugung war.

Freilich lassen sich in seinen Schriften schnell zwanzig Stellen finden, an denen die männliche Selbstzufriedenheit seiner Zeit zum Vorschein kommt, beispielsweise in der Überzeugung, Frauen seien beherrscht von ihrem Geschlecht und ihren brennenden Begierden und daher unfähig, das Gefängnis ihrer Körperlichkeit zu verlassen, so daß ihnen als einziger Ausweg neben dem Treiben bei Hofe und in den Alkoven nur die häusliche Beflissenheit bleibe.

So hoch er seine Äste und Blüten auch treibt, Montaigne bleibt tief verwurzelt im Jahrhundert der Haudegen, Schulmeister, Matronen und Beichtväter. Doch selbst in diesem engen Korsett findet er noch zu einer angemessenen Würdigung der Frauen und macht die Thesen von ihrer Minderwertigkeit ein für allemal lächerlich. Und im dritten Buch der *Essais* (im fünften Kapitel, »Über einige Verse des Vergil«), seinem *Über die Liebe*, das er freilich in einem Alter verfaßt hat, in dem er nunmehr »ein paar laue Reste des Feuers von ehedem« empfindet) erklärt er, »mit den letzten Umarmungen« auch »den Spielen der Welt« sein »endgültiges Lebewohl« zu sagen.

Am Ende des Kapitels genügen ihm zwei im volkstümlichen Stil gehaltene Sätze, um Frauenfeinde und »Machos« aller Couleur auf ihre lächerlichen Wahnvorstellungen zu verweisen: »(…) ich behaupte nun, daß Mann und Frau aus demselben Lehm geknetet sind. (…) Es ist weitaus leichter, das eine Geschlecht anzuklagen, als das andere freizusprechen. Daher pflegt man zu sagen: Ein Esel nennt den andern ein Langohr.« (III, 5)

KAPITEL 4

Die Liebe,
dieser heilige Bund

»Auf einer großen städtischen Feier und Geselligkeit« ❖ Häßlich wie Sokrates ❖ »Weil er er war« ❖ Eine Freundschaft, bei der »auch die Körper an der Vereinigung teilnähmen« ❖ Der vorbildliche Parlamentsrat ❖ Die »freiwillige Knechtschaft«: Marat oder Faguet? ❖ Meinungsverschiedenheiten in der Politik? ❖ Ein Tod wie in der Antike

Mit fünfundzwanzig ist Michel de Montaigne ein Mann ohne Liebe. Doch er scheint sich damit abzufinden. Als rechte Frohnatur (Melancholie überkam ihn erst im reifen Alter) hat er das Richteramt »voller Schaffenskraft und freudiger Erwartung«, ja geradezu tänzerisch angetreten und sich von der Robe in seiner Lebenslust nicht behindern lassen. Auch über die »Damen von Bordeaux, die keinen Matrosen verdursten lassen« (wie es in einem Lied heißt), kann er sich nicht beklagen. Der aufgeweckte und geistreiche Bursche ist allem Anschein nach ein glücklicher Mensch.

Sein Vater hat soeben seine zweijährige Amtszeit als Bürgermeister von Bordeaux ehrenvoll beendet und fügt sich offenbar dem Schicksal, daß die Fähigkeiten seines Sohnes den Anforderungen einer bescheidenen Ratsstelle angepaßt werden müssen. Um ihm diese schmackhaft zu machen, wertet er sie durch ein paar schmeichelhafte Missionen nach Paris auf. Unbekümmertheit, Verschwendungssucht und manche späten Jugendstreiche seines Filius ärgern ihn jedoch weiterhin, und die streitsüchtige Antoinette streut zusätzlich Salz in die Wunde.

Zwar kann manch eine Dame Michel froh und heiter stimmen, aber keine vermag ihn endgültig zu fesseln. Und die Verstimmung zwischen ihm und seinen Eltern ist chronisch geworden. War es wirklich nötig, die Bewohner eines ganzen Landstrichs Latein sprechen zu lassen und dem kleinen gascogner Genie einen Studienaufenthalt bei Hofe zu finanzieren, damit er im Talar verstaubt? Er war bestimmt kein »Idiot der Familie« wie Flaubert, aber ein enttäuschender Kronprinz schon, und seine Eltern befürchteten, daß er Besitz und Familie in den Ruin treiben könnte.

In dieser Phase lernt Michel Etienne de La Boétie kennen. Die überraschende Begegnung, die sein Leben vier oder fünf Jahre lang erleuchten und seine Persönlichkeit für immer prägen sollte, können wir zeitlich kaum besser bestimmen als seinen ersten Parisaufenthalt. Das berühmte Ereignis wird in den *Essais* schwärmerisch geschildert, aber nicht datiert. Der Zeitraum der »biographischen Lücke« scheint jedoch vorüber zu sein. Wir wissen, daß Pierre Eyquems Sohn seit zwei oder drei Jahren Ratsherr ist[1], sein Leben hinterläßt einige Spuren, die zu finden sind, aber wir können nicht angeben, wann genau das wichtigste Ereignis in seinem Leben stattgefunden hat.

So kurz, ja beinahe nebensächlich die Schilderung der ersten Begegnung mit La Boétie in den *Essais* ausfällt, so ergreifend ist sie. Vor allem aber gibt sie den Anstoß zum Kapitel »Über die Freundschaft«, das von allen am besten ausgearbeitet ist, in dem die *Essais* ihre Vollendung finden, und das zurecht als Schlüssel für das Gesamtwerk und als sein eigentlicher Entstehungsgrund angesehen wird. Möglicherweise hat Montaigne auf eine Angabe des Datums verzichtet, um der Begegnung eine tiefere, zeitlose Bedeutung zu verleihen:

>»Bei der ersten Begegnung, die zufällig auf einer großen städtischen Feier und Geselligkeit erfolgte, fühlten wir uns so zueinander hingezogen, ja so miteinander bekannt und verbunden, daß wir von Stund an ein Herz und eine Seele waren. (…) (daher) das Ungestüm unsrer wechselseitigen Zuneigung, (…) die derart rasch zur Vollkommenheit gedieh. Da sie nur von kurzer Dauer sein sollte und so spät begonnen hatte – waren wir doch damals beide schon gestandene Männer (…), durfte sie keine Zeit (…) verschwenden, (…) (und) meinen ganzen Willen ergriff und mitriß, um sich in seinen zu versenken und darin zu verlieren (…).« (I, 28)

Am liebsten würde man diese berühmten Sätze in voller Länge zitieren, denn mit diesem Auftakt wird der Ton angeschlagen, der dieses Kapitel bestimmt, das im kurzatmigen, stockenden Rhythmus der Leidenschaft geschrieben ist. Es war keine blinde Leidenschaft (hier schreibt schließlich Montaigne!), aber eine, die zu Übersteigerungen neigte. Man mag lachen, wenn man bei Montaigne liest, er habe keinen anderen getroffen, der »ihm vergleichbar ist«, und Etienne sei »der hinsichtlich seiner Begabungen und natürlichen Vorzüge größte, den ich persönlich kennenlernen durfte« (II, 17)², oder wenn er ihre Freundschaft als »derart vollkommen (…)« schildert, »daß sich in der Vergangenheit gewiß kaum ein Beispiel dafür finden läßt«, und hinzufügt: »Damit sich ein solch inniger Bund herausbilden kann, müssen zahlreiche Umstände zusammentreffen; es ist folglich bereits viel, wenn dem Schicksal das alle drei Jahrhunderte einmal gelingt.« (I, 28) Doch man lacht zu unrecht. Denn es kommt nicht darauf an, ob der junge Parlamentsrat aus Sarlat bedeutender war als Erasmus oder L'Hospital und ob ihre Freundschaft enger war als die zwischen Don Carlos und Marquis Posa, die alle Qualen einer Liebe durchmachten. Wichtig ist hier nur, daß Montaigne als Mann, als Hedonist und Ovid-Liebhaber aus dieser Liebe verwandelt und geläutert hervorging, ja zu einem neuen Menschen wurde.

Montaigne begehrte Frauen, betete sie ihrer Schönheit wegen an und konnte nicht genug davon bekommen; Leidenschaft aber lernte er durch einen Mann kennen. Und der Mann, dem er sich plötzlich mit Leib und Seele verschrieb, war auch noch häßlich – zumindest behauptet er das: »Doch Häßlichkeit nennen wir auch, was uns auf den ersten Blick unangenehm auffällt, meistens am Gesicht. (…) Eine solche Häßlichkeit ist rein oberflächlich – bei La Boétie zum Beispiel umhüllte sie eine wahrhaft schöne Seele (…).« (III, 12) Eine Auskunft, die um so erstaunlicher ist, als sie in einer Hymne an die Schönheit steht, in der Montaigne der legendären Häßlichkeit des Sokrates, mit dem La Boétie hier verglichen wird, die Schönheit der Hetäre Phryne beispielhaft gegenüberstellt.

Wenn Montaigne ausdrücklich auf die äußerliche Mißgestalt desjenigen hinweist, den er so sehr geliebt hat und der ihm »den Tod schon an der Kehle, in so liebevoller Wertschätzung« (I, 28) seine Bibliothek und alle Bücher vermacht hat, gibt es keinen Grund, daran zu zweifeln. Trotzdem sollten wir einen Blick auf das einzige »Bildnis« Etiennes werfen, das uns erhalten ist (auch wenn seine Identität nicht gesichert scheint). Es zeigt einen jungen Mann mit Schnurrbart, dunklem Teint und melancholischem Blick, der – nach Art eines finsteren Hugenotten gekleidet – viel verführerischer aussieht als sein wohlbeleibter jüngerer Freund mit seinen kurzen Beinen, der eher an einen gascognischen Kanonikus erinnert. Auch das Standbild Etienne de La Boéties, das in Périgueux gegenüber dem Montaignes steht (und das ihn sicher nur annäherungsweise abbildet), zeigt ihn in ansprechender Erscheinung.

Kurz, den ersten Stich ins Herz, der den lebenslustigen Kavalier und Schürzenjäger aus dem Sattel wirft, erhält er von einem Mann, der für häßlich gehalten wird. Kommt einem da nicht unweigerlich jene »Schicksalsmacht« in den Sinn, die Pasiphae auf den Stier geworfen hat? Und ebenso unweigerlich die Frage nach der Homosexualität, an die selbst eifrige Montaigneforscher nur selten zu rühren wagen – diejenigen eingeschlossen, die darin ein Argument zur Verteidigung von Gides *Corydon* hätten finden können, ohne Mißfallen zu erregen? Wir werden dieser Frage gleich anhand einiger Textstellen nachgehen.

Römisches *fatum*, griechische *anankē* oder Macht des Schicksals? Ein berühmter Satz aus den Essais bringt dieses Verhältnis nahezu auf den Punkt: »Wenn man in mich dringt zu sagen, warum ich ihn liebte, fühle ich, daß nur eine Antwort dies ausdrücken kann: Weil er er war, weil ich ich war.« (I, 28) Diese wunderbaren Worte, die Bérénice aussprechen könnte, stellen diese Liebe in die klassische Tradition der Tragödie: zwei Sterbliche, die Götter, das Schicksal …

Ein hellsichtiger Montaignekenner wie Gide würde sich dagegen sträuben: Was soll hier eigentlich so »schicksalhaft« und so geheimnisvoll sein? Warum eine Begegnung zweier junger Männer gleicher Herkunft, die gleichermaßen gebildet und empfindsam sind, denselben Beruf ausüben und beide die Helden der Antike bewundern, mit solchen Worten bezeichnen? Erstaunlich wäre es höchstens gewesen, wenn die beiden Ratsherren am Parlament von Bordeaux nicht zueinander gefunden hätten, so weitläufig und verwinkelt das Labyrinth des *Palais de l'Ombrière* auch gewesen sein mag.

Ein berechtigter Einwand. Doch Montaigne selbst widerspricht seinem berühmten Epigonen und sieht den Ursprung jenes »Bunds«, der ihn mit Etienne vereint, in einer »auf mir unerklärliche Weise eingreifenden Schicksalsmacht (…) – ich glaube gar, in einer Fügung des Himmels (…)«. Das kann wahrlich nur ein Wegbereiter für die Personen der Tragödien eines Racine oder Corneille formuliert haben, die das Schicksal mal ins Verderben, mal zum Heldentum führt.

Wir können diesen berühmten Satz in seiner vollen Bedeutung jedoch erst erschließen, wenn wir seine Entstehungsgeschichte im Rahmen des Gesamtwerks berücksichtigen. In der ersten Ausgabe der *Essais* stand lediglich: »Wenn man in mich dringt zu sagen, warum ich ihn liebte, fühle ich, daß keine Antwort dies ausdrücken kann (…).« Erst in der sogenannten Bordeaux-Ausgabe, die 1595 posthum erschien, liest man am Rande zunächst: »Weil er er war«. Und schließlich in einer anderen, blasseren Tinte, aber zweifellos von derselben Hand geschrieben, jenes »weil ich ich war«, das uns so entzückt – wie es hoffentlich auch den Autor entzückt hat, dem dieser glückliche Fund Trost gewesen sein sollte.

Wenn wir davon ausgehen (ohne es hier näher zu untersuchen), daß Montaigne seinem Freund La Boétie mit den *Essais* ein »Denkmal« gesetzt hat, ein Denkmal, das zugleich über den Verlust hinwegtröstende Würdigung und intimes Zwiegespräch mit dem Verstorbenen ist, zugleich Bekanntgabe und Zeugnis ihrer Freundschaft, Pavane und Eucharistiefeier –, dürfen wir diese Zauberformel in ihrer eigentümlichen Zweiteilung als den Höhepunkt eines Beschwörungs- und Wiederbelebungsversuches betrachten. Hat der glückliche Fund einer passenden Formulierung nicht schon immer den Schmerz eines Schriftstellers besiegt? Hier würde uns Gide nicht widersprechen.

Es wäre allerdings unredlich, Montaignes eigene These von der »Schicksalsmacht« aufzugreifen, ohne daran zu erinnern, daß die Begegnung der beiden jungen Männer durch eine »Vermittlerin« zustande kam, wie es im Kapitel »Über die Freundschaft« heißt, nämlich durch das Manuskript von La Boéties *Abhandlung über die freiwillige Knechtschaft*. Aller Wahrscheinlichkeit nach hatte der junge Michel bereits einige Jahre zuvor Kenntnis davon erhalten und wurde auf diese Weise zu einem frühen Bewunderer des Verfassers dieser schönen Klageschrift gegen die Tyrannei: »Schon lange nämlich, bevor ich mit ihm zusammentraf, bekam ich sie zu sehen, und durch sie begegnete ich das erste Mal seinem Namen.«

Bevor wir näher auf die Umstände der Entstehung und Verbreitung der *Abhandlung* von La Boétie eingehen, noch ein paar Worte zur Mitteilung Montaignes. Alles deutet darauf hin – das hat insbesondere Roger Trinquet gezeigt –, daß Montaigne während seines Parisaufenthalts Anfang der fünfziger Jahre des sechzehnten Jahrhunderts Guillaume de Lur-Longa kannte, den er vielleicht unter den Gascognern angetroffen hatte, die für gewöhnlich bei Jean de Morel verkehrten. Lur-Longa war damals jedenfalls als Magistratsbeamter ans Parlament von Paris berufen worden und hatte dafür seine Ratsstelle in Bordeaux an Etienne de La Boétie übergeben. Bevor sein Vorgänger in die Hauptstadt reiste, fand der frischgebackene Parlamentsrat noch die Gelegenheit, seine *Abhandlung*, die einigen Sprengstoff enthält, Lur-Longa zu widmen und ihm ein Exemplar anzuvertrauen, vielleicht damit jener sie veröffentlichte. Montaigne konnte die Abhandlung also von Lur-Longa »zu sehen bekommen haben«.

Wir wissen nicht genau, was Montaigne mit dieser Formulierung meint. Hat er den Text des unbekannten Autors tatsächlich gelesen, oder hat er nur eine Zusammenfassung vernommen? Jedenfalls ist er die Quelle seiner großen Bewunderung für den Verfasser. Als er bei Antritt seiner Ratsstelle am Parlament von Bordeaux erfuhr, daß jener ebenso talentierte wie zornige junge Autor sein Kollege sein würde, ruhte er nicht eher, als bis er ihn kennengelernt hatte. Und bei La Boétie war es genauso: »Wir suchten uns, noch ehe wir uns gesehen hatten, aufmerksam gemacht durch Berichte (...).« Freilich war die ursprüngliche Rangordnung umgekehrt, als die Nachwelt es festgehalten hat: Zuerst hatte Michel nach Etienne gesucht.

Ihre »Begegnung« fand, wie wir bereits vernommen haben, auf einem großen gesellschaftlichen Ereignis der Stadt Bordeaux zwischen Oktober 1557 – als Michel seine Stelle am Steuergerichtshof von Périgueux zugunsten der Ratsstelle am Parlament von Bordeaux aufgab – und 1559 statt. Die zweite Angabe beruht auf verstreuten Hinweisen in den *Essais*, in denen Montaigne die Dauer ihrer Freundschaft, die durch den frühen Tod La Boéties im August 1563 ein Ende fand, auf vier Jahre beziffert. Möglicherweise hat er davon aber bereits die Zeit abgezogen, die sie getrennt verbringen mußten, um verschiedene Missionen zu erfüllen, die den einen für viele Monate nach Paris, den anderen nach Agen führten. Ausschließen können wir sicher, daß die beiden ungeduldigen jungen Männer monatelang im *Palais de l'Ombière* tätig waren, ohne sich kennengelernt zu haben. Schließlich waren es nur ein paar Dutzend Räte am Parlament von Bordeaux, deren Aufgaben sich häufig überschnitten, und vielfach gab es auch noch familiäre Verbindungen unter ihnen.

Erstaunlich ist nach diesem einfachen Zeitschema weniger ihre Begegnung als der blitzartige Charakter der »lebhaften Zuneigung (...), aus der dieser heilige Bund hervorgeht« – ein »himmlischer Bund«, der Montaigne noch zwanzig (oder dreißig) Jahre später veranlaßte, ihn wie einen Traum und mit ergreifender Sehnsucht zu beschreiben: »(...) wenn man (...) eine derart freie, freiwillige, und vertrauensinnige Beziehung herstellen könnte, daß darin nicht nur die Seelen ihren vollen Genuß fänden, sondern auch die Körper an der Vereinigung teilnähmen und folglich der ganze Mensch sich hingäbe, dann würde das gewiß eine noch umfassendere und erfülltere Freundschaft sein.« (I, 28)

Daß Montaigne diese bewegenden Worte mit der nachfolgenden Bemerkung über solcherlei Beziehungen wieder zurücknimmt – »Aber es findet sich kein einziges Beispiel, daß das weibliche Geschlecht bisher so weit zu gelangen vermocht hätte« (eine Behauptung, die seitens eines Kenners der Antike und Verehrers des Sokrates doch verwundert) –, schmälert ihre Kühnheit nicht, denn es geht nicht um die von Corydon gepriesene päderastische Liebe, sondern um die erhebende, körperliche Vollendung der Freundschaft, die als mehr oder weniger unerreichbares Ideal dargestellt wird.

Die langen Abschnitte, die Montaigne der homosexuellen Form von Freundschaft widmet, sind um so ergreifender, als er ihnen zwei Ausführungen voranschickt, in denen er die deutliche Überlegenheit der »freundschaftlichen« Beziehung über »die vier antiken Formen der natürlichen, der geselligen, der gastlichen und der geschlechtlichen Freundschaft« (I, 28) verkündet, wobei er sich vor allem der »natürlichen« Verbindung einerseits und der »geschlechtlichen« andererseits zuwendet.

»Bei der Beziehung zwischen Kindern und Vätern wiederum handelt es sich eher um Ehrerbietung«, und deshalb, folgert Montaigne, bleibt bei diesen Beziehungen vieles ausgeschlossen: So dürfen keine »Ermahnungen und Zurechtweisungen, wie sie doch zu den ersten Pflichten einer Freundschaft gehören, von den Kindern an die Väter gerichtet werden.« (I, 28) Montaigne geht aber noch viel weiter: Nach dem Beispiel des Aristippos »Als man ihn vorwurfsvoll an die Liebe erinnerte, die er doch seinen Kindern schulde, weil sie aus ihm hervorgegangen seien, spuckte er auf den Boden und sagte, auch dieser Auswurf gehe aus ihm hervor.« (I, 28) verspottet er die Weihe, die man der Fortpflanzung beimißt. Ein starkes Stück!

Was »die Liebe zu den Frauen« betrifft, so gesteht der Essayist, daß »ihr Feuer (…) heftiger, beißender und verzehrender (ist), aber es flackert nur flüchtig auf, in ständigem Wechsel hin und her wabernd, (…) und ergreift nur einen Zipfel von uns.« (I, 28) Ist die Freundschaft deshalb mit ihr zu vergleichen? »Jene behielt ihren stolzen Höhenflug bei und sah verächtlich auf diese herab, wie sie tief darunter ihre Bocksprünge machte.« (I, 28)

Uns interessiert hier weniger, ob dieser Traum von einer Freundschaft, bei in der auch die Körper an der Vereinigung teilnähmen, tatsächlich vollzogen wurde (und der Schleier, den Montaigne über diese Angelegenheit legt, nicht ohne anzudeuten, der Akt selbst sei eher unaussprechlich denn verabscheuenswürdig, läßt natürlich alle Fragen offen), als vielmehr die Tatsache, daß er in diesem vor allem an einen vertrauten Kreis gerichteten, »redlich Rechenschaft« gebenden Buch überhaupt dargestellt wird.

Der Essayist, der »nackt« vor seinen Lesern erscheinen möchte, hält es für angebracht, darauf hinzuweisen, daß »die unzüchtige Freundesliebe der Griechen nach unserer Sitte zu Recht als abscheulich gilt« (I, 28), und schenkt eines der ersten Exemplare ausgerechnet König Heinrich III.![3] Nachdem er den Konventionen – oder was in seiner provinziellen Umgebung dafür gehalten wurde – auf diese Weise Tribut gezollt hat, widmet er den größten Teil des Kapitels, das Etienne de La Boétie ein Denkmal setzen soll, einem Rückblick auf die homosexuellen Praktiken der Antike. Dieses Zeitalter war beiden Freunden gleichermaßen lieb und teuer, beide fanden dort ihre Vorbilder, der Ältere bei den Stoikern und den lateinischen Autoren des goldenen Zeitalters, der andere mit Vorliebe bei den Griechen, die von Sokrates bis zu Alexander dem Großen diese Art von Liebe überhaupt nicht »verabscheuten«.

Der historische Abriß, der auf das Anprangern der »unzüchtigen Freundesliebe der Griechen« folgt, schränkt das eingangs gefällte Urteil auf geschickte Weise ein. Der alternde Montaigne kritisiert nicht etwa, daß eine solche Verbindung wider die »Natur« sei, sondern daß solche Ausschweifungen »nicht hinlänglich der von uns hier geforderten vollkommenen Übereinstimmung und Seelenharmonie« entsprachen, da bei ihnen »so, wie sie ausgeübt wurden, notgedrungene Altersunterschiede und ungleich aufgeteilte Dienste eine große Rolle spielten.« (I, 28) Doch was wäre, wenn Sokrates nicht den sehr jungen Alkibiades lieben würde, sondern einen gleichaltrigen? Oder ein gascognischer Parlamentsrat im besten Mannesalter einen ebenso alten Kollegen? Würde eine solche »Vereinigung, an der auch die Körper teilnähmen«, diese Freundschaft nicht »noch umfassender und erfüllter« machen?

Weiter unten lesen wir dann, daß die griechischen Stadtstaaten zur Verteidigung von »Gerechtigkeit und Freiheit (…) das dem Staatswohl förderliche Liebesverhältnis zwischen Hermodios und Aristogiton« förderten. Wenn das kein Plädoyer für die Liebe unter Männern ist, vorausgesetzt, es handelt sich um gleichberechtigte Partner mit ernsten Absichten, was dann? Hier wird nicht Homosexualität verworfen, sondern Päderastie.

Hinweise darauf finden sich übrigens nicht nur bei dem Hedonisten Montaigne. In den »lateinischen Gedichten«, die La Boétie an seinen Freund richtet, beschwert sich der »Stoiker« über die Ausschweifungen Michels in einem Ton, bei dem es vermutlich nicht nur um Moral geht. Er geht dabei soweit, letzteren mit Alkibiades zu vergleichen.

Die Argumente für die These von der homosexuellen Beziehung häufen sich also. Warum ist man so wenig geneigt, ihr zuzustimmen, und spricht statt dessen lieber vom »homosexuellen Gedankenaustausch«, wie Jean Starobinski, oder von der »Homosexuellen Freundschaft«, wie William John Beck seine äußerst gründliche Studie zu diesem Thema[4] betitelt hat. Vielleicht liegt der Grund in der zwiespältigen Art und Weise, in der Montaigne sein Gefühlsleben dargestellt hat. Wäre es übertrieben, die These aufzustellen, daß gerade die überschwengliche Liebe, die Michel seinem Freund entgegenbrachte, die Keuschheit dieses »himmlischen Bundes« sicherstellte?

Etienne de La Boétie war achtundzwanzig Jahre alt und mit einer jungen Witwe verheiratet, die zwei Töchter in die Ehe mitgebracht hatte, mit ihm aber keine weiteren Kinder haben sollte. Während Montaigne aus einer Familie kam, die einen gesellschaftlichen und finanziellen Aufstieg vollzog, stammte seine Freund aus einer Familie des alteingesessenen Amtsadels von Sarlat, dem Hauptort des Schwarzen Périgords. Früh verwaist, wurde er von seinem Onkel, dem Herrn von Bouillhonas, großgezogen, dessen Haartracht einer Tonsur glich und der Adel und Kirche gleichermaßen verpflichtet war.

Erst an der Universität von Orléans – also fern aller familiären Kreise – erwachte der aufrührerische Geist Etiennes. Man hatte ihn zum Studium der Rechte nach Orléans geschickt, an eine Universität, die damals ebenso bedeutend war wie die Pariser. Die Studenten hörten dort insbesondere einen großen Gelehrten, der für die Entwicklung La Boéties eine noch entscheidendere Rolle spielen sollte als Turnebus sie im Leben des jungen Montaigne spielte: Anne du Bourg.

Dieser bedeutende Mann, einer der großen Rechtsgelehrten seiner Zeit, hatte sich zumindest innerlich zur Reformation bekannt. Vertrat er deren Anschauungen auch vor seinen Studenten? Er verteidigte jedenfalls das

Recht, sie auszusprechen, in solcher Weise, daß einige Rechtshistoriker in ihm einen Vorläufer demokratischer Gesinnung sehen. Man kann sich gut vorstellen, daß er seine Vorlesungen in jenem Geist hielt, in dem er später, im Gefängnis, sein berühmtes Pamphlet »An den Senat von Paris für die Sache und zum Trost der Christen« verfaßte: »Wer hat unseren Fürsten denn zum König gemacht? (…) Ihr, Könige der Gegenwart, glaubt Ihr, dem Gotteszorn zu entkommen, wenn Ihr Sein Wort nicht ehrt?«

Auch nachdem er seiner außergewöhnlichen Kenntnisse in der Rechtsprechung wegen ans Parlament von Paris berufen worden war, mäßigte du Bourg seine Worte nicht. Im Gegenteil. Er wagte es sogar, in Gegenwart König Heinrichs II. gegen das Übermaß an Gewalt bei der Unterdrückung seiner Glaubensbrüder zu protestieren. Der König war für den Mut du Bourgs jedoch weniger empfänglich als für die erlittene Schmach und ließ ihn festnehmen. La Boéties Lehrer wurde vor Gericht gestellt, zum Tode verurteilt, gehängt und anschließend an der Place de Grève auf dem Scheiterhaufen verbrannt. Eine Schandtat, die nicht dazu angetan war, einen jungen Mann mit stark rebellischem Charakter zu besänftigen, und die den ursprünglichen Anstoß zu La Boéties *Abhandlung* gegeben haben soll.

Als Etienne de la Boétie mit dreiundzwanzig Jahren Lur-Longas Ratsherrenstelle am Parlament von Bordeaux übernahm, war er schon Autor eines Pamphlets und hatte sich einen hervorragenden Ruf als Redner und Jurist erworben. Seine gesellschaftliche Stellung in Bordeaux, die er vor allem dem Ansehen seines Großvaters mütterlicherseits, des Präsidenten de Calvimont, verdankte, hatte er durch die Heirat mit Marguerite de Carle festigen können, der Schwester eines anerkannten Gelehrten namens Lancelot, der Bischof von Riez war.

Der Name La Boéties erstrahlte also bereits im Glanze regionalen Ruhms, als er seinem jungen Kollegen aus der Dordogne gegenübertrat. Dieser Ruhm gründete auf seinem juristischen Fachwissen, einer für seine Zeit und auf seinem Gebiet unerhörten Selbstlosigkeit und seiner allgemein anerkannten Gelehrsamkeit, wenngleich seine Werke, die lateinische Sonette, Übersetzungen aus dem Griechischen und der Briefwechsel mit dem berühmten Sprachwissenschaftler Jules-César Scaliger aus Agen noch nicht veröffentlicht waren.

Aber wer wußte zu jener Zeit schon, daß La Boétie auch Autor einer *Abhandlung über die freiwillige Knechtschaft* ist, von deren Existenz

Montaigne zu Beginn der fünfziger Jahre in Paris durch die Person Kenntnis erhielt, der diese Schrift gewidmet ist? Ihre Herkunft war, wie ihr Entstehungsdatum und ihre Glaubhaftigkeit, Gegenstand vielerlei ernstzunehmender Vermutungen und Anlaß zu ebenso vielen fruchtbaren Auseinandersetzungen.

ABBILDUNG 2
Statue La Boéties. Archives municipales de Bordeaux

Wichtigste Quelle sind natürlich die *Essais*. Wir wissen bereits, daß Montaigne zunächst durch dieses Manuskript auf den noch unbekannten Autor aufmerksam wurde und daß es seine bewundernde Neugier weckte. Doch gleich nachdem er dem Autor dieses »von noblem Geist erfüllten« – was bei Montaigne soviel heißt wie »großmütigen« – Werks seine Hochachtung ausgedrückt hat, scheint der in die Jahre gekommene

Autor der *Essais* nur noch eine Sorge zu kennen, nämlich die Bedeutung dieses Pamphlets herunterzuspielen und einen Jugendaufsatz daraus zu machen. (Während es in der ersten Ausgabe der *Essais* noch hieß, Etienne habe die *Abhandlung* kurz vor seinem achtzehnten Lebensjahr verfaßt, setzt Montaigne das Alter ihres Verfassers in der letzten von ihm besorgten Ausgabe auf sechzehn Jahre herab und erklärt, jener habe damit nur eine »Art Übung« unternehmen wollen)

Offensichtlich nimmt der Essayist hier auf seine hitzige und gewalttätige Epoche Rücksicht. Als er die *Abhandlung* zwischen 1550 und 1555 zum ersten Mal las, sah oder darin blätterte, herrschte ein relativ ruhiges politisch-religiöses Klima. Trotzdem wurden, wie wir gesehen haben, die »schlechten Lehrer« verbrannt. Doch der junge Pariser Student, der noch in einer rein geistigen Umgebung zu Hause war, bewunderte die Kunstfertigkeit dieses Aufsatzes und erkannte, daß hier ein Meisterwerk der Rhetorik und der staatsbürgerlichen Moral vorlag.

Als er an den *Essais* schrieb oder vielmehr, als er sie zur Veröffentlichung vorbereitete, wütete jedoch der Bürgerkrieg, und nach der Bartholomäusnacht waren die Auseinandersetzungen zum Flächenbrand geworden. Der mehr oder weniger theoretische Protest La Boéties konnte nicht mehr als kühne Fingerübung, Pasticcio auf Juvenal oder glänzendes Jugendmanifest gelesen werden, denn die *Abhandlung* war inzwischen Gegenstand einer polemischen Auseinandersetzung, die immer häufiger mit der Ermordung oder dem Scheiterhaufen bestraft wurde. Dem leider früh verblichenen La Boétie drohte keine Gefahr mehr, aber Montaigne, der alles daran setzte, ihm ein würdiges Grabmal zu errichten, wollte keine Loblieder auf einen Rebellen singen und sich damit selbst zum Märtyrer machen. Insbesondere seit sich die Protestanten der Schrift zu ihrer Verteidigung bedienten, freilich ohne ausdrücklich zu behaupten, der Autor habe sich ihrer Sache angeschlossen.

Wie konnte das Manuskript eines katholischen Adligen überhaupt in ihre Hände gelangen? Auch über diese Frage ist schon viel spekuliert worden. Sie scheint jedoch weniger Geheimnisse zu bergen als andere Fragen, die auf seine Herkunft und Bedeutung zielen.

Als guter Katholik, der das Vertrauen seines jungen Freundes nie verraten hätte, scheidet Lur-Longa aus dem Kreis der Verdächtigen ebenso aus wie Montaigne selbst, der den Kreis der »Eingeweihten« nicht erweitert hat. Doch um die Jahrhundertmitte waren die beiden feindlichen

Lager eng miteinander verflochten, insbesondere in Kreisen Intellektueller (und dies sollte bis weit in die Religionskriege hinein so bleiben). Wer
heute noch seinen katholischen Glauben verkündete, konnte morgen
schon in den Reihen der Reformatoren stehen, und mancher Protestant
kehrte in die Dienste des Königs zurück. Die Universitäten waren von den
Anhängern der Reformation »unterwandert«, doch schon morgen konnte
der eine oder andere umschwenken und seinen staatsbürgerlichen Pflichten nachkommen. Ein Manuskript wie das La Boéties war wie geschaffen,
um in diesen Kreisen die Runde zu machen und dabei mancherlei Leidenschaften zu entzünden.

So erscheint es uns nur natürlich, daß es auch zwei streitbaren Führern
der Hugenotten in die Hände fiel, nämlich François Hotman (den Montaigne später, 1581, auf seiner Reise durch die Schweiz kennenlernen
sollte) und Simon Goulart. Ersterer veröffentlichte 1572, kurz nach der
Bartholomäusnacht, unter dem Deckmantel der Anonymität einige Seiten
aus der *Abhandlung* mit einem Pamphlet aus eigener Feder: *Le Reveil'
matin des Français*. Der zweite übernahm einige Jahre später längere Auszüge in sein *Mémoire sur l'état de la France sous Charles-le-neuvième*,
doch 1579 wurde das Manuskript zu dieser Streitschrift in Bordeaux von
der Hand des Henkers verbrannt.[5]

Verständlich, daß der besonnene Montaigne darauf verzichtete, die
Abhandlung seines Freundes (die er für ungeeignet hielt, um »dem
drückenden und groben Klima solch mißlicher Zeiten ausgesetzt zu werden«) in sein eigenes Werk einzugliedern, und lieber so tat, als handelte es
sich um eine Schulaufgabe über das Verhältnis zwischen Cäsar und dem
römischen Volk. Auch 1570, als er einige andere Werke La Boéties veröffentlichte, hatte er dieses schon zurückbehalten.

Was ist so schlimm an der *Abhandlung*, daß Montaigne sich eifrig be-
mühte, sie zu verharmlosen? Wie ist es möglich, daß ein Marat in späterer Zeit einen der großen revolutionären Texte darin sieht, während ein
Faguet ihn für einen bedeutungslosen Schulaufsatz hält? Marat oder
Faguet? Bei dieser Wahl entscheiden wir uns für ersteren, ob man der
Abhandlung nun ihren ursprünglichen Titel beläßt oder sie in *Contr'un*
(»Gegen Alleinherrschaft«) umbenennt, wie es die Protestanten taten, um
die Schrift für ihre Polemik gegen den König zu benutzen, der für die Bar-
tholomäusnacht verantwortlich war. (Obwohl Montaigne über den

Gebrauch des Werks durch diejenigen klagt, »die unsre gesellschaftliche Ordnung durcheinanderbringen und verändern wollen« (I, 28), hat er gegen diesen Titel nichts einzuwenden.)

Wie auch immer man das Werk nennt (der erste Titel ist deutlicher und damit auch besser), es wurde jedenfalls mit großer politischer Beredsamkeit verfaßt, und wie deklamatorisch und pedantisch es an einigen Stellen auch klingt, es stellt die Frage nach der Beziehung zwischen Machthaber und Freiheit auf eine grundlegende und sehr neue Weise.

La Boétie nähert sich dieser Frage nicht wie üblich von oben nach unten, also durch Betrachtung der übertriebenen Ausweitung von Machtbefugnissen, des Umschlagens von natürlicher Macht in Tyrannei durch einen übersteigerten Machtwillen, sondern von unten nach oben, indem er die willige Unterwerfung, die gesuchte Zuflucht der Regierten in der Tyrannei anprangert – was Racine ein Jahrhundert später im Britannicus mit einer genialen Formulierung zusammengefaßt hat: »Sie eilen zur Untertänigkeit.«

Es ist in der Tat bewundernswert, daß der junge Student aus dem Périgord lange vor Rousseau nicht nur die erstaunliche Frage aufgeworfen hat, warum sich die Massen, die eigentlich viel »stärker« sind als die Tyrannen, so leicht von letzteren manipulieren lassen, sondern sogar einen Grund dafür angeben konnte, nämlich die wollüstige Bereitschaft, mit der sie sich jeder Despotie hingeben. Sollte der Junge, der dies schrieb, tatsächlich erst sechzehn Jahre alt gewesen sein, können wir in ihm mit Fug und Recht einen Rimbaud der politischen Soziologie sehen!

Natürlich ist nicht jeder Gedanke neu in La Boéties Pamphlet, und viele hat er bei Demosthenes, Seneca oder Tacitus (der auch Racine stark beeinflußt hat) entlehnt. Aber das schmälert die Bedeutung dieses verblüffenden Textes kein bißchen. Trotz der Vorbehalte gegen die *Abhandlung*, die Montaigne äußert, müssen wir feststellen, daß er insgesamt größte Bewunderung für ihren Autor hegte.

Um einen Eindruck von der ein wenig rauhen, herben Kraft zu geben, die sich hinter dem richterlichen Redegestus dieses Textes verbirgt, zitieren wir einige Auszüge, die Montaigne sicher aufhorchen ließen, ihn tief berührten und dazu bewegten, sich mit dem Autor der *Denkwürdigen Abhandlung über die freiwillige Knechtschaft* (so der ursprüngliche Titel) zu verbrüdern. Von Beginn an ist der Ton kühn und »verantwortungsbewußt«:

»Ich will für jetzt nicht die so bekannte Frage entscheiden, ob andere Regierungsformen besser als die monarchische sind (…)[6]. Allein, diese Frage ist auf eine andere Zeit versparet, und (…) hanget vielmehr mit allen politischen Streitfragen aufs genaueste zusammen (…).

Die Freiheit, die (…) ein so großes und liebenswürdiges Gut ist, daß ihr Verlust alles andere Unheil nach sich zieht, und alle Güter, die nach ihr übrig bleiben, allen Geschmack und alle Annehmlichkeit verlieren, und durch die Knechtschaft widerwärtig werden.

Sie erdulden die Räubereien, die Geilheit, die Grausamkeit, nicht einer Armee (…), sondern eines einzigen. Dieser ist kein Herkules oder Samson, sondern ein einziges Männchen und oft der allerniederträchtigste und weibischste unter dem ganzen Volke. (…) Wollen wir diejenigen, die ihm dienen, für feige und erschrocken ausgeben?

Es gibt dreyerley Tyrannen, (…) einige haben die Regierung durch die Wahl des Volks, andere durch die Wahl der Waffen, und andere durch die Erbfolge erhalten (…). Diejenigen, die sie durch Geburt erlangen (…), nehmen mit der Muttermilch Tyrannennatur an (…), derjenige, dem das Volk den Staat vertrauet hat, sollte dem Ansehen nach, der erträglichste seyn, (…) aber die Art, wie sie regieren, bleibt immer einerley.«

Bemerken wir an dieser Stelle, daß der ungestüme Etienne – ganz der Gascogner, wenn auch aus der römischen Schule – das französische Königshaus geschickt zu schonen wußte:

»Unsere Könige sind, (…) wiewohl sie gebohrne Könige sind, doch nicht, wie andere, von der Natur, sondern von Gott dem Allmächtigen (…) zur Regierung und Beschützung dieses Reichs erwählet.

Also ist der erste Grund der freywilligen Dienstbarkeit, (…) die Gewohnheit (…). Vier oder fünf unterstützen den Tyrannen, vier oder fünf erhalten das ganze Land in der Knechtschaft (…). Diese (…) haben sechshundert an sich, welche von ihnen Nutzen ziehn; und aus diesen sechshunderten machen sie eben das, was sie dem Tyrannen sind. Diese sechshundert haben sechstausend unter sich, welche sie in hohen Stand erhoben (…). Wer sich Mühe geben mag, diesen Faden abzuwickeln, wird sehen, daß durch diesen Strick, nicht sechstausend, sondern hunderttausend und Millionen an dem Tyrannen hängen (…) Das Volk stürzet sich in die Knechtschaft, es setzet sich selber das Messer an die Kehle. Es hat die Wahl, ob es dienen oder frey sein will; aber es giebt seine Freiheit auf, greift nach dem Joche, williget in sein Unglück, oder strebt vielmehr danach. Derjenige, der euch so im Gehorsam hält, hat nur zwey Augen, nur zwo Hände, nur einen Leib (…) Woher hat er so viele Hände, womit er euch schlaget? Nimmmt er sie nicht von euch? Der Mensch braucht, um frey zu werden (…), nichts, als ein bloßes Wollen. Entschlüßet euch, nicht mehr zu dienen, so seid ihr frei.«

In ihrem Kommentar zu diesen feurigen Sätzen betont Françoise Bayard, daß La Boétie nicht zur Gewalt gegen den Tyrannen aufruft – denn auf den gewaltsamen Tod eines Tyrannen folgt immer der nächste Despot, und die Tat des Brutus bedeutete das Ende der Republik –, sondern zum passiven Widerstand: »Der zivile Ungehorsam, jene außerordentlich wirksame politische Waffe, kommt mit ihm zur Welt.«[7] Stand unser Pamphletist soeben noch an der Seite von Tacitus, reicht er nun schon Ghandi die Hand ...

Jetzt ist leicht zu verstehen, daß Montaigne entgegen seiner Ankündigung zu Beginn des Kapitels »Über die Freundschaft« plötzlich Abstand davon nimmt, die *Abhandlung* in den *Essais* zu veröffentlichen, an denen er während der Religionskriege schreibt. Und angesichts des Mißbrauchs der *Abhandlung* durch die Partei der Protestanten begnügt er sich nicht damit, den Text für sich zu behalten, sondern will den Leser auch noch davon überzeugen, es handle sich nur um den Aufsatz eines sechzehnjährigen Jugendlichen.

Die eher taktische Feststellung Montaignes lenkt unsere Aufmerksamkeit auf die wesentlich ernsthaftere Frage nach dem Ursprung und den historischen Wurzeln dieses revolutionären Textes, den wir uns gut in den Händen eines »Wütenden«, wie Marat vor dem Konvent, oder anderer Sozialrevolutionäre von Proudhon bis zu Elisée Reclus vorstellen können.

Was hat diesen ordentlichen jungen Mann, künftigen Rat aus angesehenem Hause und guten Katholiken dazu gebracht, der Tyrannei eine solche Herausforderung entgegenzusetzen? In Frankreich trat die Tyrannei Mitte des sechzehnten Jahrhunderts noch als sehr christliche Monarchie in Erscheinung, einer Monarchie, die unter dem gemeinsamen Einfluß der anderen europäischen Mächte, den eigenen zentralistischen Bestrebungen und den Herausforderungen durch die Anhänger der Reformation mit jedem Tag mehr zum autoritären Staat gerann.

Bereits im 16. Jahrhundert lieferte der ausgezeichnete Historiker Jacques-Auguste de Thou eine Erklärung dafür: Demnach soll die Entrüstung La Boéties ihren Ursprung in der hemmungslosen Gewalt haben, mit der die königlichen Truppen unter dem Konnetabel von Montmorency die Bewohner von Bordeaux und Umgebung unterdrückten, nachdem die Aufstände gegen die Salzsteuer niedergeschlagen waren. Eine streitbare These. Zwar steht fest, daß Montaigne mehr oder weniger

Augenzeuge dieser Greueltaten war[8], für den Autor der *Abhandlung über die freiwillige Knechtschaft* ist dies allerdings nicht erwiesen.

Wesentlich plausibler ist die Annahme, der Ursprung zu La Boéties Aufschrei gegen die Tyrannei liege am Martertod, den Anne du Bourg, sein Lehrer aus Orléans, starb, nachdem dieser die Unterdrückung der Protestanten öffentlich angeprangert hatte. Daß der von ihm so bewunderte Gelehrte, der große Verteidiger der Meinungsfreiheit, dieses furchtbare Schicksal erleiden mußte, nur weil er es gewagt hatte, den König zu rügen, dürfte für den jungen Studenten aus dem Périgord Anlaß genug gewesen sein, sich in einer Art heiligen Zorn und sehr beredt zu empören, zumindest für die Dauer einer großen *Abhandlung*.

La Boétie maß diesem Text immerhin so viel Bedeutung zu, daß er ihn (etliche Jahre nach seiner Schul- oder Studienzeit, auf die Montaigne seine Entstehung und Bedeutung beschränkt wissen will) seinem Amtsvorgänger in Bordeaux, Guillaume de Lur-Longa, widmete. Wir wissen nicht, ob er ihn auch um eine Veröffentlichung des Textes bat, aber zumindest ließ er ihm soviel Ermessensspielraum, daß Lur-Longa das Manuskript in seinem Umkreis in Paris und bei Hofe bekannt machen konnte. Ein recht eingebildetes und äußerst gewagtes Anliegen für einen schlichten Schulaufsatz!

Bei aller Entschlossenheit, dem Text des Freundes seinen zersetzenden Schwefelgeruch zu nehmen, räumt Montaigne zehn Jahre nach dessen Tod doch ein, daß Etienne »glaubte, was er schrieb, denn er war gewissenhaft genug, nicht einmal im Scherz zu lügen.«, und erinnert zurecht daran, daß seine Maxime lautete, »stets pflichtbewußt den Gesetzen zu gehorchen und sich ihnen zu unterwerfen, in die er hineingeboren war. Nie hat es einen besseren Bürger gegeben, nie einen, der die Ruhe seines Landes inniger gewünscht hätte und den neuerungssüchtige Umtriebe und Umwälzungen seiner Zeit mehr feind gewesen wäre.«

Hier sollten wir auf Montaigne hören. Wenn wir aus guten Gründen meinen, der *Freiwilligen Knechtschaft* komme weitaus größere Bedeutung zu, als er ihr unter den bekannten Umständen scheinbar beigemessen hat, so mag es daran liegen, daß wir weder zwischen zwei Feuern stehen noch von Strick oder Scheiterhaufen bedroht sind, noch einen Hinterhalt fürchten müssen. Und mit unserem Wissen können wir auch einräumen, daß der junge Mann, der gegen die Tyrannei wetterte und dessen Pamphlet auch für die folgenden Jahrhunderte eine große Herausforderung darstellte, ein treuer (bisweilen auch kritischer) Diener des Königshauses der Valois war – seien es Tyrannen gewesen oder nicht. Hier zeigt sich auch in unseren Augen die Tugend des vielleicht nicht »flüchtig flackernden«, auf alle Fälle aber »in ständigem Wechsel hin und her waberndnen« La Boétie und die Faszination, die er auf Michel de Montaigne ausübte.

Bei aller Bewunderung, die Montaigne für den Kanzler Michel de L'Hospital hegte, dem er einige lateinische Gedichte seines Freundes widmete (darunter die sehr schönen Sonette), machte er dem großen Staatsmann in einem Brief vom April 1570 Vorhaltungen, er habe die herausragenden und für das öffentliche Wohl bedeutsamen Tugenden La Boéties nicht angemessen gewürdigt und für das Königreich genutzt:

»(Ich sah) Etienne de la Boetie, einen der nötigsten und zu den höchsten Ehrenstellen in Frankreich geschicktesten Männer, seine ganze Lebenszeit hindurch unterdrückt und zum größten Schaden des gemeinen Besten in seiner Einsamkeit verachtet. Ich führe das gemeine Beste an, denn für seine Person besaß er genug, (…) dergestalt, daß niemand vergnügter und zufriedener als er gelebt hat. (…) Allein ist es unvernünftig, einen würdigen Capitain im Stande eines gemeinen Soldaten zu lassen.«

Diese gehörige Ohrfeige – wegen eines jungen, früh verstorbenen Parlamentsrats – galt keinem geringeren als dem ersten Manne Frankreichs nach dem König. Und sie zeugt von einiger Übertreibung, denn 1561 betraute man Etienne de la Boétie plötzlich mit wesentlich verantwortungsvolleren politischen Missionen als in den sieben Jahren zuvor, die er bereits am Parlament von Bordeaux gedient hatte und in denen er tatsächlich nur mit zweitrangigen Aufgaben beschäftigt war – insbesondere mit der Zensur der Theaterstücke, die von Bordeaux' Studentenschaft zur Aufführung gebracht wurden. Kurz nach dem Tod von König Franz II. gehörte der junge Ratsherr aus dem Périgord einer Delegation an, die von Bordeaux nach Paris entsandt wurde, um dem neuen Herrscher, dem elfjährigen Karl IX., die Treue der Stadt zum Königshaus zu bekunden. Tatsächlich richtete sich die Mission an die Regentin Katharina und ihren Kanzler de L'Hospital, die die Regierungsgeschäfte für den minderjährigen König führten – und die politisch eher zu den Verfechtern von mehr Toleranz gegenüber der Reformation zählten.
  Dieser Politik standen die französischen Parlamente, darunter auch das von Bordeaux, immer ablehnend gegenüber. Besonders aber nach

1561, als die Religionsgespräche von Poissy, bei denen katholische und protestantische Wortführer an einem Tisch saßen, an der Unnachgiebigkeit von Calvins Stellvertreter Theodor Beza gescheitert waren. Die neuen Machthaber hielten jedoch an der Toleranz gegenüber den Protestanten fest, und entsprechend lautete auch das »Gebot«, das der Kanzler dem Parlament von Bordeaux durch Etienne de la Boétie überbringen ließ, der aus einer Familie gemäßigter Katholiken stammte.

Seinen Kollegen in Bordeaux, die für solche »Empfehlungen« aus Paris nicht gerade aufgeschlossen waren, erklärte der junge Gesandte, man möge doch »das Übel weder durch Strenge reizen noch durch Fahrlässigkeit vergrößern«. Er vertrat die Anordnung des Kanzlers mit soviel Umsicht, daß er den Ruf eines gemäßigten und geschickten Diplomaten erwarb. Daraufhin betraute man ihn mit einer neuen, noch schwierigeren Mission auf diesem Gebiet.

Rund um Agen nahmen die Spannungen ständig zu: Hugenotten überfielen Kirchen und Klöster, darunter auch eines der Dominikaner, zerstörten Statuen und Reliquien. Der Hof konnte diese Herausforderung nicht unerwidert lassen. Getreu seiner Befriedungspolitik schickte der König einen Heerführer an den Ort des Geschehens, der für sein gemäßigte Haltung bekannt war: Charles de Coucy, der aus der Charente stammende Herr von Burie und seit 1558 Statthalter des Königs in Guyenne, stand tatsächlich zwischen allen Stühlen, zwischen den Interessen des Hofes und denen des Königshauses von Navarra – Anton von Navarra und seine Frau, Johanna von Albret, hatten sich soeben zur Reformation bekannt –, zwischen Spanien, die zugunsten der Katholiken eingriffen, und Engländern, die zugunsten der Protestanten Druck ausübten. Zudem mußte er sich noch Vorhaltungen von seiten Marschall de Monlucs gefallen lassen, der Burie gerne abgelöst hätte, um mit harter Hand durchzugreifen. Angesichts der Schwierigkeit seiner Aufgabe entschloß sich Burie, den jungen Parlamentsrat aus Sarlat in seine Dienste zu nehmen, der für seine Ausgewogenheit und seinen Mut allenthalben gerühmt wurde.

Von September bis November 1561 erfüllten Burie und La Boétie ihre Aufgabe mit solchem Erfolg, daß an beiden Ufern der Garonne wieder Friede einkehrte. Ihr Erfolg beruhte vor allem auf einem waghalsigen Unternehmen: In allen Orten mit zwei Kirchen sollte die kleinere den Protestanten übergeben werden; wo es nur eine gab, sollte diese beiden Konfessionen abwechselnd zur Verfügung stehen. Diese beinahe revolutionär zu nennende Entscheidung wurde zum Vorbild für das berühmte Edikt vom Januar 1562, das den Höhepunkt der Politik de L'Hospitals und Katharinas von Medici darstellt, die auf Toleranz und ein friedliches Zusammenleben zwischen Katholiken und Protestanten ausgerichtet war. Zugleich wollten sie mit dieser Politik die Guisen entmachten und sich stärker auf die Bourbonen stützen.

La Boétie stand also an der Spitze eines kühnen politischen Unterfangens und, wie es ihm sein Freund Michel de Montaigne prophezeit hatte, vor einer großen Zukunft als Sprecher und Vertreter eines friedlichen Zusammenlebens mit den Hugenotten von Guyenne, das er mit entworfen hat. Von einer solchen Politik träumte der Kanzler, dem die »teuflischen Bezeichnungen Lutheraner, Hugenotten, Papisten« zuwider waren und der selbige stets »im Namen des Christentums« zur Versöhnung aufrief.

Aber man sollte nicht zu früh frohlocken: Mehr als drei Jahrzehnte vor dem Edikt von Nantes ist es noch zu früh für den Frieden. Kaum war der Text des Edikts vom Januar 1562 bekannt und gegen den Widerstand der Parlamente – allen voran dem von Bordeaux – durchgesetzt worden, als Extremisten von der katholischen Seite seinen Bruch herbeiführten: Nach dem Versuch, den kleinen König Franz II. aus Amboise zu entführen, den einige Führer der Protestanten unternommen hatten, um ihn dem Einfluß der Guisen zu entziehen, ließen diese im März 1562 bei Wassy ungefähr hundert Hugenotten ermorden. De L'Hospital war mit seiner Politik gescheitert. Es folgten acht sogenannte Religionskriege (in Wirklichkeit handelt es sich um Bürgerkriege, bei denen Feudalherren und Adelsgeschlechter um die Macht kämpften) in dreißig Jahren, die in Frankreich zu jener politischen Instabilität führten, die Montaignes Leben bestimmte und über der er sein Werk errichtet hat.

Überall, besonders aber in Guyenne, holten die Hugenotten zum militärischen Gegenschlag aus. Während Bordeaux von Duras und seinen Truppen vergeblich belagert wurde, fiel Bergerac in die Hände Clermonts. Das Parlament von Bordeaux sah sich gezwungen, eine Bürgerwehr aufzustellen, um den Angriffen standzuhalten, und wählte einige seiner Mitglieder als Befehlshaber der Truppen aus, die nicht nur führen, sondern auch Ausschreitungen und Übergriffe verhindern sollten, darunter auch den vormaligen Friedensstifter Etienne de la Boétie.

Hatte dieser für unruhige Zeiten typische Rollentausch bei Montaignes Freund zu einem Sinneswandel geführt? Bedauerte er sein früheres

Handeln und seine Rolle als Fürsprecher der Toleranz und Wegbereiter eines friedlichen Miteinanders? War der Pazifist aus enttäuschter Hoffnung zu einem Fanatiker geworden, der seine fehlgeschlagenen Vermittlungsversuche möglichst schnell hinter sich lassen wollte?

In der Würdigung, die Michel seinem Freund in Kapitel 28 der *Essais* zuteil werden läßt, erwähnt er unter dessen Werken auch »einige Denkschriften«. Dieser Text galt lange Zeit als verschollen. 1917 entdeckte Paul Bonnefon, einer der besten Forscher zu La Boétie (und Montaigne), in Aix-en-Provence ein Manuskript mit dem Titel *Mémoire sur la pacification des troubles*, das er für den verloren geglaubten Text hielt und unverzüglich veröffentlichte. Daraufhin sind viele Interpreten von einer Kehrtwendung La Boéties[9] ausgegangen (auch wenn einige Zweifel an der Zuschreibung des Textes hegten) und haben für die Zeit ab 1562 einen Eiferer in ihm gesehen, der den Pluralismus anprangerte.

Der von Bonnefon entdeckte Text stellt eine bemerkenswerte – und dem scharfen Verstand eines La Boétie durchaus würdige – Kritik an der toleranten Politik de L'Hospitals dar. Allerdings wird darin nicht zur blutigen Unterdrückung aufgerufen, wie es viele Parlamentsräte taten. Vielmehr heißt es: »Schluß mit Eisen und Feuer!« Der Autor vertritt jedoch die Ansicht, in einer Nation könnten nicht zwei verschiedene Religionen zugleich praktiziert werden. Und da man die neue Doktrin den Franzosen nicht einfach aufzwingen könne – eine große Mehrheit unter ihnen lehnte sie schließlich ab –, müsse man das Schiedsgericht der Parlamente anrufen, die im Namen des Königs eine Synthese aus beiden Konfessionen erarbeiten sollten. Könnte die katholische Kirche in Frankreich nicht gewaltlos und ohne Blutvergießen reformiert werden, indem man das eine oder andere Sakrament veränderte, den einen oder anderen Kult abschaffte? Könnte man nicht unter der Obhut des Königs eher zu einer gütlichen Einigung über die Reform kommen und kriegerische Auseinandersetzungen oder einen ewigen Wettstreit vermeiden als unter der Obhut des Papstes, der den Protestanten verhaßt ist?

Sicher eine schöne Idee. Aber einen solchen Versuch hatte man bereits mit dem Religionsgespräch von Poissy unternommen und war damit gescheitert.[10] Und die als Vermittler oder Schiedsrichter gewünschten Parlamente waren größtenteils gegen jede Versöhnung. Außerdem war die römisch-katholische Kirche auf dem Tridentinischen Konzil soeben erst doktrinär gefestigt worden, was die vom Autor jener Abhandlung in weiser Voraussicht geforderte Annäherung beider Parteien nicht gerade erleichtert hätte.

Aber wer ist der Autor? Bis vor kurzem hätte man kurzerhand Etienne de La Boétie geantwortet, wenn auch mit Fragezeichen. Die Ausführungen im Text könnten sowohl inhaltlich als auch formal von Montaignes Freund stammen, mögen sie auch im Widerspruch zu den Thesen stehen, zu denen er sich ein Jahr zuvor bekannt hatte. Lehren aus einer Niederlage zu ziehen, gereicht einem schließlich nicht zur Unehre, und die Strategie einer Zusammenführung beider Konfessionen unter königlicher Schirmherrschaft (zu einer Zeit, als der Hof noch zu den Gemäßigten zählte) war sicher nicht unzeitgemäßer als die eines friedlichen Nebeneinanders.

Aber kann die berühmte Abhandlung deshalb La Boétie zugeschrieben werden? Schon Madeleine Lazard hatte 1992 in ihrem *Montaigne* Zweifel daran geäußert, die kaum wahrgenommen wurden. Nach den Forschungen von Anne-Marie Cocula, die 1995 eine ausgezeichnete Biographie zu La Boétie vorgelegt hat[11], scheint dies ausgeschlossen zu sein. Die Historikerin aus Bordeaux hält sich nicht an der Tatsache auf, daß das Manuskript nicht die Handschrift La Boéties zeigt – bei einem solchen Kriterium müßte die Urheberschaft ganz anderer Texte bezweifelt werden –, sondern weist auf bedeutendere Ungereimtheiten hin: Der Autor dieser Schrift bezieht sich auf Luther und nicht auf Calvin, die bestimmende Persönlichkeit der süd- und westfranzösischen Protestanten; Burie wird praktisch nicht erwähnt, was La Boétie sicher nicht unterlassen hätte; von den dramatischen Ereignissen des Jahres 1561 werden nur die in Cahors und in der Gascogne genannt, aber nicht die in Bordeaux; und an keiner Stelle wird auf die Humanisten Bezug genommen, die dem Autor von *Gegen Alleinherrschaft* so teuer waren. Im übrigen weise alles darauf hin, so Anne-Marie Cocula, daß La Boétie auf der Linie de L'Hospitals geblieben sei. Kurz, die hellsichtige Kennerin La Boéties erkennt in diesem Text seine »Handschrift« nicht. Die Schrift stamme eher aus dem Studierzimmer (eines Geistlichen vielleicht) als von einem Mann, der wie Etienne de La Boétie 1562 mitten in den Auseinandersetzungen stand.

Die Neubewertung jener Schrift bringt uns wieder zu einer der zahllosen Fragen zurück, die von der leidenschaftlichen Freundschaft zwischen den beiden jungen Parlamentsräten aus der Gascogne aufgeworfen werden, nämlich zu der zentralen Frage nach ihrer politischen Übereinstimmung. Pierre Eyquems Sohn war von Kindheit an für politische Aufgaben bestimmt, und seine juristische Tätigkeit hat ihn von der Politik nicht abgebracht, die weiterhin eine große Faszination auf ihn ausübte. Im Gegenteil: Wir werden noch sehen, daß das Parlament von Bordeaux einem politischen Hexenkessel glich. La Boétie war hingegen – der familiären Tradition wie seinem Temperament nach – eher zum Juristen bestimmt, seine Laufbahn hatte ihn jedoch immer mehr zur Wahrnehmung politischer Aufgaben in seinem Amte geführt.

Während Montaigne eher ein Mann mit politischen Ambitionen war, der sich gezwungenermaßen mit der Rechtsprechung befaßte, war La Boétie also ein Jurist, der von der Politik erfaßt wurde. Aber der Gegensatz zwischen beiden lag weniger auf dem Gebiet der Politik, das von den zeitgeschichtlichen Umständen bestimmt wurde, als auf dem von Philosophie und Moral. Der junge Mann aus Sarlat war ein Stoiker par excellence, aber auch ein puritanischer Moralist. Davon zeugt jedes Wort seiner *Abhandlung über die freiwillige Knechtschaft*, in der nicht nur die Diktatur verdammt wird, sondern auch das verschwenderische Leben, das »die Knechtschaft versüßend« zu einer Regierungsform wird.

Mit seiner übertriebenen Strenge, seinem kämpferischen Moralismus ist La Boétie eigentlich ein echter Protestant. Und hätte er länger gelebt, hätte er sich den sogenannten »Religionnaires«, Reformatoren wie Coligny, La Noue oder Duplessis-Mornay sicher angeschlossen. Freilich hat es auch tugendhafte Papisten und Hugenotten gegeben, die über die Stränge schlugen.

Sein Freund im Parlament von Bordeaux mochte sich noch so bemühen, ihm auf diesem steilen Weg zu folgen, die Stoiker zu loben und sich ebenso streng zu zeigen, er blieb mit seiner ganzen Persönlichkeit den Epikureern oder, wie wir festgestellt haben, den Hedonisten verbunden. Die vier oder fünf Jahre, die er im Schatten – oder im Licht – La Boéties gelebt hatte, bilden seine Stoiker-Phase, eine Zeit, in der er Zenon und Seneca las. Aber selbst in dieser Zeit zog er sich Vorhaltungen seitens seines unnachgiebigen Freundes zu. Die lateinischen Satiren und Sonette, die der Ältere *ad Michaelum Montanum* widmete, zeigen uns zur Genüge, welche Schwierigkeiten der Jüngere hatte, sich mit seiner Frohnatur den stoischen Geboten und strengen Ermahnungen seines Freundes anzupassen, den sein verschwenderisches Leben schockierte.

Es gibt keinen Anlaß, daran zu zweifeln, daß sich Michel redlich bemühte, solchen Empfehlungen zu folgen, um die Hochachtung des geliebten Freundes zu erringen, der sehr sittsam war und offensichtlich in aufrichtiger Liebe eine Witwe mit zwei Kindern geheiratet hatte. Aber er war beileibe kein Puritaner, weder im Liebesleben noch – was für uns viel interessanter ist – im öffentlichen Leben und in der Politik.

So sehr der Stoiker anscheinend dazu bestimmt war, von puritanischen, Papst- und Kaisertum feindlich gesonnenen Protestanten »vereinnahmt« zu werden, so sehr war der Sohn des Bürgermeisters von Bordeaux – zwischen »Guelfen und Ghibellinen«[12] hin- und hergerissen, das heißt, einerseits dem Druck der ersten katholischen Ligisten, andererseits dem der Hugenotten aus der Garonne und von Navarra ausgesetzt – einer abwägenden Pragmatik, einem opportunistischen, bündnisübergreifenden und machtbewußten Katholizismus verpflichtet.

War der von Seneca beeinflußte Tugendbold sein erster politischer Lehrmeister, so heißt sein zweiter, nicht offen benannter, aber um so deutlicher erkennbare Lehrmeister Macchiavelli. Während uns der erste: ›Tue deine Pflicht‹ einhämmert, rät der zweite: ›Tue, was du kannst‹ – was du für den Staat tun kannst, denn nur er ist in der Lage, dein Volk und deine Angehörigen zu beschützen. Zu gegebener Zeit, wenn wir Montaigne bei den heiklen Missionen begleiten, die er unter großen Gefahren und mit einem Gespür für das Machbare erfüllt hat, das an den florentinischen Minister erinnert, werden wir auf diese Strategie noch näher eingehen.

Auf diesem Gebiet war die leidenschaftliche Zuneigung für La Boétie nur eine Episode. Doch sehr wahrscheinlich haben sie – unter dem bestimmenden Einfluß des Älteren – in den Diskussionen nach dem Januar-Edikt oder anderen wichtigen Ereignissen ihrer Zeit zu gemeinsamen Auffassungen über Toleranz und ein friedliches Zusammenleben der Konfessionen gefunden, während sich die Hoffnungen de L'Hospitals nicht erfüllten und immer mehr »Unruhen« ausbrachen.

Der Bürgerkrieg erscheint jedenfalls in den unerbittlichen Augen des Älteren ebenso verabscheuungswürdig wie im nachsichtigen Blick des Jüngeren. Ihr Sinn für Gerechtigkeit und ihre tolerante Haltung befanden sich im selben Einklang wie ihre Seelen. Muß man angesichts dessen, wie der bissige und streitsüchtige Pierre Barrière[13], unbedingt darüber spekulieren, ob Meinungsverschiedenheiten in der Politik die Harmonie zwischen den berühmten Freunden früher oder später zerstört hätten?

Das Schicksal ließ es nicht zu, daß der Krieg nach 1562 zum Prüfstein für ihre Freundschaft wurde. Ein knappes Jahr darauf verlor Michel de Montaigne seinen Freund durch die Pest. Kurz bevor er an den *Essais* zu schreiben begann, veröffentlichte er unter dem Titel: *Auszug eines Briefes, in welchem der Herr Rath von Montaigne seinem Vater (...) von einigen besonderen Umständen erzählte, die er bei der Krankheit und dem Tode des verstorbenen Herrn de La Boétie wahrgenommen hat*, einen Text, in dem er von dieser schweren Prüfung berichtet.

Es ist der erste Text, den er zur Veröffentlichung bestimmte. Offensichtlich handelt es sich um die stark überarbeitete Fassung eines Briefes, den er sieben Jahre zuvor, kurz nach dem Tod seines Freundes an Pierre Eyquem geschrieben hatte. Einige Interpreten halten ihn deshalb für einen »frühen Montaigne«, einen minderwertigen Text von der Art eines Pasticcios antiker Schriften wie die *Abhandlung über die freiwillige Knechtschaft*.

Der Dichter Bernard Manciet, für den nur ein sprachlich in der Gascogne verhafteter Montaigne ein echter Montaigne ist, sieht darin eine Rede, »die so gestrickt ist, wie es damals in Frankreich und Italien üblich war, Reden zum Thema des verstorbenen Freundes auf Französisch oder Latein zu schreiben«. France Quéré, Herausgeberin der letzten Ausgabe des Briefes[14], hält diese Einschätzung in ihrem Vorwort für einen »etwas unbeholfenen Angriff« auf den Text – eine sehr maßvolle Erwiderung.

Als feinfühliger Beobachter hat Montaigne diesen Brief so mitreißend formuliert, daß er den Rahmen des *all'antica* sprengt, stilistisch und atmosphärisch, aber dem »römischen« Wesen ihrer »himmlischen Verbindung« treu bleibt. Mit Jean Starobinski, der den ironischen Charakter dieser Einschätzung hervorhebt, könnte man auch sagen, La Boétie sterbe hier »wie ein Buch«. Bücher können einen jedoch bis in ihre höchste Kunstfertigkeit erschüttern, wie im Falle dieses großen Textes, in dem das Sterben mit all seinen herzzerreißenden Zuckungen und Krämpfen aus dem in Marmor gemeißelten Tod hervorbricht. Doch urteilen wir, wie schon bei der ebenso geschmähten *Abhandlung*, lieber anhand des Textes selbst.

Der Brief Montaignes beginnt mit einigen Fakten. Am Montag, den 9. August 1563 hat La Boétie seinen Freund zum Essen eingeladen. Da er sich nicht wohl fühle und auf dem Wege sei, ins Médoc aufzubrechen, würde er ihn lieber bei sich empfangen, läßt Etienne ihm ausrichten. Er habe sich beim Paumespiel erkältet und leide zudem unter »Durchfall nebst einem heftigen Schneiden im Leibe«[15], unter starken Bauchschmerzen also. Dieser Hinweis beunruhigt Montaigne, denn sein Freund war soeben erst aus Agen zurückgekehrt, »wo er alles von der Pest angestecket zurückgelassen hatte«. Handelt es sich vielleicht um Ruhr, einem ersten Anzeichen für die Pest? Er schlägt La Boétie vor, auf dem Weg ins Médoc in Germignan bei seiner Schwester, der konvertierten Madame de Lestonnac, zu verweilen, was der von seiner Frau und seinem Adoptivvater begleitete Kranke auch tut.

Am nächsten Tag unterrichtet man ihn, daß der Durchfall sich verschlimmert habe und daß der Kranke ihn erwarte. Michel eilt herbei und wird gebeten zu bleiben, da »das Blute stärker von ihm ging«. Immer besorgter pendelt er einige Tage zwischen Bordeaux und Germignan hin und her. Obwohl Etienne ihm sagt, »seine Krankheit könne leicht ein wenig ansteckend sein«, und ihn bittet, »nur abwechselnd bei ihm zu sein«, da »sie überdies sehr unangenehm und mit Schwermut verknüpft« sei, beschließt Montaigne, seinen Freund nicht mehr zu verlassen. Am Sonntag wird ihm klar, daß der Kranke »an seiner Genesung zu zweifeln« beginnt, und Montaigne bittet ihn, er möge nicht vergessen, »in seinem Hauswesen einige Verordnungen zu machen«. Daraufhin läßt La Boétie seinen Onkel und seine Frau kommen, teilt seine Güter unter ihnen auf und wendet sich dann an seinen »Bruder und Verbündeten«:

»Mein Bruder (...), den ich mir unter so vielen erwählt habe, um mit ihm eine tugendhafte und wahre Freundschaft aufzurichten (...), von der wir nur noch einige Spuren antreffen, wenn wir in die vorigen Zeiten zurückgehen: Sie bitte ich (...), meinen Büchervorrat anzunehmen, (...) es schickt sich auch für Sie als einen Freund der Wissenschaften.«

Anschließend bittet er, man möge ihm als treuen Katholiken einen Priester herbeirufen. Zuvor wünscht der Kranke, sich von seinen Angehörigen und von seiner »Wache« (wie er die Mädchen nannte, die ihn pflegten) zu verabschieden. Als Michels Bruder Thomas, der Herr von Beauregard erscheint, der zum Protestantismus konvertiert war, richtet er folgende Worte an ihn:

»Ich schwöre Ihnen, daß ich unter allen denen, die sich die Verbesserung der Kirche angelegen sein lassen, keinen gefunden habe, der sich darum eifriger, nachdrücklicher und aufrichtiger als Sie bemühet hätte. Ich glaube, daß die Laster unserer Prälaten, welche gewiß einer großen Verbesserung bedürfen und die vie-

len Unvollkommenheiten, welche sich seit einiger Zeit in unseren Kirchen einge-
schlichen haben, Sie dazu anreizen. Ich will Sie nicht davon abzubringen suchen
(…). Aber ich will Sie nur aus wahrer Hochachtung gegen ihr Haus zu einer
beständigen Eintracht ermahnen. (…) Seien Sie nicht so ungestüm und hitzig, vertragen Sie sich mit ihnen (…). Sie sehen wohl, was für Schaden die Mißhelligkei-
ten diesem Königreiche zugefügt haben (…). Da Sie nun klug und redlich sind, so
hüten Sie sich dieses Unglück unter Ihre Verwandten zu bringen, damit Ihr Haus
dadurch nicht den Ruhm und die Glückseligkeit verlierte, die es bisher genossen
hat (…).«

Montag früh hat der Kranke alle Hoffnung aufgegeben: »Lieber Bruder! Haben Sie nicht Mitleiden mit dem Schmerz, den ich ertragen
muß?« Kurz darauf fällt er in Ohnmacht und wird mit »Wein und
Weinessig« wieder ermuntert. Er verlangt nach Wein, trinkt und »wie er
sich darauf wohl befunden, sagte er mir, dieses sei eines der besten
Getränke« (worauf Montaigne ihm entgegnet, das beste Getränk sei
Wasser…). Er beichtet, empfängt die letzte Ölung und erklärt dem
Priester mit einer gewissen Dreistigkeit, er habe so gelebt, wie er ge-
tauft worden sei, und so wolle er auch sterben, »in dem Glauben und
der Religion, die Moses schon in Ägypten gepflanzt hat, die von
den Vätern nachmals nach Judäa gebracht wurde, und von Hand zu
Hand endlich durch die Folge der Zeit nach Frankreich gekommen ist«.
Dem Tod ruft er zu, er erwarte ihn »freudig, und mit standhaftem
Fuße«, und seinem Freund vertraut er an, er habe »Vorstellungen«.
Auf die Frage Montaignes, um was für Vorstellungen es sich handle,
antwortet er: Große, große (…), sie sind unvergleichlich, unendlich,
und unaussprechlich.«

Er läßt ein letztes Mal seine Frau zu sich rufen, die er liebevoll »mein
Ebenbild« nennt, sagt ihr, er »leide des Übels wegen, das ich Sie ausstehen
sehe, noch einmal soviel, als des meinigen wegen« und murmelt schließlich: »Ich gehe und will schlafen; gute Nacht, meine Liebe, legen Sie sich
auch.« So verabschiedet er sich von ihr, um mit seinem Freund allein zu
bleiben. Ein erstaunliches Vorrecht, das der »göttlichen Verbindung« hier
eingeräumt wird.

Nachdem er sich »heftig und nach allen Kräften« im Bett herumge-
worfen hat, ruft er Michel an: »Mein Bruder, mein Bruder, wollen Sie mir
denn keine Stelle vergönnen? (…) Ja! Ja! (…) ich habe eine, aber das ist
nicht diejenige, welche mir fehlt; kurz, ich bin nicht mehr. (…) drey Tage
lang seufze ich schon, um davon zu kommen.«

Der Augenblick des Todes war also nahe: »Ungefähr eine Stunde hernach nannte er mich noch ein- oder zweimal, seufzte herzlich und verschied (...), nachdem er sein Leben auf zweiunddreißig Jahre, neun Monate und siebzehn Tage gebracht hatte.«

Es steht natürlich jedem frei, darin nur ein Gewebe nach antikem Strickmuster zu sehen. Wie andere auch bewundere ich hingegen den erschreckenden Realismus dieser Aufzeichnungen, ja sogar solcher Worte wie jener: »drey Tage lang seufze ich schon, um davon zu kommen«, die erbarmungslose Erinnerung an die Einsamkeit des Sterbenden, trotz aller: »mein Bruder, wollen Sie mir denn keine Stelle vergönnen?« und dem eher klösterlichen denn sokratischen Charakter dieser Wortwechsel, wo man zwischen zwei heldenhaften Sätzen durchaus eine Ahnung von den Wasserkrügen und den Lappen, vom Schweiß und von der Jauche bekommt. Dieser Hospizgeruch erinnert uns eher an Vincent de Paul als an Platon.

Montaigne mag vielleicht mit einem Auge nach Seneca schielen. Doch er schreibt als Liebender und als hervorragender Beobachter. Laut France Quéré liegt »der ungewöhnliche Reiz dieser Schrift (...) im Scheitern ihrer ursprünglichen Absicht (...). Die Ereignisse entgleiten dem Erzähler, bringen das Ritual eines ›ordentlichen Todes‹ durcheinander. Das Ergebnis ist ein Meisterwerk, wie es wahrhaftiger nicht sein könnte.«

Woraus aber besteht der innere Kern dieser sinnbildlichen Freundschaft, wenn man bedenkt, wie häufig sich die beiden zwischen 1558 und 1563 nicht sahen, da sie mit politischen Missionen betraut waren, die sie in unterschiedliche Richtungen führten?

Schränken wir die Frage auf denjenigen ein, um den es hier geht, so könnte man versucht sein, in jenem »Weil er er war« den Ausdruck eines Ausgehungerten sehen. Denn zur Zeit ihrer Begegnung in Bordeaux lebte Montaigne, wie bereits gesagt wurde, in einer »Liebeswüste« – mag diese auch mit »Houris« und »blühenden Mädchen« umgeben gewesen sein. Ein so empfindsamer, anderen gegenüber so offener Mensch könnte in einer solchen Vereinsamung nicht überleben. Und schon gar nicht, wenn er im selben Zeitabschnitt einem ungeliebten Beruf nachgehen muß und sich auch die Beziehungen zu seiner Familie verschlechtert haben, wie bei Montaigne mit großer Wahrscheinlichkeit die zu seinem Vater und ganz sicher die zu seiner Mutter. Mit fünfundzwanzig Jahren ist er also reif für eine große Leidenschaft. Daß diese schließlich von einem Mann wachgerufen wird, paßt zu einem Schüler der alten Philosophen, und bei diesen Vorbildern steht es ihm frei, sich von Sokrates bis Vergil zu den erhabensten Gedanken anregen zu lassen.

Vergessen wir außerdem nicht, daß uns diese Freundschaft nur durch das Prisma oder den Filter seines Gedächtnisses bekannt ist, was sie im höchsten Maße geadelt und geläutert hat. Das testamentarische Schreiben Montaignes an seinen Vater ist erst viele Jahre nach dem tragischen Ereignis geschrieben worden. Weder handelt es sich um einen Briefwechsel, in dem Enttäuschungen und Bitterkeit verarbeitet werden, noch um ein Tagebuch, in dem eine Krise ihren ersten Niederschlag findet. Michel de Montaigne ruft nur die Erinnerungen an das unbefleckte Paradies jugendlicher Liebesgeschichten in uns wach – mit einem Abstand von zehn oder fünfzehn Jahren. Jene Zeit der Muße kehrt nur in der schöpferischen Sehnsucht wieder.

Sollte es stimmen, daß Montaignes ganzes, erst lange nach dem Tod des Geliebten entstandenes Werk ein »Grabmal« für La Boétie ist, können wir diese Freundschaft für eine Art dramatisierte und idealisierte Quintessenz menschlicher Beziehungen aus der Sicht des Autors des Essais »*Über dreierlei Umgang*« halten. Für den lichten (künstlich beleuchteten – aber das zu schreiben, würde wohl kaum jemand wagen) Teil der dichterischen Wahrheit dieses großen Gemäldes in Helldunkel, das die *Essais* darstellen.

Nachdem Etienne gestorben war, begann für Montaigne ein anderes Leben. Als wäre er amputiert worden. Und noch zehn Jahre später schrieb er: »(…) so ist es nichts als Rauch, nichts als freudlose, dunkle Nacht. Seit dem Tage, da ich ihn verlor, (…) schleppe ich mich mit versiegenden Kräften dahin. (…) Ich war schon so gewöhnt und darin eingeübt, stets ich zu zweit zu sein, daß mich dünkt, jetzt lebte ich nur noch halb.«

Nur noch halb? Immerhin hat sich in jenem halben Leben, in jener »dunklen Nacht« des Verlassenen (und sogar aufgrund der Verlassenheit) seine schillernde Genialität zu voller Blüte entfaltet.

KAPITEL 5

Die Robe ist zu lang …

Im Dienst der Bürgerschaft ❖ Geringschätzung der »Rechtsprechung« ❖ Gegner der Gesetze? ❖ Wider die Folter ❖ Bei den
Frondeuren im Parlament von Bordeaux ❖ Eine große Strafrede
von Michel de l'Hospital ❖ Von den Wilden lernen

Michel de Montaigne gilt als Konservativer. Er war unbestritten ein Aufklärer, aber ein konservativer Aufklärer. Kern seiner politischen Philosophie ist die Ablehnung aller »Neuerungen«, die eine Bedrohung für die
verbürgte Sicherheit der Schwachen und Friedfertigen darstellen. Bei der
Ausübung öffentlicher Ämter wie bei politischen und diplomatischen
Missionen trat er stets gemäßigt auf und bemühte sich, einen Ausgleich
zwischen den streitenden Parteien zu erzielen und extreme Positionen
auszuschalten.

Doch jener Montaigne, der die lange Robe eines Richters und Ratsherren am Parlament von Bordeaux eher widerwillig anlegt, wie wir noch
sehen werden, erscheint seltsamerweise als Rebell. In zweifacher Hinsicht: Im Bereich des Privatrechts scheint er ausschließlich mit der Sammlung von Argumenten beschäftigt zu sein, um die gewaltige Anklage
gegen die Gesetze und ihre Anwendung vorzubereiten, die eines der
Hauptthemen des 13. Kapitels im dritten Buch der *Essais* bildet. Und auf
dem Gebiet des öffentlichen Rechts nimmt er eine Zeitlang an einer regel-
rechten Fronde gegen die Anweisungen aus Paris teil.

Im Gegensatz zur Legende war Michel de Montaigne kein die Zurückgezogenheit suchender, klagender Skeptiker, sondern ein tief in »sein« Jahrhundert verstrickter Mann der Tat, sehr fortschrittlich bei der Ausübung
der Amtsgeschäfte und mit großer Umsicht für das gesellschaftliche
Zusammenspiel seiner Zeit. Ausgehend von entscheidenden Grundsatz
des Schloßherrn von Montravel: »Gewiß bin ich der Meinung, daß die
ehrenvollste Tätigkeit darin besteht, dem Gemeinwohl zu dienen und vie-

len Menschen nützlich zu sein«, will diese Biographie – nach anderen – den Mann der Tat ins rechte Licht rücken.

Montaigne gilt als Erfinder der Innenschau, als Begründer einer Philosophie des Privaten, einer Ethik, die auf Selbsterkenntnis und auf Einsicht in die Unbeständigkeit und Vielfalt des Lebens gründet. Bewunderungswürdig und bahnbrechend wie mit diesem eher »weltabgewandten« Vorhaben war er aber auch als Bürger eines Zeitalters, in dem jedes Unterfangen Gefahr, jede Fürsprache Ärger heraufbeschwor.

Der Egotist Montaigne, der sich mit achtunddreißig Jahren angeblich in seinen Turm zurückgezogen hatte, schrieb auch: »Ich liebe das Privatleben, weil ich es aus freien Stücken liebe und nicht aus mangelnder Eignung für öffentliche Ämter, die vielleicht gleichermaßen meiner Veranlagung entsprächen.« Wie sehr er sein Zimmer, seine Bibliothek, sein Manuskript und seine Vergnügungen auch liebte, er ließ sich trotzdem ständig herausreißen und legte allerorten eine »leidenschaftliche« Hingabe im Dienst des Gemeinwohls an den Tag. Das hat Colette Fleuret in ihrem Aufsatz »Montaigne et la société civile« betont, der zu den besten Beiträgen gehört, die dem Verfasser der Essais jemals gewidmet wurden: »Montaigne ist nicht der impressionistische und labyrinthische Denker, der erst im Schreiben zum Denken findet, dieses ungreifbare Phantom, das einige zeitgenössische Kritiker aus ihm machen möchten: ein Schriftsteller, der auf allen denkbaren Ebenen des Schreibens schreibt, aber ein Nichts auf der Ebene des Seins, schillernd nur in den äußeren Erscheinungen. Er ist ein Philosoph, ein Freund der Wahrheit, der hartnäckig nach dem Denken sucht, das zum Handeln führt. Denn bei ihm treten Denken und Tat, Denken und sachbezogenes, zweckmäßiges Handeln nicht auseinander; das Denken entspringt vielmehr der Erfahrung, und kehrt zu ihr zurück (...). ›Es ist unsere Aufgabe, über unsere Gewohnheiten zu schreiben, nicht über Bücher‹, erklärt er unmißverständlich. Und nicht nur über unsere eigenen Gewohnheiten, sondern auch über die der Öffentlichkeit, für die man letztendlich schreibt.«[1]

Sich an der öffentlichen Auseinandersetzung zu beteiligen, für das öffentliche Wohl zu schreiben, diese Themen kehren in den Essais häufig wieder: »Ein gleiches Verhalten gegenüber unsren eigenen, inneren Zwistigkeiten wäre aber auch eine Art Treulosigkeit, da man in ihnen notwendigerweise mit Vorbedacht Partei ergeifen muß.« (III,1) »Wie oft auch habe ich meinen Ärger über irgendeinen Vorgang, den offen zu tadeln mir Anstand und Vernunft untersagten, mir hier von der Leber geschrieben, nicht ohne den Hintergedanken, wenigstens so die Öffentlichkeit wachzurütteln!« (II, 18)

Wenngleich Montaigne weniger engagiert ist als Marot, der sein Genie in den Dienst der Reformation stellte und dafür büßen mußte, zitiert er den allgemeinen Kampfaufruf des von Margarete von Navarra begünstigten Dichters nicht umsonst:

> »Klatsch, aufs Auge! Klatsch, dem Affen auf die Schnute,
> auf den Rücken! Feste auf ihn mit der Rute!«[2] (II, 18)

Wir wissen, daß sein Vater versuchte, ihn »bis über die Ohren« in öffentliche Ämter und Aufgaben »hineinzutauchen«, was auch gelang; »doch ich vermochte mich rechtzeitig wieder freizustrampeln«. Montaigne hatte es nicht vermocht, die Möglichkeiten zu nutzen, die sich ihm in seiner Jugend in Paris und durch einflußreiche Freunde auftaten. Mit einundzwanzig Jahren stand er kleinlaut da, war von der Familie abhängig und mußte sich den Satz anhören, der jahrhundertelang in den Ohren so vieler unbekümmerter Söhne aus gutem Hause tönte: »Ein Richteramt ist besser als nichts!«

Welche Ausbildung der junge Michel in diesem Fach erhielt, wenn er überhaupt eine erhielt, ist unbekannt. Neben tausend Sarkasmen, mit denen er alle bedachte, die Rabelais als »Glossatoren, Kaminfeger, fette Zehentkälber« bezeichnete, schrieb er später, er habe von den Rechten nur gewußt, daß es eine Medizin und eine Rechtsprechung gebe, und ganz grob, wovon sie handelten. Allzu ernst sollte man das nicht nehmen: Es ist offenkundig, daß Montaigne mehr als lediglich einen Hauch von Rechtsgelehrtheit erworben, daß er sich, woher auch immer, die Sprache angeeignet hatte (»stinkende Begriffe« laut d'Aubigné) und dreizehn Jahre lang die Robe trug, mag sie ihm auch viel zu lang und lästig erschienen sein. Die Wendigkeit seines keineswegs mehr »träge und zögerlichen« Geistes, sein natürlicher Scharfsinn und sein erstaunliches Wissen im Umgang mit Menschen, das er aus Lektüre und Erfahrung schöpfte, taten ihr übriges – ganz zu schweigen von den Juristen unter seinen Freuden, wie La Boétie und Arnaud de Ferron.

Wir wollen das Augenmerk nicht weiter auf die Distanz richten, die Michel zum »vierten Stand«, wie er ihn geringschätzig nannte[3], einnahm – ein Stand, der nach seiner Auffassung weit unterhalb des Soldatenstan-

des, des Klerus und des Bauernstandes angesiedelt war. Den Richterstand
nannte er, der vom Adelsrang so begeistert war, wagemutig eine »von
Adel weit entfernte« Körperschaft, und er prangerte die bei diesem
»Stand« übliche Käuflichkeit der Ämter an. Dabei scheint er vergessen zu
haben, daß dieses Argument im Hinblick auf den Adelstitel zukünftig
auch eine Rolle spielen sollte: Die Vorfahren Michel Eyquems konnten
ein Lied davon singen.

Für einen wie ihn, der die antiken Helden, die streitbaren Männer zu
Pferde bewunderte, herrschten beim Richterstand nur die Manieren und
Gepflogenheiten von »Pelzkatzen«, die stolz waren auf die bloße Länge
ihrer Roben und die Hermeline, mit denen sie gefüttert waren. Daß er
dort auf seinen geliebten Etienne gestoßen war und zahlreiche Verwandte
gefunden hatte, daß er bedeutende Rechtsgelehrte wie Ferron schätzen
lernte, hat ihm diese würdevolle Körperschaft nicht liebenswerter gemacht.

Mag Jacques-Auguste de Thou rückblickend einen eifrigen Beamten in
ihm begrüßen, die Geschichte Montaignes im Richterstand ist dennoch
eine Folge von Ausweichmanövern, Dienstreisen und außerordentlichen
Beurlaubungen. Bezeichnend ist, daß die erste Nennung seines Namens in
den Archiven von Guyenne mit seiner Abwesenheit auftrumpft. Und aus
den Stadtarchiven geht hervor, daß er hauptsächlich mit Geschäften
betraut war, die in Zusammenhang mit der Eintreibung der »Taillon«
genannten Steuer auf Paarhufer wie Ochsen, Kühe und Schafe standen.

Es wäre jedoch absurd, die beiden grundverschiedenen Aufgaben, mit
denen ein »Parlamentarier« zu jener Zeit betraut war, nicht von vornher-
ein zu unterscheiden: Die eine war rein juristischer Art und umfaßte Zivil-
prozesse, Steuerverfahren, Strafverfolgung, die andere war politischer
Natur, lag auf alle Fälle im öffentlichen Interesse und berührte vor allem
die Beziehungen zwischen der königlichen Macht und den Provinzen.

Das Parlament von Guyenne war in der Tat eine der acht großen Versammlungen (sieben davon in den Provinzen) und bildete mit diesen den
einzigen Kontrollmechanismus des Staats gegenüber der königlichen
Macht an der Schwelle zum Absolutismus. Im verbürgten Recht, die
Unterschrift unter die königlichen Edikte zu verweigern, verfügten die
Versammlungen über ein Mittel, die Durchführung königlicher Anweisungen zu stoppen – ein Hindernis, das der Herrscher allerdings mit sogenannten »lettres de jussion« überwinden konnte, durch königliche

Befehle, die dem Widerstand der Beamten ein Ende setzten. Und wenn die Parlamentsräte hartnäckig blieben, wurde ein »Throngericht« einberufen, das dem König die Möglichkeit gab, die Auseinandersetzung zu seinen Gunsten zu entscheiden. Ein Aufschub oder eine Entschädigung sprangen allemal dabei heraus.

Der politischen Seite des parlamentarischen Amtes hatte sich Montaigne, so königstreu er war, immer mit Hingabe gewidmet. Seinen Widerwillen gegenüber Rechtsangelegenheiten im eigentlichen Sinne konnte er jedoch nicht verhehlen, weder bei den Steuern noch bei Zivilprozessen, besonders aber bei der Strafverfolgung nicht, und er beschimpft die Rechtsprechung als »Wissenschaft, die ihrer Natur nach Zank und Zwist« gebiert.

Das Aufbegehren gegen die Rechtsprechung zeigt sich auch bei der systematischen Romanisierung des aquitanischen Gewohnheitsrechts, als der Autor der *Essais* einen sehr aufschlußreichen Regionalismus vertrat und voller Stolz erwähnte, »daß es (...) ein gascognischer Adliger und Landsmann von mir war, der sich als erster dem Versuch Karls des Großen widersetzte, bei uns die lateinisch abgefaßten kaiserlichen Gesetze einzuführen.« (I, 23) Noch aufschlußreicher ist seine Verteidigung der genannten Bräuche: André Tournon, rühmlicher Verteidiger von Montaignes juristischem Ethos, weist auf eine Untersuchung hin, die sich in der Rechtsabteilung der Universitätsbibliothek von Bordeaux befindet: *Estude de messire de Montaigne, autheur des Essais, recueil de Las coutumas de Bourdeú* (»Studie des Herrn von Montaigne, Autor der *Essais*, über einige Bräuche von Bordeaux«). Doch zeugt dieser Text vielleicht mehr von Montaignes Verbundenheit mit der Gascogne und seinem soziologischen Interesse als von seinem Rechtsverständnis.

Der gascogner Partikularismus ist beim Ratsherren Montaigne lediglich Ausdruck des Verdrusses. Hören wir, was der Rechtsgelehrte, der von Amts wegen mit der Verabschiedung, zumindest aber mit der Durchsetzung von Gesetzen betraut war, vertiefend über das Gesetz im allgemeinen sowie über die französischen Gesetze und über die Achtung, die ihnen geschuldet – oder verweigert – wird, im besonderen zu sagen hat, und vergessen wir dabei nicht, daß sich hier ein Rat des Königs, der erst kurz zuvor den Dienst quittiert hat, mit zornigen Worten Luft macht. Ja, er schießt die Rechtsprechung regelrecht ab:

»Die Macht der Gesetze bleibt ja nicht deswegen unangestastet, weil sie gerecht, sondern weil sie Gesetze sind.

Wer ihnen gehorcht, weil er sie für gerecht hält, gehorcht ihnen nicht aus einem rechten Grund. Unsre französischen bieten wegen ihrer Unförmigkeit und Unübersichtlichkeit der Verwirrung und Korruption, wie wir sie bei ihrer Anwendung und Vollstreckung beobachten, in mancher Hinsicht die Hand.« (III,13)

»Und als es meines Amtes war, Verbrecher abzuurteilen, habe ich eher gegen die Gesetze verstoßen.« (III,12)

Montaigne, ein Gegner der Gesetze! Hier erleben wir den unbekannten, den skandalösen Richter, der felsenfest davon überzeugt ist, die Rechtsordnung, die er verteidigen soll, sei zufällig, dumm und pervers zugleich. »Wir vernebeln den Verstand«, schreibt er einmal. Dabei ist er, sofern dies überhaupt denkbar ist, bissiger als sein Freund La Boétie gegenüber der Tyrannei und radikaler als Proudhon! Stellen wir uns einmal vor, was sein »Vom Geist der Gesetze« gewesen wäre … Begreiflich, daß dieser junge Rebell nach dreizehn Jahren Amtsausübung das Weite suchte!

Doch so überzeugt er von der Schwäche der Gesetzbücher war – so sehr, daß er in einem dem König zugedachten Buch zugibt, er habe, da er Zeuge zahlreicher »Urteile« gewesen sei, die »verbrecherischer als das Verbrechen« waren, »eher gegen die Gesetze verstoßen«, wenn es an ihm war, »Verbrecher abzuurtheilen« –, ein Aspekt dieses Berufsstandes erschien ihm noch abstoßender als die Torheit der Gesetze oder die Dummheit der Richter: die Mittel, die die Gerichte anwandten, um den Beschuldigten oder lediglich Verdächtigen Geständnisse zu entreißen. Hier beläßt es der Essayist nicht bei Sarkasmen, sondern empört sich:

»Eine gefährliche Erfindung ist die Folter, denn sie scheint mir eher die Standhaftigkeit als die Wahrheit auf die Probe zu stellen. Sowohl wer die Torturen auszuhalten vermag, verbirgt die Wahrheit, wie wer sie nicht auszuhalten vermag, denn warum sollte der Schmerz mich eher dazu zwingen können, etwas einzugestehn, das geschehen ist, als dazu, etwas zu sagen, das nicht geschehen ist? Und umgekehrt: Wenn einer, der die ihm zur Last gelegte Tat nicht begangen hat, die Standhaftigkeit besitzt, diese Qualen auszuhalten, warum sollte sie derjenige nicht auch besitzen, der sie begangen hat? (…) Im Grunde, glaube ich, wurde all das erdacht, weil man sich auf die Macht des Gewissens stützen wollte, scheint es doch, als ob sie beim Schuldigen die Wirkung der Folter derart steigere, daß er schwach wird und seine Verfehlung gesteht, und als ob sie andererseits den Unschuldigen gegen die Martern stärke. In Wahrheit aber steckt dieses Mittel voller Ungewißheit und Gefahren. Was würde man nicht alles sagen, was würde man nicht alles tun, um derart höllischen Qualen zu entrinnen? (…) So kommt es denn dazu, daß der Richter jenen, den er den Folterknechten überantwortet, um keinen Unschuldigen hinrichten zu lassen, als Unschuldigen und Gefolterten hinrichten läßt.« (II, 5)

Besser könnte man es nicht sagen. In jenem Jahrhundert, in dem ein großer Rechtsgelehrter wie Jean Bodin den Standpunkt verfocht, Hexen, Hexenmeister und andere, die es mit dem Teufel trieben, müßten verbrannt werden, setzte man sich mit solchen Sätzen einem ebensogroßen Risiko aus wie mit einer Anklage gegen die Tyrannen oder gegen die Ungerechtigkeit der Gesetze. Doch der Rat Montaigne – der sich vor Ort vielleicht nicht ganz so unverblümt äußerte – mußte für seine revolutionären Vorstellungen nicht büßen. Montaignes Anprangerung der Gesetze und der Folter empörte zwar die Ratskollegen, und wir werden sehen, wie sie versuchten, dafür Rache zu nehmen, doch das Buch wurde deshalb nicht weniger begeistert aufgenommen und genoß die Bewunderung aller großen Geister.

In diesem katholischen Richter und Parlamentsrat steckte ein eingefleischter »Protestant«. Auf dem Gebiet der Rechtsprechung verurteilte er das gesamte System der Gerichtsbarkeit, angefangen bei der Käuflichkeit der Ämter über die Landesgesetze und die Umstände ihrer Anwendung bis zu den Glossen, den Kommentaren zu den Glossen und dem Rückgriff auf die Folter. Auf politischem Gebiet ist die Haltung des königlichen Rats gegenüber seinem monarchischen Oberhaupt nicht weniger kritisch. Über Jahre hinweg sollte er als Gegenspieler des königstreuen Ratsvorsitzenden auftreten und einer Gruppierung nahestehen, die dem königlichen Willen wenig Achtung zollte. Doch dazu später.

Die lange Robe stand Montaigne so schlecht, daß sie aus dem konservativen Aufklärer einen »Frondeur« machte, bevor es diesen Begriff gab. Er dachte wie später einmal Mazarin, doch für eine bestimmte Zeit handelte er wie Retz. In den Jahren danach und in den *Essais* sollte davon nur die leuchtende Vision von der Freiheit übrigbleiben, von der Freiheit des Menschen und von der Freiheit der Gesellschaft. Doch es wird sich zeigen, daß seine sowohl persönlichen als auch beruflichen Erfahrungen in diesem Amt von großer Tragweite waren.

Ob als Liebhaber oder als Parlamentsrat – Montaigne steckt voller Widersprüche. Da ist zunächst sein Eintritt in einen anfänglich verhaßten, später kritisierten Berufsstand: Nach einhelliger Auffassung begann er seine Laufbahn als Richter in Périgueux, wo 1554 eine neue Kammer zur Durchsetzung des Steuerrechts eingerichtet worden war. Sein Onkel Pierre de Gaujac, ältester Bruder seines Vaters, überließ Michel 1556 seinen Sitz bei Gericht. Der sprach in Périgueux – wenn überhaupt – nicht lange Recht, denn auf Verlangen der Ratsherren von Bordeaux wurde die Kammer 1557 dorthin verlagert und dem dortigen Parlament angegliedert. Wahrscheinlich hielt Michel zusammen mit dreizehn weiteren Kollegen aus Périgueux im Oktober 1557 dort Einzug.

Die Bedingungen, unter denen die Ankömmlinge im *Palais de l'Ombrière* Aufnahme fanden, trugen zweifellos dazu bei, Michels Vorbehalte gegen diesen Berufsstand zu verstärken: Wie Eindringlinge wurden sie empfangen, ihre Jahresbezüge wurden um ein Drittel gekürzt[4], und sie waren Zielscheibe vielfältiger protokollarischer Schikanen, die dem jungen Montaigne Gelegenheit gaben, seinen Widerspruchsgeist und seine Redegewandtheit unter Beweis zu stellen.

Der neu hinzugekommene Parlamentsrat betätigte sich vor allem auf dem Feld der Politik, zumindest wenn es um die Beziehungen zwischen Parlament und Königshaus ging. Die Begegnung mit Etienne de La Boétie »beflügelte« ihn: Er war sein Vorbild in allen öffentlichen Ämtern. Um kühne Schritte zu wagen, war ihm die Robe also nicht zu lang!

Als Michel de Montaigne im November 1557 zum Ratsherren am Steuergerichtshof ernannt wird, ist das Parlament von Guyenne Schauplatz einer großen politischen oder religiös-politischen Auseinandersetzung, bei der sich die treuen, zur Versöhnung mit dem Protestantismus bereiten Anhänger der königlichen Politik und die Verfechter einer Unterdrückung der Hugenotten gegenüberstehen. Es sind noch zwölf Jahre bis zur Bartholomäusnacht. Hinter den gegensätzlichen Positionen zeichnen sich weitere Konflikte ab, wie die zwischen königlicher Macht und Parlament, die beide eifersüchtig auf ihre Vorrechte pochen und sie sich wechselseitig streitig machen, oder zwischen zentralstaatlichen Bestrebungen und den auf Eigenständigkeit bedachten Provinzen. Doch schon jetzt steht die »protestantische Frage« im Mittelpunkt der Streitigkeiten.

Wie ernst der Konflikt war, zeigt sich an der gespannten Lage im Land. Noch war sie nicht so zugespitzt wie fünf Jahre später nach dem Massaker von Wassy und der Ermordung des Herzogs von Guise. Doch in Guyenne litt man unter den bewaffneten Anhängern der Reformation, die sich im gesamten Garonnetal und in der Charente ausgebreitet hatten.

Seit Johanna von Albret 1560 zum Kalvinismus konvertiert war, breitete sich der Protestantismus auch in den Gebieten aus, die dem Hof von Navarra unterstanden. Die katholische Führungsschicht war in höchste Alarmbereitsschaft versetzt, denn die Glaubenslehre der Hugenotten fand vor allem in ihren eigenen Reihen immer mehr Anhänger.

Im Parlament von Bordeaux gerieten »Radikale« und »Gemäßigte« offen aneinander, stritten Vorkämpfer einer Vernichtung der Reformation (ihr starker Mann war der »Scharfmacher« Marschall de Monluc) mit Anhängern einer versöhnlichen Einigung (darunter Generalleutnant Burie und seine Truppen[5]). Wir haben gesehen, daß letzterer 1562 die Oberhand behielt und mit Unterstützung Etienne de La Boéties beinahe der Vernunft und der Toleranz zum Sieg verholfen hätte. Als Michel de Montaigne ins *Palais de l'Ombrière* kam, war die Debatte noch unentschieden – und mit Erstaunen stellen wir fest, daß wir ihn nicht bei jener Partei finden, zu der er seiner Bildung und seinem Temperament nach hätte neigen müssen.

Führer der Gemäßigten war kein geringerer als Parlamentspräsident Jacques de Lagebaston, ein treuer Interpret der königlichen Politik, wie sie vom Kanzler de L'Hospital, seinem Freund, betrieben wurde. (Angeblich ähnelte er König Franz I. wie ein Doppelgänger und er soll das Lieblingskind unter seinen außerehelichen Kindern gewesen sein.) Auf alle Fälle war Lagebaston ein Führer von großem Format, dem mit Burie ein königlicher Statthalter und mit Arnaud de Ferron einer der besten Rechtsgelehrten im Parlament zur Seite standen.

Doch die radikale Partei hatte nicht weniger bedeutende Gewährsmänner, deren Ruf und Kraft sie stark machten: den Erzbischof von Bordeaux, Prévôt de Sansac, den Präsidenten de Roffignac, der de Lagebaston des öfteren vertrat und auf seinen Posten schielte, vor allem aber den Marquis von Trans, der dem ersten Haus in der Provinz vorstand, dem Haus Foix-Candale. Aufgrund seiner Lehensverhältnisse sowie der Nachbarschaft zum mächtigen Marquis von Trans, der zugunsten von Michel schon seine Verbindungen am Hof hatte spielen lassen, war das Haus Eyquem de Montaigne dem Erzbischof von Sansac und dem Marquis von Trans verpflichtet.

Da ist es kein Wunder, daß der junge Rechtsgelehrte von der »Partei« eingenommen wurde, die eine gewaltsame Lösung suchte, obwohl er zu gemäßigten, gewaltfreien Auffassungen neigte und zudem mit La Boétie befreundet war, der sich an der Seite von Burie bereits für den Kompromiß eingesetzt hatte. Gehörte Montaigne jemals zum »Syndikat« jener »ersten« Liga, die sich lange vor der eigentlichen »katholischen« Liga gebildet hatte? (Letztere war in den achtziger Jahren bekanntermaßen mit dem Versuch gescheitert, Heinrich von Navarra zu entmachten und den Herzog von Guise auf den Thron zu bringen.) Es gibt keinen Beweis dafür. Aber es ist offensichtlich, daß sich der junge Rat Michel de Montaigne in den bewegten Debatten, die das Parlament von Bordeaux damals erschütterten, nicht unter jenen befand, die seinem Denken am nächsten waren und auf deren Seite sich sein geliebter La Boétie stellte. Trotz der unterschiedlichen Richtungen, die sie verfolgten, hat ihre Freundschaft keinen Schaden genommen.

Man würde in Verwirrung geraten, wollte man die »Parteien« deutlich voneinander unterscheiden: Zu sehr bestimmten persönliche Bindungen, Lehensverhältnisse, Standesdenken, religiöse Empfindungen und familiäre Interessen – von den Machenschaften der englischen und spanischen Mittelsmänner ganz abgesehen – die Grenzen, die sich daher bis zur Unkenntlichkeit überschnitten. Als sein eigener Lehrer Anne du Bourg 1559 hingerichtet wurde, hinderte dies den Verfasser der *Abhandlung über die freiwillige Knechtschaft* nicht daran, mit François d'Escars, einem der Anführer des Integralismus, befreundet zu sein. Es ist also nicht erstaunlich, daß sich Montaigne und La Boétie nicht immer im selben »Lager« befunden haben.

In Übereinstimmung mit der Philosophie der *Essais* wird man das Hin und Her zwischen den Parteien also von Fall zu Fall betrachten müssen, ohne dabei zu vergessen, daß sich Montaigne am Parlament von Guyenne erst noch finden mußte: Hin- und hergerissen zwischen angestammten Verbindungen und neuen Freundschaften, im Zwiespalt zwischen seiner gemäßigten Natur, die von La Boétie unterstützt wird, und dem Eifer seiner mächtigen Schutzherren, tastet er sich langsam voran, sammelt er sich innerlich. In dieser Zeit sehen wir ihn als einen außergewöhnlich »flackernden und züngelnden« Mann.

Auf dem Höhepunkt dieser Spannungen und Auseinandersetzungen wurde das Edikt vom Januar 1562, mit dem das französische Königshaus seinen Willen zu einer gemäßigten Politik zum Ausdruck brachte, von den katholischen »Radikalen« – in Bordeaux wie in anderen Parlamenten –

als Provokation aufgefaßt. Einige aus diesem Lager preschten vor und konterten, indem sie eine Schrift zur Abstimmung vorlegten, die von allen Ratsmitgliedern das römische Glaubensbekenntnis verlangte und damit zwangsläufig den Ausschluß jener Kollegen bedeutete, die sich insgeheim oder offen der Reformation angeschlossen hatten. Zu diesem Zeitpunkt befand sich Montaigne – wie so häufig – auf einer Mission in Paris. Da die acht Parlamente in der staatlichen Ordnung als einheitliches Staatsorgan begriffen wurden, konnte dieses Glaubensbekenntnis vor jedem Gerichtshof abgelegt werden.

Obwohl die Verpflichtung für die Parlamentsräte von Bordeaux erst im Juli in Kraft trat, begab sich Montaigne schon am 12. Juni – also noch bevor die Aufforderung dazu erging – zu seinen Pariser Kollegen. Daher findet sich in den Parlamentsarchiven von Paris das von Nicolaï angeführte Dokument: »(...) Maître Michel de Montaigne, Rat am Parlament von Bordeaux, hat dem Gerichtshof seine Aufwartung gemacht und um Rederecht vor den dort Versammelten gebeten, um sein Glaubensbekenntnis abzulegen, wie es den Weisungen entspricht, die er über den Beschluß des hiesigen Gerichtshofs vom Sechsten dieses Monats erhalten hatte. Selbiges leistete er vor dem Ersten Vorsitzenden und unterzeichnete es vor den Räten besagten Gerichts.«

Die Eilfertigkeit, mit der Maître Michel den Aufforderungen des unduldsamen katholischen Lagers nachkam, gereicht ihm offensichtlich nicht zur Ehre. Treue Montaigne-Anhänger wenden ein, er habe eine »Verpflichtung« gehabt. Das mag richtig sein. Es gibt unumgängliche »Schwüre«, aber muß man sich beeilen, um sie abzulegen? Beweist Montaignes Hast nicht sein (vorübergehendes) Engagement bei den Gefolgsleuten von Sansac und Candale? Wollte er ihnen – in einer Anwandlung von »freiwilliger Knechtschaft« – einfach nur gefallen? Oder hegte er eine solche Verachtung für diese Belange, daß er dem Förmlichen huldigte, um sich den wesentlichen Dingen uneingeschränkt widmen zu können?

Achtzehn Monate später ereignete sich ein Zwischenfall, der die Spannungen im Parlament von Bordeaux weiter verschärfte und die erste unserer drei Hypothesen stützt: Ins Geflecht seiner Lehns- und Schutzherren eingebunden und ohne den Rat seines geliebten Etienne, der soeben verstorben war, zeigte und äußerte sich Montaigne als Vorreiter des katholischen Aktivismus.

Am 12. November 1563 war das Parlament von Bordeaux Schauplatz eines skandalösen Vorgangs. François d'Escars, der mächtige Seneschall von Guyenne, versuchte, Präsident Lagebaston einzuschüchtern: Er ließ Wachen mit Hellebarden im großen Sitzungssaal des *Palais de l'Ombrière* aufmarschieren und forderte, dem katholischen Vorsitzenden die Entscheidungsgewalt in allen Fällen zu entziehen, in die seine Freunde, die Protestanten, verwickelt waren. Dem empörten Präsidenten gelang es, den Unruhestifter und seine Mannen hinauszuwerfen. Dann stellte er diejenigen Parlamentsräte an den Pranger, die seiner Meinung nach mit dem Seneschall unter einer Decke steckten und ihn bei seinem Vorstoß beraten hätten: alle die »mit d'Escars trinken und speisen« und sich dadurch in seinen Augen »verächtlich« gemacht haben. Lagebaston verlangte schließlich, sie vom Parlament auszuschließen.

»Verächtlich«? Und deshalb »auszuschließen«? Oho! Auf wen hatte es der Präsident abgesehen? Gemäß einer alten Gepflogenheit des Parlaments wurde er aufgefordert, Namen zu nennen. Lagebaston ließ sich nicht lange bitten. Man kann gemäßigt und trotzdem unerschrocken und beherzt sein. Die Liste, die er vorlegte, erschütterte die Säulen des Tempels. Unter den Komplizen des Mannes, der versucht hatte, ihm mit Hilfe von Hellebarden einen Maulkorb anzulegen, unter den Nutznießern der Freiheiten, die sich der Seneschall herausnahm, unter denjenigen, die ihn dafür bezahlten, das Gesetz zu brechen, waren der Erzbischof von Bordeaux, der Vorsitzende Roffignac und sein Beisitzer La Chassaigne[6], die Räte d'Aymar, La Guyonie, Belot und … Montaigne!

Die Chronik sagt nichts darüber, ob der Blitz ins *Palais de l'Ombrière* einschlug. Doch alle, die hier im Parlament von höchster Stelle der Verletzung ihrer Amtspflichten angeklagt wurden, stellten die »Crème de la crème« des amtlichen (und kirchlichen) Adels von Bordeaux dar. Man kann sich gut vorstellen, welcher Tonfall in den Debatten herrschte. Er stand den Hellebarden und den heftigen Anklagereden in nichts nach. Montaigne war der jüngste unter den Beschuldigten. So ergriff er als letzter, aber beileibe nicht als zaghaftester das Wort:

»(…) mit der ihm eigenen Lebhaftigkeit sprach Michel de Montaigne und sagte, es gebe keinen Grund, die Versammlung zu verlassen, und der erste Vorsitzende sei nicht berechtigt, jemanden wegen Befangenheit abzulehnen, da er selbst befangen sei. Mit den Worten, er *zeige den gesamten Gerichtshof an*, trat er ab.

Er ward aber zurückgerufen. Der Gerichtshof befahl ihm, er möge ausführen, was er mit diesen Worten meine.

(...) Darauf antwortete besagter Eyquem, er besitze weder persönliches Interesse an der zu verhandelnden Sache, noch hege er Feindschaft gegen den Ersten Vorsitzenden, der bislang ein Freund der Familie besagten Eyquems war; wenn man jedoch das Recht schon im Vorfeld verkehre, wenn jacta erat alea und wenn man es entgegen den Entscheidungen des Gerichtshofes zulasse, daß die Beklagten andere Richter ablehnten, Richter, die mit der Sache ebensowenig zu tun hätten wie er, wenn das statthaft sei, könne er ebensogut den ganzen Gerichtshof beschuldigen. Er beabsichtige jedoch aus besagten Gründen keinen einzelnen anzuzeigen. Mehr führte er zu der Drohung, er werde den ganzen Gerichtshof beschuldigen, nicht aus.« [7]

Kurz, die Sache wurde heiß. Immer wieder wird beteuert, Michel de Montaigne sei ein *assessor dignissimus*, ein gewissenhafter Richter und innerhalb des Parlaments ein stets gemäßigter katholischer Ratsherr gewesen. Statt dessen sehen wir einen unbeherrschten jungen Mann, der seine häufigen Abwesenheiten mit vermessenen Stellungnahmen wettmachte, der seinen Gerichtsvorsitzenden ausschließen wollte, um eine Person zu verteidigen, die nichts Geringeres versucht hatte, als einen der höchsten Vertreter des Königs und seiner Politik in der Provinz im Handstreich zu entmachten.

Zwei der ersten Historiographen die sich mit dem Verfasser der *Essais* beschäftigten, Dom Devienne und Alphonse Grün, sahen Montaigne (vielleicht widerwillig, aber dafür gibt es keine Beweise) im Bunde mit den ersten gewaltsamen Vorstößen der katholischen Liga, die vom schrecklichen Monluc angestiftet wurden und darauf zielten, die Zuständigkeitsbereiche der städtischen, wenn nicht gar der königlichen Verwaltung an sich zu reißen. Zum Schutz vor den Reformierten wurden in Bordeaux Bürgerwehren ausgehoben und unter den Befehl von Hinz und Kunz gestellt. Wurde der Ratsherr Montaigne auch für zwei Monate zu einer solchen Bürgerwehr einberufen, um Bordeaux gegen eine Truppe Hugenotten unter dem Befehl von Armand de Clermont zu verteidigen? Wir werden noch darauf zurückkommen.

Laut Dom Devienne bestätigen die Besucherlisten des Parlaments, daß »der Erzbischof von Bordeaux, Prévôt de Sansac, fast täglich zum Gerichtspalast kam, um seiner Truppe in diesen schwierigen Zeiten beizustehen, soweit er es vermochte, und zwar bei allem, was sie tat oder zu tun beabsichtigte.« Ein Prediger im Harnisch, aufgeschreckte Fanatiker, kopflose Bürger: das klassische, explosive Gemisch ...

Bevor er sich in den *Essais* mit Verachtung über die Gesetze seines Landes äußerte, tat sich Montaigne demnach als Freischärler und Hitzkopf hervor. Bekanntlich kann ein Weiser nur werden, wer einmal richtig irrte. Trotz der langen Robe hat der spätere Verfasser der *Essais* dem Irrsinn einen hohen Zoll entrichtet, bis er weise wurde.

Ist mit der Darstellung dieser Herausforderungen und Konfrontationen nicht alles über Michel de Montaignes Wirken als Parlamentsrat gesagt? Fehlte nur noch, dem König und seinem Kanzler deutlich zu machen, daß er ein zuverlässiger, königstreuer Ratsherr und ein Bewunderer Michel de L'Hospitals war und weniger an der Politik der Krone auszusetzen hatte als an den Gepflogenheiten und Praktiken seiner Kollegen. Die Gelegenheit, dies durch beherztes Handeln unter Beweis zu stellen, bot sich ihm fünfzehn Monate nach dem skandalösen Vorfall.

Anfang des Jahres 1565 bereitete sich Bordeaux auf den Besuch Karls IX. vor, der mit seiner Mutter Katharina von Medici, Kanzler de L'Hospital und namhaften Persönlichkeiten im Gefolge anreiste, darunter auch Ronsard. Die Regentin und der Kanzler waren auf die Idee gekommen, den vierzehnjährigen König auf diese »Rundreise durchs Königreich« zu schicken. Ihr Hintergedanke war, das Volk mit seinem Herrscher symbolisch »Bekanntschaft« schließen zu lassen, damit es sich um ihn schare und vereine – vielleicht die letzte Gelegenheit, eine Ausweitung des Bürgerkriegs zu verhindern.

Die Ankündigung des Besuchs war im Parlament von Bordeaux mit Besorgnis aufgenommen worden. Die Räte hatten für viele Unbotmäßigkeiten geradezustehen, sowohl bei der Umsetzung der königlichen Friedenspolitik als auch bei ihrer Amtsführung. Dem Empfang des Königs gingen verschiedene Sitzungen im *Palais de l'Ombrière* voraus, und Lagebaston hatte jeden aufgefordert, sich zu äußern, um zu einer Klärung der Situation beizutragen.

Als am 24. Januar der Rat Montaigne an der Reihe war, hütete er sich davor, sich auf ein Gebiet zu begeben, das besonders gefährlich für ihn war: die Machenschaften radikaler Katholiken. Er begann lieber mit einem Lob auf die königliche Initiative, um anschließend mit nicht wenig Mut die schreiendsten Mißstände der bordelaiser Rechtsprechung anzuprangern: »(...) besagter Eyquem erklärte in bezug auf den König, er müsse die öffentliche Meinung doch daran erinnern, wie sehr es einem König anstehe, durch die Lande zu reisen und seine Untertanen zu besuchen, und wie sehr dies die Staatsangelegenheiten annehmlicher mache (...).« »Nachdem er sich unter den Mantel der Mächtigen gestellt hatte, geißelte er jene Kammer, der er bekanntlich selbst angehörte: »(...) die ganze Unordnung, das Unrecht rührt von den unzähligen Beamten her, die damit befaßt sind (...), davon, daß die Ämter käuflich und bestechlich sind (...), von der schlechten Ordnung bei ihrer Auswahl und davon, daß einem jedes Ersuchen um Erhöhung des Einkommens, das wir vermittels unseres Standes erzielen, verwehrt ist.«[8] (Man könnte meinen, eine Seite aus den *Essais* zu lesen ...)

Wie man sich vorstellen kann, hat sich Montaigne mit dieser Rüge seiner meist älteren Kollegen nicht nur Freunde gemacht. Doch den Herren vom Parlament standen noch mehr Strafpredigten bevor. Bei der Rüge, die sie sich am 11. April aus dem Munde von Kanzler de L'Hospital gefallen lassen mußten, dürfte ein Schauder durch ihre Reihen gelaufen sein, so scharf nahm der Vertreter des Königs jene Ratsmitglieder ins »Visier«, die der Fronde oder dem Fanatismus zuneigten und sich selbst als »Senatoren« bezeichneten (was Montaigne später mit spöttischen Bemerkungen quittiert hat).

An diesem Tag hielt König Karl IX. im *Palais de l'Ombrière* ein sogenanntes Throngericht ab, den höchsten Gerichtstag, mit dem seine Oberhoheit über alle »Kontrollorgane« durchgesetzt werden konnte. Flankiert von der Regentin und dem Kanzler, richtete der vierzehnjährige Junge das Wort an die Ratsmitglieder, die sich so häufig seinen Weisungen widersetzten, und erinnerte sie nachdrücklich daran, daß die Politik des Königshauses gegenüber den Reformierten von Toleranz bestimmt war und bleiben würde. Das solle man sich gesagt sein lassen ...

Nach dieser grundsätzlichen Maßregelung mußten sich die Parlamentsräte von Bordeaux dem Urteil des Kanzlers stellen. Welcher Rektor einer Schule oder eines Collèges war je so streng mit seinen Schülern ins Gericht gegangen?

»Der König hat sich ins Land begeben, (...) um wie ein guter Familienvater zu sehen, wie man in seinem Haus lebt, und um sich gemeinsam mit seinen Dienern darüber zu informieren, wie es um sein Haus bestellt ist. (...) Obwohl dieses Parlament erst vor kurzem eingerichtet wurde und noch nicht lange arbeitet (nämlich erst einhundertundzwei Jahre), (…) sind ihm viele Pflichtverletzungen aufgefallen. Es gibt keine Entschuldigung dafür, daß Sie die alten Anordnungen so schnell vergessen haben (…), und dies, gleichwohl Sie ebenso lasterhaft sind wie die Alten, wenn nicht sogar noch mehr (…). Dies Haus ist schlecht geführt, und darüber müssen Sie Rechenschaft ablegen.

ABBILDUNG 3
Michel de L'Hospital. Bibliothèque nationale, Paris

Ihre erste Pflichtverletzung ist Ihr Ungehorsam gegenüber dem König. (…) Wenn Sie etwas vorzubringen haben, dann tun Sie es umgehend, und er wird Ihnen Gehör schenken. Wenn Sie aber seinen Weisungen nicht Folge leisten wollen, nehmen Sie ihm die königliche Macht. Das ist schlimmer, als wenn Sie ihm sein Land nähmen. Ich rate Ihnen, halten Sie sich nicht für weiser als den König, die Königin und die königlichen Ratgeber. Er hat für Frieden gesorgt, doch jetzt herrscht Krieg zwischen ihm und seinem Gerichtshof (…). Unterlassen Sie künftig alles, was den König gegen Sie aufbringt. Ich weiß wohl, daß es unter Ihnen manche gibt, die der Ansicht sind, der König habe nicht das Sagen, und die offen über mich und andere sprechen. Und obgleich es verboten ist, Geheimnisse zu verraten, ist es doch geboten, Sie eines wissen zu lassen: Sie mißachten die Königin und den königlichen Rat.«[9]

Wir zitieren auch hier nur einen kleinen Ausschnitt aus den schonungs-
losen Vorhaltungen über die Gehorsamspflicht gegenüber dem König
und die Aufsässigkeit der Ratsmitglieder und lassen die in scharfem
Tonfall formulierte Anklage beiseite, in der de L'Hospital die Räte der
Komplizenschaft bei Verbrechen und des Gebührenwuchers bezichtigt,
die Raffgier derjenigen anprangert, die »ihre Robe aufgeben und Händler werden sollten«, oder andere maßregelt, die »sich wie Feldherren
aufführen«, gleichwohl »niemand das Recht hat zu töten«.

Michel de Montaigne konnte sich unumwunden darauf berufen, daß
er in der Frage der Amtspflichten dem Kanzler vorausgeeilt war und voll-
kommen mit ihm übereinstimmte – aber stand er de L'Hospital und de
Lagebaston auch näher als den Herren d'Escars und seinen Verbündeten
Roffignac, Sansac oder Candale, wenn es um die Befolgung des Januar-
Edikts und Toleranz gegenüber den »Reformierten« ging?

Als Michel de Montaigne fünf Jahre später sein Amt als Parlamentsrat aufgab, mag ihm die gewaltige Strafpredigt des Mannes noch in
den Ohren geklungen haben, den er ebensosehr bewunderte wie La
Boétie, dem er jedoch – vielleicht, weil ihm die Gelegenheit dazu fehlte –
keine so guten Dienste erweisen konnte wie sein Freund. Glaubte er, für
seine eigenwilligen Auftritte zugunsten der Liga, des Erzbischofs de Sansac und des Hauses Trans die Absolution erhalten zu haben?

Die Entgleisungen, die den Beginn der Ratslaufbahn von Montaigne
kennzeichnen, werden zurecht für mehr als opportunistische Zugeständnisse eines Vassallen gegenüber seinem Lehnsherrn oder als Auswüchse
seines gascogner Eigensinns gehalten: Als Ratsherr konnte er dieser
Atmosphäre und den Zwängen wiederholt entfliehen und Abstand
gewinnen von den Streitigkeiten vor Ort – die dem Zulauf des Protestantismus in Guyenne förderlich waren.

Wie gesagt, im Parlament von Bordeaux wurde Montaigne häufig als
»abwesend«, »auf Mission in Paris« oder »bei Hofe« registriert. Der
»Stachel« des Ehrgeizes, den er in sich spürte, und die guten Beziehungen
seines Vaters sowie einiger Freunde, die ihm manchen Gefallen taten,
führten ihn mehrfach wieder auf jene Wege, auf denen wir ihn schon vor
seinem zwanzigsten Lebensjahr begleitet haben.

Bei seiner ersten Abwesenheit war er nach den Protokollen des Parlaments von Guyenne »unter Entbindung von seinen Aufgaben bei Gericht im

Dienste des Königs« unterwegs. Der junge Rat gehörte – offenbar auf Bitten seines Vaters, des ehemaligen Bürgermeisters von Bordeaux – zum Gefolge König Franz' II., des Gatten Maria Stuarts, das seine Schwester Claude, die mit dem Herzog von Lothringen[10] verheiratet war, nach Bar-le-Duc geleitete.

Die Reise hat in den *Essais* ihren Niederschlag gefunden: »Zu Bar-le-Duc sah ich eines Tages, wie man König Franz II. zur Erinnerung an König René von Sizilien dessen Selbstporträt überreichte. Warum sollte es da nicht einem jeden gleichermaßen freistehen, sich mit der Feder wie jener mit dem Farbstift wahrheitsgetreu darzustellen?« (II, 17). Ist er auf das »törichte Vorhaben, sich selbst zeichnen zu wollen«, wie Pascal es später noch törichter ausdrücken sollte, in Bar-le-Duc gekommen? Vielleicht verdanken wir die *Essais* diesem Ausflug nach Lothringen. Dann wäre dieser Hinweis von herausragender Bedeutung.

»Weilt in anderen Angelegenheiten am Hof«, heißt es im Sommer 1562 in den Protokollen. Der »Ratsherr zu Pferde« befindet sich im Gefolge König Karls IX. in Rouen, wo dessen Truppen die Stadt von den Reformatoren zurückerobert haben und wo zu dessen Ehren verschiedene Feierlichkeiten und Feste stattfinden.

Auch hier, vor allem hier sollten wir einen Augenblick verweilen. Denn der Ausflug des Höflings und Ratsherren hat eine tiefere Bedeutung: Er lernt bei dieser Gelegenheit die berühmten »Wilden« kennen, brasilianische Eingeborene, über die er in einem der zu Recht bekanntesten *Essais* schreibt. Er widmet ihn den »Menschenfressern« (I, 31) und entfaltet darin den Kern seiner »mobilistischen« und universalistischen Philosophie.

Eigentlich müßte man an dieser Stelle ausführlicher zitieren. Ein draufgängerischer Ratsherr aus Bordeaux besteigt sein Pferd nie umsonst. Während er im *Palais de l'Ombrière* seine Zeit damit vergeudet, die engstirnigen und anmaßenden Einbildungen eines kriegerischen Erzbischofs und seiner vermessenen Nachbarn zu decken, bahnt er hier, bei der Begegnung mit Menschen von der anderen Seite des Ozeans, dem abendländischen Humanismus den Weg.

Wie er berichtet, kam es beim Besuch des Königs zu einem langen Gespräch zwischen dem zwölfjährigen Karl IX. und drei Eingeborenen aus dem »antarktischen Frankreich«[11], denen »unsere Lebensweise, unsere Prachtentfaltung und das Erscheinungsbild dieser schönen Stadt« gezeigt worden waren. Auf die Frage, »was ihnen am meisten aufgefallen war«, sollen sie laut Montaigne eine weise Antwort gegeben haben:

»Erstens, sagten sie, hätten sie es höchst seltsam gefunden, daß so viele den König umgebende große Männer, bärtig, stark und bewaffnet – wahrscheinlich sprachen sie von den Schweizern seiner Leibwache – sich dazu herabließen, diesem Kind zu gehorchen, statt einen der ihren zum Befehlshaber zu wählen; zweitens (...) hätten sie bemerkt, daß es Menschen unter uns gebe, die alles besäßen und mit guten Dingen jeder Art geradezu vollgestopft seien, während ihre anderen Hälften bettelnd an ihren Türen stünden, von Armut und Hunger ausgemergelt; und sie fänden es verwunderlich, daß diese, notleidend, wie sie seien, eine derartige Ungerechtigkeit geduldig hinnähmen, statt die anderen an der Gurgel zu packen und ihre Häuser in Brand zu stecken.« (I, 3 1)

Damit waren auf einen Streich die beiden Hauptprobleme und ihre Ursache benannt, die in den folgenden vier Jahrhunderten den Hintergrund der europäischen Geschichte bilden sollten: die dynastische Begründung der Macht und die soziale Gerechtigkeit. Die durch Montaigne überlieferten Erwiderungen der »Barbaren« waren jedenfalls geeignet, ihn vor Diderot und Rousseau die berühmte Frage stellen zu lassen, wer hier die Wilden seien, sie oder wir ...

In einer langen Unterhaltung mit jenem Brasilianer, den die anderen »König« nannten, erhielt er eine äußerst scharfsinnige Bestimmung der Machtbefugnis. Welche Vorteile er aus seinem Königtum ziehe, fragte ihn unser Ratsmitglied. »Den Gewinn, im Krieg allen voranzugehen (...).« Wie viele Männer ihm folgen würden? »Darauf umschrieb er mit den Armen einen vor uns liegenden Bereich, um mir zu bedeuten, es seien so viele, wie darin Platz fänden – und das mochten etwa vier-, fünftausend Mann sein.« Ob seine Führungsrolle zu Friedenszeiten gänzlich erlösche? »Davon bliebe ihm, versetzte er, dies: Wenn er die ihm unterstehenden Dörfer besuche, bahne man ihm durch das Dickicht ihrer Wälder Pfade, damit er bequem vorankomme.«

Darauf folgt der hinreißende Schlußstrich, der beinahe die ganzen *Persischen Briefe* vorwegnimmt: »All das klingt gar nicht so schlecht. Doch was hilft's – sie tragen ja nicht einmal Kniehosen!« (I, 3 1)

Es gibt Menschen, die haben die besten Ideen, sobald sie ihr Zuhause, ihre Umgebung, ihren Stall verlassen. Genau das ist der Fall bei dem in die gascognischen Dorffehden und Glaubenskämpfe verwickelten Ratsherren aus Guyenne, der in die Normandie reist und dort die Grundlagen zu einer universellen Weisheit findet. Die Robe mochte zu lang sein, auf diesem Gebiet hat sie aber weder sein Fortkommen noch seine Erkenntniskraft behindert. Sollten die Menschen aus dem »antarktischen Frankreich« vernünftiger sein als die Gascogner? Sollte ein Ritt von der Garonne an die Seine geeigneter sein, den Geist eines Parlamentsrats-wider-Willen zu wecken als die Wortwechsel im Parlament?

Was Michel de Montaigne in Rouen erkannt hatte, was aber erst zehn Jahre später in den *Essais* seinen Niederschlag fand, bedeutete nicht das Ende seiner juristischen Laufbahn. Acht Jahre bekleidete er noch das Amt eines Ratsherren und stieg in dieser Zeit von der Kammer für Gesuche und Wiederaufnahmen zur angesehenen Kammer für amtliche Untersuchungen auf. 1565 heiratete er Françoise de La Chassaigne, Tochter und Enkelin namhafter Kollegen, und als sein Vater 1568 starb, wurde er schließlich Herr von Montaigne. Zwei Jahre blieb er noch im Amt. Dann trat er es, da er nun (abgesehen vom Nichtangriffspakt mit seiner Mutter Antoinette) über seinen Besitz und sein Amt frei verfügen konnte, mit großer Erleichterung an seinen Freund Florimond de Raymond[12] ab.

Bisweilen wurde angenommen, der Grund für seinen Rückzug liege in der Enttäuschung, von seinen Kollegen nicht in die höchste, erste Kammer des Gerichts aufgenommen worden zu sein. Ist das glaubhaft? Könnte der Rat Michel de Montaigne nicht einfach der Auffassung gewesen sein, daß er Zeit genug, ja, länger als notwendig im Amt war? Schließlich verachtete er die Praxis der Rechtsprechung. Mit der Zeit erbitterten ihn, wie man sich gut vorstellen kann, auch die politisch-religiösen Kämpfe um Lagebaston und Roffignac, vor allem aber die Rolle, in die Freundschaften und Abhängigkeiten ihn dabei zwangen. Er spürte, daß ihn dieses »System« von sich selbst entfernte: Wenn er die Robe erst einmal los wäre, würde er sicher wieder zur Vernunft kommen.

Wie steht es also mit Montaigne und der Robe? War sie zu lang für ihn oder nicht? Zwei Aussagen scheinen das Unbehagen zusammenzufassen, das er dreizehn Jahre lang darin empfand. Die erste stammt von seinem Freund, dem großen Juristen und Historiker Etienne Pasquier: »Es hat keinen Mann gegeben, der weniger streitsüchtig war und weniger zu vollstrecken suchte: Sein Beruf wollte es nämlich gerade andersherum.«[13] Und die zweite Aussage kommt vom Verfasser der *Essais* selbst, der beteuert, sein Stil sei »nicht advokatisch, sondern soldatisch«. (I, 26)

Tatsächlich? Wie werden sehen, was für eine Bewandtnis es damit hat.

KAPITEL 6

Ein zu kurzes Schwert …
oder der Krieg der kleinen Leute

Wo die Robe gegen den Waffenrock getauscht wird ❖ Brantômes Spott ❖ Ein Pazifist im Bann des Krieges ❖ Die *Essais* als Abhandlung über die Kriegskunst ❖ Soldat auf eigene Rechnung ❖ Ablehnung von Schußwaffen ❖ Nur nicht »das Hasenpanier ergreifen«

Von dem Chronisten La Croix-du-Maine[1] erfahren wir, Montaigne habe König Heinrich III. auf dessen Kompliment für die *Essais* erwidert, falls ihm das Buch gefalle, müsse ihm auch sein Verfasser gefallen, denn es handle »von meinem Leben und meinen Taten«.

Wozu schreibt er diese Abhandlungen? Er hat nicht die Absicht, den Menschen zu »formen«, er will ihn lediglich »befragen«. Deshalb lädt er den Leser ein, mit ihm das Pferd zu satteln, um in die Geheimnisse seiner Person zu reiten, ihn in seiner »hüpfenden, Luftsprünge machenden Gangart« mitzunehmen und von dieser hohen Warte, sollte das Pferd auch dabei ausschlagen, einen Blick auf das menschliche Verhalten zu werfen.

Nachdem er viele Jahre die lange Robe der »Pelzkatzen« mit sich schleppen mußte, hat sich der Schloßherr aus der Dordogne nun, als ihn nur noch die Geschäfte seiner Vorfahren ein wenig drücken, mit unerschrockener Offenheit an die Erforschung eines Menschen begeben, der den Werten aus »der Zeit unserer Väter« treu ist und zugleich ein umfangreiches Wissen besitzt. Es ist die Erforschung eines Mannes, dessen ritterliche Tapferkeit ins Licht der humanistischen Bildung tritt, die der französische Adel so lange verachtet hat. Denn Montaigne ist überzeugt, daß »ein Mann, der gelesen und das Gelesene im Kopf behalten hat, zu Größerem fähig ist als jeder andere«.

Ist Bildung für Montaigne also das Wesentliche? Sicher – doch sein Menschenbild setzt sich aus zwei Bestandteilen zusammen, die untrennbar sind. Für Montaigne bedeutete es den Untergang, den Verlust seiner adligen Herkunft, an der er stur und dem Andenken seines geliebten Etienne (und seines Vaters) zum Trotz festhält, wenn er nicht mit all seinen Taten und Äußerungen, in seinem Buch wie im Leben, deutlich machen würde, daß die »Tapferkeit« die vornehmste Gabe des Menschen, die Voraussetzung des Menschseins ist. Gemeint ist damit zunächst die militärische, »soldatische« Tapferkeit, die von den Römern *virtus (Tugend)*, von Machiavelli *virtù* genannt wird. Sie besteht im Mut, der von Vernunft geleitet und, wie Montaigne hinzufügt, dem Grundsatz der persönlichen Willensfreiheit unterworfen ist.

Nach La Croix-du-Maine hatte der kriegserfahrene Verfasser der *Essais* »sein Amt als Rat im Parlament von Bordeaux niedergelegt, um zu den Waffen zu greifen«. Ein anderer Zeitgenosse, Pierre de Bourdeille, Herr von Brantôme, ist allerdings weniger gnädig in seiner Darstellung:

> »Wir haben schon manch einen Ratsherrn gesehen, der das Parlament verlassen hat, der seine Robe und sein Barett abgelegt hat, um das Schwert zu schwingen (…), ohne in anderer Weise am Krieg teilgenommen zu haben, wie es der Herr von Montaigne machte, der besser daran getan hätte, seine Feder zu nehmen und an seinen Essais weiterzuschreiben, als sie gegen ein Schwert einzutauschen, das ihm gar nicht gut steht.«[1]

Die plumpe Unverfrorenheit Brantômes, der auf zahlreichen Gebieten mit Montaigne rivalisierte, hat Pierre Villey recht gewitzt gegen ihren Autor gewendet: »Mit seinen spöttischen Zeilen beweist Brantôme, daß in Montaigne ein Soldat steckte.« Als ob es dieses Angriffs bedurft hätte, um zu beweisen, daß in Montaigne tatsächlich »(…) ein Soldat steckte«. Dabei ist diese Formulierung so zurückhaltend, wie die Äußerungen von Marc Citoleux und Jacques de Feytaud vielleicht überspitzt sind, die beide auf ihre Weise behaupten, Montaigne habe auf die Frage, ob er seinen Beruf in einem Wort angeben könne, zweifellos mit *miles* (»Soldat«) geantwortet.

Wollte man alle Stellen in den *Essais* angeben, wo der Verfasser über Menschen von seinem »Fach« spricht und dabei eindeutig Soldaten im Auge hat, die Liste wäre endlos – besonders wenn man die von ihm bevorzugte Redeweise einbezieht: Eine »soldatische« Sprache (I, 26); »ein Gascognisch, das ich ungemein schön finde und gern beherrschte, denn es ist trocken, knapp und ausdrucksstark – in der Tat eine männlichere und soldatischere Sprache als jede andere, die ich verstehe.« (II, 17)

Bei einem Mann, der sich so sehr für den Adelsstand begeistert wie Pierre Eyquems Sohn, zeugt die folgende, berühmte Stelle mehr als alle anderen von seiner Einstellung: »Die dem französischen Adel wesenhaft eigene, ja einzige Lebensform ist denn auch der Militärberuf.« (II, 7) Grundsätzlicher kann man nicht sprechen. Und nicht besser zeigen, wohin man gehören will: »wesenhaft eigene, ja einzige Lebensform«.

Es ist verführerisch, die *Essais* als »Abhandlung über den Krieg« zu lesen und sie neben das dritte Werk Machiavellis[3] zu stellen. Im Vorwort der Ausgabe von 1595 spricht Marie de Gournay, die sich bei Montaigne gut auskannte, von einer »Schule der Krieg- und Staatsführung«. Ob Herrscher oder Haudegen, über die Hälfte der von Montaigne erwähnten Personen sind »Soldaten«, Männer also, die das Kriegshandwerk ausüben. Auch die meisten Passagen, die er Plutarch entlehnt hat – er ist nicht umsonst Montaignes Lieblingsautor –, oder die dem Lauf der Ereignisse in seinem Jahrhundert folgen, handeln von bewaffneten Auseinandersetzungen. Nichts ist in dieser Frage aufschlußreicher als das Inhaltsverzeichnis im ersten und zweiten Buch der *Essais* (auf das dritte Buch kommen wir noch zu sprechen ...).

 Erstes Buch

Kapitel 5. Über die Frage, ob der Kommandant einer belagerten Festung zu Kapitulationsverhandlungen herauskommen soll.
Kapitel 6. Die Stunde der Unterhandlungen ist gefährlich.
Kapitel 15. Man wird bestraft, wenn man sich darauf versteift, eine Festung sinnlos zu verteidigen.
Kapitel 16. Über die Bestrafung der Feigheit.
Kapitel 18. Über die Furcht.
Kapitel 45. Über die Schlacht bei Dreux.
Kapitel 47. Über die Unsicherheit unserer Urtheile.
Kapitel 48. Über Streitrosse.

 Zweites Buch

Kapitel 7. Über Orden und Ehrenzeichen.
Kapitel 9. Über die Rüstung der Parther.
Kapitel 34. Betrachtungen über Cäsars Kriegsführung.

Im dritten Buch findet sich zwar kein Kapitel, das ausdrücklich vom Krieg handelt, doch man kann es als eine Art Sammlung von Anmerkungen zu den »Unruhen« lesen, besonders zum sechsten, siebten und achten Reli-

gionskrieg: Meistens werden sie von Königen und Fürsten, von der Regentin oder Bischöfen geführt, die sich mit ihren Streitmächten gegenüberstehen – darunter manchmal auch Montaigne … Hier wird deutlich, daß
dieser gemäßigte, friedfertige Mann zeitlebens der Faszination des Krieges unterlag, die ihm wahrscheinlich in seiner »Kindheit« von einem
Vater eingeimpft worden war, der selbst zehn Jahre den Waffenrock trug.

So groß seine Hochachtung vor Politikern und Männern des Friedens
wie den Kanzlern Olivier und L'Hospital auch ist, seine vorrangige Bewunderung für die großen Heerführer kann er doch nicht verhehlen: in
der Antike für Epaminondas, Philopoimen oder Cäsar und in der Neuzeit
für Heinrich den Narbigen, den Herzog von Guise, oder Blaise de Monluc, was sehr aufschlußreich ist, da ihnen das Blut noch an den Händen
klebt. Auch diesen beiden Schlächtern zollt er in den *Essais* ausdrücklich
Anerkennung.

Mit Begeisterung erzählt er von den grausamen Schlachten bei Dreux,
Moncontour oder Moncrabeau, bei den Belagerungen von Rouen und
von Lamballe (wo La Noue sein Leben ließ). Und man könnte ihn für
einen Strategen halten, wenn er die klassischen Schlachten bei Pharsalos
(Cäsar schlägt Pompejus) oder Saint-Quentin (Sieg der Spanier unter
Emmanuel-Philibert, Herzog von Savoien, über die Franzosen) abhandelt
und sich dabei bis in Einzelheiten als Kenner der Geschichte und der zeitgenössischen Chronisten erweist, wenn nicht gar als Vertrauter berühmter Zeitzeugen, wie Monluc, Strozzi oder Matignon.

Welch großes Interesse er der Kriegführung selbst entgegenbringt,
zeigt sich am deutlichsten in seiner Darstellung des Sokrates. Keinem
anderen Menschen – von Etienne de La Boétie abgesehen – hat er eine so
dauerhafte und unbedingte Bewunderung entgegengebracht. Sie reicht so
weit, daß man Montaigne für einen Christen halten könnte, der Jesus –
von dem in den *Essais* nie die Rede ist – durch Sokrates ersetzt hat.

Sokrates wird oft in den *Essais* erwähnt. Zu vielen Kapiteln gibt er
nicht nur die Anregung, er beherrscht sie häufig, besonders im dritten
Buch. Nirgendwo geschieht das so eindringlich, wie im 13. Kapitel, wo
der Verfasser ihn als Verkörperung jener neuen *Tugend* vorstellt, auf der
das Leben des Menschen in Zukunft gründen soll. Das erstaunliche Bild
eines »Soldaten Sokrates«[4] sagt über den Lehrer des Alkibiades vielleicht
weniger aus als über Montaigne selbst:

»Man hat gesehen, wie er als erster unter so vielen tapferen Kriegern dem vom Feind niedergestreckten Alkibiades zu Hilfe eilte, ihn mit seinem Körper deckte und, das gezogene Schwert in der Faust, aus dem Kampfgetümmel zog; und wie er, da die dreißig Tyrannen den Theramenes durch ihre Schergen zur Hinrichtung schleppen ließen, als erster unter dem ganzen Volk Athens, das gleich ihm über das schändliche Schauspiel äußerst aufgebracht war, diesen zu befreien sich anschickte (...).« (III, 13)

Der Lehrmeister aus dem *Symposion* wird uns hier als mustergültiger Soldat vorgestellt, der ebenso imstande ist, Glanzleistungen zu vollbringen wie »er stets barfuß in den Krieg zog, sogar über Eis; alle Kampfgenossen im Erdulden von Strapazen übertraf« und ihr gewöhnliches Mahl teilte. Dieser vortreffliche Soldat ist, nach Montaigne, letzten Endes das Vorbild für menschliche Weisheit, denn er verbindet Tapferkeit mit Vernunft.

Nicht alle Heldengestalten, die in den *Essais* vorgestellt werden, sind so exemplarisch. Montaigne verschleiert weder die Fehler Alexanders noch die Verbrechen Cäsars. Ist es aber nicht erstaunlich, daß er unter all diesen Männern – lassen wir Sokrates einmal beiseite – nicht Platon, Seneca und auch nicht Paulus von Tarsus für den bewundernswürdigsten hält, sondern den rechtschaffenen Soldaten Epaminondas, der Heerführer war, obwohl er sich weigerte, einen Mann grundlos zu töten, und der weit mehr von Schlachten als von der Führung der Staatsgeschäfte Böotiens verstand. Schon allein diese außergewöhnliche Wahl bestätigt die obsessive Leidenschaft des Philosophen für das Kriegswesen – dabei wollte er dem Frieden mit all seinen Kräften den Weg bahnen.

Zwar stellt er Epaminondas an die Spitze der »vortrefflichsten Männer«, seine sorgfältigste Untersuchung gilt jedoch Julius Cäsar. Sind bei dem (vermuteten) Diebstahl, den ein Sekretär begangen haben soll, auch die Seiten verschwunden, die dem Sieger von Pharsalos gewidmet waren? In ihnen läge uns ein echter »Cäsar aus Montaignes Hand« vor. Was davon quer durch die *Essais* erhalten blieb, ist bereits ein wertvoller Schatz: Es finden sich mehr als vierunddreißig Stellen zu Cäsar, darunter auch der wunderschöne Essai »(...) über Julius Cäsars Arten, Krieg zu führen«, das 34. Kapitel im zweiten Buch, in dem Montaigne den Sieger über die Gallier als »höchsten Herrn der Kriegskunst« zu zeigen versucht, da er »bei seinen Unternehmungen zurückhaltender und bedächtiger (war) als Alexander«. »Zurückhaltend und bedächtig« – das sind die Eigenschaften, die bei Montaigne höchstes Lob bedeuten.

Sollte man in dieser Würdigung ein abstraktes Lob sehen? Ein mehr oder weniger theoretisches Beispiel der Redekunst (wie es auch von der *Abhandlung* La Boéties behauptet wurde)? Handelt es sich lediglich um schmuckvolles oder lehrhaftes Beiwerk? Nein, die Würdigung der Kriegführung, der Kriegskunst und des soldatischen Lebens zieht sich wie ein roter Faden durch die *Essais* und zielt mit einer verblüffenden Mischung aus Gewandtheit und Überzeugungskraft darauf, den Eindruck zu erwecken, der Verfasser sei ein Soldat gewesen und habe darin sein »Vergnügen« und seine Anerkennung gefunden.

Mit sehr wenigen Ausnahmen (und jene Interpreten neigen außerdem dazu, die »Soldatisierung« seiner Person zu übertreiben) scheint sich die Gemeinde der Montaigneforscher für die überschwengliche Darstellung der Kriegskunst zu schämen.[5] Man muß sich wundern, daß es so schwer fällt zuzugeben, jemand könne den Gipfel der Weisheit auch erreichen, wenn er sich in einer Schlacht bewährt – sei es im Traum oder in der Wirklichkeit …

Schlagen wir also die *Essais* auf und schauen uns an, wie packend das Thema Krieg behandelt wird, obwohl weder Monluc noch Brantôme, noch Aubigné sie verfaßt haben:

»Ich meinerseits kann nicht umhin, jedesmal zusammenzuzucken, wenn der Knall eines Arkebusenschusses an einem Ort, wo ich nicht damit rechne, mir jäh in die Ohren fährt; dasselbe habe ich auch bei anderen beobachtet, die tapferer sind als ich.« (I, 12)

»Im Krieg (scheint) das Gesicht des Todes, das wir an uns selbst erblicken oder an anderen, uns unvergleichlich weniger schrecklich als in unseren Häusern – sonst bestünde die Armee ja nur aus heulenden Soldaten und Ärzten.« (I, 20)

»(…) jeder rennt, wenn der Angriff losbricht, schreiend zu seiner Rüstung, und während die einen sich noch den Küraß zuschnüren, sind die andern schon in die Flucht geschlagen.« (II, 9)

»Ich selbst habe viele Truppenführer ihren Leuten mit dem Hinweis auf die Zwangsläufigkeit des Fatums Mut machen sehen, denn wenn schon genau festgelegt ist, wann uns die Stunde schlägt, können weder feindliche Arkebusenschüsse noch unser Vorwärtsstürmen, weder unsere Feigheit noch unsre Flucht sie näherrücken oder hinausschieben.« (II, 29)

»Mehr als einmal ist mir widerfahren, daß ich eine von mir drei Stunden vorher ausgegebene oder entgegengenommene Parole vergaß …« (II, 17)

»Daher reise ich (…) nie ohne Bücher, ob Krieg oder Frieden.« (III, 3)

Was könnte diesen unzweideutigen Dialog noch an »Wahrheit« übertreffen?

»›Welchen Gewinn versprecht ihr euch von der Teilnahme an dieser Belagerung?‹ (…) – Ich suche dabei nicht den geringsten Vorteil; und was den Ruhm betrifft, weiß ich wohl, welch kleiner Teil davon auf mich als einfachen Bürger entfallen kann. Mich bewegt jedenfalls weder Begeisterung noch Kampfbegierde. Doch seht ihn euch nur anderntags an, wie er völlig verändert in seiner Schlachtreihe steht, rot und kochend vor Wut zum Sturm bereit! Das Blitzen der vielen Waffen um ihn herum ist es, das Feuer der Kanonen und das Gedröhn der Trommeln, was ihm diesen ungewohnten Grimm und Haß nun in die Adern jagt.« (III, 4)

Montaigne wäre nicht er selbst, wenn seine Stimmungen und Eindrücke sich nicht mit seinen Kriegserinnerungen mischten: Neben der »dicken Luft«in den Gräben zählt er zu den Widerwärtigkeiten des Krieges »die dichten Staubwolken, die uns in der Sommerhitze den ganzen Tag lang unter sich begraben«. (III, 13)

Am meisten überzeugt an diesen Aufzeichnungen ihre Bodenständigkeit, der nüchterne, prosaische, manchmal komische Blickwinkel des Betrachters: Wer würde so offen von der Angst und vom Sauberkeitssinn reden, die einen Soldaten nie verlassen, oder vom Problem, sein natürliches Bedürfnis zu erledigen, wenn er nur »den Soldaten spielen« würde, ohne es tatsächlich gewesen zu sein? »Man hat Recht, die im Krieg oft vorkommenden Schaustellungen anzuprangern, denn was fällt einem gewieften Mann leichter, als den Gefahren aus dem Wege zu geh'n (…) Es gibt so viele Schliche, den Situationen auszuweichen, in denen man sein eigenes Leben einsetzen müßte (…).« (II, 16) Über seinen Stammsitz sagt er: »(…) man konnte mich nie verleiten, es (mein Haus) zu einem Werkzeug des Krieges zu machen, an dem ich mich lieber in größtmöglicher Entfernung davon beteilige.« (III, 9) Später wird er noch persönlicher: »Ich habe viele Kriegsleute unter der Unbotmäßigkeit ihres Bauches leiden sehn.« (III, 13) In die Jahre gekommen und von Krankheiten geplagt, drängt es ihn in der Ausgabe von 1588 zu diesem Geständnis eines müden, alten »Fußsoldaten«:

»Schon seit Jahren widerfährt es mir, daß der Magen, wenn ich im Kriegsdienst eine ganze Nacht draußen verbringen muß (was ja gewöhnlich der Fall ist) nach fünf, sechs Stunden mir zuzusetzen beginnt und ich von heftigen Kopfschmerzen befallen werde; ich vermag dann nicht bis zum Tagesanbruch durchzuhalten, ohne mich zu übergeben. Während am Morgen die anderen frühstücken gehen, gehe ich schlafen – und bin hernach putzmunter wie zuvor.« (III, 13)

Man könnte ebensogut andere Stellen anführen, die beweisen, daß Michel de Montaigne an kriegerischen Auseinandersetzungen teilnahm.

Sein Zeitalter geizte nicht mit Gelegenheiten dazu. Die entscheidende
Stelle aber ist vielleicht diese:

»Keine Beschäftigung erfüllt einen so wie der Kriegsdienst. Edel ist seine Ausübung (denn von allen Tugenden stellt die Tapferkeit die stärkste, hochherzigste
und stolzeste dar), und edel ist sein Zweck. Es gibt keine gerechtere und ge-
meinnützigere Aufgabe, als Frieden und Größe des Vaterlandes zu schützen. Man
genießt dabei die Gesellschaft so vieler ritterlicher und tatkräftiger junger Leute,
den täglichen Anblick erhabener Schauspiele, den freien und ungezwungenen
Umgang miteinander, die männliche Lebensweise ohne Förmlichkeiten, den
Abwechslungsreichtum tausend unterschiedlicher Handlungen, die den Kamp-
fesmut verherrlichenden Klänge der Schlachtenmusik, die in die Ohren dringen
und das Herz befeuern (…). Als Freiwilliger meldet man sich zu besonders gefährlichen Unternehmen, je nachdem, als wie wichtig und ruhmversprechend man sie
beurteilt; und man ist Zeuge, wenn selbst das Leben aus so lobenswerten Gründen dafür eingesetzt wird.

In Waffen untergehn/ erscheint mir schön. VERGIL, Aeneis; II, 317.

Die gemeinsamen, von einer so großen Menge geteilten Gefahren zu fürchten und
nicht wagen zu wollen, was so vielerlei Seelen wagen, ja, ein ganzes Volk auf sich
nimmt, verrät ein über alle Maßen verweichlichtes und kleinmütiges Herz. (…)
Der Tod im Bett ist langwieriger, beschwerlicher und jämmerlicher als im
Gefecht, und Fieberanfälle und Schleimabflüsse sind ebenso qualvoll und tödlich
wie Arkebusenschüsse. Wer so beschaffen ist, daß er die Gefahren des täglichen
Lebens tapfer zu ertragen vermag, braucht kein bißchen mehr Mut, wenn er Soldat werden wollte.

Leben, lieber Lucilius, heißt kämpfen. SENECA, Briefe an Lucilius; XCVI.« (III, 13)

Das soll ironisch gemeint oder mit irgendeiner »Distanzierung« geschrieben sein? Hier ist doch deutlich zu erkennen, daß das Wort »Erfüllung«
vom heutigen Leser nicht wortwörtlich genommen werden darf und keineswegs besagt, Montaigne habe sich im Krieg vergnügt, sondern daß es
für ihn ein natürlicher Ausdruck für die »Tapferkeit« und den »Edelmut«
war, die er so geschätzt hat, und für die Bereitschaft zum Dienst am
»Vaterland« und zu seiner Verteidigung. All das sind grundlegende
Tugenden für ihn.

Sollte man nicht darauf hinweisen, daß diese Hymne an das Kriegshandwerk nicht in einem x-beliebigen Kapitel steht und an diese oder jene
Kriegsbegebenheit, an Alexander, Cäsar oder Sokrates auf dem Schlachtfeld anknüpft, sondern in jenem letzten und schönsten *Essai*, der am
uneingeschränktesten autobiographisch ist. Unter dem Titel »Über die

Erfahrung« offenbart sich Montaigne hier an seinem Lebensabend vollständig und furchtlos, ohne irgend jemandem »nach dem Mund zu reden« oder zu lavieren. Mit diesem »Wurf« ist alles gesagt; hier spricht ein Mann, den der Krieg und die Probleme, die er aufwirft, ein Leben lang stark beschäftigt haben.

Sollte der Verfasser dieser Sätze nie gekämpft haben, sollte er sich damit begnügt haben, in seinem Buch den Monsieur Jourdain des Soldatentums anderer zu spielen, sollte er vor den staunenden Gaffern (und seiner Familie, die wußte, was davon zu halten war) einen solchen Ballon heißer Luft aufgeblasen haben, dann bliebe nur der Schluß, daß Montaigne zwar ein ansehnliches schriftstellerisches Talent und einige »Weltweisheit« besaß, aber ein gascogner Aufschneider war, und daß er in den *Essais* nicht »redlich Rechenschaft« ablegt.

Wenn er aber, und so war es offensichtlich, die Wechselfälle des Krieges kannte, wie weit reichten dann seine Kenntnisse, bei welcher Gelegenheit und in welcher Eigenschaft hatte er sie erworben? Trug er je die Rüstung, in der wir ihn heute als liegende Grabfigur in Bordeaux sehen, führte er je das Schwert oder ritt er mit der Lanze in der Hand gegen die Bogenschützen der Hugenotten oder der katholischen Liga? Viele anschauliche Schilderungen in den *Essais* zeugen hinlänglich davon, daß Montaigne, auf welchen Wegen auch immer, das Leben in den Lagern, in den Zeltunterkünften und Schanzen kennengelernt hat. Doch bei welcher Schlacht, in welchem Kampf? Ist es denkbar, daß die Rivalität zu Montaigne Brantôme dazu gebracht hatte, die Wahrheit über das »Schwert« des Herrn von Montravel (das er nur trug? oder mit dem er sich auch schlug?) zu sagen?

Marc Citoleux macht in seinem Buch *Le Vrai Montaigne, théologien et soldat* eine scharfsinnige Bemerkung: »Tatsächlich erweist sich bei Brantôme der ewige Vorbehalt des Berufssoldaten gegenüber dem Reservisten. Montaigne war nun einmal Reservist oder, wie man damals sagte, ein »Freiwilliger« für den Kriegsfall. Zu jener Zeit wurde jedoch ständig Krieg geführt, ob Bürgerkrieg oder Krieg gegen ein anderes Land (...). Und in Kriegszeiten fällt die Grenze zwischen Berufssoldaten und Freiwilligen oder sollte fallen; es gibt nur noch Soldaten. Montaigne war Soldat.« Eine solche Beobachtung erfordert freilich nähere Angaben zur militärischen Situation Frankreichs unter der Herrschaft der Valois – insbesondere ab 1562 – und, noch wichtiger, zu den Auswirkungen der Bürgerkriege auf die unterschiedlichen Heeresverbände.

1545 hatte Franz I. ein Edikt erlassen, mit dem die Dauer des Heerbanns (also der Aufruf des Königs an die waffenfähigen Mitglieder des Adels zum Kriegsdienst für eine bestimmte Zeit) von sechs Wochen auf drei Monate verlängert wurde. Damit wurde der Druck auf den »Reservistenpool« verstärkt, zu dem jeder Edelmann gehörte. Fügt man dieser Verpflichtung noch die übrigen Einberufungen verschiedener Arten »Mobilisierbarer« (ein offenkundiger Anachronismus) durch Gebietskörperschaften (noch ein Anachronismus), wie Bürgermeister oder Seneschalle, und die Wiederaufstellung der »stehenden Heere« durch Heinrich II. im Jahre 1557 hinzu, kann man sich gut vorstellen, wieviel Anlässe, zu den Waffen zu greifen, sich in Zeiten fortwährender Kriege selbst dem niedersten Adligen boten. Ob Montaigne die Rüstung anlegte oder nicht, ist also gar keine Frage. Das Problem besteht darin, sich vorzustellen, wie er es geschafft haben könnte, sich und seinen Waffenrock unsichtbar zu machen.

Eine wichtige Aussage dazu finden wir bei einem Fachmann für französische Militärgeschichte. Er schreibt zur militärischen Entwicklung im 16. Jahrhundert: »Überall im Königreich haben sich die militärischen Einrichtungen und die Armeen aufgelöst; jeder ist auf eigene Rechnung Soldat, jeder kämpft für seine eigene Sicherheit. Jeder Soldat, der dreißig Männer um sich schart, nennt sich Hauptmann; jeder Hauptmann, der zweihundert Männer hat, spielt sich zum Heerführer auf, und in jeder Provinz gibt es solche, die für den König, und solche, die für die Religion kämpfen.«[6] In dieser brodelnden, kriegerischen Masse muß oder kann Montaigne seine Tapferkeit erprobt haben. Eines bleibt jedoch unbestreitbar: Wenn er, wie Brantôme einräumt, »das Schwert getragen hat«, ist es äußerst schwierig, ihn bei laufenden Kampfhandlungen von größerer Bedeutung damit zu erwischen.

Weder in den Geschichtsbüchern noch in den Memoiren aus jener Zeit findet sich ein Hinweis darauf, daß er in der königlichen Armee gedient hat. Auch keine Hinweise auf Orte oder Anlässe zu einer Schlacht, an der er beteiligt gewesen wäre. Bei seinen Biographen gehen die Meinungen auseinander. La Dixmerie beteuert, er habe das Schwert getragen, es jedoch offenbar nie gebraucht. Für Philarète Chasles ist er ein »Mann des Krieges«, Leclerc ordnet ihn der einen oder anderen katholischen Armee zu, Präsident Bouhier[7] versichert, er sei zu keiner Zeit »im Heer aktiv« gewesen. Zwei Herausgeber der *Essais*[8] haben betont, daß bis heute niemand darlegen konnte, bei welcher Gelegenheit er sich des Schwerts bedient habe, und daß er sich aus bürgerlicher Eitelkeit damit begnügt habe, »Soldat zu spielen, indem er die Rüstung anlegte«. Grün, Strowski und Sayce sind in bezug auf diese Frage weniger zurückhaltend. Und auf Marc Citoleux und Jacques de Feytaud muß ich nicht mehr hinweisen: Der eine sieht Montaigne als Theologen und Soldaten, der andere als einen Mann, der sich ganz der Kriegskunst widmete, womit alles zu ihrer Einschätzung gesagt wäre – die wohl ziemlich treffend ist.

Versuchen wir einmal, die möglichen Waffengänge des Edelmanns aus der Nachbarschaft eines Monluc oder Biron zu erfassen und die Anlässe zu sammeln, zu denen er Brantôme und seinesgleichen mit dem Schwert in der Hand Lügen hätte strafen können. Es ist durchaus möglich, die Gelegenheiten anzugeben, bei denen Montaigne einen anderen Gebrauch von seinem Schwert machen konnte als bei der Quadrille.

Bei der Belagerung von Rouen 1562 hätte er an den militärischen Aktionen zur Umzingelung der von den Hugenotten gehaltenen Stadt mitwirken können, bevor er im Gefolge des jungen Königs Karl den Indianern begegnete, die ihn so stark beeindruckten. Hat er dort zur Waffe gegriffen oder war er nur Zeuge der Kämpfe? 1569 war er höchstwahrscheinlich direkt vor seiner Haustür, in Mussidan (wo er seine ersten Liebesabenteuer hatte), in Kampfhandlungen verwickelt: Géralde Nakam hält seine Teilnahme an dieser Schlacht für historisch erwiesen.

Kurze Zeit nach der Bartholomäusnacht, die im August 1572 den Bürgerkrieg wieder aufflammen ließ, führte Heinrich von Anjou, der seine Fähigkeiten bereits in Moncontour unter Beweis gestellt hatte, die Belagerung von La Rochelle an. Als Adliger am Hof Karls IX. (der wenig später starb) wurde Montaigne, der seit mehr als einem Jahr an seinem Zufluchtsort im Périgord an seinem Buch schrieb, zusammen mit allen anderen katholischen Edelmännern aus Guyenne ins Heerlager nach Sainte-Hermine einberufen, wo der Herzog von Montpensier das königliche Heer des Poitou zum Kampf gegen die Hugenotten rüstet. Es war einer jener Fälle, bei dem Berufssoldaten und »Reservisten«, königliche Regimenter und »religiöse« Heeresverbände, kampferprobte Männer und Freiwillige« aus dem Kampfgebiet zu einem Heer zusammengeschweißt wurden, das an jenes »Amalgam« erinnert, das Ende 1944 bei der Befreiung Frankreichs zustande kam.

War er dort als Arkbusier? Gab es Aufträge für ihn? Stach er mit dem Degen zu? Der Verfasser der *Essais* verrät uns nichts über Kampfhandlungen, an denen er möglicherweise beteiligt war. Im »Beuther«, der privaten Familienchronik, verzeichnete er jedoch unter dem 11. Mai 1574 die Erfüllung eines Auftrags im Parlament von Bordeaux: »Nachdem Herr von Montpensier mir eine Nachricht aus dem Lager von Saint-Hermine hatte zukommen lassen, worin er über den dortigen Stand der Dinge berichtet, und ich dies dem Parlament von Bordeaux zugetragen hatte, wurde ich im Rat empfangen und saß dort oberhalb der Männer des Königs.«

Bei dieser Mission war er als »Chevalier« unter die Robenträger gekommen, wie Jacques de Feytaud ergänzt, und nicht als »einer ihresgleichen«, um sie von den Plänen des Herzogs von Montpensier zur Verteidigung Bordeaux' gegen die Hugenotten und vielleicht die Engländer zu unterrichten. Er war also Sprecher des Heeres gegenüber den »Pelzkatzen«; aber ... was besagt das über seine Beteiligung an Gefechten?

Einige Jahre später, während des sogenannten »Kriegs der Verliebten« im Jahre 1580, rief König Heinrich III., der Condé in La Fère eingeschlossen hatte, »alle guten Diener« aus dem Adel mit einem Heerbann zu den Waffen, damit sie bei der Belagerung mitwirkten. Montaigne, den es damals in den Beinen kribbelte und der seine Italienreise vorbereitete, macht einen sehr großen Umweg, um sich dem König zur Verfügung zu stellen – und ihn mit einem Exemplar der *Essais* zu beehren. Machte hier einen vom »Stand« der Gebildeten seine Aufwartung, oder war er bereit zu kämpfen? Das weiß niemand.

Manche Historiker wollen in den Kämpfen um La Fère eine »Belagerung mit Samthandschuhen« sehen. Doch kurz nach der Ankunft Montaignes und seiner Begleiter wurde dort einer seiner Freunde, der Graf von Gramont, Gatte der »großen Corisande«, tödlich verwundet. Dasselbe Schicksal hätte auch unseren Schriftsteller im Waffenrock ereilen können. Arbela hat Alexander sicher nicht die Pforten nach Asien geöffnet. Aber der Lärm von Musketenschüssen ...

Soviel ist sicher: Bei den großen Schlachten werden wir den »Soldaten« Montaigne vergeblich suchen. Er wirft sich höchstens ins Getümmel und Gerassel der kleineren Gefechte oder läßt sich vielmehr darin verwickeln, denn er lebt, wie er uns mitteilt, »inmitten der Kriege«, zwischen den katholischen Guelfen im Norden und den protestantischen Ghibellinen im Süden, im Schnittpunkt der protestantischen Achse von Montauban bis La Rochelle und der katholischen Achse von Bordeaux bis Périgueux.

Wäre er ein Feigling gewesen, der sich nur um seine Haut sorgte, hätte er zumindest das Schwert in die Hand nehmen müssen, um seine Güter und seine Familie zu beschützen. Doch er war nicht feige, sondern kümmerte sich um weit mehr als nur um die »Selbstverteidigung«.

Manche Texte können nicht täuschen, und den folgenden hat offensichtlich weder ein Matamore noch ein Tartarin geschrieben:

»Man steht ja nicht immer vor den Augen seines Generals hoch oben auf einer Bresche oder an den Spitzen eines Heers, als stünde man auf dem Schaugerüst. Man wird vielmehr zwischen Hecke und Graben überrascht; man muß sein Kriegsglück im Kampf gegen einen notdürftig befestigten Hühnerstall versuchen; man muß vier zerlumpte Arkebusenschützen aus einer Scheune jagen; man muß sich auf eigene Faust von seiner Truppe trennen und je nach Erfordernis der Lage auf eigne Faust handeln. (…) Glauben wir etwa, bei jeder Schießerei, an der wir beteiligt sind, oder in jeder Gefahr, der wir uns ausgesetzt sehen, sei gleich ein Schreiber zur Hand, der es zu Protokoll nimmt?« (II, 16)

Soll das eine Anspielung darauf sein, daß ihm bei militärischen Auseinandersetzungen nie eine offizielle »Rolle« oder öffentliche Anerkennung zuteil wurde?

Ziehen wir noch eine Aussage hinzu, in der klipp und klar festgehalten wird, was auf der Ebene des »durchschnittlichen Menschen« und der »Erfahrung« die Pflicht eines Adligen unter einfachen Männern ausmachte: »Müßten wir nicht auf harter Erde schlafen, in voller Rüstung die Mittagshitze ertragen, vor Hunger uns über Pferde und Esel hermachen, uns in Stücke hauen und eine Kugel aus den Knochen ziehen lassen sowie all das Durchwühlen, Ausbrennen und Zusammenflicken von Wunden erdulden – womit könnte dann noch der Vorrang erworben werden, den wir gegenüber dem gemeinen Haufen haben wollen?« (I, 14)

Was Montaigne hier fern aller Pracht und Federbüsche über die in solche Gefechte verwickelten kleinen Leute schreibt, bestätigt in unseren Augen die Aufrichtigkeit seines Kriegsberichts. Hätte er nicht wirklich »zwischen Hecke und Graben« und manchmal sogar gegen »einen notdürftig befestigten Hühnerstall« gekämpft, fände er keine derart entschlossenen Worte: »Wir sehen, wie Händler, Dorfrichter und Handwer

ker dem Adel an Tapferkeit und militärischem Können nicht im geringsten nachstehen.« (II, 17) »Und wenn einer von uns im offenen Lauf-
graben tapfer standhält – was tut er da anderes, als was fünfzig arme
Schanzgräber taten, die zuvor, für fünf Groschen Entlohnung ihm den
Weg bahnend, ihn mit ihren Leibern gedeckt haben?« (II, 16)

Man muß sich wundern, wie wenig diese Eigenschaften Montaignes
von seinen Lesern und Anhängern gewürdigt worden sind. Sollte die
Größe des Mannes mit der Feder durch den bescheidenen Auftritt des
Mannes mit dem Schwert vielleicht beeinträchtigt werden?

Unter den vielen Merkmalen dieses Mannes, dessen Herz für das
Kriegswesen schlug, fällt das erstaunliche Wohlwollen auf, mit dem er
Männer im Kriegsdienst beurteilte. So leidenschaftlich haben nur wenige
die »Neuerungen« der Reformation bekämpft oder, genauer gesagt, den
sektiererischen Geist Luthers angeprangert (wobei er Calvin stillschwei-
gend überging). Montaigne ist eben ein echter Kämpfer, und das entschuldigt ihn. Und doch finden sich in den *Essais* kaum Würdigungen, die
so ergreifend sind wie die des großen Hugenotten-Generals François de
La Noue, den er für seine »beständige Güte, freundlichen Umgangsformen und gewissenhafte Gefälligkeit« rühmt. Man denke nur an den Ton,
mit dem er die Vertreter der Rechtsprechung abhandelt!

Demgegenüber steht die Hochachtung eines Mann, der entschlossen
die Liga bekämpfte, für den Soldaten Heinrich von Guise, der dieses blutige Bündnis angestiftet hat! Sein Urteil über den grausamen »Narbigen«
ist gnädig, aber nicht so gnädig wie das über dessen Vater Franz, der bei
Montaigne einen Spitzenplatz unter den »bemerkenswertesten Männern«
(II, 17) seines Zeitalters einnimmt und vor L'Hospital oder Ronsard
steht. Und obwohl er so entschieden für Toleranz eintrat, kommen sogar
Monluc, der Schlächter der Reformierten, und der schriftunkundige
Konnetabel Anne de Montmorency, der 1548 das Morden in Bordeaux
anführte, in den Genuß einer ausführlichen Würdigung (*post mortem* …)
durch den sanftmütigen Philosophen. Und das nur wegen ihrer Tapferkeit!

Man kann Soldaten verehren und den Krieg grundsätzlich verab-
scheuen. Daran hat Montaigne festgehalten, und er war dabei differen-
zierter als seine Vorgänger Erasmus oder Guillaume Budaeus. Er ist kein
»Pazifist«, mit seinem Denken steht er der katholischen Doktrin sehr
nahe und verwirft die Vorstellung eines gerechten Krieges nicht. Als Vor-

läufer von Grotius möchte er den Krieg zivilisierter machen, sein Grauen bändigen, Raub und Plünderung aus ihm verbannen.

Auf jeden Fall verabscheut er den Bürgerkrieg (die einzige Form des Krieges, die er selbst erlebte), den er einen »ungeheuerlichen Krieg« nennt. Da er ihm so viel schrecklicher erscheint als der Krieg mit äußeren Feinden und da ihm die Menschen alles andere als friedlich gesonnen vorkommen, stellt er sich die Frage, ob es nicht besser wäre, die inneren Auseinandersetzungen gegen einen Krieg mit einem fremden Land einzutauschen. Die Frage hat damals viele beschäftigt, darunter Heerführer wie La Noue und Monluc, aber auch »Gelegenheitssoldaten« wie Montaigne.

Wenngleich Montaigne nicht ausdrücklich eine Beziehung herstellt zwischen der Unterzeichnung des Friedensvertrags von Cateau-Cambrésis (der 1559 den Krieg zwischen den Valois und den Habsburgern beendete) und dem drei Jahre darauf beginnenden innerfranzösischen Kriegen, die »Religionskriege« genannt werden, ist sein Geschichtsverständnis doch groß genug, um abzuschätzen, wie das eine das andere bedingt, und darin eine Art Introversion der Gewalt bei dem einst so schwungvollen, begnadeten – und von Ehrgeiz brodelnden – französischen Volk zu erkennen.

Das Beispiel aus der Antike, nach dem er immer sucht, findet er mühelos bei den Römern, die »gegen einige ihrer Feinde nicht nur deswegen fortwährend Kriege geführt haben, um ihre Männer in Trab zu halten, fürchteten sie doch, der Müßiggang als aller Laster Anfang könnte noch Schlimmeres für sie heraufbeschwören (...), sondern auch, um die Republik zur Ader zu lassen und so die heftige Hitze ihrer Jugend etwas abzukühlen (...).« (II, 23) Soll man diesem Vorbild heilsamen Blutvergießens oder, besser gesagt, der »Ablenkung« folgen? So fragte man sich damals.

»Heutzutage gibt es viele, die ähnlich denken: Sie wünschen, daß die Hitze unserer inneren Wirren auf einen auswärtigen Krieg abgeleitet werden möge, weil sie fürchten, die zur Zeit unserer Staatskörper verseuchten bösartigen Säfte könnten das Fieber, wenn man sie nicht anderswohin abfließen lasse, ständig in seiner vollen Stärke erhalten und schließlich unseren völligen Untergang bewirken. Gewiß, ein Krieg gegen ein fremdes Land ist ein wesentlich erträglicheres Übel als einer im eigenen; aber den Nachbarn herauszufordern und in einen blutigen Streit zu ziehen, nur weil es einem gerade zupaß kommt – ein solch ruchloses Unterfangen würde Gott, davon bin ich überzeugt, niemals gutheißen.« (II, 23)

Auch wenn er hier einmal Gott zu Hilfe nehmen muß (der nicht immer friedfertig ist), für Montaigne ist das Seelenheil allemal wichtiger als der Hang zur »Bequemlichkeit«. Wir werden noch auf dieses Frage zurück-kommen, die sich sehr direkt und mit einem viel tragischeren Ausgang anläßlich der Bartholomäusnacht gestellt hat, denn eine der Ursachen für das Blutbad war die – im Gegensatz zu der Montaignes – unglück-liche Entscheidung Admiral Colignys, der darauf aus war, das ungestü-me Temperament der französischen Adligen gegen die Spanier umzu-lenken.

Vor Montaigne hatte bereits Monluc die Scheinheiligkeit der hie und da von den Wortführern in den Religionskriegen vorgebrachten Gründe beklagt: »Es ist bei ihnen nicht üblich, für Gottes Wort durchs Feuer zu gehen. Wenn die Königin und der Herr Admiral zusammen mit dem Für-sten von Condé und Herrn von Guise in einem Kabinett säßen, würde ich sie zu dem Bekenntnisse bringen, daß sie aus ganz anderen als reli-giösen Gründen dreihunderttausend Männer sich gegenseitig umbringen lassen …«

Montaigne gab sich keinen Illusionen über die Beweggründe dieser gierigen Prinzen und blutrünstigen Prälaten hin, die so rasch das Lager oder die Strategie zu wechseln bereit waren: »Laßt uns die Wahrheit ein-gestehen: Wer aus unseren Truppen, selbst aus der regulären, königs-treuen Armee, alle heraussieben wollte, die darin aus reinem Glaubensei-fer marschieren, und hierzu noch jene, denen es zumindest um den Schutz der Gesetze ihres Landes oder den Dienst für ihren Fürsten geht, der brächte nicht einmal eine vollständige Kompanie zusammen.« (II, 12)

Seine Sichtweise der Konflikte, in denen sein Land unterzugehen drohte, ist sehr scharfsinnig und modern. Ebenso seine Verdammung der zum Regelfall gewordenen Duelle – für die Brantôme noch in späterer Zeit eintreten sollte. Sie galten als Ausweis für wahren Adel, als »Ehrensache« – doch aus welchem Grund? So vorsichtig er sich über alles äußert, was »einen Edelmann ausmacht«, diese traurige Parodie des Kampfes pran-gert er als eines wahren Soldaten unwürdig und dem Staat überaus abträglich an, denn neben tausend wertvollen Verteidigern hat sie ihn auch schon einen König gekostet: Heinrich II.[9]

Überraschend rückwärtsgewandt ist hingegen sein Plädoyer gegen Schußwaffen, das uns wie ein Karikatur anmutet. Dieser tiefsinnige Ana-lytiker menschlicher Verhältnisse weigert sich, eine uralte Gegebenheit

aus der Geschichte der bewaffneten Auseinandersetzungen ins Auge zu
fassen, daß der Mensch nämlich versucht, seinen Feind aus immer weiterer Entfernung, immer zielsicherer zu treffen und sich selbst dabei in
immer größerer Sicherheit zu befinden. Aus diesem Grund wurden
Schleuder, Mauer, Schießscharte, Graben erfunden, die alle zum Kriegshandwerk gehören und die Cäsar, Montaignes militärisches Vorbild,
sicher nicht verschmäht hätte.

Aber nein, der gescheite Michel, der genau weiß, und sei es nur vom
eigenen Vater, womit die französische Armee in Pavia niedergemäht
wurde, vertritt noch im Hexenkessel der Religionskriege die Auffassung,
Schußwaffen gehörten verboten, da sie eines Edelmanns nicht würdig
seien.[10] Denn durch sie wird es möglich, daß tapfere Männer von Feiglin-
gen besiegt werden. Nur die blank gezogene Waffe ist für Montaigne dem
Adel angemessen. (Hat der Verehrer der antiken Autoren denn vergessen,
daß Lukrez sich noch darüber entrüstet hatte, daß der Mensch es wage,
seinen Arm durch eine wie auch immer geartete Waffe zu verlängern, und
es bedauerte, daß man nicht mehr wie früher mit Händen und Füßen
gegeneinander kämpfte?)

Am meisten erstaunt uns aber nicht, daß der Verfasser der *Essais* Arkebusen, Bombarden und Pistolen für verachtenswert und abscheulich hielt,
sondern daß er sogar ihr baldiges Verschwinden ankündigte – als hätte
Madame de Sévigné vorausgesagt, Racine würde bald »in Vergessenheit
geraten«:

> »Es spricht wesentlich mehr dafür, uns einem Schwert anzuvertrauen, das wir in
> der Faust halten, als der unsrer Pistole entfliehenden Kugel – gehören zu dieser
> Waffe doch vielerlei Teile wie Pulver, Stein und Rädchen, und wenn nur das
> geringste hiervon nicht mitspielt, haben wir verspielt. (…) Von dem ohrenbetäu-
> benden Lärm ganz abgesehn, an den sich heute schon jeder gewöhnt hat, halte ich
> diese Waffe jedenfalls für äußerst wenig wirksam, und ich hoffe, daß wir auf
> ihren Gebrauch eines Tages verzichten werden.« (I, 48)

Eine derartige Leugnung der geschichtlichen Tatsachen ist äußerst selten
bei diesem Realisten[11], der zwar ein Feind von »Neuerungen«, aber nicht
vom neuen sozialen und technischen Erfindungsgeist ist: So begeisterte er
sich auf seiner Italienreise für »Maschinen«, die freilich ziviler Natur
waren.

Die Blindheit Montaignes in diesem Bereich wäre unerklärbar, wenn
man ihn nicht als Reitersmann betrachten würde. Ganz offensichtlich

handelt es sich um Überlegungen (und Verirrungen) eines Ritters. Die Arkebuse und das Geschützrohr mähen nicht nur die Tapferen um, sie verheißen auf lange Sicht auch die Verdrängung des Streitrosses. Man kann sich vor »der Tugend« des Fußvolks, und seien es alles »Rüpel«, verbeugen wie er, und doch die Tapferkeit des Reiters für unersetzbar halten.

Nicht »das Hasenpanier ergreifen«, sich nicht wie ein Kaninchen in seinem Bau verbergen – diesem Gebot folgt Montaigne, darin sieht er in Krisenzeiten die Pflicht eines aufrichtigen Edelmannes – und darin stimmt er ausnahmsweise mit Brantôme überein.

Und er bleibt dabei. Weder vor noch während seines »Ruhestands« auf Montaigne sieht man ihn »geprügelt«, wie er es von allen Seiten war, ein »Ghibelline den Guelfen, ein Guelfe den Ghibellinen« – in den Hügeln der Dordogne »das Hasenpanier ergreifen«. Wo auch immer Gefahr lauerte, er blickte ihr ins Auge, und ohne Ansehung der stets vorhandenen Risiken folgte er den Aufrufen von Fürsten und Regenten.

Daß man ihn weder an der Feuerlinie von Moncontour noch bei der Belagerung von La Fère mit gezogenem Schwert und zerbeulter Rüstung kämpfen sieht, daß er kein Monluc, kein Strozzi und kein La Noue war, macht noch lange keinen Stammtischredner aus ihm. Jedenfalls schlug er sich, und vielleicht sogar prächtig. Um sein eigenes Bild aufzugreifen: Er kämpfte eher »zwischen Hecke und Graben«, im Krieg der kleinen Leute.

Michel, Herr von Montaigne, der klein, aber nicht kleinmütig war, nahm häufig das Schwert zur Hand, ob zu Fuß oder zu Pferde, im Wams oder im Waffenrock. Einigen wir uns einfach darauf, daß dieses Schwert für einen Sänger, der Cäsar und Franz von Guise, Tapferkeit und Tugend pries, vielleicht ein bißchen zu kurz geraten war.

KAPITEL 7

Ein Eremit auf der Lauer

Der Todesengel und der Ritter ❖ Die Überwindung der Todesangst und das Sprechen über sich selbst ❖ Françoise in »Rand und Band« ❖ Im Turm bei den »gelehrten Musen« ❖ Wo der Schloßherr Kraut und Salat verwechselt ❖ »Dieses Buch gibt redlich Rechenschaft« ❖ Kammerherr zweier Könige ❖ Leben mit Nierensteinen

Mit fünfunddreißig scheint Montaigne plötzlich vom vorgezeichneten Lebensweg abzukommen: Es sieht ganz so aus, als würde er seinen vielfältigen, abwechslungsreichen Aufgaben den Rücken kehren, um sich in völliger Abgeschiedenheit einzurichten.

Es fehlt nicht an Gründen für diesen Schritt: In Paris Karriere zu machen, ist ihm nicht gelungen, das Richteramt bekleidet er nur widerwillig, die erwartete Beförderung bleibt aus, und als Soldat ist er allenfalls Mittelmaß. Keiner dieser Gründe überzeugt. Hat die Familie den Verschwender zurückgepfiffen? Ist es die Verantwortung für die Besitztümer, die ihm nach dem Tod des Vaters zukommt? Oder wirkt hier der Verlust seines unersetzbaren Freundes nach und stürzt ihn in eine Depression, die er durch die zahllosen Zerstreuungen, die das Leben bietet, lange Zeit verdrängen konnte? All das wird eine Rolle gespielt haben, aber was noch?

Klar scheint indessen, daß sein Rückzug auf den Hügel über der Dordogne nicht als Heimkehr eines resignierten Sohnes in den Schoß der Familie betrachtet werden kann. Verschiedene Ereignisse, die Montaignes Leben in den folgenden fünfzehn Jahren ausmachen, folgen unbestreitbar dem gängigen Muster eines klassischen Rückzugs: Er heiratet, sein Vater stirbt, es kommt zu lästigen Auseinandersetzungen über das Erbe, erste Anflüge von Geiz machen sich bemerkbar, er schließt sich mit dem Buch ein, eine Blasenkrankheit sucht ihn heim. So oder so ähnlich war es schon bei Monluc und später bei Brantôme, bei Retz oder Saint-Simon: Montaigne macht da keine Ausnahme. Ein ganz gewöhnlicher Rückzug also?

Diese Sicht täuscht. Als er sich vom »gesellschaftlichen Leben« verabschiedete (zeitweise war er wie vom Erdboden verschluckt, aber was schuf er nicht in diesen Zeiten!), brauchte er keine Auftritte, wie sie die Gesellschaftskomödie verlangt. Kein Pfarrer segnete ihn, kein Notar beriet ihn, er nahm keine Zitatensammlung von Seneca mit und machte auch keinen bewegten Abschiedsbesuch bei Madame de Duras. Nicht einmal sein bewundernswerter Satz »Handlungen ohne einen Schimmer von Freiheit haben weder Anmut noch Würde.« (III, 9) läßt sich zur Erklärung heranziehen, denn noch leuchtete sein Wirken unter diesem Schimmer. Allerdings war es auch nicht so sehr von Zwängen oder Fesseln bestimmt, daß er Scham oder Widerwillen hätte empfinden müssen. Und sonst? Unter allen Gründen, die ihn zu seinem sehr unvollständigen und niemals endgültigen Rückzug hätten bewegen können, nehmen wir den ausgefallensten in Augenschein.

Natürlich saß er zu Pferde, als der Todesengel ihn streifte. Der edle Reiter stürzte mit dem Schwert in der Hand aus dem Sattel – zufällig und ganz und gar nicht heldenhaft. Zerschmettert und halbtot am Boden liegend, wurde aus Michel, dem frischgebackenen Herrn von Montaigne, wenn auch nicht gleich der künftige Verfasser der *Essais*, so doch der rasante Erforscher unseres Bewußtseins – ein Plutarch in bezug auf sich selbst.

Was sich ereignete, war so unsinnig und doch in so grundlegender Weise sinngebend, daß Montaigne, der davon alles bis in die kleinste Einzelheit im Gedächtnis behielt, ausgerechnet das Datum vergaß[1], als wäre dieses Erlebnis von zu großer Bedeutung in seinem Leben, um sich nicht in alle Richtungen auszuwirken. Seitdem Montaigne das Unsagbare durchschritten hatte, war er laut Hugo Friedrich »mit dem Tod versöhnt«. Losgelöst von Verboten und von dieser Erfahrung erleuchtet, konnte er sich furchtlos über sein Leben und über das Leben allgemein beugen.

Die außerordentliche Freiheit, mit der in den *Essais* das Innerste ausgeleuchtet wird, ist die Erfindung eines Mann, der hinter den Spiegel gesehen und erfahren hat, wie unbeschreiblich süß das Entschlafen, wie schmerzlich die heitere Ruhe des Jenseits ist, aus dem er wiedergekehrt zu sein glaubte. Jetzt konnte alles gesagt werden, am Ende dieser Reise konnte er ein Selbstporträt zeichnen wie jenes einst von ihm bewunderte Bildnis Renés von Anjou[2] – nur daß seines mehr die Züge eines Lazarus und des Autors von *Auf der Suche nach der verlorenen Zeit* trug:

»Eines Tages (war ich), der ich inmitten all dieser Wirren Frankreichs lebe, eine Meile von zu Hause ausgeritten und hatte (...) nur ein fügsames, aber ziemlich kraftloses Pferd genommen. (...) Auf dem Rückweg (...) wollte einer meiner Leute, ein großer und starker Kerl auf einem mächtigen und wie ein Ackergaul hartmäuligen, dabei lebhaften, ja ungestümen Hengst den Wagemutigen spielen und sich gegenüber seinen Gefährten hervortun – und preschte mir gestreckten Galopps derart dicht hintendrein, daß er einem Koloß gleich auf mich kleinen Reiter auf dem kleinen Pferd stürzte und unter seiner wuchtigen Schwere uns beide, Beine gen Himmel, zu Boden riß (...). Da lag nun mein Pferd gänzlich betäubt der Länge nach hingestreckt, ich zehn, zwölf Schritte davon entfernt, wie tot, rücklings, das Gesicht rundum voller Blutergüsse und zerschunden, mein Degen, den ich in der Hand gehalten hatte, mehr als zehn Schritte weiter weg, mein Gurt zerfetzt und in mir kein Gefühl mehr, keine Regung: ein Holzklotz. (...) Nachdem meine Begleiter sich mit allen ihnen erdenklichen Mitteln vergebens bemüht hatten, mich wieder zu mir zu bringen, hielten sie mich für tot, nahmen mich auf ihre Arme und trugen mich unter vielen Schwierigkeiten in mein Haus, das von da etwa eine halbe französische Meile[3] entfernt liegt. Unterwegs aber, als ich schon zwei lange Stunden als entseelt galt, fing ich an, mich zu bewegen und Atem zu holen, denn es war eine so große Menge Blut in meinen Magen gedrungen, daß die Natur, um ihn zu entleeren, ihre Kräfte wieder erwecken mußte. Man stellte mich auf die Füße, worauf ich einen ganzen Eimer Klumpen schieren Blutes von mir gab, und ich mußte dies auf der Strecke noch mehrmals tun. So begann ich mich wieder ein wenig zu beseelen (...).

Der erste Gedanke, der mir kam, war, daß ich eine Arkebusenkugel in den Kopf bekommen hätte, denn in der Tat wurde damals um uns her viel geschossen. Mir schien mein Leben nur noch am Rande der Lippen zu hängen, und ich schloß die Augen, als wollte ich so mithelfen, es ganz zu vertreiben; ich genoß es, mich der Mattigkeit hinzugeben und mich gehen zu lassen. Es war ein Empfinden (...) nicht nur jedes Unbehagens bar, sondern zudem von der wohligen Süße durchdrungen, die man verspürt, wenn man in den Schlaf hinübergleitet. Ich glaube, ebendies ist der Zustand all jener, die im Todeskampf vor Ermattung das Bewußtsein verlieren (...). Als man sich mit mir meinem Haus näherte, wo die Schreckensnachricht von meinem Sturz bereits die Runde gemacht hatte, so daß meine Angehörigen und Hausgenossen mir mit dem bei solchen Widerfahrnissen üblichen Geschrei entgegeneilten kamen, gab ich nicht nur einige Antworten auf das, was man mich fragte, sondern ließ mir, wie man berichtet, sogar den Befehl einfallen, man solle meiner Frau ein Pferd bringen, da ich sah, wie sie sich auf dem steilen und holprigen Weg abmühte und dahinstolperte. (...) Ich wußte weder, woher ich kam, noch, wohin ich ging, und konnte daher gar nicht erwägen und mir durch den Kopf gehen lassen, was man mich fragte; jene Gedanken waren also bloß die flüchtige Folge des von den Sinnen gleichsam gewohnheitsmäßig aus sich selbst Hervorgebrachten; was die Seele dazu beitrug, tat sie träumend, ganz leise angerührt vom weichen Druck der Sinne, wie angehaucht von ihnen und nur leicht benetzt. Dabei war mein Zustand im Grunde höchst behaglich und friedvoll; weder um andere noch um mich selbst machte ich mir Sorgen – mich erfüllte eine Mattigkeit und äußerste Schwäche ohne den geringsten Schmerz. Ich sah mein Haus und erkannte es nicht. Als man mich zu Bett gebracht hatte, empfand ich ein unsägliches Wohlgefühl in dieser Ruhe, denn ich war von den armen Leuten übel herumgezerrt worden, die sich die Mühe aufgebürdet hatten, mich über einen langen und äußerst schlechten Weg auf ihren Armen zu tragen, so daß sie sich zwei-, dreimal ausruhen und abwechseln mußten. Man bot mir eine Menge Arzneien an, von denen ich aber keine einzige einnahm, weil ich fest überzeugt war, am Kopf tödlich verwundet zu sein. Das wäre fürwahr ein seliger Tod gewesen, denn die Schwächung meiner Geisteskräfte bewahrte mich davor, im geringsten über ihn nachzudenken, und die meines Körpers, ihn im geringsten zu spüren. (…) und die zwei, drei folgenden Nächte hindurch ging es mir so schlecht, daß ich erneut sterben zu müssen glaubte, aber eines viel heftiger fühlbaren Todes (…). Dieser Bericht über ein so nebensächliches Ereignis wäre an sich überflüssig, hätte es mir nicht zur Lehre gedient: Ich weiß nun, daß man zur Einübung in den Tod tatsächlich nur seine nähere Bekanntschaft zu machen braucht. (…) So ist das, was ich hier vortrage, keine Theorie, sondern meine Erfahrung: nicht für Dritte gemacht, sondern für mich (…).« (II, 6)

Er datiert den Vorfall ungefähr in die Zeit »während unseres dritten Religionskriegs, oder des zweiten«. Sieben oder acht Jahre vergehen, bis er »diesen Bericht über ein so nebensächliches Ereignis« (II, 6) zu Papier bringt. Vermutlich hat sich der Unfall gegen Ende des Jahres 1568 ereignet, auf alle Fälle aber nach dem Tod des Vaters im Juni 1568, auf den es an dieser Stelle keinen Hinweis gibt. Aus dem »so nebensächlichen Ereignis« zieht Montaigne im Nachhinein weitreichende Lehren, als erstes aber nimmt er sich das Recht, sich »mitzuteilen«, ohne sich Beschränkungen aufzuerlegen. Er weist auf die Würde und die Größe seines Unternehmens hin, indem er sich schleunigst in die Tradition jenes Meisters stellt, den er von allen am meisten verehrt:

»Es ist ein schwieriges Unterfangen – und dies weit mehr, als es scheint – der so schweifenden Bewegung unseres Geistes bis in seine tiefsten und dunkelsten Winkel zu folgen und noch seine winzigsten Windungen und Wendungen auszumachen und aufzuzeichnen (…). Etliche Jahre ist es her, daß ich meinem Denken nur mich selbst als Ziel gesetzt habe, daß ich nichts anderes anvisiere und erforsche als mich; und erforsche ich doch einmal etwas anderes, dann allein, um es unverzüglich auf mich anzuwenden, oder besser gesagt: in mir. (…)

Wovon handelt Sokrates ausführlicher als von sich? Worauf lenkt er seine Schüler häufiger als darauf, über sich selbst zu reden: nicht über die Lektion ihres Buches, sondern über Wesen und Bewegung ihrer Seele?« (II, 6)

Dies schrieb er über eine Begebenheit, die ihn Jahre zuvor einen Blick in die Abgründe des Todes werfen ließ. Sokrates hat im Sterben für seine Schüler über den Tod gesprochen (wie La Boétie für Michel). Montaigne hat für den Moment eines Seufzers »seine Bekanntschaft gemacht« und verdankt ihm die außerordentliche Fähigkeit, Menschen und Dinge in ihrer Begrenztheit zu erkennen und mit verblüffender Wendigkeit in die »tiefsten und dunkelsten Winkel unseres Geistes« vorzudringen. Und er erlangte die Freiheit, alles aussprechen zu können – vor allem über sich selbst.

Zwei Anmerkungen zu diesem »Bericht«: Halten wir zuerst einmal fest, daß der vorzeitige Ruheständler es wagt, ohne Begleitung über die Grenzen seines »Alterssitzes« hinaus zu reiten, und zwar mit gezogenem Schwert. Als er kurze Zeit später vom Pferd stürzt, glaubt er zuerst, eine »Arkebusenkugel« habe ihn getroffen. Das gibt uns eine Vorstellung von der Atmosphäre, die wenige Jahre vor der Bartholomäusnacht in der Guyenne herrschte. Des weiteren wird man bemerkt haben, daß der »in den letzten Zügen« Liegende verlangt, man möge seiner Frau ein Pferd geben. Nicht schlecht für einen Frauenfeind!

Michel de Montaigne und Françoise de La Chassaigne heirateten am 23. September 1565. Er ist zweiunddreißig Jahre alt, sie wird einundzwanzig. Eine standesgemäße Heirat, wenn man so will. Für den damaligen Parlamentsrat ist Françoise, Tochter und Enkelin namhafter und einflußreicher Kollegen – ihr Großvater ist einer der Anführer der katholischen Partei (und der stärksten Feinde der Reformierten) im *Palais de l'Ombrière* – die ideale Partie. Ihre Mitgift ist beträchtlich.

Der zufriedene Junggeselle erfüllt mit dieser Heirat offenbar den Wunsch seiner Eltern. Nicht daß Françoise ihn abgestoßen hätte. Von seinem Freund Florimond de Raymond wissen wir, daß sie von »von außergewöhnlicher Schönheit« und »großem Liebreiz« gewesen sein soll. Zwei Jahre nach dem Tod von La Boétie, auf den eine Periode gezielter Ausschweifungen folgte, geht es nicht um sie, sondern um die Frage, ob er überhaupt heiraten soll. Nach seiner verlorenen Liebe zu Etienne und den gekonnt ausgeschöpften Sinnenfreuden, macht er plötzlich das Gegenteil, heiratet, ohne zu lieben, und hütet sich fortan vor der Begierde. Hören wir ihn selbst:

»Jedenfalls habe ich mich im Grunde nicht selbst zur Ehe entschlossen, sondern wurde hineingeführt: Es waren äußere Anstöße, die mich dazu bestimmten. (…) Als ich zur Ehe geführt wurde, war ich gewiß schlechter für sie gerüstet und von größerem Widerwillen erfüllt als heute, da ich sie probiert habe. Und wenn man mich auch für noch so zügellos hält, befolgte ich in Wahrheit die Gesetze des Ehestandes strenger, als ich es versprochen und selbst erwartet hatte. (…) Es ist Untreue, eine Frau zu ehelichen, ohne sich mit ihr zu verheiraten.« (III, 5)

Das klingt recht widersprüchlich und bestätigt, daß Michel sich dem Übel einer Heirat nur gebeugt hat, weil er »sich verheiraten« wollte. Ihm war es offenbar sehr ernst damit. Und zu seiner eigenen Überraschung, glückte der »essai«: Er fand Gefallen an dieser Lebensform und wurde ein besserer Ehemann, als er »es versprochen und selbst erwartet hatte«.

Tatsächlich hatte Michel de Montaigne anfangs weder gegen eine Vermählung noch gegen die Gemahlin etwas einzuwenden, aber er fürchtete die Zwänge: Für diesen Freiheitsnarren, den jedes Verbot, ein fernes Land zu betreten, unglücklich machte, auch wenn er sich nie dorthin hätte begeben können, ist das Band der Ehe ebenso schmerzlich wie jede andere Maßregelung. Er war als »Freiwilliger« in den Krieg gezogen, und so hätte er es auch gerne mit der Liebe gehalten.

Seine Theorien sind einfach und verwirrend zugleich: »Eine gute Ehe, falls es das gibt, lehnt es ab, sich mit der Liebe gemein zu machen; sie strebt vielmehr dem Vorbild der Freundschaft nach.« (III, 5) So sehr, daß die Lust, die man darin genießt, »eine Art Unzucht« darstellt: »Die enthemmten Liebesspiele, zu denen uns die erste Hitze verführt, sind überdies, wenn wir sie mit unsren Frauen treiben, nicht nur unzüchtig, sondern auch schädlich. Mögen Sie solche Schamlosigkeit wenigstens von anderer Hand erlernen. (…)« (I, 30) Eine weitreichende Feststellung! Und obwohl er sonst nicht viel Aufhebens um Aristoteles macht, beruft er sich auf diesen Philosophen, wenn er vorschreibt, man solle seine Frau nur »zurückhaltend und zuchtvoll« genießen, »damit sie, falls er sie allzu ungestüm reize, vor Wollust nicht außer Rand und Band gerate.« (III, 5)

Die Vernunft von Françoise scheint allerdings kaum »außer Rand und Band« gebracht worden zu sein. Nicht nur, daß ihr Ehemann sich rühmt, »hart und (…) allein« und »wie die Könige«[4] zu schlafen, es scheint sogar, als habe er sich von seinem Turm nur in ihren (der »Trachère« genannt wurde) begeben, um ihr ein Kind zu machen: Vier Jahre ist es ihnen nicht gelungen, dann gebar sie ihm sechs Mädchen, von denen fünf in frühester Kindheit starben. Wenn das Paar zusammenkam, dann nicht zu gemeinsamen Höhenflügen. Das bezeugt auch sein Freund und Nachfolger im Parlament von Guyenne, Florimond de Raymond: »(…) Er vergnügte sich mit ihr nur in dem Maße, wie es sich für Achtung und Ehre des ehelichen Lagers schickte, und ohne jemals mehr als die Hände und das Gesicht entblößt zu haben, nicht einmal die Brust, obwohl er bei anderen Frauen über alle Maßen vergnüglich und ausschweifend war.«[5]

Noch mehr staunen wir über die Äußerung des Ehemanns: »(…) aus der Umarmung seiner schönen jungen Gattin erwachse dem Ehemann als einziger Genuß der seines Gewissens, damit etwas Zweckmäßiges zu tun: wie das Stiefelanziehen zu einem gebotenen Ausritt.« (III, 13) Da haben wir wieder den Reitersmann, wenngleich der Hinweis auf »den gebotenen Ausritt« und die Stiefel hier ziemlich aufgeblasen wirken.

Kommen wir noch einmal auf Montaignes Beteuerung zurück, er habe die Gesetze des Ehestands (müßte nicht die Treue an erster Stelle stehen?) strenger eingehalten, als er es »versprochen« oder »erwartet« hatte. Ausgezeichnet. Der Komparativ »strenger« besagt nur, daß es auch lockerer hätte sein können – vor allem in Anbetracht seines Charakters, seiner Reisen und seines Charmes. Mit den sexuellen Schwierigkeiten, von denen er im dritten Buch der *Essais* berichtet (als er daran schreibt, ist er bereits fünfzig), wo es eindeutig um die Frage des Verlusts seiner Männlichkeit und um die Verzweiflung geht, in die ihn dieses »ungehorsame Glied« stürzte, hatte er wahrscheinlich bei anderen Gelegenheiten als bei seinen Abstechern in den Trachère-Turm zu kämpfen.

Die Treue von Françoise wiederum wurde anläßlich der Verwicklungen um eine Goldkette in Frage gestellt, die Michels Bruder Arnaud de Saint-Martin lange Zeit getragen hatte. Nach dem Tod dieses schönen Hauptmanns[6] wurde sie im Koffer von Mademoiselle de Montaigne[7] gefunden. Die Mutter des Verstorbenen, die schreckliche Antoinette, forderte die Kette zurück und erreichte eine notariell beglaubigte Rückgabe. Muß man Françoise deshalb gleich zu einer Geliebten ihres Schwagers machen, wie es der eine oder andere Biograph tat? Montaigne spricht jedenfalls so unbeschwert über gehörnte Ehemänner, daß er nicht zu befürchten schien, man könnte ihm seine spöttischen Äußerungen heimzahlen.

Genie hin, Genie her, im Grunde war er ein Mann seiner Zeit. Und wenn er Ehestand und Freundschaft einander näherrückte, unterschied er sich von seinen Vorfahren nur darin, daß sie den Aspekt der Unterwerfung stärker betont hatten. Nicht daß er nicht daran gedacht hätte!

»Das nützlichste und ehrenwerteste Wissen und Walten einer Frau ist die Haushaltführung. Ich kenne manche, die geizig, doch sehr wenige, die haushälterisch sind. Gerade diese Eigenschaft aber bildet ihre Haupttugend, auf die der Mann daher sein Augenmerk in erster Linie richten sollte: Sie ist die einzige Mitgift, die über Gedeih und Verderb unsrer Häuser entscheidet (…). Ich verlange von einer verheirateten Frau mehr als jede sonstige Tugend die, daß sie wirtschaften kann.« (III, 9)

Kein Wunder, daß Françoise nach Jahren der Haushaltsführung, unterbrochen von einigen schamhaften Umarmungen im Turm und fünf vergeblichen Schwangerschaften, grießgrämig wurde, daß »aus dieser jungen Frau eine langweilige und mürrische Matrone wurde, bevor sich ihre Schönheit richtig hätte entfalten können.«[8]

Folgte auf eine erzwungene Heirat eine gescheiterte Ehe? Obwohl er sich in der Ehe weniger unwohl fühlte, als er erwartet hatte, scheint er kein sehr glücklicher Ehegatte gewesen zu sein. Er bedauert, keinen Sohn bekommen zu haben (diese Klage tritt an verschiedenen Stellen in den *Essais* zutage), und klagt besonders in seinen letzten Lebensjahren darüber, sich mit seiner Frau mehr als sonst zu langweilen.

Doch es wäre ungerecht, ihre Ehe danach zu beurteilen – für den einen wie für den anderen Partner. Eine gewisse Verdrossenheit im alltäglichen Umgang heißt nicht, daß Michels Beziehung zu seiner Frau so schlecht gewesen wäre wie die zu seiner Mutter. Françoise war eine gute Gastgeberin (was verschiedene Gäste auf dem Schloß bezeugen) und eine ausgezeichnete Verwalterin des Schloßgutes. Er schätzte sie sehr dafür, und aus dieser Achtung und Anerkennung erwuchs vielleicht eine echte Zuneigung.

Sicher haben viele Frauen nach dem Tod eines Neugeborenen ergreifendere Briefe von ihren abwesenden Ehemännern erhalten; doch der Brief, den er nach dem Tod von Toinette am 10. September 1570 an Françoise richtete (er, der einzige Brief zwischen beiden, der erhalten blieb, ist wirklich anrührend und nett. Er legt ihm das »Trostschreiben« bei, das Plutarch aus gleichem Anlaß für seine Frau verfaßt hatte und das von La Boétie übersetzt worden war – so viele Namen, so viele Empfehlungen für die Adressatin:

»Meine Ehegattin, Sie werden es von selbst begreifen, meine Liebe, daß es sich für einen Menschen, der zu leben weiß, gegenwärtig nicht schicken würde, Ihnen allerlei Höflichkeiten und Schmeicheleien vorzusagen. Man sagt, ein geschickter Mann könne zwar eine Frau nehmen; aber das Heiraten müsse man den Narren überlassen. Man mag immer so reden. Ich meinesteils halte mich an die Gewohnheit der alten Zeiten, von denen ich schon so gar die Haare trage. (...) Lassen Sie uns, meine Liebe, nach der alten französischen Art leben.«[9]

Welch reizender Brief! Der übrigens einen gewissen Abstand zu den Grundsätzen zeigt, die er anderswo ausgedrückt hat. Daran erkennt man, daß es sich weniger um die Grundsätze Michel de Montaignes als um die seiner Zeitgenossen handelt. Diese echte eheliche Zärtlichkeit dürfte auch nicht davon beeinträchtigt worden sein, daß dem Gatten der Lapsus unterläuft, Françoise über den Tod ihrer Tochter »im zweiten Jahr ihres Alters« zu trösten, obwohl sie in Wirklichkeit am Ende des zweiten Lebensmonats gestorben war. Um die Wahrheit zu sagen: Das frühzeitige Ableben von fünf seiner sechs Töchter – nur die 1571 geborene, zweitälteste Tochter, Léonor, überlebte – scheint den Edelmann nicht erschüttert zu haben. Es war damals alltäglich.

Auch wenn man nicht genau weiß, woran man bei diesem Ehemann ist, wollen wir ihm doch zu Gute halten, daß er bei seinem Unfall im Jahr 1568, als er sich halbtot glaubte und hörte, daß Françoise zu seiner Hilfe eilte, nach einem Pferd für seine Frau verlangte. Von diesem unverbesserlichen Pferdenarren ist eine solche unbewußte Reaktion tatsächlich eine ritterliche Ehrerbietung. Wenn er die Frau, die er im Bett über die Maßen respektierte, in dieser Situation hoch zu Rosse sehen wollte, können wir dies als Zeugnis seiner außerordentlichen Hochachtung nehmen.

Pierre Eyquem, Herr von Montaigne und Belbeys, Schloßherr zu Montravel und ehemaliger Bürgermeister von Bordeaux, starb am 18. Juni 1568, am gleichen Tag, als Michel ihm in Paris seine Übersetzung der *Theologia naturalis oder Das Buch der Geschöpfe* widmete. Der alte Schloßherr hatte sich die Übersetzung dieses aus dem 15. Jahrhundert stammenden Werkes des katalanischen Theologen Raimundo Sabunde (Raymond Sebond) gewünscht.

Das ganze war ein langwieriges Unternehmen, an dem er anderthalb Jahre gearbeitet hatte. Man kann darin eine Geste der Reue, eine Wiedergutmachung für die ausschweifende Jugend sehen, die vielleicht sogar auf den Widerruf des 1561 aufgesetzten, grausamen Testaments abzielte, mit dem Michel in Abhängigkeit von seiner Mutter gehalten werden sollte. Nach dieser verletzenden Maßnahme mag ihm ein solcher Beweis des guten Willens wieder erlaubt haben, dem Oberhaupt der Familie unter die Augen zu treten. Ob aus Nachsicht oder nicht, Tatsache ist, daß das 1567 wenige Monate vor Pierres Tod aufgesetzte Testament ihre Beziehung wieder ins Lot brachte.

Häufig wird auf die Lobeshymnen hingewiesen, die der Verfasser der *Essais* seinem Vater widmete, und dabei die Vielschichtigkeit ihrer Beziehung vergessen, die sich sowohl im doppelten Widerruf des Testaments als auch in der Nörgelei über die Knausrigkeit der Väter und ihre Grausamkeit und Willkür zeigen, die sich über das gesamte fünfte Kapitel des zweiten Buchs erstrecken. Dabei schrieb Montaigne dieses Kapitel erst, nachdem das Testament rückgängig gemacht worden war.

Wie wir bereits gesehen haben, heißt es im Essay über die Freundschaft (I, 28), die Gefühle gegenüber den Vätern entsprängen weniger der »Liebe« als der »Ehrerbietung« – demnach hätte der Sohn am Vater keine Kritik üben dürfen. Es besteht kein Zweifel, daß er »den besten Vater, den es je gab« bewundert und lange Zeit geliebt hat. Und die Sorgfalt, die Michel darauf verwandte, seinem Vater den Tod von Etienne de La Boétie zu schildern, mag nicht nur der Ehrerbietung geschuldet sein – in den Augen der Familie hatte diese Freundschaft den Rahmen des Üblichen vielleicht zu sehr verlassen.

Bei seinem Tod hinterließ der vierundsiebzig Jahre alt gewordene Pierre Eyquem seinen Kindern und seiner Familie ein beträchtliches Vermögen, das die fünf Brüder und drei Schwestern bei einem Treffen am 22. August 1568 im Notariat von Maître Castaigne in Bordeaux unter sich aufteilten. Nachdem er wieder zum Haupterben eingesetzt worden war, gingen Name und Besitz auf Michel über, und er wurde der vierte Herr von Montaigne – mit der Verpflichtung, den Lebensunterhalt seines jüngeren Bruders Bertrand zu sichern, der bei seiner Volljährigkeit das stattliche, in der Nachbarschaft liegende Haus von Mattecoulon erhalten sollte, sowie mit der Auflage, für seine jüngeren Schwestern Léonor und Marie zu sorgen. Die Erben hatten keine Einwände. Ob Katholiken oder Protestanten, sie kamen ohne Streit auf einen Nenner. So konnte Montaigne ihnen in den *Essais* zurecht Klugheit und Vernunft bescheinigen.

Eine Woche später, als die Ansprüche Antoinettes vor dem Notar gere-
gelt wurden, brachen die alten Streitigkeiten wieder aus. Wir haben
bereits auf den seltsamen Nichtangriffspakt hingewiesen[10], den Mutter
und Sohn bei dieser Gelegenheit unterzeichneten. Darin werden die vom
Notar gezogenen Grenzen bestätigt, die den Einfluß der Mutter auf das
Schloßgut beschränken sollten, über das sie so lange – und so gewinnbringend – bestimmt hatte. Bis zum Radieschenbeet, und keinen Schritt
weiter … Einen Anteil am Keller … Bis zum Kastanienhain … Die wohlwollende Madeleine Lazard spricht angesicht dessen von »Erbitterung«.
Erlauben Sie mir, »Feindseligkeit« hinzuzufügen … Jeder bleibe in seinem
Turm!

Jetzt ist Montaigne also Herr über den Landsitz – künftig wird er mit
»Michel, Seigneur de Montaigne« unterzeichnen –, aber noch hat er sich
nicht niedergelassen, noch ist er auf Achse, natürlich zu Pferde. Beim Tod
seines Vaters war er in Paris. Und auch in den folgenden Jahren hält er
sich mehrfach dort auf, um sich persönlich um die Veröffentlichung der
Werke La Boéties zu bemühen – lateinische Gedichte, Übersetzungen von
Xenophon, die er hochrangigen Persönlichkeiten wie Michel de L'Hospital. Henri de Mesmes, Louis de Lansac und Monsignore de Foix, dem
Erzbischof von Toulouse widmet – und die Veröffentlichung seiner Übersetzung der *Theologia naturalis oder Das Buch der Geschöpfe* zu betreiben, das den Stoff zum längsten Kapitel in den *Essais* liefern sollte, der
»*Apologie für Raymond Sebond*« (»Apologie« scheint hier als Anti-
phrase verwendet worden zu sein).

In diese Zeit fällt der Bau des berühmten Eckturms des Schlosses, des
künftigen »heimischen Herdes« des Philosophen. Glaubte er, sich dort
von der Welt zurückziehen zu können? An seinem achtunddreißigsten
Geburtstag, sieben Jahre nach dem Tod von Etienne, drei Jahre nach
dem seines Vaters, schreibt er auf Latein den am wenigsten gelungenen
und am wenigsten zutreffenden Satz, der je aus seiner Feder floß, und
läßt ihn an eine Wand im Vorzimmer seiner Bibliothek pinseln. Rührt es
uns nicht heute noch, wenn er darin ein wenig albern erklärt, er sei »den
öffentlichen Pflichten müde« hierher geflüchtet, um sich »in den Schoß
der gelehrten Musen« zurückzuziehen und sich von der Welt abzuwenden. Und das schreibt einer, der seine Karriere in öffentlichen Ämtern
gerade erst begonnen hatte, die ihn von den anfänglichen, seinem Ehrgeiz geschuldeten Leichtfertigkeiten über die erbitterte Ausübung des

ABBILDUNG 4
Montaignes Turm (Südseite). *Foto:* André Kumurdjian

Richteramts bis zur umsichtigen und mutigen Übernahme von vielfältigen Aufgaben führte, für die ein hohes Verantwortungsgefühl nötig war.

In der Geschichtsschreibung ist nichts lächerlicher, als die Entscheidung eines Mannes mit Hilfe eines Wissens zu beurteilen, das man in späterer Zeit erworben hat. Im Fall Montaigne erstaunt es jedoch, daß der neue Schloßherr, der genau weiß, in welcher Lage sich sein Land zum Zeitpunkt seines angeblichen Rückzugs befindet (»solch mißliche Zeiten«), die Niederlegung seiner Amsgeschäfte so feierlich begeht. Jeder Adlige, der auf seinen Rang und Namen etwas hält, würde einen solchen Rückzug mitten im Krieg als vorläufig betrachten. Wollte er den Krieg und die für ihn Verantwortlichen mit seinen Worten bannen?

Bis zur Bartholomäusnacht war es noch gut ein Jahr. Dann brach der Bürgerkrieg aus, Heinrich von Navarra wurde Gefangener im Louvre, und »unser armer König Karl IX.« starb – keiner konnte mehr neutral bleiben, und Michel hatte noch das Bürgermeisteramt von Bordeaux und die Bastille vor sich. Niemand hat sich jemals so grundlegend über seine Zukunft getäuscht wie der Klügste aller Gascogner!

So »gelehrt« sie auch sein mögen, die Musen (auch die leichtfüßige Terpsichore?) können nichts dafür. Um in dieser Bibliothek die *Essais* zu erschaffen, mußte er den Anstürmen einer anderen »Jungfrau« standhalten: Bellona mit dem Bronzehelm. Dieses große Buch ist kein Werk des Friedens, auch keines erzwungenen Friedens. Es ist nicht die Frucht eines Rückzugs, sondern die der Ruhepausen, die sich der Herr von Montaigne zwischen zwei Ritten von der Gascogne in die Ile-de-France, von Rom nach Nérac erlauben konnte. Wundert es da, daß Cäsar in den *Essais* viel öfter vorkommt als Erasmus?

Bis zur großen Reise von 1580 und nach seiner zweiten Amtszeit als Bürgermeister von Bordeaux ist der Hügel von Montravel aber sein Ankerpunkt, seine Mole. Vor den neuen Unternehmungen muß man den Vierzigjährigen auf seinem Landsitz aufstöbern, wo er durch die Wälder galoppiert, vom Pferd steigt, um mit der Hand die Trauben an seinen Weinstöcken zu wiegen, nach Schäferinnen schielt, seine Untertanen grüßt, einen Pfirsich pflückt, sich bei der Lidoire eine Melone an den Rand eines Brunnens bringen läßt.

Wie er sich in Nachfolge seiner sehr fähigen, beflissenen Mutter bei der Bewirtschaftung seiner Güter anstellte und welche Unterstützung er

in Françoise fand, die ein Händchen dafür besaß, kann man im Essai
»Über den Dünkel« nachlesen – freilich sollte man dabei nicht vergessen,
mit welch sarkastischer Lust er sich ständig selbst herabsetzte:

»Ich bin auf dem Lande geboren und aufgewachsen; um mich herum gab es nur
Feldbestellung. Seit die Vorbesitzer der Güter, die heute mir gehören, ihren Platz
an mich abtraten, liegen Haushalts- und Geschäftsführung in meinen Händen –
wo ich doch gar nicht rechnen kann, weder auf dem Zählbrett[11] noch mit der
Feder! Die meisten unserer Münzen[12] kenne ich so wenig, wie ich eine Getreide-
sorte von der andern zu unterscheiden weiß, ob auf dem Halm oder im Speicher
(es sei denn, der Unterschied ist allzu offensichtlich); und in meinem Garten vermag ich Kraut- und Salatköpfe nur mit Mühe auseinanderzuhalten. Nicht einmal
die Namen der wichtigsten landwirtschaftlichen Geräte kenne ich; und selbst die
gröbsten Grundbegriffe des Ackerbaus, die doch jedem Kind geläufig sind, bleiben mir verschlossen. Noch weniger verstehe ich von den handwerklichen Künsten, vom Handel, vom Wert der Waren, von der Beschaffenheit und den Unter-
scheidungsmerkmalen der Früchte, der Weinsorten und der Nahrungsmittel.
Weder kann ich einen Vogel abrichten noch ein Pferd oder einen Hund verarzten.
Und um das Maß meiner Schande vollzumachen, habe ich mich, es ist noch keinen Monat her, tüchtig blamiert, weil ich nicht wußte, daß man zum Brotbacken
Sauerteig braucht, und wie die Weingärung vor sich geht.« (II, 17)

Meint er das ernst? Ein bißchen vielleicht. Was für ein seltsamer Gutsherr
ist das? Seltsamer noch als der Richter, der die Gesetze seines Landes verachtete, oder der Soldat, den die Nöte der »Wüstlinge« nachdenklich
stimmten. Man könnte meinen, hier spräche der Städter Alphonse Allais
von jenem unvorstellbaren Ort, wo die Brathähnchen lebendigen Leibes
herumlaufen. Doch Montaigne ist auf dem Land geboren, er hat lange
Zeit auf den Feldern verbracht. Und seit zehn Jahren ist er Herr über Ländereien, auf denen seine Eltern außerordentlich hohe Erträge erwirtschaf-
tet und sich um jeden Krautkopf gekümmert hatten.

Nicht weniger verwirrend ist seine Beziehung zum Geld. Wir haben
Montaigne als den Prototyp des verwöhnten Sohnes kennengelernt, der in
Paris (oder in Bordeaux) von der Unterstützung der Familie und den
Darlehen lebte, die er von seinen zahlreichen Freunden mühelos erhielt:
»So verließ ich mich für meinen Lebensunterhalt damals frohgemuter und
sorgenfreier auf die Sterne als seitdem auf meine Vorsicht und meine Ver-
nunft.«(I, 14)

Kurz, ein echter Verschwender, und als solcher war er nach Ansicht
der Eltern wie geschaffen, um »das Haus (...) gewiß zugrunde zu rich-

ABBILDUNG 5
Kleines Nebenzimmer im Turm, wo Montaigne sich aufwärmte.
Foto: André Kumurdjian

ten«. Mitte der sechziger Jahre allerdings, als er eine reiche Frau heiratete und bald sein Erbe antreten sollte, verwandelte er sich in einen Pfennigfuchser:

»In meiner zweiten Lebenslage besaß ich Geld. Nachdem ich Geschmack hieran gefunden hatte, legte ich davon recht bald für meinen Stand beträchtliche Ersparnisse zurück; ich glaubte nämlich, Haben bestehe nur in dem, was man über seine laufenden Aufwendungen hinaus besitze, und man könne sich auch nicht auf Einnahmen verlassen, die erst – und sei es mit noch so großer Wahrscheinlichkeit – zu erwarten seien. Denn ich sagte mir: Wie nun, wenn mir plötzlich dies oder das passierte? Und infolge solch nichtsnutziger und abwegiger Überlegungen ging ich daran (und kam mir hierbei sehr klug vor), mit meinen überschüssigen Ersparnissen Vorkehrungen gegen jedes erdenkliche Mißgeschick zu treffen; und selbst auf den Einwand, daß die Zahl der möglichen Mißgeschicke doch unendlich sei, wußte ich eine Antwort: Wenn ich mich auch nicht gegen alle schützen könne, so doch gegen einige, ja sogar recht viele. Das lief freilich nicht ohne ständiges Hangen und Bangen ab. Ich gab mich der Geheimniskrämerei hin, und über mein Geld tischte ich, der ich über mich selbst so vieles offen zu sagen wage, nur Lügen auf – wie es die anderen auch tun, die sich als arm hinstellen, wenn sie reich, und als reich, wenn sie arm sind (…). Ließ ich meine Schatulle zu Hause, wieviel argwöhnische und bohrende Gedanken stiegen dann auf, die ich zudem, was das Schlimmste war, für mich behalten mußte! Jeder Begüterte ist meiner Meinung nach ein Geizkragen.« (I, 14)

Besser hätte sich auch Molières Harpagon nicht darstellen können. La Fontaine mußte nur noch bei Montaigne abschreiben, um »den Flickschuster und den Bankier« zu dichten. Doch damit nicht genug:

»In dieser zweiten Lebenslage befand ich mich einige Jahre. Ich weiß nicht, welch guter Daimon mich (…) glücklicherweise aus ihr herausriß und mir meine ganze Rücklage in alle Winde zerstreute, als das Vergnügen an einer gewissen sehr kostspieligen Reise mich von meiner fixen Idee befreite. Jedenfalls bin ich so in eine dritte Lebenslage gelangt (…). Ich lebe nun in den Tag hinein; es genügt mir, etwas zu haben, womit ich meine gewöhnlichen Bedürfnisse befriedigen kann, wie sie sich jeweils ergeben (…). Wenn ich etwas zurücklege, dann nur im Hinblick auf eine bevorstehede Ausgabe, nicht um Grund und Boden (für den ich keine Verwendung habe[13]) zu kaufen, sondern Vergnügen und (…) ich sehe mich nun von diesem bei Greisen so weitverbreiteten Gebrechen befreit, das zugleich die lächerlichste aller menschlichen Torheiten ist.« (I, 14)

Man sollte mit der Ironie nicht übertreiben angesichts der finanziellen Sorglosigkeit eines Mannes (»Ich lebe nun in den Tag hinein«), der eine so beträchtliche Erbschaft gemacht hatte, und dem eine Gemahlin zur

Seite stand, die unendlich viel sorgsamer bei der »Haushaltsführung« war als er. Außerdem hatte Montaigne, da er »die meisten Münzsorten« nicht kannte und eine Rübe nicht von einem Radieschen unterscheiden konnte, in Pierre de Lavreau einen Verwalter, dem es gelungen war, ihm alle Sorgen vom Halse zu halten. Hin und wieder verstand er es, durch ein geschicktes Geschäft das Gut zu vergrößern, das Pierre Eyquem und Antoinette de Louppes zu Wohlstand gebracht hatten, doch im Grunde

ABBILDUNG 6
Montaignes Bibliothek und Arbeitszimmer. *Foto:* André Kumurdjian

begnügte er sich mit kleinen Schreiner- und Malerarbeiten, um es in gutem Zustand zu halten, mochte seine Mutter auf dem ihr verbliebenen Rest des Familienbesitzes (aus der Ferne) noch so schimpfen über den nachlässigen Schloßherrn und seine weit weniger nachlässige Gemahlin.

Auf Schloß Montaigne stand also alles zum Besten, ohne daß er sich darum kümmern mußte. Und solange ihn keine dringenden Angelegenheiten in die Welt hinaus riefen, konnte er jeden Morgen, wenn er um sieben Uhr aufgestanden, in seine schwarze Oberschenkelhose und sein weißes Wams geschlüpft war, die wenigen Stufen von seinem Zimmer (es lag über der Kapelle) in die Bibliothek hinaufsteigen, von der er sagt: »Für eine Landbibliothek ist die meine sehr schön.« (II, 17) Dank des Vermächtnisses, das ihm La Boétie »den Tod schon an der Kehle« mit seiner Bibliothek hinterließ, umfaßte sie mehr als tausend Werke. Von dort, meinte er, »überschaue ich mein ganzes Hauswesen mit einem Blick« (III, 3). Dieser Angeber!

Wir haben das schwülstige Bekenntnis an der Wand des Vorzimmers bereits erwähnt, das dem Zugang zur Literatur ein quasi klösterliches Gelübde voranstellte. Noch bezeichnender – wenn auch glaubhafter – ist die Sammlung von Zitaten und Sentenzen, mit denen er das Fachwerk und die Deckenbalken seiner Bibliothek sorgfältig ausschmücken ließ, als könnte der Weise von diesen weisen Geboten nie zuviel in sich aufnehmen und für sein eigenes Denken fruchtbar machen.

Man kommt nicht umhin, einige dieser Texte anzuführen, aber man merkt schnell, daß es Unsinn wäre, wollte man in den fünfzig Geboten Montaignes ein Bezugssystem sehen. Hätte der Philosoph, der mit zu den Erfindern des abendländischen Denkens zählt, sonst die Äußerung einer Bühnenfigur von Sophokles dort aufgenommen: »Denn im Nichtwissen liegt des Lebens höchstes Glück«?

Der vorherrschende Ton dieser Sentenzen ist Skeptizismus wie er hochmütiger nicht sein könnte, und wer darin die Grundlage von Montaignes Denken sieht, kann schlechterdings nichts vom kämpferischen Humanismus begreifen, der die *Essais* beseelt, und nichts vom Leben dieses mutigen, seinem Jahrhundert dienenden Bürgers.

Reiht man die fünfzehn Sinnsprüche des Sextus Empiricus aneinander (»Ich bestimme nichts«, »Ich bin ohne Erkenntnis«, »Jedem Argument steht ein gleichwertiges Argument entgegen«, »Ich halte mein Urteil zurück«, »Es kann sein und es kann nicht sein«), wie es Montaigne anscheinend getan hat, der sich der dynamischen Entfaltung seines eigenen Denkens bewußt war, und kreist sein Denken damit ein, da er so tut, als wollte er sich in seinem Turm damit verbarrikadieren, gelangt man allerdings wie Michelet und viele andere zu der Auffassung, die *Essais* seien ein tiefer Seufzer, das bittere Lachen eines Eingeschlossenen.

In Wirklichkeit ist es ein Eingeständnis, das Buch nicht gelesen zu haben, wenn man jenes Zeitalter mit seinen Kämpfen und Schlachten bei der Lektüre nicht lärmen und klingen gehört hat – Kämpfe, an denen auch Michel de Montaigne beteiligt war. Am Ende heißt es dann, er habe

in Bordeaux »seine Ämter niedergelegt«, um vor der Pest in den Ruhe-
stand zu fliehen ...[14]

Tatsächlich enthüllen nicht wenige Sentenzen die Gewalt der melancholischen Anwandlungen, die den einsamen Skeptiker überwältigten –
vor allem die aus dem Buch Kohelet (das er dem Evangelium vorzog) mit
seinem Leitmotiv »Alles ist sinnlos« und dem Spruch: »Aus allen Werken
Gottes ist keines irgendeinem Menschen weniger bekannt als die Fährte
des Windes.« Läßt sich aus den Texten des Apostel Paulus mehr Kraft
schöpfen? Aus den Römerbriefen stammt dieser Satz in Montaignes
Bibliothek: »Seid nicht weiser als es sich gehört, sondern seid in Maßen
weise!« Die Empfehlung paßt so ausgezeichnet zu ihm, daß man sie seinem Porträt als Motto voranstellen könnte.

Doch derjenige unter allen Sinnsprüchen, der ihn vielleicht am meisten
angeregt hat, prangt zweifellos an dem Balken über seinem Schreibpult
(wo man ihn noch heute sehen kann): »homo sum et nihil humanum mihi
alienum puto.« (»Ein Mensch bin ich, nichts Menschliches gilt mir als
fremd«). Diese acht wunderbaren Worte von Terenz fassen das ganze

ABBILDUNG 7
Die Decke der Bibliothek mit den Inschriften Montaignes.
Foto: André Kumurdjian

Denken und Verhalten eines Mannes zusammen, der für Toleranz eintrat, die Folter anklagte, Vorurteile über »die Wilden« verspottete, sich allen Kulturen öffnete, aus ihnen schöpfte, sei es, daß er in Italien italienisch schrieb, sei es, daß er den Wein und die Gastfreundschaft der Deutschen schätzte, auch den Bruder und die Schwestern achtete, die sich zur Reformation bekannt hatten, oder sich dafür einsetzte, daß seine katholischen Glaubensbrüder die Rechtmäßigkeit des Thronanspruchs eines hugenottischen Fürsten anerkannten.

Umgeben von derlei anregenden Sinnsprüchen, begann Michel de Montaigne Anfang 1572 an den Essais zu schreiben. Berücksichtigt man die langen Unterbrechungen, in denen er reiste, Geschäfte tätigte, Kriegsdienst leistete, die Verwaltung von Bordeaux leitete, widmete er der Arbeit und der Überarbeitung seines Werks zwanzig Jahre, bis es 1592 durch seinen Tod beendet wurde. Im 9. Kapitel des dritten Buches lesen wir: »Wer sähe nicht, daß ich einen Weg eingeschlagen habe, auf dem ich ohne Unterlaß mühelos fortschreiten werde, solange es auf der Welt Tinte und Papier gibt?« Mühelos? Wollte er damit sagen, daß ihm sein Werk aus der Feder quoll?

Warum hat sich dieser »Lateiner« dafür entschieden, auf französisch zu schreiben, in der Sprache der Ungebildeten, obwohl er das Lateinische liebte, das ihm in die Wiege gelegt worden war? Eine Erklärung hat er selbst angedeutet: »Ich schreibe mein Buch für wenige Menschen und für wenige Jahre. Wäre sein Stoff dauerhaft, hätte ich ihn einer dauerhafteren Sprache als dem Französischen anvertrauen müssen.« Mit anderen Worten: Er schrieb französisch, um vertraulicher, weniger feierlich, weniger eingebildet zu erscheinen. (Aber warum schreibt er dann nicht auf gascognisch?) Ebensowenig weiß man, ob er einen Teil des Werks diktiert hat. Er teilt nur mit, daß er beim Arbeiten unruhig war und gerne umherging. Seine eckige Schrift ist uns vertraut, doch er benutzte sie vielleicht nur, um nach und nach Korrekturen und Anmerkungen oder, in seinen Worten, »Ergänzungen« und »Kürzungen« anzubringen, mit denen sowohl seine ersten Texte als auch die späteren versehen sind.

Die erste Ausgabe erschien 1580 in Bordeaux bei Simon Millanges, beinahe neun Jahre nachdem Montaigne sich systematisch (wenn man dieses Wort auf seine »hüpfende, Luftsprünge machende Gangart« anwenden darf) ans Werk gemacht hatte. Diese Ausgabe umfaßte nur die

ersten beiden Bücher, denen der berühmte Hinweis »An den Leser« vom
1. März 1580 vorangestellt war:

»Dieses Buch, Leser, gibt redlich Rechenschaft. (...) Sei gleich am Anfang
gewarnt, daß ich mir damit kein anderes Ziel als ein rein häusliches und privates
gesetzt habe. Auf deinen Nutzen war mein Sinn hierbei ebensowenig gerichtet wie
auf meinen Ruhm (...). Es ist vielmehr meinen Angehörigen und Freunden zum
privaten Gebrauch gewidmet (...). Ich will (...), daß man mich hier in meiner einfachen, natürlichen und alltäglichen Daseinesweise sehe, ohne Beschönigung und
Künstelei (...). Ich selber, Leser, bin also der Inhalt meines Buches.«

In den folgenden zwei Jahren unternimmt er seine große Reise in die
Schweiz, nach Deutschland und Italien (von Juni 1580 bis November
1581). Dann veröffentlicht er als Bürgermeister von Bordeaux eine zweite
Ausgabe, wieder bei Millanges, an der allem Anschein nach nur wenig
verändert wurde, obwohl man darin ein leises Echo seiner jüngsten Reiseerlebnisse spürt, insbesondere den Einfluß der italienischen Kultur.

Nachdem er 1585 von seinen Aufgaben als Bürgermeister von Bordeaux
– aber nicht von wichtigen politischen Aufgaben, wie wir noch sehen werden – entbunden wurde, machte er sich erneut ans Werk. 1588 erschien
eine dritte, völlig revidierte Ausgabe, diesmal in Paris bei Abel L'Angellier.
Hinzugekommen war das überaus reichhaltige und vielschichtige dritte
Buch und die beiden ersten Bücher waren in weiten Teilen stark überarbeitet.

Es blieben ihm noch vier Jahre zu leben. Zwischen zwei Vorstößen zur
Beilegung des Krieges und zur Thronerhebung Heinrichs von Navarra
bereitete er eine neue Ausgabe seines Buches vor, als ihn 1592 der Tod
ereilte. Das (gesamte?) Material, das nach seinen Vorstellungen in der
künftigen Ausgabe aufgenommen werden sollte – das Wort »endgültig«
kann man kaum bei ihm anwenden – ist im sogenannten »Exemplar von
Bordeaux« zusammengefaßt, jenem »Elixier« seiner schöpferischen
Weisheit, das von neuen Aufzeichnungen, Verbesserungen und »Ergänzungen« funkelt, die das Denken Michel de Montaignes vielleicht am
klarsten, ja, vollendet ausdrücken.

Man darf an dieser Stelle keine Analyse oder Interpretation der *Essais*
erwarten – das würde das Unternehmens dieses Buches sprengen –, zumal
wir, hielten wir uns streng an den Plan, *Montaigne zu Pferde*[15] darzustellen, daran erinnern müßten, daß er nach eigener Auskunft in dieser Hal-

tung am besten nachdenken konnte ... Denn sein Denken ist ständig in Bewegung, sprengt immer davon ...

Wer mehr über sein Denken erfahren möchte, sei auf die vielen bereits genannten, guten Autoren verwiesen. Nachdem wir in deren Nachfolge gezeigt haben, wie sehr Montaignes Werk seinem Jahrhundert verpflichtet und von ihm durchwirkt ist, wollen wir es bei zwei kurzen Fragen bewenden lassen. Schrieb Montaigne ohne jede Selbstbeschränkung, oder gab es politische oder religiöse Zwänge, denen er sein Denken unterwarf? Und hatte sein Werk auf Anhieb solchen Widerhall und solche Aufnahme gefunden, wie wir anzunehmen geneigt sind?

Bei der ersten Frage könnte man versucht sein, ihm die Freiheit des Wortes zu bescheinigen. Sicher finden sich einige Anspielungen, in denen er auf die Notwendigkeit hinweist, »manches nur halb zu sagen, widersprüchlich zu sagen, verworren zu sagen« (III, 9). Auch Montaignes Anerkennung der »Entscheidungsmacht ihrer (der kirchlichen) Zensur, die alles über mich vermag«(I, 56), ist in den *Essais* zu lesen. Und wir wissen, daß er die beiden großen Schriften von La Boétie zurückhielt, da er sie lieber nicht in »solch mißlichen Zeiten« veröffentlichen wollte. Schließlich gibt es noch die berühmte Kritik eines römischen *Monsignore* an seinem Werk, über die er in seinem Reisetagebuch berichtet.

Lassen Sie uns einen Augenblick bei diesem Gespräch von 1581 mit dem *Maestro del sacro palazzo* verweilen. Donald Frame schreibt, es habe sich um »einen Austausch von Höflichkeiten« gehandelt. Aber wer wüßte nicht, daß die Inquisition auch auf leisen Sohlen daherkommen konnte? Tatsache ist, daß es der »Zensor« in Rom der Sorge des Autors überließ, die notwendigen Verbesserungen vorzunehmen, nachdem er nicht weniger als sechs Einwände geäußert hatte, nämlich das Wort »Los« gebraucht, ketzerische Dichter gelobt und zitiert sowie Julian Apostata entschuldigt zu haben. Außerdem beanstandete man die Bemerkung, das Gebet müsse frei von jeder »sündigen Leidenschaft« sein, die Anprangerung der Grausamkeit von Strafen, die über die einfache Tötung hinausgehen, und die Auffassung, man müsse ein Kind dazu erziehen, alles zu machen.

Zur Zeit des tridentinischen Konzils war das eine ziemlich stichhaltige Kritik aus der Sicht eines kirchlichen Zensors. Zweifellos roch der Gebrauch des Wortes »Los« anstelle von »Vorsehung« (oder von dem weniger deutlichen Wort »Gnade«) stark nach heidnischem Humanismus. Auch die Aufnahme eines so bedeutenden Kalvinisten wie Theodor von Beza in die Reihe der besten zeitgenössischen Dichter war verwegen. Das Lob auf den berühmtesten aller Apostaten, auf Kaiser Julian, konnte als Provokation aufgefaßt werden. Die Meinung zu vertreten, ein Gebet sei nur heilig, wenn es mit »reiner Seele« gesprochen werde, führte zu einer Haltung, die damals noch nicht »Jansenismus« genannt werden konnte. Die Anprangerung der Folter zielte unweigerlich auf die Kirchengerichte. Und Montaignes Pädagogik mit allem, was sie an hedonistischen oder gar dionysischen Elementen umfaßte, war sicher dazu angetan, eine christliche Seele abzuschrecken.

Es ist verwunderlich, daß der scharfsinnige römische *Maestro* sein Augenmerk nicht auf die zwei Verstöße gegen das »Christentum« gelegt hat, die in den *Essais* am deutlichsten hervortreten: daß der Name Christus darin nicht vorkommt, und daß der Tod, der so oft und mit so viel Würde darin behandelt wird, an keiner Stelle eine Perspektive auf das Ewige Leben öffnet und niemals in anderer Form als bei Platon oder Seneca dargestellt wird. Kurz, Montaigne verließ Rom mit dem zaghaft vorgebrachten Ratschlag, ein paar Irrtümer auszubessern. Das konnte ihn nicht erschrecken. Er hielt diese Beanstandung für so harmlos, daß er sie zu Hause schlicht und einfach überging.

Dieses Versäumnis sagt viel über die Bedeutung, die Montaigne den religiösen Zwängen zuschrieb, denen er unterlag. Tatsächlich waren für ihn die politischen Zwänge viel beunruhigender. Während er den abtrünnigen Kaiser Julian zu loben wagt, ein nicht ungefährliches Unterfangen in einer christlichen Gesellschaft, und nicht einmal dem Ratschlag folgt, der ihm in Rom dazu erteilt wurde, riskiert er es nicht, die *Abhandlung über die freiwillige Knechtschaft* zur Veröffentlichung zu bringen, was zweifellos eine Herausforderung für die absolutistische Macht gewesen wäre – wenngleich La Boétie, wie wir gesehen haben, die französische Monarchie in seiner Anklageschrift geflissentlich ausgenommen hatte, da sie ihrem Wesen nach gut sei.

Wenn Montaigne die Reformation mit ihren »Neuerungen« verurteilt, zielt er nicht auf den Vorwurf der »Häresie«, auf die göttliche Vorherbestimmung oder auf die Ablehnung der Sakramente, sondern auf die gesellschaftlichen Spannungen und die Unruhen, die sie im politischen Gefüge Frankreichs ausgelöst haben (und er gibt seltsamerweise nicht Calvin, sondern Luther die Schuld daran, obwohl sich der Protestantismus in seiner Heimat im wesentlichen auf Calvin beruft).

Zu dem Thema, mit dem sich Montaigne vielleicht der größten Gefahr aussetzte, kam er im Essay »Über die Hinkenden«. Dort zweifelt er an der Existenz von Dämonen und an der Macht, die man Hexen und Hexenmeistern zuschrieb. Géralde Nakam beteuert, er sei auf diesem Gebiet »Widerspruch, Angriffen, vielleicht auch Drohungen«[16] ausgesetzt gewesen und habe »die Lehrmeister der Dämonologie, del Rio und de L'Ancre, gegen sich gehabt, die ob seiner Vermessenheit zutiefst erschüttert waren, sowie den Jesuiten und Gelehrten Théophile Raynard, der ihn mit Pomponazzi zu den Häretikern zählt«.[17]

An dieser Stelle kann man sich des Wortspiels kaum enthalten, geht es doch tatsächlich um »brennende« Themen. Aber man stellt fest: So unerschrocken der Verfasser der *Essais* bei Julian war, so sehr er einen gewissen hugenottischen Dichter lobte, so ernst er den frommen Folterern in der Mönchskutte entgegentrat, hier trieb er die Kunst der Verhüllung oder der Doppelsinnigkeit recht weit, um Gefahren von sich abzuwenden. Der große amerikanische Montaignespezialist Patrick Henry spricht von »defensive writing«, einem »vermeidenden Schreibstil«[18], wenn es um die Titel verschiedener Essais zu höchst gefährlichen Themen geht. Überschriften wie »Ein Brauch auf der Insel Keos« für eine Würdigung des Selbstmords, »Über die Hinkenden« für eine Anklageschrift gegen die Dämonologie und »Über einige Verse des Vergil« für eine Apologie der Liebeskunst beweisen Montaignes Sorgfalt, einer offene Konfrontation mit Kirchentreuen, Zensoren und dem Heiligen Stuhl aus dem Weg zu gehen. Verdankt er es diesen »undurchsichtigen Titeln«[19], daß er den Zorn von sich ablenken konnte?

Bei der Frage nach dem intellektuellen, moralischen und politischen Einfluß, den die *Essais* auf die damalige Geschellschaft hatten, ist Zurückhaltung geboten. Kaum war die erste Ausgabe erschienen, wurde das Werk Heinrich III. vorgelegt, der ihm sogleich Lob zollte. Die Zahl der Leser und Bewunderer wuchs schnell, sogar außerhalb Frankreichs: Knapp ein Jahr später wurde der durch Italien reisende Montaigne dort bereits als Verfasser der *Essais* gefeiert. (Hat die Auflagenhöhe hier eine Aussagekraft? Man schätzt sie bei der ersten Ausgabe auf etwas mehr als tausend Exemplare, auf die doppelte Stückzahl für die zweite Ausgabe und auf die vierfache für die um das dritte Buch erweiterte Ausgabe von 1588.)

Wie schon erwähnt, hat Brantôme, der in Sachen Literatur ein verläßlicher Gewährsmann ist als in Kriegsangelegenheiten, Montaignes

Werk auf Umwegen mit Lob bedacht, obwohl er ihn persönlich nicht leider konnte. Beim gebildeten Adel, über den seit zwanzig Jahre niemand mehr die Nase rümpfte, wurde es mit Beifall aufgenommen: Unter allen, die den Schloßherrn von Montravel kannten, gab es niemanden, der es nicht gelesen hätte, angefangen bei den Damen, denen er mehrere Kapitel zugeeignet hat. Auch seine Wahl zum Bürgermeister von Bordeaux verdankt Michel de Montaigne nicht zuletzt dem schmeichelhaften Ruf, den er als Essayist genoß.

Hat das Werk als Manifest der Toleranz seine Zeit geprägt? Seinem Wesen nach mußte es eine große Zahl von Katholiken vor den Kopf stoßen, die seine Vorschläge zur Mäßigung gegenüber der Reformation ablehnten. Ebenso mußte es aber auch die Hugenotten darin enttäuschen, daß es ihre »Neuerungen« zurückwies. Tatsächlich hat man jedoch nur wenige zeitgenössische Einwände gegen die *Essais* gefunden. Zeugnisse der Bewunderung, wie die eines Juste Lipse oder La Croix-du-Maine übertrafen bei weitem die Nörgeleien vom Schlage eines d'Aubigné.

Lassen sich konkrete Spuren seiner gesellschaftlichen Wirkung finden? Géralde Nakam bringt den Verfasser der *Essais* mit der Rettung von mindestens vierzehn Hexen im Jahr 1590 in Tours in Verbindung. Warum wird eigentlich keine Verbindung gesehen zwischen dem Kapitel »Über die Hinkenden« – »(ich) (…) hätte diesen Gefangenen am Ende mit bestem Gewissen eher Nieswurz denn Schierling verabreichen lassen« (also eher ein Heilmittel als Gift) (III, 11) – und dem Bericht eines Arztes namens Pigray, der als Fachmann zu jenem Prozeß herangezogen worden war: »Wir plädierten dafür, sie mit Nieswurz zu behandeln, um sie zu entgiften«.[20] Da lag die Veröffentlichung des dritten Buches der *Essais* gerade zwei Jahre zurück… Wieviele Bücher gibt es, von denen man behaupten könnte, sie hätten vierzehn Menschenleben gerettet?

Doch sein Turm ist weder Gefängnis noch Zufluchtsort vor den Stürmen der Geschichte. Wenn er diktiert oder die Feder über das Papier führt, wenn er seinen Plutarch oder seinen Seneca durchblättert, in seiner Bibliothek auf und ab geht («mein Geist rührt sich nicht, wenn meine Beine ihn nicht bewegen»), wenn er am Abend in seinen Sattel springt, um im Galopp über die Felder zu reiten oder sich bei Françoise nach der Melonenernte erkundigt, scheint er ein ganz gewöhnlicher Landadliger zu sein, der sein Buch und seine Bequemlichkeiten liebt. Doch die Welt bewegt sich …

Von dieser »losen Bündelung unterschiedlicher Reiser«, für das er den Titel Essais gewählt hat, sagt Montaigne, er habe das Schreiben »aufgeschoben oder unterbrochen«, weil ihn »bestimmte Umstände manchmal mehrere Monate anderswo festhalten«, und »ein übermäßiger Müßiggang (ihm) lästig wird«. (II, 37) Was gerne als zehnjährige »Zurückgezogenheit« bezeichnet wird, war nichts anderes als ein ständiger Wechsel zwischen öffentlichem Engagement und Zeiten des Schreibens. Der Turm von Montaigne spielte dabei die Rolle des Heimathafens für den kühnen Seefahrer, der immer darauf erpicht war, den Anker zu lichten und auszulaufen.

Niemand kann nach dem gegenwärtigen Forschungsstand sagen, wieviel Reisen nach Paris er zwischen 1570 und 1580 unternommen hat. Die erste Reise fand (wahrscheinlich) Ende des Jahres 1572 statt. Er hatte gerade mit der Arbeit an den Essais begonnen, als er der Einberufung König Karls IX. folgte, der nach den Grauen der Bartholomäusnacht seine »Ritter des Ordens vom Heiligen Michael« versammelte, um nach dieser Tragödie, die ihn so verwirrt hatte, daß er unter Geistererscheinungen litt[21], Trost oder sogar Unterstützung bei ihnen zu finden.

Michel de Montaigne war ein Jahr zuvor zum Ritter des Ordens vom Heiligen Michael geschlagen worden, was ihm natürlich erneut den Spott Brantômes einbrachte. Die einst seltene und daher hochgeachtete Auszeichnung war zwischenzeitlich so verbreitet, daß sie ihren Glanz verloren hatte. Man nannte sie deshalb auch »Stallorden«. (Gibt es denn eine Auszeichnung auf der Welt, deren Träger nicht darüber lamentieren, ihr Ansehen würde durch jede weitere Verleihung dieser Auszeichnung geschmälert?) Dennoch war die Aufnahme für einen Edelmann wie Montaigne, dessen Familie dem Adelsstand noch nicht sehr lange angehörte, sicher eine große Ehre, mag er sich auch selbst verspottet haben, wenn er davon spricht, wie sehr der Orden aufgrund der »Großzügigkeit«, mit der er verliehen wurde, in Mißkredit gekommen war.

Zahlreiche Hinweise zeugen davon, daß er auf diese Auszeichnung stolz war und sie für sehr ruhmreich hielt: Er trug den Orden bei jeder Gelegenheit und ließ das Insignum an verschiedenen Stellen seines Schlosses eingravieren. Es ging so weit, daß er von seinem Verleger Millanges verlangte, die Titelseite der ersten Ausgabe von den Essais noch einmal zu setzen, obwohl bereits einige Exemplare ausgeliefert waren, weil man seine Titel vergessen hatte.

Solche Ehrungen wurden Montaigne im Laufe seines Lebens immer wieder zuteil, und er nahm sie mit schalkhaftem Lächeln, aber liebend gern entgegen. Seit 1573 sind die Briefe aus der Kanzlei des Parlaments von Bordeaux an den ehemaligen Kollegen mit dem Titel »Gentilhomme ordinaire de la Chambre du Roy« versehen. Dazu hatte ihn Karl IX. ernannt, der in den *Essais* nur als »unser armer verstorbener König Karl IX.« bezeichnet wird, was möglicherweise auf eine Begegnung 1572 in Paris zurückging, wo er den König in völlig aufgelöstem Zustand angetroffen hatte. Als dieser im Mai 1574 starb, bestieg sein Bruder Heinrich von Anjou den Thron, und obwohl Montaigne diesen weniger schätzte, nahm er auch von ihm Schmeicheleien und Gunstbezeugungen gerne entgegen.

Im Namen des Siegers von Moncontour wurde er kurze Zeit darauf ins Heerlager nach Sainte-Hermine berufen und anschließend vom Herzog von Montpensier mit jenem Auftrag betraut, von dem im vorausgegangenen Kapitel die Rede war: Er sollte seine ehemaligen Kollegen im Parlament von Bordeaux dazu bewegen, die Stadt und insbesondere das Schloß Trompette so zu befestigen, daß es dem Ansturm der Hugenotten auch dann noch standhalten würde, wenn diese durch die Landung der Engländer Unterstützung bekämen. Hier gehörte Montaigne also ganz zum kämpferischen katholischen Flügel.

Warum wurde er dann drei Jahre später, 1577, mit großem Pomp von Heinrich von Navarra, dem Führer der protestantischen Partei, wie zuvor schon von dessen Vettern aus dem Haus Valois zum Königlichen Kammerherrn ernannt? Die Ernennungsurkunde ist es auf alle Fälle wert, zitiert zu werden:

«Ich, Heinrich von Navarra, König von Gottes Gnaden, Herrscher und Seigneur zu Béarn, Herzog von Vendôme, Beaumont und Albret, Graf von Foix, Armagnac, Bigorre und Périgord, Vicomte von Limoges, Marsan, Tursan, Gavardan, Nébouzan, Lautrec und Villeneuve, Pair von Frankreich, Statthalter des Königs in Guyenne, entbiete allen, die das folgende Schreiben lesen, meinen Gruß!

Hiermit sei bekannt gemacht, daß wir unseren treuen und wohlgelittenen Michel de Montaigne, Ritter vom Orden Seiner Durchlaucht des Königs, für den hohen und rühmlichen Einsatz, den er uns bezeugt hat, für seinen Verstand, seine löblichen Lehrmeinungen, Tugenden und vielerlei Verdienste aus denselbigen Gründen und anderen Erwägungen seitens unserer Lehnsherrschaft in den Stand eines Kammerherrn an unserem Hofe erhoben haben und erheben, damit er sich selbigen Standes erfreue.

Gelesen und bestätigt am letzten Tage im November 1577. HEINRICH.«[22]

Wenn Heinrich von Navarra nach seiner Flucht aus dem Louvre, wo er kurz nach der Bartholomäusnacht fest- oder sogar gefangengehalten und zur Abkehr vom Protestantismus gezwungen worden war, einen Mann in sein Gefolge wählt, der zugleich seinen zeitweiligen Feinden, den Söhnen der ihm verhaßten Katharina von Medici als »Königlicher Kammerherr« diente, dann mußte ihm jener in der Zwischenzeit einen bemerkenswerten Dienst erwiesen und Beweise seiner persönlichen Ergebenheit erbracht haben.

Wir werden später noch darauf zu sprechen kommen, was Montaigne als die »wenigen Verhandlungen, die ich zwischen unseren Fürsten zu führen (beauftragt war)« (III, 1) beschreibt und was ihn dazu bewegte, zwischen den drei Heinrichen – dem von Anjou, dem Guisen und dem von Navarra – zu vermitteln, um einen Weg aus den blutigen Wirren zu finden, in die das Königreich nach der Bartholomäusnacht gestürzt war.

Eines scheint klar zu sein: In diesen bedrohlich finsteren Zeiten verhielt sich Montaigne so, daß der Navarrer sich seiner treuen Dienste, zumindest aber seiner Freundschaft versichern wollte, auch wenn jener, ohne die Vorgehensweise der Katholiken immer zu billigen, seiner Partei die Treue hielt.[23] Der feinsinnige Navarrer wußte nicht, daß sein neuer Kammerherr soeben in einem Essai »Über die Gewissensfreiheit« (II, 29) – er ist erst drei Jahre später erschienen – den Kaiser Julian Apostata mit einem Lob gewürdigt hatte, das sich wie eine Rechtfertigung seiner beiden eigenen Apostasien liest.

Der angebliche »Klausner« Montaigne ist also unterwegs: Von den verfeindeten Parteien der Valois im Louvre und der Bourbonen in Pau zugleich zum Königlichen Kammerherrn ernannt, findet man ihn auf Feldzügen und bei diplomatischen Unternehmungen, bei Belagerungen und Verhandlungen wieder. Was ihn für die Rolle designierte, die er bei den großen politischen Aufgaben der achtziger Jahre spielte.[24] Zur selben Zeit schreibt er die Essais »Über die Einsamkeit« und »Über das Schlafen«. Trau schau wem!

Während er als Schriftsteller, der sich in seinem Turm einschließt, und als nach allen Seiten agierender Diplomat ein wahres Doppelleben führt, wird er von einer grausamen Prüfung heimgesucht: 1578 – manche datieren den Tag auf den 20. Juli – machen sich beim Schloßherrn von Montaigne die ersten Anzeichen von Harngries bemerkbar, der »Steinkrank-

heit«, die wir heute als »Nierensteine« bezeichnen: »Ich liege mit der
schlimmsten aller Krankheiten im Kampf, mit der unberechenbarsten,
quälendsten, unheilbarsten, tödlichsten.« (II, 37).

Zu den fünf oder sechs Koliken, die er Ende 1579 erlitt, heißt es in den
Essais: »Nicht einmal der Stachel des Schmerzes selber ist in Wahrheit so
spitz, scharf und bohrend, daß ein gefaßter Mensch darüber in Raserei
und Verzweiflung geraten müßte.« Als echter Philosoph legt er die Bedeutung und die Auswirkungen dieser Krankheit dar, die zumindest einen
Vorteil hat: »Je mehr sie mich bedrängen und mir zusetzen, desto weniger
werde ich ihn (den Tod) fürchten.« Ja, er schreibt, »jener erlittene Schmerz«
sei nichts gegen jenes »Vergnügen einer unmittelbaren Erleichterung«,
wenn ihm ein Stein abgehe. Doch er fordert für den Kranken das Recht,
sein Leiden nicht unter der Maske stoischer Gefaßtheit verbergen zu müssen: »Verschafft Ächzen dem Körper Erleichterung, ächze er!« (II, 37)

Sein Vater Pierre Eyquem hatte sieben Jahre lang unter dieser Krankheit gelitten, bevor er im Alter von vierundsiebzig Jahren starb.[25] Michel
ist überzeugt, diese Erkrankung von seinem Vater geerbt zu haben, und
wundert sich, warum sie bei ihm erheblich früher, nämlich schon im Alter
von fünfundvierzig Jahren ausbricht.[26] Obwohl nichts Heilung oder Linderung verspricht, eilt er in die Bäder von Aigues-Chaudes, Bagnères-de-
Bigorre und Barbotan im Gers mit ihren angeblich heilenden Wassern –
bis er schließlich, zunächt unter einem medizinischen Vorwand, zu seiner
großen Reise von 1580 bis 1581 aufbricht, die ihn zuerst nach Plombière
und anschließend in die Toskana führt.

Daß er sich bei diesen heißen Bädern etwas entspannen konnte und
ihm dabei manchmal ein »Stein« abging (Harnsteine bilden sich in einer
ungenügend »durchspülten« Blase), führt er allein auf die Kraft der
»Natur« zurück. In der Tat hegt er mehr als Widerwillen gegen die Medizin: Die Sarkasmen, mit denen Molière die Ärzteschaft aufspießte, müßten einem aufmerksamen Leser von Montaigne noch harmlos erscheinen.
Dabei hatte er sogar gute Freunde unter den Ärzten und pflegte voller
Hochachtung das Andenken an den Pariser Arzt Sylvius.

Montaignes Abstand zur ärztlichen Heilkunst hat viel mit bestimmten
medizinischen Eingriffen seiner Zeit zu tun. Die sogenannte »Taille« war
eine übliche, furchtbare Operation, bei der die Chirurgen einfach die
Harnröhre des Kranken aufschnitten (natürlich ohne Betäubung), um die
Steine herauszuholen.

Wir werden besonders bei seiner großen Italienreise noch darauf zu sprechen kommen, wie sehr die letzten zwölf Jahre des Lebens von Michel de Montaigne auf grausame Weise von Koliken überschattet wurden. Zunächst jedoch gilt es eine Besonderheit dieses seltsamen Kranken festzuhalten. So schmerzhaft seine Koliken auch waren, sie hielten ihn nicht vom Reiten ab, wie man vermuten könnte, sondern bewirkten im Gegenteil, daß er noch öfter sein Pferd bestieg, denn im Sattel zu sitzen, brachte ihm Erleichterung. Das wird deutlich, wenn er beschreibt, daß er in Zeiten der Schmerzanfälle zehn oder mehr Stunden zu Pferde saß.

Ob durch die Massagewirkung, die heilende Wärme oder einfach aufgrund der Ablenkung, Tatsache ist, daß für diesen von Koliken heimgesuchten Edelmann das geliebte Reiten heilsamer war als die von ihm verachtete Heilkunst. Psychologen könnte dies ein Argument für die vorrangige Bedeutung des Seelenlebens sein.

Trotz seiner Leiden – besonders an seinem Schreibpult, denn das lange Sitzen verschlimmerte die Krankheit[27] – blieb Michel de Montaigne ein Hedonist, der die Freuden des Lebens genoß, die er sich geschickt verschaffte. Mit Ausnahme jener Freuden, die er meisten schätzte: Sie sollten ihm in seinem fünfzigsten Jahr abhanden kommen.

Um eine Vorstellung vom Tagesablauf des Herrn von Montravel zwischen Turm und Garten zu bekommen, braucht man nur das letzte Kapitel der *Essais* »Über die Erfahrung« aufzuschlagen. Dort stößt man auf ein Selbstporträt, das ihm, der es für eine »göttliche Vollkommenheit« hielt, »das eigene Sein auf rechte Weise zu genießen«, auf das wundervollste gleicht. Seine ganze Daseinsfreude kommt in diesen Zeilen zum Ausdruck:

»Unser ganzes Leben ist Bewegung. Mein Körper kann Bewegung gut vertragen, wenn sie gleichmäßig, nicht aber, wenn sie heftig und plötzlich ist. (…) ich kann den ganzen Tag auf den Beinen sein, ohne daß es mir zuviel würde; über Straßenpflaster aber mochte ich mich seit meiner frühesten Jugend nicht anders als zu Pferde bewegen (…).

Bei Tisch bin ich wenig wählerisch und greife nach dem erstbesten, was gerade vor mir steht.

Sämtliche Fleischarten (…) liebe ich schwach gebraten und (…) gut abgehangen. (…) Ich bin weder auf Salate noch auf Obst sonderlich erpicht, außer auf Melonen. Meinem Vater waren alle Arten von Soßen zuwider, ich mag sie alle. Zuviel essen beschwert mich. (…) Ich bin erst von Weiß- auf Rotwein übergegengen, dann von Rot- auf Weißwein. Geradezu versessen bin ich auf Fisch; dadurch werden mir die mageren Tage zu fetten, die Fasten- zu Festtagen.

(…) Ich bevorzuge kleine Gläser, die ich gern bis zur Neige leere (…), meistens verdünne ich meinen Wein zur Hälfte mit Wasser, manchmal zu einem Drittel. (…)

Es ist ungehörig und beeinträchtigt die Gesundheit, ja den Genuß, so gierig zu essen, wie ich es tue: Vor lauter Hast beiße ich mir oft in die Zunge, zuweilen gar in die Finger.

Die allerschönste Frucht meiner Gesundheit sehe ich in der Lust am Genuß. (…)

Mir, der ich stets der Erde verhaftet bleibe, ist jene menschenfeindliche Weisheit zuwider, die uns die Körperkultur verächtlich und verhaßt machen will.« (III, 13)

Ein Bewußtsein, das so durchdrungen ist vom harmonischen Zusammenleben mit den Dingen und der Welt, verdient sicher Bewunderung. Aber macht es nicht auch empfindlich für die grausamsten Mißklänge? Darüber werden wir noch zu entscheiden haben.

KAPITEL 8

Das große Massaker:
Montaigne und Machiavelli

»...daß man lüge und morde« ❖ Die Blutnacht vom 24. August ❖ Der König oder die Pariser? ❖ »Unser armer König Karl IX.« ❖ Der »gute Herr von Pibrac« ❖ Über Bordeaux und die Jesuiten ❖ Machiavelli, dieser »stinkende Atheist« ❖ »Über das Nützliche und das Rechte« ❖ »Wider Treu und Glauben«

Als Michel de Montaigne an seinem Lebensabend mit der Feder in der Hand in seinem Buch liest, wie er es seit fast zwanzig Jahren immer wieder tut, bleibt er an einem der ersten Sätze des Kapitels »Über das Nützliche und das Rechte« hängen, mit dem das dritte Buch beginnt: »Das öffentliche Wohl verlangt, daß man zum Verräter werde, daß man lüge und morde.« Ein bitterer Leitsatz. Zu bitter im Rückblick?

Diesen Satz hat er geschrieben, bevor er das Bürgermeisteramt in Bordeaux antrat und andere Verpflichtungen übernahm, die ihm in den zehn Jahren danach übertragen wurden. Damals war er in gefährliche Verhandlungen mit Katharina von Medici, den Fürsten sowie den Ligisten von Bordeaux und Paris verwickelt. Die Erfahrungen, die er dabei machte, drängten ihn keineswegs zu milderen Worten. Sie überzeugten ihn im Gegenteil von der Notwendigkeit einer schrecklichen »Ergänzung«. Und so wurde aus »daß man lüge« ein gewagtes »daß man lüge und morde«.

Diese unheilvollen Worte im nachgelassenen »Exemplar von Bordeaux«, springen gleich auf der zweiten Seite des dritten Buches am Seitenrand ins Auge: Sie erinnern an jene, knapp zwanzig Jahre zurückliegenden, tragischen Ereignisse vom 24. August 1572, die unter dem Namen »Bartholomäusnacht« Geschichte machten. Die Bartholomäusnacht ist seither der Archetypus des Massakers. »Massakrieren« war auch das Wort, das der Verfasser der *Essais* anderen vorzog, wie »töten«, »morden« oder »hinrichten«. Ganz genau: Hier wird das Massaker als »nützlich«, ja sogar als »recht« bezeichnet!

Ist dies, nach reiflicher, sehr reiflicher Überlegung, sein letztes Wort zu dem Verbrechen, das dem »öffentlichen Wohl« und einer »göttlichen Heimsuchung« geschuldet ist? Diese Formulierungen werden noch vielsagender, sieht man sich die folgende, knappe Stellungnahme des auf Distanz bedachten, »rechtschaffenen« Mannes an: »Treten wir dieses Amt an Leute ab, die dienstbeflissener und anpassungsfähiger sind als wir!« (III, 1) Man kann die »Nützlichkeit« einer Tat anerkennen, ohne deshalb selbst an ihr mitzuwirken.

Sicher, es war zu Montaignes Lebzeiten nicht das einzige Massaker in Frankreich – vom Massaker in Wassy (1562), das der Clan der Guisen verübt hatte, bis zur Ermordung ihres Herzogs Franz durch einen Protestanten, und von der Ermordung seines Sohnes, Heinrich des Narbigen (1588), bis zu der König Heinrichs III. im Jahr darauf. Die Bartholomäusnacht hat ihre große symbolische Bedeutung erst im 19. Jahrhundert erhalten. Doch seit der Plünderung Roms (1527) hatte kein gemeinschaftlich begangenes Verbrechen im 16. Jahrhundert die Bezeichnung Massaker so sehr verdient. Und der Montaigne von 1590 war viel zu sehr in die Wirren seiner Zeit verstrickt und kannte die Protagonisten der Tragödie von 1572 nur zu gut, um nicht genau zu wissen, was er mit dem Begriff »Massaker« bezeichnete.

Wo aber hielt sich Montaigne während der schrecklichen Tage um den 24. August 1572 auf? Wo war er vor allem am 3., 4. und 5. Oktober, als sich das von der Pariser Bevölkerung gemeinschaftlich begangene Verbrechen in Bordeaux wie in anderen französischen Städten (Orléans, Lyon, Rouen, Toulouse…) wiederholte? Allein in Bordeaux kamen bei dem Massaker fast dreihundert Hugenotten um.

Aller Wahrscheinlichkeit nach befand er sich fernab vom Louvre und den umliegenden Gassen, wo Coligny und die Anhänger der Häuser von Navarra und von Condé abgeschlachtet wurden. Die Nachrichten, die ihn in den folgenden Tagen in der Provinz erreichten, müssen ihm so unwahrscheinlich vorgekommen sein, daß er sich zunächst eines Urteils enthielt. Dasselbe kann man vom Gemetzel in Bordeaux Anfang Oktober sicher nicht behaupten.

Zu der Zeit saß der Schloßherr von Montravel vermutlich seit sieben oder acht Monaten zurückgezogen in seinen Turm und schrieb an seinem ersten Buch, dessen Eingangskapitel mit der bewegenden Erinnerung an das Massaker Alexanders des Großen unter den Thebanern endet, bei dem »sechstausend tapfere Männer (…) die über keinerlei Mittel zur Verteidigung ihrer Stadt mehr verfügten (…)« getötet wurden. »Das Gemetzel dauerte fort, bis der letzte Blutstropfen vergossen war.« (I, 1) Darf man darin eine erste Reaktion, eine beiläufige Anspielung auf die Grauen sehen, die sich soeben ereignet hatten? Oder war es gar eine Vorahnung?

Ob hinter den Mauern seines Schlosses bei der Arbeit an seinem Manuskript oder anderswo, Montaigne muß die Nachricht von dem Massaker, das ganze zehn Meilen entfernt von ihm begangen worden war, mit Grauen aufgenommen haben. Unter den Verantwortlichen waren Männer, die in enger Beziehung zu seiner Familie standen, wie der Gouverneur Charles de Montferrand. Und unter den Opfern waren ehemalige Kollegen, wie der Parlamentsrat Jean Guilloche. Das Gemetzel hatten Bürger jener Stadt angerichtet, in der er gelebt, gelernt und sich um Recht und Ordnung gekümmert hatte, wo er mit allen Mächtigen in Berührung gekommen war. Die führenden Männer der katholischen Partei – die Jesuiten eingeschlossen – waren Freunde oder Verwandte von ihm, und die Bindung zu ihnen war so stark, daß er kurze Zeit zuvor noch an der Seite dieser Männer gegen die »Gemäßigten« aufgetreten war, die seinen Vorstellungen viel näher standen.

Tatsache ist aber, daß derselbe Philosoph, der die blutigen Tage des Jahres 1548 in Bordeaux[1] – die freilich viel länger zurücklagen und ihn viel weniger bloßstellen konnten – so ausführlich beschrieben hat, über das Verbrechen derjenigen, die man getrost »die Seinen« nennen kann, hartnäckig schweigt, bis er Jahre später zu dem beklemmenden Bekenntnis von der »Nützlichkeit« eines (nicht näher bezeichneten) Massakers gelangt.

Beruht seine Zurückhaltung auf der Sorge um die Sicherheit seiner Familie? Will er diejenigen nicht verraten, auf deren Seite er trotz allem noch steht – oder bis vor kurzem stand? Oder ist sie seiner Königstreue zuzuschreiben? Er hätte seiner Ablehnung oder auch nur seiner Trauer jederzeit im »Beuther« Ausdruck geben können, denn in die Familienchronik hatten weder die Öffentlichkeit noch die Machthaber oder die bewaffneten Banden der Fanatiker Einblick. Er notierte darin nicht nur, was sich in seiner Familie und bei den Anverwandten ereignete. Jahre später hat er unter dem Datum 23. Dezember 1588 geschrieben: »Heinrich, Herzog von Guise und wahrhaftig einer der führenden Männer seiner Zeit, wurde im königlichen Gemach ermordet.« Das Verbrechen wurde fern von ihm, in Blois begangen, und man muß in dieser Notiz unumwunden eine Würdigung für einen der Hauptverantwortlichen des Massakers vom 24. August 1572 sehen.

Was das Massaker von Bordeaux angeht, das eher im Bereich des »Beuther« lag, so hat man festgestellt, daß die Seiten über die ersten Tage des Oktobers 1572 herausgerissen wurden. Aber von wem? Von ihm selbst, weil ihn sein Urteil über die Schandtaten seiner Mitbürger später erschreckte? Oder von einem seiner Nachkommen – von einem Katholiken vielleicht, den die Art seiner Reaktion empörte, oder von einem Protestanten (aus der Linie der Ségur zum Beispiel), den seine Zurückhaltung angesichts des Verbrechens schockierte? Festzuhalten bleibt, daß der humanistische und gemäßigte Michel de Montaigne, der Gewalt verabscheute und nicht ohne Sympathien für die Reformierten war, keinen Hinweis darauf hinterlassen hat, wie er die schändlichen Meuchelmorde im Sommer 1572 in Paris und die Morde im Herbst in Bordeaux aufgenommen hat.

Bevor wir uns darüber entrüsten, sollten wir uns in Erinnerung rufen, was wir über den Menschen Montaigne, der seiner Zeit zwar in vielen, aber nicht in allen Bereichen um Jahrhunderte voraus war, hinsichtlich seines Verhältnisses zu Frauen festgestellt haben: Er war in seinem Zeitalter verwurzelt, dem der Inquisition und der Scheiterhaufen, der Plünderung von Rom und der Sondergerichte, dem Zeitalter, in dem der Herzog von Alba die Niederlande mit Terror überzog und der mächtige Herr von Langoiran vor Montaignes Haustür gnadenlos Priester jagte. Ein Zeitalter voller Schrecken, doch damals empfand man diese anders als heute, auch wenn manchmal die Frage auftaucht, wie wir sie ermessen sollen.

»Wer Montaigne verstehen will«, lesen wir bei seinem unerschrockenen Verteidiger Jacques de Feytaud, »muß ihm zuhören, muß sein Verhalten, sein Umfeld, seinen Lebensraum studieren. Er sitzt nicht still an unserem Tisch wie ein Richter. Er spielt mit, er kennt die Hauptrollen. Er weiß, wer die Bartholomäusnacht in Paris und das Massaker von Borde-

aux zu verantworten hat, er kennt die Mörder von Blois, wo er Gelegenheit hatte, mit den ›Fünfundvierzig‹ in Berührung zu kommen, jungen
Gascognern, deren Familien ihm nicht fremd waren.«[2]

Montaignes Verhalten und sein »Schweigen« werden erst verständlich,
wenn man kurz an die historischen Fakten erinnert. Der 24. August 1572
bildete den Höhepunkt einer Woche blutiger Auseinandersetzungen,
einer »Spirale von Blut und Tod«, wie Janine Garrisson, die Biographin

ABBILDUNG 8
Katharina von Medici. Bibliothèque nationale, Paris

von Margarete von Valois[3] schreibt. Sechs Tage zuvor, am 18. August, hat
die siebzehnjährige Prinzessin, Schwester König Karls IX. und Tochter der
Regentin Katharina von Medici, den gerade zwei Jahre älteren Bourbonen Heinrich geheiratet, den König von Navarra und militärischen Führer der protestantischen Partei. Der Klerus und die überwiegend katholische Bevölkerung, die von ihm aufgehetzt wurden, sind empört: Der
Bräutigam erscheint in Begleitung mehrerer hundert hugenottischer Edel-

männer aus Béarn und anderen Provinzen, deren strenge Mienen die Pariser – in überwiegender Mehrheit Katholiken von der unversöhnlichen Art – einschüchtern und auf das äußerste reizen. Seit Tagen ist man auf das Schlimmste gefaßt, die Waffen werden gereinigt.

Eingefädelt hatten die »gotteslästerliche« Heirat die Königinmutter und die Mutter Heinrichs von Navarra, die eifernde Protestantin Johanna von Albret. Entweder hofften sie darauf, die eine Ehehälfte würde mit Pauken und Trompeten zum anderen Glauben konvertieren, oder darauf, daß die Heirat die geteilte Gesellschaft wieder zusammenschweißen würde. Das Gegenteil geschah: Die Gegensätze brachen erst richtig auf. Zumal die Spannungen zwischen Papisten und Reformierten durch eine diplomatische Krise an der Spitze des Staats verschärft wurden.

Der politische Führer der Hugenotten, Admiral Gaspard de Coligny, der zum bevorzugten (und wohlgelittenen) Berater König Karls geworden war, versuchte zur Entrüstung der katholischen Mehrheit seit Monaten, Frankreich zu einem Feldzug zur Befreiung Flanderns zu bewegen, wo sich die sogenannten »Geusen« gegen die spanische Herrschaft auflehnten, die der schreckliche Herzog von Alba dort aufrecht erhielt. Zweifellos ein edles Vorhaben, wäre ein solcher Feldzug nicht unfehlbar eine Kriegserklärung an das mächtige Spanien Philipps II. gewesen, der bei Lepanto soeben im Namen der Christenheit einen großen Sieg über die Türken errungen hatte und nun auf dem Gipfel seines Ruhms und seiner Macht stand. Der Plan Colignys war um so gefährlicher, als Elisabeth von England, die das Vorhaben eigentlich unterstützen sollte, um ein protestantisches Volk von der päpstlichen Unterdrückung zu befreien, ihn wissen ließ, daß sie die Unternehmung mißbillige: So nahe vor ihrer Küste wollte sie die Franzosen nicht haben.

Aus diesem Grund kam es bei den letzten Sitzungen des Thronrats im Juni zu heftigen Wortwechseln zwischen dem Admiral, der den jungen König nach wie vor für sich einnahm, und seinen Gegnern, vor allem den Herzögen von Anjou und Guise, mit denen sich die Königinmutter verbündet hatte: Sie beschuldigten Coligny, er wolle, um seine Macht auszubauen, das Königreich in ein Abenteuer stürzen, und den katholischen und protestantischen Adel in der Gegnerschaft zu Spanien vereinen. Sie behaupteten (und hatten gute Argumente dafür), daß dieses Unternehmen selbstmörderisch sei. Den Beweis lieferte Frankreichs erstes Eingreifen in den Konflikt: Der Versuch, die »Geusen« in der von den Spaniern

belagerten Stadt Mons zu befreien, hatte mit einer katastrophalen Niederlage geendet. Alle französischen Hugenotten, die sich an den Kämpfen
beteiligt hatten, waren niedergemetzelt worden.

Die Hochzeit am 18. August (die man später auch »die Bluthochzeit«
nannte), glich einem Tanz auf dem Vulkan. Schon vier Tage danach
wurde Gaspard de Coligny bei seiner Rückkehr nach Hause durch einen
Pistolenschuß niedergestreckt, den ein gewisser Maurevert, Herr von
Louvier, auf ihn abfeuerte, der offensichtlich vom Herzog von Guise,
wenn nicht sogar von Königin Katharina gedungen war.

ABBILDUNG 9
Margarete von Valois, genannt »Reine Margot«.
Bibliothèque nationale, Paris

Wer aber machte aus diesem gezielten (und für die Epoche sehr »klassischen«) Staatsverbrechen jenes furchtbare Blutbad vom 24. August?
Waren es die »Extremisten« im Louvre, die Anjous, die Guisen, die Gondis und Biragues, die in ihrer Wut und Verzweiflung darüber, ihr Ziel ver-

fehlt zu haben, beschlossen, alle Gegner zu ermorden und ihre verbreche-
rische Tat tausendfach zu wiederholen?

Der Antrieb zu diesem Morden kann sicher nicht allein darin gesehen
werden: Der Stachel saß mitten in Paris, wo die Bevölkerung entrüstet
war über die Heirat ihrer begehrten Prinzessin mit einem anrüchigen
Häretiker. Eine gängige Mischung aus Sex und Fanatismus, denn wer
sollte vergessen haben, daß Heinrich von Guise, wie vor ihm schon Heinrich von Anjou, höchstwahrscheinlich Margaretes Liebhaber war, heizte
den mörderischen Wahn zusätzlich an.

Hier zeigt sich, welche entscheidende Rolle die unterschiedlichen Be-
völkerungsgruppen von Paris (Bürger, Händler, Milizionäre) spielten, die
sich blutrünstig auf das »häretische Gesindel« stürzten, was Jean-Louis
Bourgeon in seinem Beitrag »Montaigne und die Bartholomäusnacht«[4]
vortrefflich herausgearbeitet hat.

Dieser Historiker stellt der üblichen These von der doppelten Bartholomäusnacht, nach der es das »Volk« dem Hof nachmachte und das
Morden verzehnfachte, eine andere Version entgegen und zeigt uns ein
durch und durch fanatisiertes Paris, in dem das Volk eine (von Guise, vom
Erzbischof oder vom Bürgermeister von Paris?) ersonnene und geplante
Hetzjagd in die eigene Hand nahm und Katharina und den König dazu
zwang, sich dem grauenvollen Geschehen anzuschließen, um nicht selbst
von der Welle der Gewalt fortgespült zu werden. Resigniert spielten sie
mit, was Montaigne wahrscheinlich zu der genialen Formulierung veranlaßte: »Der Gottesfurcht unserer Könige zu Ehren möchte ich jedoch eher
glauben, daß sie nur, weil sie nicht konnten, was sie wollten, so getan
haben, als wollten sie, was sie konnten.« (II, 19)

»Der König und seine Regierung«, liest man bei Jean-Louis Bourgeon
weiter, »sahen sich schließlich eher in eine passive als in eine aktive Rolle
gedrängt und verzichteten darauf, in der Bartholomäusnacht einzugreifen, da die Ereignisse nicht mehr aufzuhalten waren. Dem Königshaus
verblieb bei dieser gewaltigen Pariser Erhebung nur noch so viel Hand-
lungsspielraum zu wählen, ob es auf der Seite der Opfer oder auf der Seite
der Täter stehen wollte: Hinter einem hysterischen Klerus sammelten sich
die gesamte, in Waffen stehende ehrbare Bürgerschaft einschließlich
Rathaus und Parlament, Höflinge, die auf Vergeltung brannten, und Soldaten, denen der König schon lange keinen Sold mehr zahlte (…). Die
Unterstützung durch die Guisen bestärkte sie. Ganz Paris war für eine

Endlösung auf die Beine gebracht worden. Das Pogrom der Bartholomäusnacht war alles andere als spontan! Es wurde unvergleichlich gut
vorbereitet, koordiniert und durchgeführt! Hätte der König eingegriffen,
er wäre selbst gestürzt worden.«

Das ist sehr überzeugend und erklärt stichhaltig, warum Montaigne
von »unserem armen, verstorbenen König Karl IX.« spricht, wenn er dieses verfluchte Thema in verschiedenen Zusammenhängen streift – und
keineswegs nur zwischen den Zeilen, sondern häufig in deutlichen Anspielungen, zumindest für den aufmerksamen Leser.

Der an Epilepsie leidende König, der seinen geliebten Ratgeber
ermorden ließ, mußte zwei Tage nach dem Massaker (am 26. August)
vor dem Parlament ein Throngericht abhalten, die höchste gesetzgebe-
rische Institution des Königreichs. Dort war er unter dem Druck der
Guisen gezwungen, die Verantwortung für das Verbrechen zu übernehmen. Man hatte ihm eine Rechtfertigung vorgelegt: Danach hatte das
von einem Komplott der Hugenotten bedrohte Königreich »in Not-
wehr« gehandelt. Töten, um nicht selbst getötet zu werden ... Diese
vom König übernommene Darstellung der Ereignisse wurde schließlich
auch von so angesehenen und klugen Köpfen wie de Thou (der anfangs
mit Abscheu reagiert hatte) und Lagebaston geschluckt, von Montaigne
ganz zu schweigen.

Wir wollen uns nicht mit den zahllosen Interpretationen der Tragödie
durch Chronisten, Pamphletisten und Historiker aufhalten. Von der
Schmähschrift des zum extremen katholischen Flügel zählenden Camille
Capilupi, der Karl IX. dafür rühmt, die Häretiker in eine Falle gelockt zu
haben, über die des Protestanten François Hotman, der Karl mit Nero
und Katharina mit Brunhilde vergleicht, von Michelets Anklageschrift
gegen die blutigen Valois bis zur neuesten Veröffentlichung von Denis
Crouzet[5], der im Verhalten des jungen Königs Karl ein »Verbrechen aus
Liebe« erblickt, das auf die Erhaltung der nationalen Einheit unter der
Führung einer idealisierten Monarchie abzielte, ist bereits alles Mögliche
und Unmögliche gesagt und geschrieben worden.

Worauf konnte ein Zeitzeuge wie Montaigne sein Urteil stützen, der
über die Machtverhältnisse in Paris gut unterrichtet war, aber abseits des
Geschehens stand, sofern es um das Wüten der Pariser Bevölkerung geht?
Das Volk von Bordeaux kannte er allerdings besser und konnte es wahrscheinlich auch besser einschätzen. Die Nachrichten, die Ende August in

Guyenne eintrafen, handelten nicht nur vom Verbrechen, das viele Katholiken begrüßten, sondern berichteten auch vom Beifall aus Rom, wo Papst Gregor XIII. in der Messe ein *Te Deum* las und erklärte, die Pariser Blutnacht vom 24. August habe ihn glücklicher gemacht als der Sieg über die Türken bei Lepanto.

Bald erfuhr man auch, daß Philipp II., der Coligny und seine Pläne für Flandern losgeworden war, seinen Vetter in Paris beglückwünscht hat und daß Königin Elisabeth sich darauf beschränkte, für die Opfer den Trauerschleier anzulegen. Weder die protestantischen Fürsten Deutschlands noch das Haus von Oranien, von dem man es hätte erwarten können, drohten mit Vergeltungsmaßnahmen. In Europa nimmt man das Ganze als »gewöhnliche Schreckenstat« zur Kenntnis, und hier und da finden sich sogar einige, die behaupten, der schwache Karl IX. habe gegenüber den Raubkatzen von London und Madrid endlich den Beweis einer gewissen Handlungsfähigkeit erbracht.

Bevor wir nach der »Lesart« fragen, die Montaigne seinen Informationen über diese Vorgänge hätte geben können, müssen wir uns die unmittelbaren Reaktionen ansehen, von denen er Kenntnis haben konnte und die seine Einschätzungen und sein Verhalten beeinflußt haben mußten. Ausgangspunkt unserer Überlegungen sind sein Charakter, seine Vorstellungen, seine persönlichen Beziehungen und seine Lektüre, wir ziehen aber auch die Kreise in Betracht, in denen er verkehrte und die ihn damals beeinflußt haben.

Auf politischer Ebene hatte er vor niemandem soviel Hochachtung wie vor dem ehemaligen Kanzler Michel de L'Hospital, dem er kurz zuvor einen Teil der Werke La Boéties gewidmet hatte. Der berühmte Ausruf: *Exidat illa dies!* (»Möge dieser Tag für immer vergessen werden!«), den der Kanzler ausstieß, dessen Frau und Tochter zu den Anhängern der Reformation gehörten, wird zweifellos auch bis zu ihm gedrungen sein. Doch er fand keinen Widerhall in den *Essais*.

Ein anderer, auf den sich Montaigne hätte beziehen können, war de Thou, dessen Sohn einige Jahre später ein Vertrauter von ihm wurde. Hatte der Verfasser der *Essais* keine Gelegenheit, den Alexandriner zu lesen, zu dem der große Rechtsgelehrte durch das Massaker inspiriert wurde und der eines Corneille würdig ist: »Vor den Grauen dieses Tages versagt die Erinnerung!«?

Nur zu gerne würde man solche Bemerkungen bei Montaigne finden.
Kapitel für Kapitel sucht man sie auch unter der Maske des Zitats … Vergebens! Natürlich hatte Montaigne davon erfahren, daß sich dieser rechtschaffene Richter, nachdem er seinem Herzen Luft gemacht hatte, an die
Darstellung der Ereignisse hielt, die der König während des Throngerichts vom 26. August vertrat, und diese Version bestätigte. Es wäre
schön gewesen, wenn Montaigne denselben Abscheu bezeugt hätte,
mochte er sich in der Folge dem »Realismus« beugen oder nicht. Setzten
sich diese ehrwürdigen Kollegen denn weniger Gefahren aus als er, als sie
ihre vorübergehende Empörung bekundeten?

Im Gegensatz zu den politischen Freunden des Essayisten, die wenigstens ihre Vorbehalte deutlich machten, fiel seinen Bekannten aus der
Literatur, den Dichtern und Dramatikern der Pléiade, die er so sehr
bewunderte, von Ronsard bis Baïf oder Jodelle nichts Besseres ein, als das
Verbrechen in Lobeshymnen zu feiern. In »L'hydre deffait« (Die vernichtete Hydra) ebenso wie in der »Ode aux étoiles« (Ode an die Sterne) ruft
Ronsard dazu auf, das Morden (in anderen Städten) zu säen, und verhöhnt Colignys Leichnam, der in Montfaucon »baumelt«. Und Jodelle
läßt seinem Haß auf die Häretiker freien Lauf:

> »(…) Eure stinkenden Kadaver
> Treiben auf den Wassern dahin und dienen nur mehr
> Als Köder für die Fische und den Raben als Aas (…)«

Von allen Freunden Montaignes kompromittierte sich Pibrac bei dieser
Angelegenheit zweifellos am meisten. Guy du Faur de Pibrac, Verfasser der
völlig überschätzten *Lettre à Elvide* war ein gascognischer Adliger aus
Montaignes Nachbarschaft, der möglicherweise in Toulouse, viel wahrscheinlicher aber in Paris zu seinen Jugendfreunden zählte. Pibrac, der einst
zum engen Kreis um den fünfzehn Jahre zuvor wegen Häresie verurteilten
Anne du Bourg gehörte, war sicher kein Fanatiker. Er war damals sogar
einige Zeit in der Bastille inhaftiert gewesen. Dann hatte er Katharina von
Medici, die ursprünglich selbst für Toleranz eintrat, beim tridentinischen
Konzil vertreten und war von L'Hospital zum Staatsrat ernannt worden.
Hinter so vielen Ehrenämtern vermutet man kaum jemanden, der Glaubensabtrünnigen die Kehle durchschneidet.

Doch sechs Monate nach der Bartholomäusnacht veröffentlicht Pibrac
seine *Lettre à Elvide*. Der zunächst auf Latein erschienene Text wird

umgehend ins Französische übersetzt, um ihn für die königliche »Propaganda« zu nutzen. Er macht sehr schnell die Runde in ganz Europa und gilt fortan als offizielle Verteidigungsschrift des Hofes für die Anstifter des Massakers. »Wäre Coligny am Leben geblieben«, schreibt Pibrac, »hätte Frankreich niemals zu innerem Frieden und ebensowenig zum Frieden mit seinen Nachbarn gefunden. Daher ließ Gott es zu, daß er den König mit grauenhaften Drohungen zu provozieren trachtete. Mit Gottes Hilfe hat er durch eine gottlose Verschwörung seinen eigenen Untergang betrieben und auf dem schnellsten und einzig möglichen Weg das Vaterland gerettet.«

Pibrac mußte nicht lange auf die Belohnung für seine Ergebenheit an die »gerechte Sache« warten. Wenige Monate später wurde Heinrich von Anjou, dessen Verantwortung für das Geschehen in der Nacht vom 24. August offenkundiger als bei anderen zutage trat, zum König von Polen gewählt, einem Land, das damals für seine Toleranz bekannt war. Man sieht: Europa war weniger erschüttert als man meinen könnte… Der künftige Heinrich III. machte Pibrac zum Kanzler, und als er nach dem Tod seines Bruders Karl IX. den französischen Thron bestieg, vertraute er ihm – wie wir wissen, vergeblich – die Sorge um die polnische Krone an. Auch zum Unterhändler des Friedens mit den Protestanten wählte Heinrich III. 1576 den Mann, der die Bartholomäusnacht in höchsten Tönen gepriesen hatte. Dabei saß ihm mit Louis du Faur, dem Kanzler von Navarra, sein eigener Bruder gegenüber! Schließlich unterzeichnete er noch im Namen des Königs den Vertrag von Nérac.[6]

Pibrac war also eine namhafte Persönlichkeit, mit der sich Montaigne durch vieles verbunden fühlte, vor allem durch ihre gemeinsame Bekanntschaft mit La Boétie. Zudem vertraten sie eine ähnliche Auffassung über die Staatsgeschäfte. Hätte unser Essayist sich zum Dichter berufen gefühlt, der folgende Vierzeiler, der Pibrac ebensoviel Ruhm einbrachte wie seine Eloge auf die Bartholomäusnacht, hätte auch von ihm stammen können:

> »Liebe deinen Staat, so wie er ist,
> mag ein König herrschen oder alle,
> oder wen'ge – lieb in jedem Falle
> deinen Staat, wo du geboren bist!«

Wie dem auch sei, Guy de Pibrac gelangte vor allem durch die Veröffentlichung seiner *Lettre à Elvide*, durch die ausgefeilte Rechtfertigung des

Massakers vom 24. August zu Berühmtheit. Was war also Montaignes Urteil über diesen Anwalt des Verbrechens? Im neunten Kapitel des dritten Buches der *Essais*, das den Titel »Über die Eitelkeit« trägt, können wir im Anschluß an den oben zitierten Vierzeiler und anläßlich des Todes von Pibrac im Jahre 1584 lesen:

»Ja, der gute Herr von Pibrac, von dem diese Verse stammen! Erst kürzlich haben wir ihn verloren: einen so edlen Geist mit so vernünftigen Ansichten und so sanfter Wesensart. Dieser Verlust und der von Herrn de Foix[7], den wir gleichzeitig erleiden mußten, sind für unsere Krone schwerwiegend. Ich weiß nicht, ob es in Frankreich noch zwei Männer gibt, die diese beiden Gascogner an Aufrichtigkeit und Tüchtigkeit als Ratgeber unserer Krone ersetzen könnten. Sie waren nicht nur schöne, sondern in einem Jahrhundert wie dem unseren sogar ungewöhnlich schöne Seelen (…). Wer aber hat sie in dieses Zeitalter verpflanzt, sie, die so unvergleichlich hoch über dessen Entartung und stürmischer Heimsuchung standen?« (III, 9)

»Stürmische Heimsuchung«? Es liest sich beinahe wie eine Neuauflage des Lobes auf La Boétie, wenn Montaigne diesen Mann für seine »vernünftigen Ansichten« und »sanfte Wesensart« rühmt. Dachte Michel de Montaigne bei diesem Lob auch an die vor elf Jahren veröffentlichte *Lettre à Elvide*, mit der Pibrac diejenigen verteidigte, die niemanden verschont hatten? Und mit der er seinem König so treu gedient hatte? Nach Pibracs Tod hatte Heinrich III. noch vier Jahre zu regieren – Zeit genug, um den Guisen, Heinrich den »Narbigen«, seinen Komplizen aus der Bartholomäusnacht, von seiner Leibwache, den fünfundvierzig Gascognern, erdolchen zu lassen.

Das Lob auf Pibrac ist nicht mit einem Lob der Bartholomäusnacht gleichzusetzen, ebensowenig wie ein Lob Richelieus Zustimmung zur Hinrichtung von Henri de Cinq-Mars bedeutet. Trotzdem verwundert es, daß Montaigne nach so langer Zeit an dieser Stelle nicht die Gelegenheit wahrnahm, eine Anspielung oder einen Vorbehalt gegenüber jenen Taten einzuflechten, denen zum Wohl des Staates selbst die besten Köpfe zustimmen mußten. Nein: Die eindringliche Eloge ist ohne jeden Vorbehalt. Handelt es sich bei Montaigne nun um Schweigen oder um eine ferne, leise Zustimmung?

Diese Haltung kann man einem Kapitel der *Essais* entnehmen, das sehr selten zitiert wird: »Es ist eine Torheit, nach unserem Erkenntnisvermögen über Wahrheit und Unwahrheit zu bestimmen.« (I, 27) Montaignes »Schweigen« zu diesem tragischen Thema, das geeignet gewesen wäre, den Moralisten – und Bürger – herauszufordern, beschäftigt die

Gemüter so sehr, daß dabei vergessen wird, diesen seltsamen Essai in die Überlegungen einzubeziehen. Er handelt von Nachrichten, dem Urteil, das sie erlauben, der Geschwindigkeit und der Zuverlässigkeit, mit der die Informationen überbracht werden, vom Glauben, den man dieser oder jener Übermittlung schenken kann. Dabei entfaltet er bis in alle Einzelheiten das Problem, was man über die unheilvolle Nacht des 24. August wissen oder glauben konnte, und stellt die Frage nach der Achtung, die man religiösen Autoritäten schuldig ist. Hinzu kommt, daß der siebenundzwanzigste Essai des ersten Buches vielleicht zeitgleich mit den Ereignissen geschrieben, wenn nicht sogar von ihnen angeregt wurde.

Der Essai beginnt mit einer Erörterung des Wahrheitsgehalts und der Wahrscheinlichkeit eines außerordentlichen Ereignisses und setzt sich mit den Gefahren und der Verwegenheit des Zweifels an solchen Nachrichten auseinander: »Wie viele uns wenig wahrscheinlich vorkommende Dinge gibt es doch, die gleichwohl von glaubwürdigen Leuten bezeugt werden! Wir sollten sie, falls sie unsre Zweifel nicht zu beseitigen vermögen, zumindest offenlassen – denn sie als unmöglich verwerfen hieße doch, daß wir uns in verwegener Selbstüberschätzung dafür stark machten, die Grenzen des Möglichen zu erkennen.« (I, 27)

Die schüchterne Befragung läuft allerdings darauf hinaus, die Autorität der Kirche zu bestätigen und den Katholiken die Pflicht zu bescheinigen, sich ihren Ansichten unterzuordnen:

»Was nun in den gegenwärtigen Religionswirren unser Gewissen völlig durcheinanderzubringen scheint, ist die Tatsache, daß die Katholiken Stück um Stück ihrem Glauben absagen. Offensichtlich meinen sie, als besonders gemäßigt und verständig zu gelten, wenn sie bei einigen der umstrittenen Glaubenssätze dem Gegner das Feld überlassen. (…) Entweder muß man sich unserm Kirchenregiment voll und ganz unterwerfen oder sich voll und ganz von ihm lossagen. Es steht uns nicht zu, das Ausmaß des ihm gebührenden Gehorsams zu bestimmen.« (I, 27)

Zur Zeit des Massakers, als Michel de Montaigne dies schrieb, bezeugte er eindeutig seinen Gehorsam gegenüber »unserm Kirchenregiment« und erklärt den »Gehorsam« zur Pflicht – denn es stehe »uns« nicht zu, darüber zu urteilen. Wo viele seiner Freunde ihre Verbundenheit mit dem königlichen Herrscher bekundeten und der von Karl IX. vorgebrachten These vom Präventivschlag huldigten, unterwirft er sich der uneingeschränkten Macht der Kirche – die noch mehr in das Massaker verwickelt ist.

Es ist auf alle Fälle schwierig zu verstehen, welche Haltung Montaigne in diesem schrecklichen Zeitabschnitt einnimmt und welchen Auffassungen er zuneigt. Man kommt nicht umhin, sich die außerordentliche Verflechtung zwischen den Parteien und den Menschen, den Familien und den »Religionen« sowie der ständigen Wechsel von einer zur anderen vor Augen zu führen. Wer den einen Tag noch katholisch war, konnte am nächsten Tag schon ein Reformierter sein. Das Haus von Navarra war ein Hort des Katholizismus, bis Johanna von Albret knapp zwölf Jahre vor der Bartholomäusnacht konvertierte. Das Haus Châtillon, aus dem Coligny stammte, gehörte keineswegs zur »frühen« Anhängerschaft der Reformation. Ebensowenig das Haus Condé. Und wie wir bei L'Hospital oder Montaigne gesehen haben, lebten sogar mitten in einer Familie Anhänger des Papstes mit Anhängern Calvins zusammen oder gerieten aneinander.

Selbst diejenigen, die tief im Protestantismus verwurzelt waren, konnten unabhängig von ihren religiösen Überzeugungen im königlichen Heer dienen. Der einflußreichste militärische Führer der Hugenotten, François de La Noue, der »Eisenarm« genannt wurde und das zeitgenössische Vorbild für das »Rittertum« darstellte, hatte bereits wenige Jahre nach der Bartholomäusnacht nichts dagegen einzuwenden, in der Armee des Königs zu dienen – der Armee der damaligen Mörder also, die jedoch die legitimen Throninhaber stellten.

Und in Montaignes engerer Umgebung waren wenige Katholiken so fromm wie sein jüngerer Bruder, der Herr von Mattecoulon, und die Söhne des Marquis von Trans: Trotzdem dienten sie in den Truppen Heinrich von Navarras, des Anführers der Hugenotten, unter dessen Banner einige von ihnen ihr Leben ließen. Vielfalt, Widersprüchlichkeit, Bewegung: Als ob die Geschichte Montaignes Vorstellungen gefolgt wäre.

Noch enttäuschender ist – wenn wir ihn aller Warnungen Jacques de Feytauds zum Trotz aus heutiger Sicht betrachten – Montaignes Haltung gegenüber den finsteren Tagen vom 3., 4. und 5. Oktober 1572 in Bordeaux. Hier stand sicher nicht das Königreich auf dem Spiel, hier gab es keinen Verdacht auf ein Komplott der Hugenotten zur Eroberung des Louvres, noch ging es um eine große Verschwörung von katholischer Kirche und Guisen, durch die in Paris das Blatt hätte gewendet werden können, oder um das selbstmörderische Unternehmen Colignys in Flandern:

Hier beglichen die »extremen« Anhänger der Katholischen Liga, die ängstlich auf die Fortschritte des Kalvinismus zwischen Pyrenäen, Garonne und Atlantik schielten, lediglich einige offene Rechnungen mit ihren immer mehr Einfluß gewinnenden reformierten Mitbürgern.

»Feigheit, Mutter der Grausamkeit« ist »das Äußerste aller Laster«, heißt es im zweiten Buch der *Essais*. Richtig! Wir wissen ja, daß Montaigne nicht gerade zu Feigheit neigte und Grausamkeiten entschieden ablehnte. Warum aber hat er, der später als Bürgermeister von Bordeaux der Liga so mutig entgegentrat, angesichts der Ereignisse, die sich im Oktober 1572 dort abspielten, nicht den geringsten Protest erhoben und den Kopf eingezogen? Als er später ausführte, das öffentliche Wohl erfordere es gelegentlich, daß man (…) morde, fügte er wenigstens noch hinzu, man müsse sich jedoch die Gewißheit verschaffen, ob das öffentliche Wohl tatsächlich auf dem Spiel stünde.

Um herauszufinden, ob dies in Bordeaux, nur zehn Meilen von Montaigne entfernt und vor der Tür seines Hauses in der Rue de la Rousselle, der Fall war, kann man sich auf Texte stützen, die der unermüdliche Jacques de Feytaud gesammelt hat und die sehr viel über die damaligen Vorfälle in der Hauptstadt von Aquitanien aussagen.

Als 1572 der Sommer zu Ende ging, wurde in Guyenne, wo die Wellen der Auseinandersetzung zwischen beiden »Religionen« tatsächlich hoch schlugen, mit Montpezat ein »königlicher Statthalter« eingesetzt und Bordeaux einem Gouverneur, Montferrand, unterstellt. Am Tag nach dem Massaker in Paris ermahnte Karl IX. seinen Statthalter, »alle vor Gewalt und Unterdrückung zu schützen, die sich heraushalten«. Mit anderen Worten: Wenn die Hugenotten ruhig blieben, sollte man sie in Ruhe lassen. Dazu erklärte Montferrand: »Die Hugenotten leben hier mit den Katholiken in Frieden.«[8]

Doch am 2. Oktober gab derselbe Gouverneur bekannt, er habe den königlichen Befehl erhalten, »vierzig Reformierte von Rang und Namen« hinzurichten, und forderte die Magistratsbeamten auf, die Bestrafung der Häretiker anzuordnen. Im Parlament herrschte atemlose Aufregung. Man rief ihn vor Gericht, doch er zog bereits mit einer Meute durch die Stadt. Zunächst zählte man achtzig Opfer. Dann wurden zweihundertvierundsechzig Hugenotten gefangen und massakriert.

Der Ratsvorsitzende Lagebaston, der noch immer die Partei der »Gemäßigten« anführte und bei den Wütenden äußerst schlecht angese-

hen war, hatte sich ins Fort *Hâ* geflüchtet und schrieb an den König:
»Majestät, wir können nicht glauben, daß Sie den Befehl zu diesem Treiben in Ihrer vollkommen friedlichen Stadt gegeben haben (...). Hier gibt
es nichts, was (...) mit den Vorgängen in Paris vergleichbar wäre. Unter
dem Druck der Verschwörung (...) hätte es dort sicher zu lange gedauert,
den üblichen Rechtsweg zu beschreiten (...) Doch in dieser Stadt gibt es
nichts dergleichen.«[9]

Der weise und vorsichtige Lagebaston übernimmt also die offizielle
Version des Hofes und billigt die Vorkommnisse der Bartholomäusnacht,
um das Morden in Bordeaux um so gezielter zu verurteilen. Später hat
Karl IX. Montpezat vorgeworfen, das Massaker nicht verhindert zu
haben. Der Statthalter des Königs schob die Verantwortung auf Monfer-
rand ab. Der wiederum beschuldigte die Jesuiten, eine wesentliche Rolle
dabei gespielt zu haben. Eine ständig wiederkehrende Beschuldigung, die
schon allein deshalb näher geprüft werden sollte, weil Montaigne sehr
gute Beziehungen zur Gesellschaft Jesu hatte.

Für diesen Zeitraum muß man die Untersuchung des bedeutenden
Historikers Henri Hauser zu Rate ziehen, die unter dem Titel »Pater
Edmond Auger und das Massaker von Bordeaux« im August 1911 im
Bulletin de la Société de l'histoire du protestantisme français erschien.
Dabei gilt es, kühlen Kopf zu bewahren.

Edmond Auger ist nicht irgend jemand. Man hält ihn für eine der wichtigsten Figuren in den Gründungsjahren der Gesellschaft Jesu in Frankreich. Er stammte aus dem Brie, wo er drei Jahre vor Montaigne geboren
wurde, und verkehrte in Rom mit Ignatius von Loyola, dem bei dem
Jugendlichen die Liebe zur Literatur auffiel, und der ihn bat, ein Epi-
gramm für ihn zu schreiben. In der Chronik des Ordens liest man: »Sein
ungestümer Frohsinn mißfiel seinen Ordensbrüdern anfänglich, doch
seine heldenhaften Anstrengungen trugen schnell den Sieg über seine über-
schäumende Jugend davon.« Mit dem Nimbus seines Romaufenthalts
kam er nach Frankreich zurück, wo er in Lyon predigte und dabei eine solche Redegewandtheit an den Tag legte, daß er bald den Ruf eines »französischen Johannes Chrysostomos« und die (rein auf die Sprache bezogene)
Bewunderung von Etienne Pasquier gewann, der ein ausgesprochener
Gegner der Jesuiten war. »Seine Stimme«, schreibt ein Chronist des
Ordens, »führte siebzigtausend Häretiker zurück in den Schoß der Kirche.« Wirklich nur seine Stimme? 1572 war er jedenfalls in Bordeaux.

Hier findet man ihn in den dunklen Stunden des Herbstes 1572 einerseits in Verhandlungen mit dem Magistrat über die Einrichtung eines Collèges und andererseits als Redner vor der Volksmenge. Über die Inhalte, die er mit seiner faszinierenden Redegewandtheit an den Mann brachte, gibt es widersprüchliche Angaben. Im Vertrauen auf die Dokumente, die mir bei den Arbeiten an meinem Buch über die Jesuiten[10] vorlagen, schrieb ich dort, Auger habe die Bartholomäusnacht als »verhängnisvoll« bezeichnet. Die Untersuchung von Henri Hauser, die sicherlich viel tiefschürfender als meine und vom reformierten Geist des Verfassers geprägt ist, kommt zu einem ganz anderen Ergebnis.

Bevor Hochwürden Pater Auger Seelsorger der Truppen Heinrichs III. wurde, war er dessen Beichtvater und beteiligte sich nach dem *Tagebuch* von L'Estoile an den seltsamen Flagellantenumzügen, die der fromme König so sehr schätzte, der das Massaker ausgeklügelt hatte. Er wurde nach Bordeaux gesandt, wo ihm seine Vorgesetzen Zurückhaltung auferlegten. Dennoch wetterte er von der Kanzel und drängte die Bevölkerung von Bordeaux, die »Zaghaftigkeit« des königlichen Statthalters Montpezat zu überwinden und mit den Kalvinisten kurzen Prozeß zu machen: »Wer hat das Gottesurteil in Paris vollstreckt? Der Engel des Herrn. Wer hat es in Orléans und anderen Städten des Königreichs vollstreckt? Der Engel des Herrn. Und wer wird es in Bordeaux vollstrecken? Der Engel des Herrn.«

Der Historiker Paul Courteault, ein guter Kenner der Epoche, hält die Anklage für nicht gerechtfertigt, die Henri Hauser gegen Edmond Auger richtet – von dem die Ordenschronik berichtet, er sei auf dringende Bitten der Liga, der extremen Katholiken also, aus Frankreich abberufen worden. Laut Courteault läßt sich in den Archiven der Stadt kein Beleg finden, der auf eine Mitschuld des geifernden Jesuiten schließen läßt. Obwohl ihn die historischen Dokumente zu denselben Schlüssen führen, hält Camille Jullian es dennoch für wahrscheinlich, daß Auger an der Spitze der »in den Straßen predigenden Aufwiegler« gestanden und das Feuer geschürt habe.

Ebensowenig wie man aus den Worten Pibracs auf Montaignes Meinung oder Urteil zur Bartholomäusnacht schließen kann, lassen sich Hochwürden Augers mutmaßliche Aufrufe zur Gewalt auf Montaigne übertragen. Mag er auch mit diesem Chrysostomos der Apokalypse nicht so eng verbunden gewesen sein wie mit jenem »guten Herrn von Pibrac«, eine solch herausragende Persönlichkeit muß Montaigne jedenfalls gekannt haben, denn Auger war nicht nur Sprachrohr Gottes in seiner Stadt, sondern auch der »Provinzial«, das heißt der Vorsteher des Ordens für die Provinz von Bordeaux und Toulouse, jener Gesellschaft Jesu also, der Montaigne große Bewunderung zollte.

Ebenfalls sehr eng befreundet war Montaigne mit einem weiteren großen Jesuiten des 16. Jahrhunderts, mit Juan Maldonado, genannt Maldonat, dem bedeutenden Lehrer für Philosophie und Theologie am Ableger des Pariser Jesuitenkollegs in Clermont. Er entfaltete dort eine Redekunst, die so einnehmend war, daß die Gelehrten der Sorbonne zusehen mußten, wie ihre Hörer zu ihm abwanderten – was sie prompt bewegte, ihre Vorkehrungen zur Abwehr der Eindringlinge zu verstärken, die aus Rom oder Spanien kamen und der sehr gallikanischen Pariser Universität ihre Vorrechte streitig machten.

Wo die geistigen Wege der Jesuiten mit der Haltung Montaignes zusammentrafen, hat niemand besser beschrieben als Marc Fumaroli, der den Verfasser der *Essais* »den Begründer einer französischen Frömmigkeit im weltlichen Adel« nennt, der »eine einzigartige Autorität ausübte und in der Gewissensbefragung noch spitzfindiger war als die Kasuisten«.[11] Nichts anderes haben die Jesuiten gelehrt, besonders die französischen.

Wenn zwei Wege sich treffen, müssen sie sich nicht vermischen. Die Maßlosigkeiten des einen oder anderen Jesuiten kann man nicht dem Autor der *Essais* zur Last legen, ebensowenig wie man die Gesellschaft Jesu für den unbekümmerten Katholizismus des Machbaren und der Erfahrung verantwortlich machen kann, den Montaigne praktizierte und den Pascal später verabscheute.

Hinsichtlich der dramatischen Ereignisse im Jahre 1572 hat man jedoch den Eindruck, es gäbe angesichts der Verbrechen in Paris oder Bordeaux eine Menge Gemeinsamkeiten zwischen dem sehr politischen, sehr »verständnisvollen« Denken von Männern wie Montaigne oder anderen mit derselben Bildung und demselben »Temperament«, wie Pibrac, de Thou oder Lagebaston, und dem maßvollen Realismus, der damals (von einigen Fanatikern abgesehen) das Verhalten der Jesuiten bestimmte – was ihnen das Wohlwollen Heinrichs IV. einbrachte.

Sollte sich Montaigne in seinen Ansichten tatsächlich nach Loyola gerichtet haben?

Erstaunlicherweise wird der Name Machiavelli in den *Essais* nur zweimal erwähnt, und nur einmal in einem Zusammenhang, aus dem klar hervorgeht, daß der Sekretär des Rats der Zehn in Florenz einer der Lehrmeister des Essayisten war, ob Montaigne sich nun dazu bekannt hat oder nicht. Jedenfalls schrieb er: »Am besten komme ich mit den Geschichtsschreibern zurecht«, und er hat sich immer auf die Wirklichkeit bezogen, die er mit großer Genauigkeit erfaßte. Ebenso überrascht es, daß sich Montaigne im Kapitel »Über Bücher« in erster Linie über Francesco Guicciardinis *Geschichte Italiens* ausläßt, deren erschreckender Pessimismus den Machiavellis noch übertrifft, ohne ebenso fruchtbare Aussichten zu eröffnen.

Es besteht kein Zweifel: Der Philosoph aus der Gascogne bezieht sich – selbst in jenem Kapitel des dritten Buches, das dem unerschrockenen Denken seines Vorläufers entsprungen zu sein scheint – nur aus einem Grund so weitläufig auf den Verfasser des *Fürsten* und der *Abhandlung über die erste Dekade des Titus Livius*: Machiavelli war im Frankreich des ausgehenden 16. Jahrhunderts heftig umstritten und wurde als Antichrist oder Ausgeburt eines perversen Geistes hingestellt.

Nichtsdestotrotz hatte die 1513 auf lateinisch veröffentlichte und 1539 übersetzte Schrift *Der Fürst* unter Franz I. und Heinrich II. höchstes Ansehen genossen und sich um die Jahrhundertmitte zum Lieblingsbuch aller politischen Persönlichkeiten entwickelt, allen voran bei der Landsmännin des Autors, Katharina von Medici, obwohl die Familie die Verbindung zu dem ehemaligen Berater Cesare Borgias abgebrochen hatte.

Doch 1576 war, zuerst anonym, eine bissige Streitschrift, *Der Anti-Machiavelli*[12] erschienen. Später zeichnete sich ein gewisser Innocent Gentillet für das Pamphlet verantwortlich, ein Protestant und Polemiker aus der Dauphiné, der nach der Bartholomäusnacht in Genf Zuflucht gefunden hatte. Er stellte den »stinkenden Atheisten aus Florenz« an den Pranger und brandmarkte sein Buch als »Evangelium der Königinmutter (…), die Frankreich nach der Lehre Machiavellis regiert«.

Zur gleichen Zeit erschienen die *Sechs Bücher über den Staat* von Jean Bodin, das Werk eines Juristen, das Montaigne sehr bewunderte, obwohl er mit dessen Befürwortung der »Hexenjagd« gar nicht einverstanden war. Bodin klagte Niccolò Machiavelli mit heftigen Worten des Zynismus und der »Gnadenlosigkeit« an, während die Jesuiten Possevin und Ribadeneira so kühn waren, den Hugenotten Gentillet gegen den florentiner Staatssekretär ins Feld zu führen.

Man sieht, warum sich der vorsichtige Montaigne davor hütete, in die
Polemik »pro« und »kontra« Machiavelli einzugreifen, obwohl er ein
aufmerksamer Leser des *Fürsten* und der *Abhandlung* war – er hatte diese
Texte zuerst durch Marc-Antoine Muret, später durch La Boétie kennengelernt – und sich immer mehr Katharina von Medici anschloß. Hatte er
nicht genug zu tun mit den sehr drängenden Problemen seines Landes, seiner Provinz und mit den Verpflichtungen seinen engsten Freunden gegenüber?

So sehr ihn die *cosa politica*, die politische Sache, auch faszinierte, insbesondere da durch sie Leidenschaften geweckt wurden und die Beteiligten ihre wahren Überzeugungen und Gesichter verrieten, er zögerte doch,
sich auf das Gebiet der »Staatskunst« vorzuwagen, denn es erschien ihm
»höchst vermessen, die beständigen öffentlichen Einrichtungen und Bräuche einer unbeständigen Privatmeinung zu unterwerfen.« (I, 23) Aber lassen Sie uns einen wichtigen Hinweis auf seinen italienischen Anreger zitieren:

> »Namentlich in politischen Angelegenheiten öffnet sich dem Wechselspiel des Für
> und Wider ein weites Feld. Die Argumente[13] Machiavellis zum Beispiel wurden
> seinem Gegenstand durchaus gerecht; dennoch erwies es sich als sehr leicht, sie zu
> widerlegen. Die aber das taten, haben die Widerlegung der ihren nicht minder
> leicht gemacht. In solchen Auseinandersetzungen finden sich stets hinreichend
> Gesichtspunkte für Repliken und Dupliken, für Tripliken und Quadrupliken mit
> jenem Rattenschwanz von Rede und Gegenrede, durch den bei uns die Rechts-
> verdreher die Prozesse ins schier Endlose zu verlängern wissen (...).« (II, 17)

Er gibt keinem Recht und läßt den Streit zwischen Machiavelli, Gentillet und Bodin offen. Deshalb ist es seinem Ruf nicht abträglich, wenn er
sich auf den florentiner Gelehrten bezieht. Festhalten sollte man auch,
was den Moralisten und den Politiker quasi zwangsläufig trennt (das
scheint zwar logisch zu sein, ist es aber vielleicht weniger, als man
gemeinhin denkt) und die Tatsache, daß ihre Abhandlungen (und Unternehmungen) von den jeweiligen historischen, heute würde man
sagen: geopolitischen Umständen geprägt wurden, unter denen sie entstanden sind.

So tragisch die Spaltung Frankreichs zu der Zeit auch war, als Montaigne wirkte und schrieb, besonders nach der Bartholomäusnacht, der
Staat ist bereits ein anerkanntes Gebilde, hat seine Grundstrukturen aus-
gebildet, besitzt ein Zentrum, eine gemeinsame Sprache, eine vorherr-

schende politische Philosophie, und es gibt staatliche Einrichtungen – die beispielhaft zu erwähnen sich Machiavelli nicht zu schade war.

Zweifellos waren die staatliche Einheit und ihre Prinzipien, die auf katholischem Zentralismus und humanistischem Universalismus gründeten, durch die sogenannten »Religionskriege« bedroht. Aber die gelegentlich unsichere Lage des französischen Staates läßt sich nicht mit dem Zustand Italiens vergleichen, der zu Beginn des sechzehnten Jahrhunderts, als Machiavelli lebte und seine Gedanken entwickelte, von einem Chaos unzusammenhängender, machtgieriger Fürstentümer bestimmt war – und am schlimmsten von allen war das Papsttum.

Wenn laut Machiavelli die wichtigste Regel für den Fürsten lautet, den Staat zu »erhalten«, spricht er als Seemann, der im Sturm ein Schiff durch das aufgewühlte Meer steuert: »Erhalten« bedeutet zugleich aufbauen und retten, leben und überleben. Wenn Montaigne dasselbe Wort verwendet, hat es mit Sicherheit eine weniger tragische, dafür um so zwingendere Bedeutung. Der eine steht mitten in der Anarchie, der andere vor dem Problem spaltender »Neuerungen«. Weder Dringlichkeit noch Spannung der Probleme sind vergleichbar. Daher die ungeschminkte Bitterkeit des Italieners und die größere Sperrigkeit seiner Abhandlung.

Aber trotzdem! Will man ermessen, welchen Anteil Machiavelli bei Montaigne hat, muß man nur einige Sätze anführen, die von einzelnen Formulierungen abgesehen, ebensogut von Machiavelli wie von Montaigne stammen könnten:

»Ein Fürst[14], der durch dringende Umstände, etwa eine plötzlich eintretende Notlage seines Staates gezwungen wird, wider Treu und Glauben zu handeln oder sonstwie vom gewohnten Pfad seiner Pflichten abzuweichen, sollte eine solche Unumgänglichkeit als göttliche Heimsuchung ansehen. Sünde ist sein Verhalten nicht, denn er opfert seine persönlichen Grundsätze ja umfassenderen, die gebieterischer sind; ein Unglück aber ist es gewiß. Als mich deshalb einer fragte: ›Gibt es da keinen Ausweg?‹, antwortete ich: ›Keinen!‹ Wenn der Fürst wirklich zwischen diesen beiden Extremen auf die Folterbank gespannt war, mußte er tun, was er tat – doch hüte er sich, für seinen Wortbruch nur einen Vorwand zu suchen! Geschah es ohne Bedauern und ohne ihn zu bedrücken, zeigt dies, daß es um sein Gewissen schlecht bestellt ist.« (III,1)

In diesem Abschnitt mag man getrost alles lesen, was Montaigne zur Bartholomäusnacht zu sagen hatte.

»Ebenso gibt es in jedem Gemeinwesen unentbehrliche Aufgaben, die nicht nur verächtlich, sondern geradezu sittenwidrig sind. Die Laster spielen folglich für den Zusammenhalt unsrer Gesellschaft eine genausogroße Rolle wie die Gifte für die Bewahrung der Gesundheit. Wenn sie nun solcherart entschuldbar waren, weil wir sie brauchen und das öffentliche Interesse ihre wahre Natur in Dunkel hüllt, sollen wir die Durchführung solcher Aufgaben den robusteren und weniger zögerlichen Bürgern überlassen, die bereit sind, Ehre und Gewissen dafür zu opfern – wie einst Männer der Antike für das Wohl des Vaterlandes ihr Leben.« (III, 1)

Wie überschwenglich rühmt er hier alle, die der »Unumgänglichkeit« dienen: Er vergleicht sie sogar mit den antiken Helden wie Philopoimen oder Cato, die »für das Wohl des Vaterlandes ihr Leben« opferten!

»Ich will den Betrügereien ihren angestammten Platz keineswegs streitig machen, denn das hieße die Welt schlecht verstehen. Ich weiß, daß sie oft schon nützliche Dienste geleistet haben und daß sie den größten Teil des menschlichen Tuns und Treibens speisen und in Gang halten. Es gibt rechtmäßige Untaten, und es gibt allerlei gute oder zumindest entschuldbare Taten, die unrechtmäßig sind.« (III, 1)

Im Grunde könnte der ganze Essay »Über das Nützliche und das Rechte«, aus dem diese kühnen Aussagen stammen, von Niccolò Machiavelli sein.[15] Als Montaigne daran arbeitete, hatte er das Bürgermeisteramt schon wieder aufgegeben, doch warteten auf ihn noch einige diplomatische und politischen Aufgaben, die er bereitwillig übernahm. Lediglich der Hinweis auf die »göttliche Heimsuchung« ist dem Denken eines Machiavelli eher fremd, ebenso wie der prächtige Satz – ein wahres Kleinod der Philosophie Montaignes –, der den Moralisten von dem Empiriker aus Florenz unterscheidet: »Geschah es ohne Bedauern und ohne ihn zu bedrücken, zeigt dies, daß es um sein Gewissen schlecht bestellt ist.« Ob das immer richtig ist?

Auch *Der Fürst* steckt voller Maximen reinsten Wassers. Wenn Machiavelli sich über seine Leser hinwegsetzt, indem er ihnen vorhält: »ein Fürst, der an der Macht bleiben will, muß lernen, unehrlich zu sein«, so unterstreicht er doch zugleich: »das beste Mittel dazu ist es, die Zuneigung des Volkes zu erringen« und »wenn das Volk einen haßt, kann er noch so große Festungen haben, sie werden ihn nicht retten« – dieselbe Empfehlung findet sich sinngemäß in einem der letzten Briefe Montaignes, den er während der Belagerung von Paris an Heinrich IV. schrieb.[16]

Ist es nötig, dieses Spiel der Ersetzungen und Umkehrungen weiterzuverfolgen und sich vorzustellen, man könne die Überschriften »Über die

Dinge, die den Menschen und vor allem den Fürsten Lob oder Tadel ein-
bringen« oder »Über die Macht des Schicksals in menschlichen Angelegenheiten und wie man ihm entgeht« in den *Essais* lesen und dafür im
Fürsten »Über die Gewohnheit und daß man ein überkommenes Gesetz
nicht leichtfertig ändern sollte« oder »Man wird bestraft, wenn man sich
darauf versteift, eine Festung sinnlos zu verteidigen«.

Die Übereinstimmung zwischen dem florentinischen Staatssekretär und
dem Essayisten aus der Gascogne reicht so weit, daß ihre Gedanken über
das Gemeinwesen ungeachtet ihrer unterschiedlichen geschichtlichen Erfahrungen um dieselben grundlegenden Themen kreisen. Wenn die Sachlage,
die Umstände, die Not (die griechische *anankē*) es erforderlich machen,
sollte sich nach beider Auffassung derjenige, der für das Gemeinwesen verantwortlich ist, ob Fürst oder Statthalter, an zwei Dinge halten: an die
»fortune« und an das, was der Florentiner *virtù* nennt – ein unübersetzba-
res Wort, das »Wachsamkeit, Tatkraft, Mut, Gerechtigkeitssinn« bedeutet,
kurz alle Eigenschaften, die es einem Fürsten erlauben, sich die »fortune«
gewogen zu machen, ein Begriff, an dem Montaigne sehr viel liegt.

Von Machiavelli zu Montaigne und wieder zurück läuft ein Faden
vom Rechten zum Nützlichen, vom Nützlichen zum Rechten. Dazwischen liegen ein halbes Jahrhundert und die Alpen. Daß der französische
Essayist die Betonung stärker auf die Bewegung vom »Nützlichen« zum
»Rechten« legt als der italienische Diplomat, kann nicht verhindern, daß
der Funke überspringt und sich Themen, Erkenntnisse und Lehren über-
schneiden, die sie aus ihrer Lebenserfahrung ziehen, oder aus der Lektüre
von Historikern wie Thukydides oder Cäsar.

Der Fürst wurde zwischen zwei Blitzen in einer Nacht der Anarchie
verfaßt, als überall bereits Raub und Diebstahl herrschten, während der
westliche Humanismus noch voller Optimismus steckte. Aus diesem
Grund war das »schöne sechzehnte Jahrhundert« so schockiert über dieses Manifest des Pessimismus, das es mitten ins Herz traf. Die *Essais*
erschienen, als die Hoffnungen in sich zusammengesunken waren, als sich
die Wolken aus den vielen Stürmen zusammenzogen: In dieser Atmosphäre klang der schneidende Realismus, der das dritte Buch durchdringt,
wie das Brevier eines Weisen, dessen Denken verletzt wurde. Wollte Montaigne die Verzweiflung verdecken, die er vor dem Grauen des »Nützlichen« empfand?

Auch wenn David Schaefer in seiner Arbeit *The political philosophy of Montaigne* mit der These der gedanklichen Kontinuität von Machiavelli zu Montaigne vielleicht etwas übertreibt (und dabei Montaignes Angst vor den »Neuerungen« und seine Bindung an das vorhandene monarchische System unterschätzt), so legt er doch überzeugend dar, daß der Weg von Machiavelli zu Montesquieu über den Verfasser der *Essais* läuft. Montaigne gehört zu jenen Denkern, die an dem Werk, mit dem Machiavelli die moderne politische Philosophie begründete, »weitergebastelt« haben, um dem Liberalismus des 18. Jahrhunderts den Weg zu bahnen.

Trotzdem unterscheiden sich die *Essais* und *Der Fürst* in dem, was man bei beiden Werken den »Unterton« nennen könnte. Wie der florentiner Sekretär ist auch der Philosoph aus der Gascogne bereit, das Verbrechen als »notwendig« oder »nützlich« und das Böse als Quelle der politischen »Tatkraft« anzuerkennen. Doch die harte Lehre, die *Der Fürst* gibt, wird bei ihm in ein weitläufiges Plädoyer für Toleranz, gegen Tyrannei und Grausamkeit eingebettet und ihm angepaßt. Dadurch gewinnt sie einen neuen Klang.

Unser Vorhaben, Michel de Montaignes Haltung zur Bartholomäusnacht herauszuarbeiten, ob nun im Licht von Machiavellis Gedanken oder nicht, kann nur zu Ende geführt werden, wenn wir auf jene Sätze zurückkommen, die Montaignes letzte Überlegungen zur absoluten politischen Tragödie vom 24. August 1572 zusammenfassen:

> »Jene Beispiele von Treubruch sind jedenfalls gefährlich: seltene und krankhafte Ausnahmen von unsren naturgegebnen Regeln. Wenn sie schon nicht zu vermeiden sind, sollte man dabei wenigstens maßvoll und umsichtig zu Werke gehn. Kein persönlicher Nutzen verdient es, daß wir um seinetwillen unser Gewissen derart vergewaltigen; um des öffentlichen willen, sei's drum – vorausgesetzt, er ist offenkundig und von beträchtlichem Gewicht.« (III, 1)

Das erlaubt es dem Verfasser der *Essais* an anderer Stelle, mit diesem hervorstechenden Satz zu schließen: »Der Gottesfurcht unserer Könige zu Ehren möchte ich jedoch eher glauben, daß sie nur, weil sie nicht konnten, was sie wollten, so getan haben, als wollten sie, was sie konnten.« (II, 19)

Montaigne und die Bartholomäusnacht: Bedeutet das Schweigen? Oder, nachdem die Schande schweigend hingenommen und das Entsetzen überwunden ist, eine lange, schmerzvolle Meditation, eine Schlußfolgerung, die Montaigne (wie die Jesuiten, denen er nahestand) im Licht eines katholischen Bewußtseins von der Relativität der Sünde gezogen hat und mit der er sich Schritt für Schritt dem Geist Machiavellis annähert?

»Er mußte tun, was er tat (...).« (III, 1)

KAPITEL 9

»Im Sattel« durch Europa

Man weiß, wovor man flieht, aber nicht, was man sucht ❖ Der geheimnisvolle Sekretär ❖ Gespräch mit Maldonat ❖ Die Besonnenheit der deutschen Reformatoren ❖ Zwei Taler in Venedig ❖ Der Pantoffel des Papstes und der Pilger von Loreto ❖ Eine Beschneidung in Rom ❖ Über Steine und Bäder ❖ Bordeaux wählt einen Bürgermeister!

Ein Jahr, fünf Monate und acht Tage bergauf und bergab, immer »im Sattel«, quer durch Europa auf Straßen, Wegen und Pfaden, die alles andere als sicher sind: Zwischen dem 22. Juni 1580 und dem 30. November 1581 ist Montaigne auf Reisen.

Wir wissen, daß er kein Stubenhocker war. Doch jetzt ist der Mann, der durch die Ausfallpforte seines Schlosses im Perigord reitet, um eine Reise anzutreten, die kürzer war, als er geplant hatte[1], siebenundvierzig Jahre, nennt sich »alt« und wird von Krankheiten geplagt. Was erhofft er sich? Welchem goldenen Vlies jagt er hinterher?

Wenn ihn jemand fragte, warum er auf Reisen ginge, erwiderte Michel de Montaigne, daß er zwar wisse, wovor er fliehe, nicht aber, wonach er suche. (III, 9) Die typische Antwort eines Gascogners – aber ist sie auch eines Sokrates würdig? Als er im Frühjahr 1580 seinem Pferd die Sporen gibt, um nach Norden, dann nach Osten und schließlich gen Süden zu reiten, weiß er mit Sicherheit, wovor er flieht. Doch er weiß auch genau, was er sucht und wohin die Reise in seiner »hüpfenden, Luftsprünge machenden Gangart« gehen wird: Er sucht Heilung von seiner Krankheit und die Quellen seiner Bildung.

Wovor flieht er? In erster Linie vor der Alltagsroutine eines Landedelmanns, der seinen Überdruß am Treiben der Welt bekundet hat und sich ausschließlich den »gelehrten Musen« zuwenden wollte, der nach zehn Jahren aber feststellen muß, daß er noch immer ein unstetes Wesen, ein jugendliches, flatterhaftes Herz hat und daß seine Neugier auf die Welt und die Menschen ebensowenig gestillt ist wie die Lust, »seine Philosophie spazieren zu führen« – so die hübsche Formulierung Meunier de Querlons, der das erste Vorwort zu Montaignes *Tagebuch einer Reise durch Italien* schrieb.

Er verhehlt nicht, daß »man« versuchte, ihn zurückzuhalten: Die Argumente, von denen er berichtet, und seine Erwiderung darauf machen deutlich, woher die Einwände stammten:

»Die Beziehungen zwischen Mann und Frau kühlen durch fortwährendes Zusammensein eher ab – allzuviel ist ungesund (…).« (III, 9)

»Als wir heirateten, haben wir doch keineswegs vereinbart, ständig aneinanderzuhängen, wie wir es bei gewissen kleinen Tieren sehen, oder den Straßenkötern gleich (…). Und eine Frau sollte ihre Augen nicht derart begierig auf die Vorderseite ihres Mannes geheftet halten, daß sie es nicht ertragen kann, wenn er ihr einmal den Rücken kehrt.« (III, 9)

Kurz: Nach fünfzehn Jahren Ehe und »Haushaltung«, die lediglich von allzu kurzen Unterhandlungen am Hof oder unbedeutenden Gefechten hinter »Hecken« oder gegen den »Hühnerstall« unterbrochen wurden, hat er genug von diesem Leben und seinen Widrigkeiten. Zwei Jahre ohne Françoise, in denen er sich ins Abenteuer stürzen könnte, würden ihn mit neuer Liebe erfüllen, sie ihm freundlicher und »umgänglicher« machen, und die »häuslichen Dornen« würden nicht mehr so sehr stechen.

Zugleich flieht er vor der »Teilung« Frankreichs unter den drei Heinrichen: König Heinrich III. sinkt immer tiefer in eine verderbliche Frömmigkeit, der Guise führt seine Heilige Liga der Fanatiker an, und der Navarrer, dem Montaigne am meisten gewogen ist, verrennt sich in ein politisch unkluges Hugenottentum. Unter dem Vorwand, für die Religion zu kämpfen, sind die alten Kriege der Gallier wieder aufgeflammt und mit ihnen das Sektierertum und die alten Begehrlichkeiten. Der siebte Religionskrieg, der soeben ausgebrochen war, wurde »Krieg der Verliebten« genannt, was den Schrecken, den er brachte, nicht minderte. Noch war die Zeit nicht reif für Vermittler wie Montaigne.

Außerdem treiben ihn »Unruhe und Unentschlossenheit« fort von Montaigne und seinen Weinbergen. Er bezeichnet damit die altbekannte Melancholie, die vom häuslichen Verdruß und der Sorge ums Vaterland, von den Schmerzen, die er leidet, und von den Spannungen innerhalb seiner Familie genährt wird und die seinen angeborenen Frohsinn untergräbt. Beklemmung und Lebensangst, die er beim Schreiben nicht mehr kanalisieren oder sublimieren kann, gewinnen die Oberhand. Das wird in den letzten Kapiteln des Zweiten Buches der *Essais* besonders deutlich, die mit dem Brief an Margarete von Duras schließen. Dieser illustren Dame, in die er sich wohl wie viele andere verliebt hatte, bekennt er freimütig während er die ersten Koliken erleidet: »Ich habe den Boden des Fasses fast erreicht, und man riecht schon die Ablagerungen und Hefen.«(II, 37)

Wovor er flieht, ist eindeutig. Ebenso eindeutig ist das, was er sucht. Wie man an den Abstechern auf seiner Reise von Plombières bis Lucca deutlich ersehen kann, stehen an erster Stelle die Heilbäder zur Linderung seiner Leiden und Koliken, die ihn seit Sommer 1578 plagen. Er hat reihum alle Badeorte Aquitaniens besucht: Bagnères-de-Bigorre, Préchacq, Aigues-Chaudes, Barbotan. Doch immer ist die Besserung nur vorübergehend. Der Aufschrei im Brief an Madame de Duras bleibt weiter aktuell: »Ruhm (…) ist für einen Menschen meiner Gemütsart schon mit drei tüchtigen Koliken allzu teuer erkauft. Gesundheit, bei Gott, Gesundheit!« (II, 37)

Diese Seite seines Unternehmens kennen wir also. Auch wenn es kleinlich erscheint, so weit zu reiten, nur um die Blase zu beruhigen, und es jeden anderen beschämen würde, sich darüber auszubreiten: Um nichts anderes geht es. Der Reisebericht wird es bezeugen – und den geringen Erfolg festhalten.

Sollte Montaigne nur Kurgast gewesen sein? Viele haben sich gegen diesen Gedanken gestemmt und wollten seinem Ritt über Basel und Augsburg nach Rom, über Städte also, deren öffentliche, politische und religiöse Belange ihm selbstverständlich wichtiger waren als das ansässige Apothekerhandwerk, eine politische und diplomatische Bedeutung geben. War er in geheimem Auftrag unterwegs, waren die Kuren nur ein Deckmäntelchen? Es gibt Hinweise, die solche Vermutungen stützen, allein, sie liefern nicht den Beweis. Tatsache ist: Der Reisende hatte eine Unterredung mit dem Papst, mit Vertretern verschiedener Religionen und mehreren Gesandten. Montaigne war allgemein bekannt, er war neugierig auf alles, hatte Empfehlungsschreiben seines Königs bei sich und schlug keine Ehrungen in den Wind. Und ausgerechnet er soll wie ein Korken auf dem Wasser geschaukelt haben? Wir werden noch darauf zurückkommen.

Schließlich ist da noch »die Gier auf unbekannte Dinge«, die in ihm »die Reiselust nährt«, und die Freude daran, seinen Verstand an dem anderer zu »schärfen«, die ein Hauptantrieb zu diesem Unternehmen ist. Die Welt ist seine Wiese: Im Geist hat er mit Alexander Indien besucht, mit Scipio Afrika und mit den »Wilden« von Rouen Brasilien. Wie Sokrates bekennt er geradeheraus, daß seine einzige Heimat die Welt sei. Deshalb drängt es ihn, »seine« europäischen Lande zu besuchen. Für den Humanisten, der bei Erasmus, Turnebus und Muret in die Lehre ging, ist Rom eine zweite Heimat. Als Gascogner mit der Sehnsucht nach Reiterlärm und Pferdegetrappel möchte er neue Horizonte sehen, die ihn in Erstaunen versetzen.

Sein geniales Vorhaben besteht also darin, das Postulat des Reisenden umzukehren. Genaugenommen handelt es sich weder um eine Suche noch um eine Flucht. Seine Absicht ist nicht, »zu finden, was er sucht, sondern zu versuchen, was er findet« (Fausta Garavini).

Damit ist das »Warum?« hinreichend erklärt. Stellt sich die Frage nach dem »Wie?« Gut unterrichtet über alles, was sich in Frankreich abspielte (woher, wissen wir nicht), hatte Montaigne bei seiner Abreise von Montravel am 20. Juni 1580 noch nicht die ganze Gesellschaft abenteuerlustiger Reisebegleiter um sich geschart. Erst am 5. September, als die Gruppe aus den Vorstädten nördlich von Paris aufbrach, um sich endgültig auf den Weg zu machen, war sie vollzählig.

Montaigne, der von seinem jüngeren Bruder Bertrand de Mattecoulon und seinem Schwager Bernard de Cazalis, dem Gatten seiner verstorbenen Schwester Marie, begleitet wurde, brannte darauf, dem König ein Exemplar seiner *Essais* zu überreichen, und rechnete fest damit, in Paris empfangen zu werden. Dort aber wütete die Pest (1580 sollen ihr mehrere tausend Pariser zum Opfer gefallen sein), und Heinrich III. war nach Saint-Maur-les-Fossés ausgewichen, wo er zeitgenössischen Chroniken zufolge im Schutze eines Klosters mit ein paar Nönnlein über die Stränge schlug. Offenbar hat der Reisende dort dem König sein Werk überreicht und seinen Glückwunsch entgegengenommen.

Am 7. Juli begann Marschall Matignon die Belagerung der Stadt La Fère im Oise, die von Hugenotten gehalten wurde. Letztere warteten vergeblich auf die Hilfe ihrer zögerlichen deutschen Verbündeten. Montaigne und seine Reisegefährten nahmen an der Belagerung teil: Es war löblich, bei dieser denkwürdigen Schlacht in so edler Gesellschaft mitgekämpft zu haben. Bei einem Schußwechsel zweier Arkebusen wurde sein Freund Philibert von Gramont tödlich getroffen. Der Gatte von

Diane d'Andoins, der späteren Corisande, war ein »Günstling« des Königs. Montaigne beschloß, den Leichnam seines Freundes nach Soisson zu geleiten. Damit war die Belagerung für die Reisenden aus der Gascogne beendet. La Fère fiel allerdings erst am 7. September.

Im Norden von Paris, auf der Straße nach Meaux[2], stießen Charles d'Estissac, der Sohn von Montaignes Freundin Louise, sowie François du Hautoy, ein Edelmann aus Lothringen, zu der Reisegesellschaft und teilten fortan ihre Kosten und Gefahren, die, um die Wahrheit zu sagen, im Norden nicht so groß waren wie im Süden. Die Kavalkade bestand aus zehn Personen, sieben Reitern und drei Männern zu Fuß, zwei Dienern und einem Maultiertreiber, der möglicherweise einen Gepäckwagen führte (das läßt sich zumindest aus einem erzwungenen Aufenthalt in Tirol schließen, wo nach einem Steinschlag eine Reparatur notwendig war). Jedenfalls schleppten die Reisenden eine Menge großer, schwerer Koffer mit sich und kamen deshalb nur langsam voran. Die drei Männer zu Fuß zwangen die Reiter, mit ihren Pferden im Schritt zu gehen. Die Tagesstrecken waren meist sieben bis acht französische Meilen lang, das sind ungefähr dreißig Kilometer.

Der Essayist auf Wanderschaft führte eine Truppe junger Leute an, die im Durchschnitt zwanzig Jahre alt waren. Daß er sich im *Tagebuch* über seine Gefährten ausschweigt, gereicht ihnen ebensowenig zum Ruhm wie einige Bemerkungen in den *Essais*. Er versuchte nicht einmal, uns über seinen Bruder, seinen Schwager oder den Sohn seiner Freundin zu täuschen. Im 9. Kapitel des Dritten Buches heißt es an einer Stelle, die sich nicht allein auf die große Reise bezieht, aber doch in sehr enger Beziehung zu ihr steht: »Es ist ein seltenes, unschätzbare Erleichterung bringendes Glück, einen rechtschaffenen Mann mit gesundem Menschenverstand bei sich zu haben, dessen Wesensart mit der eigenen übereinstimmt und dem es Freude macht, einen zu begleiten. Ein solcher hat mir auf all meinen Reisen schmerzlich gefehlt.« (III, 9)

Mattecoulon wollte in Italien vor allen Dingen seine Fechtkunst vervollkommnen. Die beherrschte er in Rom zumindest so gut, daß er in Abwesenheit seines Bruders einen Mann im Duell tötete und damit die Reisegesellschaft sowie den französischen Gesandten in große Not brachte. Cazalis verabschiedete sich in Padua von seinen Gefährten – und sieht man von einer mutmaßlichen Liebesaffäre ab, kann man ihm zumindest einen gewissen universitären Ehrgeiz zu Gute halten.

Noch weniger wissen wir über die Absichten der Herren du Hautoy und Charles d'Estissac, dem Sohn der »göttlichen Louise«. Was letzteren betrifft, sollte ein besonderer Umstand nicht unerwähnt bleiben: Der junge Mann hatte wegen seiner Ahnen bei allen Empfängen den Vortritt vor Montaigne. Der Papst gewährte »den Herren von Estissac und von Montaigne« Audienz – solche Auswüchse zeitigte eine Gesellschaft, die den Stammbaum eines neunzehnjährigen Grünschnabels über das Genie eines reifen Mannes stellte.

Schließlich wird die Reisegesellschaft durch einen Mann bereichert, der eine größere Aufmerksamkeit verdient hat, nämlich den »Sekretär«, ohne den die große Reise des Herrn von Montaigne wahrscheinlich nur in einigen Ausführungen des dritten Buches der *Essais* ein Echo gefunden hätte.

Es bedurfte eines Geistlichen namens Joseph Prunis, um dieses eigenartige Werk aufzufinden. Der gelehrte Kanonikus, der sich auf die Geschichte des Périgord spezialisiert hatte, fand 1769 beim Durchstöbern der Dachkammern von Schloß Montaigne ein Heft von zweihundertfünfzig Seiten, dessen Herkunft rasch geklärt war.[3] Der Text stammte von zwei Autoren, wobei der zweite meistens italienisch schrieb.

Ganz offensichtlich war das Werk nicht zur Veröffentlichung bestimmt. Wahrscheinlich war nicht einmal eine kontinuierliche Arbeit daran vorgesehen. Es gibt nichts Vergleichbares zu diesem Text, der quasi im Schritt der Pferde, nach Lust und Laune entstand. Selbst Texte wie Napoleons *Denkwürdigkeiten zur Geschichte Frankreichs*[4] oder Eckermanns *Gespräche mit Goethe*, die uns das Bild eines großen Mannes übermitteln, reichen nicht an ihn heran. In feinsten Pinselstrichen und mit noch mehr »Luftsprüngen« als in den *Essais* wird hier zunächst durch einen fremden Blick und von fremder Hand die Persönlichkeit eines gewissen Edelmanns gezeichnet, der trotz seiner Koliken durch die Lande reist, der sehr ichbezogen und ein wenig eitel ist, sich brennend für Religion (oder, wenn man so will, Religionssoziologie) interessiert, der ein Talent zur ethnographischen Beobachtung besitzt und neugierig mechanische Wunderwerke bestaunt – vor allem wenn es hydraulische sind.

Das *Tagebuch* stellt eine wunderbare Ergänzung zu den *Essais* dar. Paul Faure, der den Text 1948 kommentierte, konnte sogar zu der Auffassung gelangen, daß es sich »um einen Essay handelt, der noch aufrichtiger ist als die *Essais*«. Das Bild Montaignes darin ist einerseits persönlicher als der

Montaigne, der sich uns in den *Essais* zeigt, da es nur für den privaten Gebrauch bestimmt war, und andererseits distanzierter, da es teils von fremder Hand stammt, häufig unmittelbar aus dem Wirbel der Menschen und Dinge berichtet, und das teilweise auch noch in einer fremden Sprache.

Hatte Montaigne überhaupt an eine Niederschrift seiner Reiseerlebnisse gedacht? Hatte er deshalb einen »Sekretär« mitgenommen? Oder war jener aus ganz anderen Gründen mitgenommen worden, vielleicht als Bediensteter (der zum Beispiel die Reisekasse zu verwalten hatte), und hatte selbst die Initiative zum Tagebuch ergriffen. Eine Reise an der Seite des Herrn von Montaigne mußte dazu verleiten, ein paar Aufzeichnungen zu machen. Handelte es sich um jemanden aus dem Périgord oder der Gironde, um einen mittellosen Studenten vielleicht, der zum Studieren nach Italien mitgenommen wurde und die Reise durch seine Dienste abgolt?

Diese Annahme scheint auf der Tatsache zu beruhen, daß er sich in Rom von der Reisegesellschaft verabschiedete – und Montaigne, der uns über den Grund seines Abschieds im Ungewissen läßt, begnügt sich mit der Feststellung, daß er von nun an selbst die Feder in die Hand nehmen werde, um »dies schöne Geschäft« fortzuführen »trotz der Unbequemlichkeit, die damit verbunden ist«(Tb, S. 142).[5] Und um so mehr, als er sich die Mühe macht, auf italienisch zu schreiben.

Die Rolle dieses anonymen Schreibers wurde lange Zeit vernachlässigt, obwohl er auf das Wohlergehen seines Herrn ebenso eifrig bedacht war wie auf die Niederschrift – oder war es eher eine Übersetzung, ein einfühlendes Erraten seiner Äußerungen, Empfindungen und Entdeckungen, denen er eine so gewählte Sprache gab, als hätte der Essayist selbst die Feder zur Hand genommen. Wenn der anonyme Schreiber sich hier und da selbst mit einem »ich« zu Wort meldet, handelt es sich nicht bloß um ein Echo, sondern deutet manchmal auf eine andere oder sogar entgegengesetzte Meinung über die Reiseroute hin. (An zwei Stellen erfahren wir, daß er schon einmal durch Italien gereist war.) Seine Abwesenheit hingegen macht sich darin bemerkbar, daß das Tagebuch über den ergreifendsten Augenblick der Reise schweigt: über den Besuch beim geistig umnachteten Dichter Tasso in Ferrara, der sich selbst »überlebt«[6] hatte, wie Montaigne in den Essais schrieb.

Der Schleier, der den unbekannten Schreiber jahrhundertelang verbarg, wurde insbesondere durch Fausta Garavini im hervorragenden Vorwort zu ihrer Ausgabe des *Tagebuchs*[7] gelüftet. Wo man sich zuvor darin erschöpfte, die Einlassungen des überaus zuverlässigen Sekretärs von denen seines Herrn zu unterscheiden und ihren wunderbaren Zusammenklang aufzutrennen, wirft Frau Garavini ein Schlaglicht auf seine Persönlichkeit und fragt sich sogar, ob der Schreiber nicht den größeren Anteil am Text hat und ob er »nicht mit gleichem Recht Schriftsteller ist wie der Schriftsteller«. Donnerwetter! Der amerikanische Universitätsgelehrte Craig B. Brush überbietet sie noch und hält den Anteil des Schreibers für »viel bedeutender«.

In einer Fußnote zu seiner Ausgabe des *Tagebuchs* hat Paul Faure[8] das Problem noch von einer anderen Seite beleuchtet. Er fragt, welche Veränderung das Werk dadurch erfuhr, daß der Schreiber die Feder an Montaigne weitergab. Der Text sei in der Folge weniger anekdotisch als philosophisch, befasse sich mehr mit Fragen der Gesundheit und werde kunstbeflissener. Florenz erscheint nur unter der zweiten Feder, in den Augen Montaignes als »schön«.

Wir wollen hier nicht in dieses faszinierende Spiel der Spiegelbilder eintreten, sondern uns mit dem Hinweis begnügen, daß es ein schönes Thema für einen Schriftsteller sein könnte: Wer könnte sich nicht vorstellen, der Spur des am 15. Februar 1581 in den Straßen von Rom verschwundenen, genialen Sekretärs nachzugehen und ihn zehn Jahre später als Monsignore im Gefolge von Sixtus Quintus anzutreffen, wo er vor dem Kardinalskollegium von den Streichen seines lieben gascognischen Edelmanns erzählt – oder besser noch, ihn ins Périgord zurückführen, wo er am 9. Kapitel des dritten Buches der *Essais* schreibt, während der erschöpfte Montaigne an seinem Pult schläft, um später Heinrich IV. einige Klauseln im Edikt von Nantes einzuflüstern und ihn auf die Idee zu bringen, sich mit der dicken Maria von Medici zu vermählen?

Kurz, achtzehn Monate lang ritten die französischen Edelmänner von Meaux nach Epernay und Domrémy (wo Montaigne zufrieden feststellt, daß die »Nachkommen« Jeanne d'Arcs vom König geadelt worden sind), von Epinal nach Plombières (wo der Nierenkranke zehn Tage ohne nennenswerten Erfolg die Bäder besucht), anschließend über Mühlhausen, Basel (wo er mit verschiedenen Reformatoren Gespräche führt), Baden (um fünf Badetage einzulegen), Konstanz, Augsburg (»die schönste Stadt Deutschlands«), München, Innsbruck, Trient, den Gardasee, Venedig (wo die Reisegesellschaft nur sechs Tage bleibt), Ferrara, Bologna und Florenz (wo man anfangs ein wenig enttäuscht ist) nach Rom. Dort blieben sie vom 30. November 1580 bis zum 19. April 1581 – erhielten eine Audienz beim Papst und eine Einladung des Papstsohns, besuchten die Vatikanische Bibliothek, eine jüdische Beschneidungsfeier und nahmen die Kritik der Zensoren aus dem *Sacro Palazzo* an den *Essais* entgegen.

Anschließend besuchte Montaigne Loreto und nach einem zweiten Florenzaufenthalt und einem Zwischenstopp in Lucca trat er die lange geplante Badekur im nahegelegen La Villa an. Dort erreichte ihn im September 1581 die Nachricht von seiner Wahl zum Bürgermeister von Bordeaux. Montaigne beschloß daraufhin, die Reise abzubrechen, gönnte sich jedoch noch einen zweiwöchigen Aufenthalt in Rom, bevor er sich auf die Rückreise zu seiner Stadt und seinen Wählern begab. Am 30. November 1581 traf er schließlich wieder bei seiner Frau auf Schloß Montaigne ein.

Statt den berittenen Edelmann und seine Reisegesellschaft Tag für Tag zu begleiten, wollen wir einmal »so tun als ob«, und das von zwei Händen in zwei Sprachen geschriebene und zwischen dem zweiten und dem dritten Buch der *Essais* entstandene *Tagebuch* behandeln, als wäre es ein Buch Nummer »zweieinhalb«, ein Entwurf zum wunderbaren dritten Buch, in dem die Themen der Reise bereits alle in Form von kurzen Essays dargestellt würden. Denn seine Luftsprünge, sein Staunen als Tourist und seine Abschweifungen als Kurgast halten unseren Gascogner nicht vom Philosophieren ab.

So kommen wir von der »Kunst zu reisen« zu den »Edelfrauen«, von der *ars politica* zu den »Steinen und Bädern«, ohne dabei »das Gemüse« zu vergessen, und erhalten *Essais* im Miniaturformat. (Nur zur Beruhigung: Wir haben natürlich alles getan, um den Eindruck eines Pasticcio zu vermeiden – bei einem so reichhaltigen Text wäre das wirklich anmaßend und lächerlich.)

I

Über die Kunst zu reisen

Da es nicht zur Veröffentlichung bestimmt war, ist dieses Reisetagebuch in gewisser Weise auf einigen Seiten im 9. Kapitel des dritten Buches der *Essais* zusammengefaßt worden, das lange nach der großen Reise von

1580/81 geschrieben wurde. Der Essay trägt den Titel »Über die Eitel-keit«, was für eine Übung in Selbsterkenntnis recht seltsam anmutet. Tatsächlich haftet ihm etwas Selbstgefälliges an.

»Das Reisen scheint mir (…) eine ersprießliche Betätigung. Der Geist übt sich dabei ständig in der Beobachtung neuer, ihm unbekannter Dinge. Ich wüßte (wie ich schon oft gesagt habe) keine bessere Schule, uns im Leben weiterzubilden, als ihm unausgesetzt die Mannigfaltigkeit so vieler anderer Daseinsweisen, Anschau-ungen und Gebräuche vorzuführen und ihn an diesem ewigen Wandel der Erscheinungsformen unserer Natur Geschmack finden zu lassen. Gleichzeitig ist der Körper weder untätig noch überanstrengt, vielmehr macht solch maßvolles Bewegtsein ihn frisch und munter. So steinkrank ich bin, halte ich mich acht bis zehn Stunden ununterbrochen im Sattel, ohne daß es mir zuviel würde (…).[9]

Kein Wetter ist mit zuwider, außer der Gluthitze einer sengenden Sonne (…). Ich liebe Regen und Schlamm wie die Enten. Luftveränderung und Klimawechsel machen mir nichts aus: Jeder Himmelsstrich ist mir recht. Das einzige, was mir zusetzt, sind die in mir selbst entstehenden Umschwünge, und die kommen auf Reisen seltener vor.

Es ist nicht leicht, mich auf Trab zu bringen; bin ich aber erst einmal in Schwung, halte ich durch, solange man will. Ich entschließe mich ebensoschwer zu kleinen wie zu großen Unternehmen, zu den Vorbereitungen für einen Tages-besuch beim Nachbarn ebensoschwer wie zu denen für eine regelrechte Reise. Ich habe gelernt, meine Tagesetappen nach spanischer Art in einem Zug zu bewälti-gen – tüchtige lange Etappen. Wenn es ungewöhnlich heiß ist, lege ich sie des Nachts zurück, vom Sonnenuntergang bis zum Morgen.« (III, 9)

Man warnte ihn:

»›Aber in eurem Alter werdet ihr niemals von eurer so langen Wegstrecke zurück-kehren!‹ Was kümmert's mich? Ich unternehme meine Reisen weder, um zurück-zukehren, noch, um ans Ziel zu kommen. Ich unternehme sie allein um der Bewe-gung willen, solang mir die Bewegung gefällt. Ich bin unterwegs, um unterwegs zu sein (…).« (III, 9)

»Ich hingegen, der ich meistens nur zum Vergnügen reise, verhalte mich ver-nünftiger: Sieht es rechts bedenklich aus, wende ich mich nach links; fühle ich mich zu schlecht, mich in den Sattel zu schwingen, bleibe ich, wo ich bin. Durch dieses Verhalten finde ich es in der Tat allerorten genauso angenehm und bequem wie zu Hause. (…)

Bin ich an irgend etwas Sehenswertem vorbeigeritten? Dann kehre ich eben um – es ist so oder so mein Weg! Ich lege mich auf keine Linie fest: keine grade und keine krumme.« (III, 9)

Diese verhaltenen Maßregeln eines Reisenden, der das Reisen liebt, ent-springen zweifellos Überlegungen, die Michel de Montaigne während sei-

ner großen Rundreise 1580 anstellte, vertiefte und ausfeilte. Sie zeichneten sich bereits in den Aufzeichnungen des aufmerksamen Schreibers ab:

»Ich glaube wirklich: wenn er allein, nur mit seiner Familie, gewesen wäre; dann
wäre er lieber nach Polen oder nach Griechenland zu Fuß gegangen als den Weg
nach Italien einzuschlagen; aber das Vergnügen, das er beim Besuch unbekannter
Länder gefunden hätte – er war so empfänglich dafür, daß er die Gebrechlichkeit
seines Alters und seiner Gesundheit vergaß –, konnte er keinem seiner Gefährten
mitteilen und jeder dachte nur an die Rückreise. (…) Wenn man ihm vorhielt, daß
er die Gesellschaft oft die Kreuz und Quer führe, so daß man nicht selten wieder
dem Ausgangspunkt nahe kam (…), so antwortete er, daß er für seine Person sich
aus keinem anderen Ort etwas mache als aus dem, wo er gerade sei, und daß er
seinen Weg nicht verlieren noch verderben könne, da er ja nur den Wunsch habe,
in unbekannten Gegenden zu reisen (…).« (Tb, S. 88)

Ach, diese jungen Leute! (Muß man den Schreiber dazu zählen?) Sie sind
schon erschöpft und denken nur an die »Rückkehr«, wo der Herr von
Montaigne noch von Blasen, vielleicht sogar von Schrammen träumt.
Krakau? Griechenland? Warum nicht Hinterindien? Wir werden noch
auf die Reiseziele zu sprechen kommen, die er seinen verblüfften Reisebe-
gleitern an den Kopf wirft. Doch folgen wir zuerst den äußerst aufschlußreichen Ausführungen des Schreibers:

»(…) wenn er nach einer schlaflosen Nacht am Morgen sich erinnere, daß eine
neue Stadt oder eine neue Gegend auf ihn warte, dann stehe er voll Verlangen und
ohne Beschwerde auf. Ich sah ihn nie frischer und nie seine Schmerzen geduldiger
tragen, als wenn er unterwegs oder im Wirtshaus voll Spannung auf das war, was
kommen werde; dann suchte er jede Gelegenheit, mit den Fremden in Unterhaltung zu kommen, das lenkte ihn von seinem Leiden ab.« (Tb, S. 88)

2

Sein Zuhause ist die Welt …

Einmal mehr bezieht sich Montaigne vor allem auf Sokrates, »der die
ganze Welt als sein Vaterland ansah« (III, 9), und leitet daraus das Argument ab, warum er nicht auf Reisen ging. Demzufolge ist Athen zugleich
der Hellespont und das Land der Lotophagen.
    Montaigne zäumt die sokratische Formulierung vom anderen Ende
auf: Er macht sich über die Könige aus Persien lustig, die sich verpflichte-

ten, kein anderes Wasser zu trinken als das des Flusses Choaspes, und damit, wie Montaigne schreibt, »törichterweise auf ihr Nutzungsrecht an allen anderen Wassern verzichteten und so für sich die ganze übrige Welt austrockneten.« (III, 9)

Ein wunderbares Bild – das mit dem Thema Wasser Montaignes ganze Reise zusammenfaßt, die von Beginn an im Zeichen der Bäder und ihrer Heilwasser stand. Er hätte sich nie mit dem Wasser aus einem einzigen Strom begnügt, ob als Perser oder als Gascogner, und er betont, »Ich weiß doch, daß die Arme der Zuneigung lang genug sind, uns von einem Ende der Welt zum andern zu umfangen«, und »daß einer, der in Frankreich speise, seinen Kollegen in Ägypten miternähre«. (III, 9) Die Kirche gründet auf der Gemeinschaft der Heiligen – Montaigne beruft sich auf die Gemeinschaft der Menschen.

Das *Tagebuch* ist eine fortwährende Auseinandersetzung anschaulicher Beispiele für diesen Grundsatz, ob er die Toleranz der Schweizer, die Sauberkeit der Deutschen, die annehmliche Lebensweise der Österreicher, das harmonische Zusammenleben bei den Toskanern oder die Meinungsvielfalt bei den Römern lobt. Unter all den Themen dieser europäischen Symphonie wird der Leser insbesondere das originellste in Erinnerung behalten, handelt es sich bei dem Reisenden doch um einen Franzosen, zudem um einen Franzosen aus dem Périgord, einem Menschenschlag, der für seinen feinen Gaumen berühmt ist: In Deutschland hatte Montaigne verschiedene Versäumnisse bei der Vorbereitung und Durchführung der Reise bedauert und dabei beklagt, »keinen Koch« mitgenommen zu haben, wie der umsichtige Sekretär als erstes festhält. Beim Lesen dieser Worte wird sich jeder Franzose in dem gascognischen Essayisten wiedererkennen: Wie könnte man sich je ans teutonische Essen gewöhnen, wie sollte man die heimatlichen Speisen nicht vermissen? Doch es verhält sich umgekehrt: Er vermißt den besagten Koch, weil er ihn gerne »die hiesigen Gerichte studieren und dann zu Hause erproben lassen« (Tb, S. 49) wollte – ein größeres Zeugnis seines kühnen Weltbürgertums hätte der Eingeborene aus der Dordogne nicht abgeben können.

Wo er auch Halt macht, immer gibt es etwas zu bewundern: die Springbrunnen von Basel, die elegante Einrichtung der Unterkunft in Baden-Baden, die breiten Straßen von Augsburg und die Behaglichkeit der deutschen Öfen:

»Die Verschiedenheit der Sitten und Gebräuche von Grund auf kennenzulernen, ließ sich der Herr von Montaigne überall nach der Landessitte servieren, soviel Beschwerden es ihm auch bisweilen machte.« (Tb, S. 37)

    »Der Herr von Montaigne sagte: Sein ganzes Leben lang habe er dem Urteil anderer mißtraut, wenn die Rede auf die Annehmlichkeiten fremder Gegenden gekommen sei; denn jeder urteile nur nach dem Maßstab seiner eigenen Gewohnheit und verstehe nicht über den Kirchturm seines Dorfes hinauszublicken (...).« (Tb, S. 80)

Lag es daran, wie der Schreiber es ein bißchen plump ausdrückt, daß sich in sein Urteil »ein wenig von leidenschaftlichem Unwillen gegen sein Land mischte, das aus anderen Gründen Haß und Widerwillen in ihm erzeugt hatte« (Tb, S. 50) – aus Gründen, die sicherlich in der Politik zu suchen sind? Er begnügt sich jedenfalls nicht damit zu verkünden, daß er einen Polen ebenso wie einen Franzosen umarme. Er ärgert sich auch darüber, in Italien so viele seiner Landsleuten zu sehen, daß er in Rom »auf der Straße beinahe nicht anders als in seiner Sprache begrüßt wurde« (Tb, S. 128), und meint, für den Studenten aus Frankreich sei es ein Nachteil, in Padua ständig über Bürger aus Paris oder Bordeaux zu stolpern, denn er sei doch gekommen, um dort zu studieren. Bei jeder Gelegenheit spricht er davon, »nicht Gascogner in Sizilien« zu suchen, »(davon habe ich ja genug zurückgelassen); ich suche eher Griechen und Perser«. (III, 9) Montesquieu, ein eifriger Leser seines berühmten Landsmannes, hat sich daran erinnert.

    Der pilgernde Menschenfreund, der sich nicht scheut, die Blume über dem linken Ohr zu tragen wie die Guelfen, die es mit den Franzosen hielten (die Ghibellinen, die auf der Seite der Spanier standen, trugen sie rechts), und der dafür getadelt wird, läßt sich gleichwohl das patriotische Bonbon nicht entgehen, auf dem Weg von Florenz nach Rom, wegen ihrer »einstigen Anhänglichkeit an die Franzosen« (Tb, S. 119), einen Abstecher über Sienna nach Montalcino zu machen. Die Anhänglichkeit war jedoch zwiespältig: Montluc hatte den Widerstand der Sieneser gegen die Florentiner tapfer angeführt und mit ihnen in Montalcino eine kleine Republik begründet. Doch im Vertrag von Cateau-Cambrésis erhielten die Medicis die Stadt von Heinrich II. wieder zurück.

3

Über die Kochkunst und die Kunst, sich zu betten

Es lag offenbar an den Krebsgerichten, daß Montaigne es so sehr bedauerte, seinen gascognischen Koch nicht mitgenommen zu haben, um ihn in die deutsche Küche einzuweisen. Er hatte Geschmack an ihnen gewonnen, und, wie er versicherte, gab es keinen Tag auf seiner Reise, an dem sie auf seiner Speisekarte gefehlt hätten. Demnach war er nicht gerade das, was man sich in seiner Heimat unter einem Feinschmecker vorstellte. Wir haben ihn also auf frischer Tat als gierigen Esser ertappt. Wenngleich sein Sekretär berichtet, er habe sich zum Frühstück mit einem Brotkanten begnügt, den er im Sattel knabberte.

Dieser große Fischliebhaber läßt hier und da einfließen, daß die Schweizer häufig Fisch auf den Tisch brächten, die Deutschen seltener, die Italiener jedoch, ganz gleich wo man hinkomme, so gut wie nie. Nach seinem Gaumen sind die Fleischgerichte in Italien »nicht halb so reichlich wie in Deutschland« und »auch nicht so gut zubereitet«, ebenso gebe es dort »größere Abwechslung in Saucen und Suppen«, und die Weine hier seien von »fader Süße« (Tb, S. 111 f.).

Er hat von der deutsche Küche den entschieden besseren Eindruck. Lesen wir, was der Schreiber über die Gerichte in Augsburg erzählt:

»(...) Und das alles ist in den guten Gasthäusern mit solchem Wohlgeschmack zubereitet, daß kaum die Küche des französischen Adels damit verglichen werden kann (...). Bemerkenswert ist der Reichtum an guten Fischen, die mit anderem Fleisch in einer Schüssel aufgetragen werden; Forellen sind nicht geschätzt und man ißt nur ihren Laich; Wild, Schnepfen und junge Hasen, die ganz anders als wie bei uns, aber mindestens ebensogut hergerichtet werden, sind reichlich vorhanden. Wir sahen niemals so zarte Fleischspeisen, wie sie dort täglich aufgetragen werden. Mit dem Fleisch werden gekochte Pflaumen, Birnen- und Apfelschnitze gereicht; bald wird der Braten zuerst und die Suppe zuletzt aufgetragen, bald umgekehrt. An Früchten gibt es nur Birnen, Äpfel, die sehr gut sind, und Nüsse, sodann Käse.« (Tb, S. 49)

Welche Beredsamkeit für einen Franzosen, der Brotkanten knabbert, seinen Wein mit Wasser verdünnt und sich darüber wundert, daß die Deutschen, da sie ihn pur trinken, zur Trunksucht neigen, während er bei den Schweizern nicht damit rechnet, weil ihr Wein sehr »schwach« (Tb, S. 29) ist. Auch hier unterscheidet er sich von jenen Franzosen, die die Welt danach beurteilen, wie Soßen schmecken, wie das Fleisch gebraten ist, und wie süß das Gebäck ist. Doch es ist gerade eine seiner geheimen Stärken, die ihm das Reisen überaus annehmlich machen, daß er diesen Gewohnheiten so wenig unterliegt.

Viel mehr als fürs Essen, interessiert sich der Herr von Montaigne für die Betten. Fast möchte man sagen, für die Bettkunde und den Schlafkomfort, denn er sei, so gesteht er, eher ein großer Schläfer als ein Feinschmecker. Doch auch in diesem Bereich neigt er nicht zur Übertreibung: »Auf Reisen rechne ich zu den Annehmlichkeiten einer Unterkunft, wie ich sie suche, keineswegs Weiträumigkeit und reiche Ausstattung (…).« (III, 9) In Rom lehnte er eine Wohnung ab, weil sie »mit Goldstoff und Seide gleich den Räumen eines Königs möbliert war« (Tb, S. 123). Das hinderte ihn nicht, sich in Basel mit den Wirten abzustimmen und den gebotenen Komfort zu schätzen:

»Ferner zeichnen sie sich durch ihre Kunst des Ziegelbrennens aus, derart, daß die Dächer ihrer Häuser durch bunte Ziegel in verschiedenen Mustern sehr hübsch erscheinen, ebenso die Fliesen des Fußbodens; und es gibt nichts Reizenderes als die Öfen, die aus Ton gebrannt sind. (…) Die geringsten Gasthöfe besitzen zwei oder drei solcher sehr schönen Säle mit großen Fenstern und Glasscheiben. Dagegen scheint es wohl, als ob mehr Wert auf die Speiseräume als auf die Wohnzimmer gelegt wird, denn diese sind oft recht dürftig. An den Betten gibt es niemals Vorhänge, und immer stehen in einem einzigen Zimmer drei oder vier Betten nebeneinander; Kamine sind nicht vorhanden und wärmen kann man sich nur gemeinsam, in den Speisesälen; anderswo gibt es kein Feuer (…). Sie sind sehr unsauber in der Besorgung der Kammern; glücklich, wer ein weißes Zimmer haben kann; die Kopfkissen, die bei ihnen Mode sind, werden nicht überzogen; zum Zudecken dienen nur Federbetten und die sind recht unsauber. (…) Gegen Wind und Wetter kennen sie keinen anderen Schutz als das einfache Glasfenster ohne Holzladen, ja, sie schließen die Fenster nicht einmal zur Nacht (…).« (Tb, S. 29 f.)

In Rom hatte er das Glück, Räumlichkeiten zu finden, die »etwas besser als in Paris ausgestattet« (Tb, S. 123) waren. Einige Wochen zuvor, in Florenz, hatte er sein geliebtes Italien noch weniger geschont:

»Die italienischen Wirtshäuser sind viel schlechter. (…) die Fenster sind groß und ganz ohne Glas. Wenn man gegen Sonne oder Wind die großen hölzernen Läden schließt, so hat man auch zu gleicher Zeit das Licht abgesperrt, und das fand der Herr von Montaigne weit schlimmer und unabänderlicher als die deutschen Vorhänge. (…) Wer nicht gern hart schläft, könnte es dort schlecht finden. Gleicher oder noch größerer Mangel an Wäsche.« (Tb, S. 112)

Campus
Geschichte

Neue Bücher aus dem Campus Verlag
Frankfurt / New York

Oral History

Margarete Dörr
»Wer die Zeit nicht miterlebt hat…«
Frauenerfahrungen im Zweiten Weltkrieg
und in den Jahren danach
1998. Ca. DM 98,–/sFr 91,–/öS 715 (alle 3 Bände zusammen)
ISBN 3-593-36095-0

NEU

Band 1
Lebensgeschichten
1998. Ca. 400 Seiten, gb.

Band 2
Kriegsalltag
1998. Ca. 600 Seiten, gb.

Band 3
Das Verhältnis zum Nationalsozialismus und zum Krieg
1998. Ca. 450 Seiten, gb.

Die Geschichte des Nationalsozialismus und des 2. Weltkriegs wurde bisher überwiegend mit Blick auf die männlichen Akteure untersucht. Was »ganz normale« deutsche Mädchen und Frauen in jener Zeit erlebten, wie sie sich im Krieg durchschlugen, wie sie sich zum Nationalsozialismus verhielten und wie sie die harten Nachkriegsjahre überstanden, darüber weiß man heute immer noch recht wenig.

Die Historikerin Margarete Dörr befragte von 1988 bis 1996 über 500 deutsche Frauen nach ihren damaligen Erfahrungen. Dabei entstand eine einzigartige Dokumentation, die für die Geschichtsschreibung zur NS-Zeit aufschlußreiche Details und wichtige Erkenntnisse verfügbar macht, gerade noch rechtzeitig, bevor die Zeitzeuginnen ihre Erinnerungen mit ins Grab nehmen. Dörrs ausdifferenzierte Alltagsgeschichte stützt sich nicht nur auf die mündlich mitgeteilten Erinnerungen, sondern auch auf viele Tagebücher und Briefe, die ihr von den befragten Frauen zur Verfügung gestellt wurden.

»Ich wünsche diesem Buch viele Leserinnen und Leser – einerseits, weil es dies verdient, andererseits, weil wir es brauchen: Es zerstört viele der wohlfeilen Distanzierungsstrategien, die es erlauben, uns Heutige von denen abzugrenzen, die das ›Dritte Reich‹ erlebt, getragen und gutgeheißen haben, indem es zeigt, wie alltäglich das Unerträgliche sein kann.«

Ute Daniel, Professorin für Geschichte
Universität Braunschweig

Margarete Dörr (Jahrgang 1928) war Fachleiterin für Geschichte am Seminar für Studienreferendare in Stuttgart.
Seit 1973 hatte sie einen Lehrauftrag am Historischen Institut der Universität Stuttgart. Von Margarete Dörr liegen zahlreiche Veröffentlichungen in Sammelbänden, Handbüchern und Fachzeitschriften zu den Themen Geschichtsdidaktik und Kriegserfahrungen vor. Begleitend zu ihren Forschungsarbeiten hält die Autorin Vorträge auf Tagungen und in Seminaren.

Jörg Fisch
Tödliche Rituale
Die indische Witwenverbrennung und andere
Formen der Totenfolge
1998. Ca. 520 Seiten, ca. 20 Abb.
Ca. DM 78,–/sFr 73,–/öS 569
ISBN 3-593-36096-9

Umfassend wird hier die Praxis der Totenfolge in verschiedenen Epochen und Kulturen
dargestellt und damit gezeigt, daß die
indische Witwenverbrennung nicht ein
einzelnes Phänomen der Kulturgeschichte ist,
bei dem ein Lebender einem Toten freiwillig
ins Jenseits folgt.

André Burguière u.a. (Hg.)
Geschichte der Familie
Band 4: 20. Jahrhundert
Vorwort von Jack Goody
1998. 333 Seiten, 88 Abb., gb.
DM 88,–/sFr 82,–/öS 642
ISBN 3-593-35561-2

Die Geschichte der Familie im Wandel der
Zeiten präsentieren 30 renommierte Histori-
ker, Ethnologen, Psychologen und Soziologen
in dieser umfassenden Darstellung. Sie geben
Antworten auf Fragen und Probleme.
Anschaulich geschrieben und reich bebildert
richtet sich dieses Werk an ein breites
Publikum.

»Die Geschichte der Familie ist ein großes
Werk der Analyse. Einer neu definierten
Geschichte bietet es nur scheinbar altgewor-
dene Abbilder ihrer empfindlichsten Zelle –
wie eine Erinnerung, die ein Werk wie dieses
zum Sprechen bringt.«
Frankfurter Rundschau

Elke Kleinau, Claudia Opitz (Hg.)
Geschichte der Mädchen- und Frauenbildung
Gesamtausgabe (Bände 1 und 2)
1996. 1268 Seiten, gb.
DM 186,–/sFr 168,–/öS 1358
ISBN 3-593-35433-0

Dieses zweibändige Werk gibt erstmals
umfassend einen Überblick über die verschiedenen Formen der Bildung und Ausbildung von Frauen und Mädchen. Die Darstellung umfaßt den gesamten Zeitraum vom
Mittelalter bis zur Gegenwart. Anschaulich
geschrieben und bebildert liegt hiermit ein
unverzichtbares Standardwerk zur Geschichte
weiblicher Sozialisation vor.

Georges Duby, Michelle Perrot
Geschichte der Frauen im Bild
1995. 189 Seiten, zahlreiche Farbabb., gb.
DM 98,–/sFr 91,–/öS 715
ISBN 3-593-35344-X

Georges Duby, Michelle Perrot (Hg.)
Geschichte der Frauen
Band 1: Antike, Band 2: Mittelalter, Band 3:
Frühe Neuzeit, Band 4: 19. Jahrhundert,
Band 5: 20. Jahrhundert
Je Band DM 88,–/sFr 82,–/öS 642

Josef Ehmer, Tamara K. Hareven,
Richard Wall (Hg.)
Historische Familienforschung
Ergebnisse und Kontroversen
1997. 429 Seiten
DM 88,–/sFr 82,–/öS 642
ISBN 3-593-35753-4

Sozial- und Kulturgeschichte

Jacques Le Goff
Die Liebe zur Stadt
Eine Erkundung vom Mittelalter
bis zur Jahrtausendwende
1998. Ca. 150 Seiten, 45 Abb., gb.
DM 39,80/sFr 38,80/öS 291
ISBN 3-593-36067-5

In diesem reich bebilderten und schön
gestalteten Buch beschreibt der renommierte
Historiker und Erfolgsautor Jacques Le Goff
die kulturellen Wurzeln der europäischen
Städte und weist verblüffende Verbindungen
zwischen der Stadt des Mittelalters und jener
des ausgehenden 20. Jahrhunderts nach.

Hannes Siegrist, Hartmut Kaelble,
Jürgen Kocka (Hg.)
Europäische Konsumgeschichte
Zur Gesellschafts- und Kulturgeschichte des
Konsums (18. bis 20. Jahrhundert)
1997. 815 Seiten
DM 148,–/sFr 137,–/öS 1080
ISBN 3-593-35754-2

Der Band bietet erstmals eine systematische
und exemplarische Einführung in die Entstehung der modernen »Konsumgesellschaft«
und die Herausbildung des »Konsumenten«.
Er zeichnet den Bogen von den Anfängen
modernen Konsumierens im 18. Jahrhundert
bis zur »Amerikanisierung« und dem revolutionären Wandel im Verhältnis von Konsum,
Kultur und Gesellschaft in der zweiten Hälfte
des 20. Jahrhunderts. Neben Beiträgen zu
Konsum und Klasse, Konsum und Geschlecht
sowie Inszenierung des Konsums und der
Konsumkultur finden Themenkomplexe wie
Händler, Warenhäuser und Konsumgenossen-
schaften Berücksichtigung.

Jörg Echternkamp
**Der Aufstieg des deutschen
Nationalismus (1770–1840)**
1998. 678 Seiten
DM 118,–/sFr 110,–/öS 861
ISBN 3-593-35960-X

Echternkamp analysiert den Aufstieg des
deutschen Nationalismus vom späten 18.
Jahrhundert bis in die Zeit vor der Revolution
von 1848/49.

Rolf Peter Sieferle, Helga Breuninger (Hg.)
Kulturen der Gewalt
Ritualisierung und Symbolisierung von Gewalt
in der Geschichte
1998. 295 Seiten, zahlreiche Abb.
DM 48,–/sFr 46,–/öS 350
ISBN 3-593-35952-9

Die Untersuchung von Gewaltphänomenen
außereuropäischer Kulturen zeigt die
Gemeinsamkeiten, aber auch die Unterschiede im Umgang mit diesem allgegenwärtigen
Phänomen auf.

Eva Barlösius
Naturgemäße Lebensführung
Zur Geschichte der Lebensreform um die
Jahrhundertwende
1997. 299 Seiten
DM 78,–/sFr 73,–/öS 569
ISBN 3-593-35759-3

Hans-Martin Hinz (Hg.)
Der Krieg und seine Museen
1997. 230 Seiten
DM 48,–/sFr 46,–/öS 350
ISBN 3-593-35838-7

Biographien

Jean Lacouture
Michel de Montaigne
Ein Leben zwischen Politik und Philosophie
1998. 340 Seiten mit ca. 10 Abb., gb.
DM 58,–/sFr 55,–/öS 423
ISBN 3-593-36025-X

Die Gedanken Michel de Montaignes, die er im 16. Jahrhundert niederschrieb, besitzen auch heute noch eine außergewöhnliche Anziehungskraft. In dieser spannend zu lesenden Biographie bricht Jean Lacouture die bekannten Deutungen und zeigt ein entstaubtes Montaignebild. Er schildert, wie sich Montaignes politisches und soziales Leben mit intellektuellen Aktivitäten verband.

Lucien Febvre
Margarete von Navarra

Eine Königin der Renaissance zwischen Macht, Liebe und Religion
Mit einem Nachwort von Peter Schöttler
1998. 384 Seiten, 9 Abb., gb.
DM 58,–/sFr 55,–/öS 423
ISBN 3-593-35926-X

In diesem meisterhaften biographischen Essay, das Leben und Mentalität der Margarete von Navarra schildert, geht Lucien Febvre den Fragen nach, wie Männer und Frauen die Liebe zu Gott und die Liebe zum anderen Geschlecht in der Zeit der Renaissance erlebten und verbanden.

Lucien Febvre
Martin Luther
Herausgegeben, neu übersetzt und mit einem Nachwort versehen von Peter Schöttler
1996. 340 Seiten, gb.
DM 58,–/sFr 55,–/öS 423
ISBN 3-593-35467-5

Pierre Lepape
Voltaire
Oder die Geburt der Intellektuellen im Zeitalter der Aufklärung
1996. 376 Seiten, gb.
DM 78,–/sFr 73,–/öS 569
ISBN 3-593-35465-9

Pierre Lepape
Diderot
Eine Biographie
1994. 460 Seiten, 18 Abb., gb.
DM 78,–/sFr 73,–/öS 569
ISBN 3-593-35150-1

Claus Süßenberger
Abenteurer, Glücksritter und Maitressen
Virtuosen der Lebenskunst an europäischen Höfen
1996. 374 Seiten, gb.
DM 58,–/sFr 55,–/öS 423
ISBN 3-593-35554-X

Claus Süßenberger
Die Klaviere des Henkers
Lebenswege zwischen Bastille und Guillotine
1997. 432 Seiten, 27 Abb., gb.
DM 58,–/sFr 55,–/öS 423
ISBN 3-593-35818-2

Ruth Bombosch
Casanova a la Carte
Eine kulinarische Biographie
1998. 176 Seiten mit 19 Abb., gb.
DM 36,–/sFr 35,–/öS 263
ISBN 3-593-36007-1
Casanovas sinnliches Leben – zu Tisch wie zu Bett – schildert Ruth Bombosch, garniert mit 20 Rezepten zum Nachkochen.

Kontinente und Länder

Wim Blockmans
Geschichte der Macht in Europa
Völker – Staaten – Märkte
Vorwort von Jacques Santer
Epilog von Marcelino Oreja Aguirre
1998. 402 Seiten mit zahlr., farbige Abb., gb.
DM 128,–/sFr 119,–/öS 934
Subskriptionspreis bis 31.12.1998:
DM 98,–/sFr 91,–/öS 715
ISBN 3-593-36066-7

In seinem mit vielen Illustrationen versehenen Werk untersucht Blockmans die politischen, wirtschaftlichen und kulturellen Machtsysteme des vergangenen Jahrtausends, die der Entwicklung Europas ihre einzigartige Dynamik verliehen.

Rémi Brague
Europa
Eine exzentrische Identität
Edition Pandora, Band 13
1993. 166 Seiten
DM 28,–/sFr 27,–/öS 204
ISBN 3-593-34837-3

Barry Cunliffe (Hg.)
Illustrierte Vor- und Frühgeschichte Europas
1996. 590 Seiten mit 283 s/w Abb. und 24 Farbtafeln, gb.
DM 148,–/sFr 0,–/öS 1080
ISBN 3-593-35562-0

Lebendig geschrieben und reich bebildert, liegt hier ein Standardwerk der Vor- und Frühgeschichte Europas vor. Der Leser gewinnt einen Eindruck von der Entwicklung der Menschheit. Hervorgehoben wird das Verhältnis zwischen Mensch und Umwelt, das das Leben beeinflußte.

Jacques Le Goff
Jacques Le Goff erzählt die Geschichte Europas
Mit 45 Farbillustrationen von Charley Case
2. Auflage, 1997. 104 Seiten mit 12 Karten, gb., Halbleinen
DM 29,80/sFr 28,80/öS 218
ISBN 3-593-35685-6

Spannend wie ein Reiseabenteuer erzählt hier Jacques Le Goff jungen Lesern die Geschichte Europas. Er verbindet geschichtliche Ereignisse und geographische Gegebenheiten und zeigt an markanten Beispielen, wie die Vielfalt von Kulturen zum Kontinent Europa zusammenwächst.

Francis Robinson (Hg.)
Islamische Welt
Eine illustrierte Geschichte
Mit einem Vorwort von Ira M. Lapidus
1997. 352 Seiten mit 200 Abb., davon 120 farbig, 14 Karten, gb.
DM 98,–/sFr 91,–/öS 715
ISBN 3-593-35321-0

Die über tausendjährige Geschichte des Islams mit seiner tiefgründigen Kultur wird hier knapp, aber kompetent vermittelt.

Patricia B. Ebrey
China
Eine illustrierte Geschichte
1996. 352 Seiten mit 200 Abb., davon 120 in Farbe, 15 Karten, gb.
DM 98,–/sFr 91,–/öS 715
ISBN 3-593-35322-9

Colin Jones
Frankreich
Eine illustrierte Geschichte
1995. 352 Seiten, 115 farbige, 88 s/w Abb. und 22 Karten, gb.
DM 98,–/sFr 91,–/öS 715
ISBN 3-593-35236-2

Kiyoshi Inoue
Geschichte Japans
Mit einem Vorwort von Manfred Hubricht
2. durchgesehene Auflage, 1995
660 Seiten mit 5 Karten, gb.
DM 98,–/sFr 91,–/öS 715
ISBN 3-593-35359-8

18. und 19. Jahrhundert

François Furet (Hg.)
Der Mensch der Romantik
1998. 326 Seiten, gb.
DM 58,–/sFr 55,–/öS 423
ISBN 3-593-35930-8

Anhand von sieben für die Romantik charakteristischen Menschentypen beschreiben hier renommierte Historiker und Historikerinnen die Zeit zwischen dem Ende der Französischen Revolution und der Revolution von 1848.

Rosario Villari (Hg.)
Der Mensch des Barock
1997. 394 Seiten mit 4 Abb., gb.
DM 58,–/sFr 55,–/öS 423
ISBN 3-593-35686-4

Michel Vovelle (Hg.)
Der Mensch der Aufklärung
1996. 381 Seiten, gb.
DM 58,–/sFr 55,–/öS 423
ISBN 3-593-35564-7

Arne Bialuschewski
Piratenleben
Die abenteuerlichen Fahrten des Seeräubers Richard Sievers
1997. 218 Seiten mit 29 Abb., gb.
DM 39,80/sFr 38,80/öS 291
ISBN 3-593-35819-0

»Der anschauliche Stil, der notfalls monatelange Quellenflauten mit realitätsnaher Ausschmückung des Piratenlebens überbrückt, hat ein äußerst lesbares, spannendes Buch entstehen lassen, das dennoch den wissenschaftlichen Anforderungen Genüge tut.«
Frankfurter Allgemeine Zeitung

Michael Mann
Geschichte der Macht
Band 3, Teil I: Die Entstehung von Klassen und Nationalstaaten (1760–1914)
Reihe »Theorie und Gesellschaft«, Band 43
1998. Ca. 360 Seiten, gb.
Ca. DM 78,–/sFr 73,–/öS 569
ISBN 3-593-36108-6

Band 1 und 2 sind in broschierter Ausgabe erhältlich; je Band DM 48,–/sFr 46,–/öS 350

Band 1: Von den Anfängen bis zur griechischen Antike
1994. 411 Seiten
ISBN 3-593-35169-2

Band 2: Vom Römischen Reich bis zum Vorabend der Industrialisierung
1994. 472 Seiten
ISBN 3-593-35170-6

»Wenn man Manns Werk mit so viel Gewinn und Genuß lesen kann, so nicht zuletzt deshalb, weil der Soziologe bei der Arbeit daran zum Historiker geworden ist, der die Möglichkeit der wechselseitigen Disziplinierung von soziologischer Theorie mit historischer Empirie mit seinem Werk hervorragend demonstriert.« *Frankfurter Rundschau*

»Hier zeigt Mann, was ihm zu Gebote steht: ein umfangreiches historisches Wissen und ein sicheres Gespür für die großen Linien.«
Frankfurter Allgemeine Zeitung

Annette Deeken, Monika Bösel
»An den süßen Wassern Asiens«
Frauenreisen in den Orient
1996. 300 Seiten, 29 Abb., gb.
DM 48,–/sFr 46,–/öS 350
ISBN 3-593-35563-9

Wissenschaftsgeschichte

Richard J. Evans
Fakten und Fiktionen
Über die Grundlagen historischer Erkenntnis
1998. Ca. 260 Seiten, gb.
DM 48,–/sFr 46,–/öS 350
ISBN 3-593-36058-6

NEU

Richard Evans verteidigt den Anspruch, durch
historische Forschung zu Wissen und Erkenntnis über Vergangenheit zu gelangen.
Fakten und Fiktionen ist eine mitreißende
Streitschrift gegen die postmoderne Relativie-
rung der historischen Wahrheit und zugleich
ein Grundlagenwerk über das Wesen moder-
ner Geschichtswissenschaft.

Eugenio Garin
Astrologie in der Renaissance
1997. 190 Seiten mit 17 Abb., gb.
DM 48,–/sFr 46,–/öS 350
ISBN 3-593-35328-8

Indem Garin die wichtigsten Quellen neu
betrachtet, zeigt er, wo zwischen Aberglaube
und Wissenschaft, zwischen Astronomie und
Wahrsagerei die Astrologie von der Spätanti-
ke bis zur Neuzeit ihren Platz hat.

André Pichot
Die Geburt der Wissenschaft
Von den Babyloniern zu den frühen Griechen
1995. 576 Seiten mit zahlreichen
graphischen Abb., gb.
DM 98,–/sFr 91,–/öS 715
ISBN 3-593-35348-2
Pichot schildert, wie das in Mesopotamien
und Ägypten zusammengetragene Wissen
durch den Geist der griechischen Vorsokra-
tiker hindurch sich zur Wissenschaft im heutigen Sinne entwickelt hat.

Isabelle Stengers
**Die Erfindung der modernen
Wissenschaften**
Edition Pandora, Band 31
Europäische Vorlesungen, Band VII
1997. 261 Seiten
DM 48,–/sFr 46,–/öS 350
ISBN 3-593-35482-9

Anthony Kenny (Hg.)
**Illustrierte Geschichte der
westlichen Philosophie**
Studienausgabe
1998. 431 Seiten mit 168 Abb., gb.
DM 49,80/sFr 47,80/öS 364
ISBN 3-593-36004-7

NEU

Martin Burckhardt
Metamorphosen von Raum und Zeit
Eine Geschichte der Wahrnehmung
Studienausgabe
1997. 392 Seiten mit 10 Abb.
DM 39,80/sFr 38,80/öS 291
ISBN 3-593-35784-4

Federico Di Trocchio
Newtons Koffer
Geniale Außenseiter,
die die Wissenschaft blamierten
1998. 285 Seiten, gb.
DM 48,–/sFr 46,–/öS 350
ISBN 3-593-35976-6

Di Trocchio durchschreitet hier die Galerie
der Entdeckergenies auf der Suche nach
deren Macken und schildert die Intoleranz,
die ihnen entgegengebracht wurde.

Norbert Paul, Thomas Schlich (Hg.)
**Medizingeschichte: Aufgaben,
Probleme, Perspektiven**
1998. 382 Seiten
DM 78,–/sFr 73,–/öS 569
ISBN 3-593-35943-X

NEU

Thomas Schlich
Die Erfindung der Organtransplantation
Erfolg und Scheitern des chirurgischen
Organersatzes (1880-1930)
1998. 390 Seiten
DM 68,–/sFr 64,–/öS 496
ISBN 3-593-35940-5

NEU

»Geschichte und Geschlechter«

Herausgegeben von Ute Daniel, Karin Hausen und Heide Wunder

Karen Hagemann, Ralf Pröve (Hg.)
Landsknechte, Soldatenfrauen und Nationalkrieger
Militär, Krieg und Geschlechterordnung im historischen Wandel
Band 26, 1998. Ca. 300 Seiten
Ca. DM 78,–/sFr 73,–/öS 569
ISBN 3-593-36101-9

NEU

Die vielfältigen Zusammenhänge von Militärverfassung, Kriegsführung und Geschlechterordnung werden hier vorgeführt, sowie die Konsequenzen für die Geschlechterbildung und -beziehung in Wirtschaft, Gesellschaft, Kultur und Politik dargestellt.

Regina Schulte
Die verkehrte Welt des Krieges
Studien zu Geschlecht, Religion und Tod
Band 25, 1998. Ca. 160 Seiten mit ca. 8 Abb.
Ca. DM 39,80/sFr 38,80/öS 291
ISBN 3-593-36112-4

Regina Schulte geht dem Wandel des Alltäglichen in Kriegszeiten nach und zeigt die Kriegswirklichkeit jenseits der Schlachten anhand von Erfahrungszeugnissen Einzelner.

Jutta Schmidt
Beruf: Schwester
Mutterhausdiakonie im 19. Jahrhundert
Band 24, 1998. 278 Seiten
DM 78,–/sFr 73,–/öS 569
ISBN 3-593-35984-7

NEU

Anhand dreier Studien werden hier mögliche Wege vorgestellt, die es bürgerlichen Frauen im Protestantismus erlaubten, einen standesgemäßen Beruf zu ergreifen.

Rüdiger Schnell
Frauendiskurs, Männerdiskurs, Ehediskurs
Textsorten und Geschlechterkonzepte in Mittelalter und Früher Neuzeit
Band 23, 1998. 369 Seiten
DM 78,–/sFr 73,–/öS 569
ISBN 3-593-35981-2

NEU

Nach Textsorten geordnet werden hier die Geschlechterdiskurse in ihren spezifischen Kommunikationszusammenhängen untersucht.

Gisela Breuer
Frauenbewegung im Katholizismus
Der Katholische Frauenbund 1903-1918
Band 22, 1998. 359 Seiten
DM 78,–/sFr 73,–/öS 569
ISBN 3-593-35886-7

NEU

Durch seine neue Politik geriet der Frauenbund sowohl mit der Frauenbewegung als auch mit katholischen Autoritätsvorstellungen in Konflikt.

Ingrid Ahrendt-Schulte
Zauberinnen in der Stadt Horn (1554-1603)
Magische Kultur und Hexenverfolgung in der Frühen Neuzeit
Band 21, 1997. 267 Seiten
DM 68,–/sFr 64,–/öS 496
ISBN 3-593-35887-5

NEU

Warum waren besonders Frauen der Hexenverfolgung ausgesetzt? Anhand von Fallgeschichten aus der Lippischen Stadt Horn entwickelt Ingrid Ahrendt-Schulte ein Erklärungsmodell.

Beate Ceranski
»Und sie fürchtet sich vor niemandem«
Die Physikerin Laura Bassi (1711-1778)
Band 17, 1997. 291 Seiten
DM 48,–/sFr 46,–/öS 350
ISBN 3-593-35600-7

Laura Bassi war Europas erste Professorin. Wie gelang es ihr, die verschiedenen Vorstellungen von Wissenschaft mit ihrer Rolle als Mutter und Ehefrau zu vereinen?

Gesellschaft und Geschlecht

»Geschichte und Geschlechter«

Christina Klausmann
Politik und Kultur der Frauenbewegung im Kaiserreich
Das Beispiel Frankfurt am Main
Band 19, 1997. 404 Seiten
DM 78,–/sFr 73,–/öS 569
ISBN 3-593-35758-5

Sylvia Möhle
Ehekonflikte und sozialer Wandel
Göttingen 1740 - 1840
Band 18, 1997. 256 Seiten
DM 78,–/sFr 73,–/öS 569
ISBN 3-593-35757-7

Kirsten Heinsohn, Barbara Vogel,
Ulrike Weckel (Hg.)
Zwischen Karriere und Verfolgung
Handlungsräume von Frauen im national-
sozialistischen Deutschland
Band 20, 1997. 280 Seiten mit 16 Abb.
DM 48,–/sFr 46,–/öS 350
ISBN 3-593-35756-9

Christina Benninghaus
Die anderen Jugendlichen
Arbeitermädchen in der Weimarer Republik
Band 16, 1998. Ca. 350 Seiten
Ca. DM 78,–/sFr 73,–/öS 569
ISBN 3-593-35498-5

Barbara Hoffmann
Radikalpietismus um 1700
Der Streit um das Recht auf eine
neue Gesellschaft
Band 15, 1996. 318 Seiten
DM 78,–/sFr 73,–/öS 569
ISBN 3-593-35499-3

Thomas Kühne (Hg.)
**Männergeschichte –
Geschlechtergeschichte**
Männlichkeit im Wandel der Moderne
Band 14, 1996. 220 Seiten mit 8 Abb.
DM 39,80/sFr 38,80/öS 291
ISBN 3-593-35447-0

Zur Information der weiteren Titel dieser Reihe
fordern Sie bitte unseren Sonderprospekt an.

Lyndal Roper
Das fromme Haus
Frauen und Moral in der Reformation
Studienausgabe in Vorbereitung, erscheint
Frühjahr 1999. Ca. 296 Seiten mit 11 Abb.
Ca. DM 38,–/sFr 37,–/öS 277

Marita Metz-Becker
Der verwaltete Körper
Die Medikalisierung schwangerer Frauen
in den Gebärhäusern des frühen
19. Jahrhunderts
1997. 429 Seiten
DM 78,–/sFr 73,–/öS 569
ISBN 3-593-35747-X

Wegen dubioser – und oft tödlicher – Experi-
mente von Schwangeren zwar gefürchtet,
blieben die Geburtshäuser für viele der unter
finanziellem oder moralischem Druck stehenden Frauen oft einziger Zufluchtsort.
Marita Metz-Becker beleuchtet anschaulich
das Wechselspiel der am Medikalisierungs-
prozeß der Schwangeren beteiligten Systeme
in seiner Dynamik.

Dorion Weickmann
Rebellion der Sinne
Hysterie – ein Krankheitsbild als Spiegel der
Geschlechterordnung (1880–1920)
1997. 194 Seiten
DM 44,–/sFr 42,–/öS 321
ISBN 3-593-35865-4

Erstmals im historischen Vergleich untersucht hier Dorion Weickmann die symbolische Ordnung männlicher wie weiblicher
Hysterie. Von der Beletage der Gründerzeit in
die Schützengräben des Ersten Weltkrieges
verfolgt die Autorin die symbolische Ordnung
und Bilder einer Krankheit.

»Historische Studien«

Herausgegeben von H. G. Haupt, L. Kuchenbuch, J. Martin und H. Wunder

Dagmar Günther
Alpine Quergänge NEU
Kulturgeschichte des bürgerlichen Alpinismus (1870–1930)
Band 23, 1998. Ca. 405 Seiten
Ca. DM 78,–/sFr 73,–/öS 569
ISBN 3-593-36100-0

Unter kulturgeschichtlichen Aspekten werden hier die bürgerlichen alpinen Bewegungen in Deutschland und Österreich untersucht. Dabei werden die Selbstdeutungen von Alpenvereinsfunktionären, von Bergwanderern und Kletterern herausgestellt unter Berücksichtigung der Kategorie des Gechlechts als basischiffre.

Axel Körner
Das Lied von einer anderen Welt
Kulturelle Praxis im französischen und deutschen Arbeitermilieu 1840–1890
Band 22, 1997. 398 Seiten
DM 98,–/sFr 91,–/öS 715
ISBN 3-593-35847-6

Der Vergleich zwischen französischen Goguettes und sozialdemokratischer Kulturbewegung im Kaiserreich bietet Einblick in die Bedeutung kultureller Praktiken.

Marita Krauss
Herrschaftspraxis in Bayern und Preußen im 19. Jahrhundert
Ein historischer Vergleich
Band 21, 1997. 467 Seiten
DM 98,–/sFr 91,–/öS 715
ISBN 3-593-35849-2

Paul Burgard
Tagebuch einer Revolte NEU
Ein städtischer Aufstand während des Bauernkriegs 1525
Band 20, 1998. Ca. 450 Seiten
Ca. DM 98,–/sFr 91,–/öS 715
ISBN 3-593-35850-6

Paul Burgard beschreibt anhand des thüringischen Neustadt a. d. Orla exemplarisch die Zusammenhänge von Rebellion, Kultur und Lebenswelt.

Christoph Ribbat
Religiöse Erregung
Protestantische Schwärmer im Kaiserreich
Band 19, 1996. 292 Seiten
DM 58,–/sFr 55,–/öS 423
ISBN 3-593-35599-X

Dorothea Kühme
Bürger und Spiel
Gesellschaftsspiele im deutschen Bürgertum zwischen 1750 und 1850
Band 18, 1997. 389 Seiten
DM 68,–/sFr 64,–/öS 496
ISBN 3-593-35597-3

Dorothea Kühme zeigt, daß Gesellschaftsspiele einen festen Bestandteil bürgerlicher Geselligkeit bilden. Sie bergen ein reichhaltiges Repertoire an Verhaltens- und Kommunikationsmustern, an moralischen Standards und nützlichen Kenntnissen.

Gadi Algazi
Herrengewalt und Gewalt der Herren im späten Mittelalter
Herrschaft, Gegenseitigkeit und Sprachgebrauch
Band 17, 1996. 281 Seiten
DM 68,–/sFr 64,–/öS 496
ISBN 3-593-35596-5

Karen Schönwälder
Historiker und Politik
Geschichtswissenschaft im Nationalsozialismus
Band 9, 1992. 440 Seiten
DM 68,–/sFr 64,–/öS 496
ISBN 3-593-34762-8

Jacques Le Goff
Geschichte und Gedächtnis
Band 6, 1992. 298 Seiten
DM 58,–/sFr 55,–/öS 423
ISBN 3-593-34539-0

Michel de Certeau
Das Schreiben der Geschichte
Mit einem Nachwort von Roger Chartier
Band 4, 1991. 299 Seiten
DM 68,–/sFr 64,–/öS 496
ISBN 3-593-34489-0

Edition Pandora

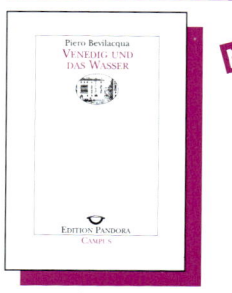

NEU

Piero Bevilacqua
Venedig und das Wasser
Ein Gleichnis für unseren Planeten
Vorwort von Massimo Cacciari
Band 37, 1998. 150 Seiten mit 10 Abb.
DM 34,–/sFr 33,–/öS 248
ISBN 3-593-35958-8

Die Geschichte Venedigs kann als ein Gleichnis für die heutigen Probleme unseres Planeten verstanden werden. Den egoistischen
Interessen einzelner in Landwirtschaft und
Fischerei mußte zur Erhaltung der Ressour-
cen und zum Überleben der Stadt Einhalt
geboten werden. Piero Bevilacqua verfolgt die
Spuren des historischen Unternehmens.

Gianni Vattimo
Jenseits der Interpretation
Die Bedeutung der Hermeneutik für
die Philosophie
Europäische Vorlesungen, VIII
Band 36, 1997. 172 Seiten
DM 36,–/sFr 35,–/öS 263
ISBN 3-593-35858-1

Ernst Schulin
Arbeit an der Geschichte
Etappen der Historisierung
auf dem Weg zur Moderne
Band 35, 1997. 264 Seiten
DM 38,–/sFr 37,–/öS 277
ISBN 3-593-35854-9

Aleida Assmann
Arbeit am nationalen Gedächtnis
Eine kurze Geschichte der
deutschen Bildungsidee
Band 14, 1993. 116 Seiten
DM 26,–/sFr 25,–/öS 190
ISBN 3-593-34838-1

Aziz Al-Azmeh
Die Islamisierung des Islam
Imaginäre Welten einer politischen Theologi
Band 33, 1996. 244 Seiten
DM 38,–/sFr 37,–/öS 277
ISBN 3-593-35581-7

Sigrid Metken
Der Kampf um die Hose
Geschlechterstreit und die Macht im Haus.
Die Geschichte eines Symbols
Sonderband, 1997
143 Seiten mit 88 Abb., gb.
DM 68,–/sFr 64,–/öS 496
ISBN 3-593-35481-0

Beim Streit um die Hose, wie ihn historische
Darstellungen immer wieder zeigen, geht es
um die Selbstbehauptung der Frau, um ihre
soziale Sicherung und um die Macht im Haus

Michel Pastoureau
Des Teufels Tuch
Eine Kulturgeschichte der Streifen
und der gestreiften Stoffe
Sonderband, 1995. 144 Seiten mit 120 Abb.,
davon 96 in Farbe, gb.
DM 68,–/sFr 64,–/öS 496
ISBN 3-593-35329-6

Jean-Pierre Vernant
Mythos und Religion im
alten Griechenland
Band 26, 1995. 101 Seiten mit 10 Abb.
DM 28,–/sFr 27,–/öS 204
ISBN 3-593-35259-1

John G. A. Pocock
Die andere Bürgergesellschaft
Zur Dialektik von Tugend und Korruption
Mit einem Vorwort von Werner Sewing
Band 12, 1993. 200 Seiten
DM 36,–/sFr 35,–/öS 263
ISBN 3-593-34836-5

Wolf Lepenies
Aufstieg und Fall der
Intellektuellen in Europa
Europäische Vorlesungen, Band I
Band 10, 1992. 96 Seiten
DM 20,–/sFr 19,–/öS 146
ISBN 3-593-34787-3

Zeitgeschichte

Stefan Kühl
Die Internationale der Rassisten
Aufstieg und Niedergang der internationalen
Bewegung für Eugenik und Rassenhygiene im
20. Jahrhundert
1997. 339 Seiten
DM 38,–/sFr 37,–/öS 277
ISBN 3-593-35755-0

Gerd Wysocki
**Die Geheime Staatspolizei
im Land Braunschweig**
Polizeirecht und Polizeipraxis
im Nationalsozialismus
1998. 367 Seiten. DM 78,–/sFr 73,–/öS 569
ISBN 3-593-35835-2

Alexander Gall
Das Atlantropa-Projekt
Die Geschichte einer gescheiterten Vision
Hermann Sörgel und die Absenkung
des Mittelmeers
1998. 167 Seiten mit 14 Abb.
DM 39,80/sFr 38,80/öS 291
ISBN 3-593-35988-X

Ernst Kaiser, Michael Knorn
**»Wir lebten und schliefen
zwischen den Toten«**
Rüstungsproduktion, Zwangsarbeit und
Vernichtung in den Frankfurter Adlerwerken
2. durchgesehene Auflage 1996
312 Seiten mit 16 Seiten Bildteil
DM 36,–/sFr 35,–/öS 263
ISBN 3-593-35545-0

Dan Bar-On, Konrad Brendler,
A. Paul Hare (Hg.)
**»Da ist etwas kaputtgegangen
an den Wurzeln...«**
Identitätsformation deutscher und israeli-
scher Jugendlicher im Schatten des Holocaust
1997. 306 Seiten
DM 68,–/sFr 64,–/öS 496
ISBN 3-593-35500-0

Wilfried Loth, Bernd-A. Rusinek (Hg.)
Verwandlungspolitik
NS-Eliten in der westdeutschen
Nachkriegsgesellschaft
1998. Ca. 240 Seiten
Ca. DM 48,–/sFr 46,–/öS 350
ISBN 3-593-35994-4

Hans-Liudger Dienel, Helmuth Trischler (Hg.)
Geschichte der Zukunft des Verkehrs
Verkehrskonzepte von der Frühen Neuzeit
bis zum 21. Jahrhundert
Beiträge zur Historischen Verkehrsforschung
des Deutschen Museums, Band 1
1997. 351 Seiten mit 42 Abb.
DM 48,–/sFr 46,–/öS 350
ISBN 3-593-35766-6

Konrad Jarausch, Hannes Siegrist (Hg.)
**Amerikanisierung und Sowjetisierung
in Deutschland 1945 – 1970**
1997. 411 Seiten
DM 78,–/sFr 73,–/öS 569
ISBN 3-593-35761-5

Arne Andersen
Der Traum vom guten Leben
Alltags- und Konsumgeschichte vom
Wirtschaftswunder bis heute
1997. 272 Seiten mit 300 Abb., gb.
DM 58,–/sFr 55,–/öS 423
ISBN 3-593-35823-9

Eine bebilderte Geschichte der deutschen
Konsumgesellschaft mit ihren Anfängen in
den 50er und 60er Jahren. Unter den vier
Aspekten Konsum, Alltag, Lebensstile, Ökolo-
gie verfolgt der Autor die Geschichte an den
Strängen Freßwelle, Aufrüstung des Haus-
halts, Eigenheim im Grünen, Mobilität und
Autowahn.

Ulrich Kirchner
**Geschichte des bundesdeutschen
Verkehrsflugzeugbaus**
Der lange Weg zum Airbus
1998. Ca. 350 Seiten
Ca. DM 68,–/sFr 64,–/öS 496
ISBN 3-593-36140-X

Zeitgeschichte

Marie Jahoda
»Ich habe die Welt nicht verändert«
Lebenserinnerungen einer Pionierin
der Sozialforschung
1997. 208 Seiten, gb., Bildteil mit 24 Abb.
DM 39,80/sFr 38,80/öS 291
ISBN 3-593-35821-2

Herbert A. Strauss
Über dem Abgrund
Eine jüdische Jugend in Deutschland
1918 - 1943
1997. 309 Seiten, gb.
DM 48,–/sFr 46,–/öS 350
ISBN 3-593-35687-2

Peter Weingart
Doppel-Leben
Ludwig Ferdinand Clauss: Zwischen
Rassenforschung und Widerstand
1995. 251 Seiten mit 9 Abb., gb.
DM 39,80/sFr 38,80/öS 291
ISBN 3-593-35354-7

Areti Georgiadou
»Das Leben zerfetzt sich mir in tausend Stücke«
Annemarie Schwarzenbach
Eine Biographie
2. Auflage, 1996. 263 Seiten mit 38 Abb., gb.
DM 48,–/sFr 46,–/öS 350
ISBN 3-593-35350-4

Areti Georgiadou schreibt hier die Biographie
einer der interessantesten Frauengestalten
des Jahrhunderts. Annemarie Schwarzenbach
– Tochter aus gutem Hause, Schriftstellerin,
Weltreisende, Archäologin und Photojourna-
listin verband eine enge Freundschaft mit
Klaus und Erika Mann.

Vergleichende Geschichtsforschung

Hartmut Kaelble, Jürgen Schriewer (Hg.)
Diskurse und Entwicklungspfade
Der Gesellschaftsvergleich in den Geschichts-
und Sozialwissenschaften
1998. Ca. 400 Seiten
Ca. DM 68,–/sFr 64,–/öS 496
ISBN 3-593-36103-5

Dieser Band leistet einen Beitrag zur interdis-
ziplinären Debatte zum Gesellschaftsvergleich. Unter Vermeidung abstrakter Metho-
dendiskussionen erörtern die Autoren Typen
des Vergleichs in ihrer Wechselbeziehung zu
Theorien und Theorieprogrammen. International renommierte Wissenschaftler der älteren Generation wie S. H. Eisenstadt und Fritz
Ringer werden mit jungen Vertretern der
gegenwärtigen Vergleichsforschung zusam-
mengeführt.

Friedrich Balke, Benno Wagner (Hg.)
Vom Nutzen und Nachteil historischer Vergleiche
Der Fall Bonn – Weimar
1997. 257 Seiten
DM 68,–/sFr 64,–/öS 496
ISBN 3-593-35840-9

Markus Ingenlath
Mentale Aufrüstung

Militarisierungstendenzen in Frankreich und
Deutschland vor dem Ersten Weltkrieg
1998. 478 Seiten
DM 98,–/sFr 91,–/öS 715
ISBN 3-593-35962-6

Nach 1870/71 waren Schulen und Militär in
Frankreich und Deutschland die wichtigsten
Hilfsmittel zur nationalen Mobilisierung. Der
historische Vergleich zeigt, daß die französische Armee auf die sozialen Veränderungen
und Mobilisierungszwänge flexibler reagierte.

Heinz-Gerhard Haupt, Jürgen Kocka (Hg.)
Geschichte und Vergleich
Ansätze und Ergebnisse international vergle-
chender Geschichtsschreibung
1996. 338 Seiten
DM 48,–/sFr 46,–/öS 350
ISBN 3-593-35497-7

Zentrum für Antisemitismusforschung

Wolfgang Benz (Hg.)
**Jahrbuch für Antisemitismus-
forschung 7**
1998. 368 Seiten
DM 38,–/sFr 37,–/öS 277
ISBN 3-593-36009-8

NEU

Weitere Jahrbücher, hrsg. von Wolfgang
Benz, Antisemitismusforschung 2 bis 6
pro Band: DM 38,–/sFr 37,–/öS 277

Susanne Spülbeck
Ordnung und Angst
russische Juden aus der Sicht eines
ostdeutschen Dorfes nach der Wende
Eine ethnologische Studie
Schriftenreihe des Zentrums für
Antisemitismusforschung, Band 5
1997. 298 Seiten
DM 58,–/sFr 55,–/öS 423
ISBN 3-593-35764-X

Siebzig russische Juden werden ab Oktober
1990 in einem Ort der soeben aufgelösten
DDR untergebracht. Wie reagieren die Einheimischen? Mit dieser Frage erforschte eine
deutsche Ethnologin über anderthalb Jahre
ein deutsches Dorf. Susanne Spülbeck legt
hier die erste sozialwissenschaftliche Studie
über die Situation nach der Wende in Ost-
deutschland vor, die auf der ständigen Teilnahme der Forscherin am Alltag basiert. Ihre
Studie zeigt: Fremdenfurcht und Ausländer-
feindlichkeit lassen sich hier erst im Kontext
der subtilen Auswirkungen staatlicher
Überwachung verstehen.

Werner Bergmann
**Antisemitismus in öffentlichen
Konflikten**
Kollektives Lernen in der politischen Kultur
der Bundesrepublik 1949–1989
Schriftenreihe des Zentrums für
Antisemitismusforschung, Band 4
1997. 535 Seiten
DM 118,–/sFr 110,–/öS 861
ISBN 3-593-35765-8

Mit dem Ende des Nationalsozialismus kam
es in Westdeutschland schnell zum Aufbau
demokratischer Institutionen und einer freien
Presse, doch blieb die Einstellung der Deutschen noch lange von autoritären und antise-
mitischen Traditionen geprägt. Diese Kluft
trat bei der »Aufarbeitung« der NS-Verbre-
chen über vierzig Jahre hinweg immer wieder
offen zutage. Das Buch analysiert Ursachen,
Verlauf und Folgen von öffentlichen Konflikten über Antisemitismus und zeigt einen
zähen, kollektiven Lernprozeß der westdeutschen Gesellschaft auf, in dem antisemitische
Vorurteile zurückgedrängt wurden.

Werner Bergmann, Rainer Erb,
Albert Lichtblau (Hg.)
Schwieriges Erbe
Der Umgang mit Nationalsozialismus und
Antisemitismus in Österreich, der DDR und
der Bundesrepublik Deutschland
Schriftenreihe des Zentrums für Antisemitis-
musforschung, Band 3
1995. 435 Seiten
DM 78,–/sFr 73,–/öS 569
ISBN 3-593-35246-X

Hans-Joachim Neubauer
Judenfiguren
Drama und Theater im
frühen 19. Jahrhundert
Schriftenreihe des Zentrums für
Antisemitismusforschung, Band 2
1994. 206 Seiten
DM 48,–/sFr 46,–/öS 350
ISBN 3-593-35029-7

Judaica

Herausgegeben von Dr. Renate Heuer

Walther Heymann
Gedichte, Prosa, Essays, Briefe
Hg. Leonhard M. Fiedler und Renate Heuer
Band 13, 1998. Ca. 220 Seiten, gb.
Ca. DM 48,–/sFr 46,–/öS 350
ISBN 3-593-35963-4

Im Ersten Weltkrieg nach seinem »Heldentod« gefeiert, in den 20er Jahren vergessen, 1933 aus den deutschen Regalen entfernt, besteht jetzt die Möglichkeit, das Werk Walter Heymanns angemessen zu rezipieren.

Gudrun Jäger
Gertrud Kolmar
Publikations- und Rezeptionsgeschichte
Band 12, 1998. 297 Seiten
DM 58,–/sFr 55,–/öS 423
ISBN 3-593-35964-2

Der vorliegende Band, in dem anhand einer Fülle von unveröffentlichten Dokumenten der Publikation und Rezeption des Kolmarschen Werks nachgegangen wird, schafft neue Grundlagen für die bestehende und künftige Forschung.

Birgit Seemann
Hedwig Landauer-Lachmann
Dichterin, Antimilitaristin, deutsche Jüdin
Band 11, 1998. 146 Seiten
DM 48,–/sFr 46,–/öS 350
ISBN 3-593-35973-1

Die Lyrikerin und Übersetzerin Hedwig Landauer-Lachmann ist heute vergessen. In diesem Buch wird ihre geistige und künstlerische Entwicklung nachgezeichnet: das jüdische Elternhaus, die Wanderjahre und die Ehe und Arbeit mit Gustav Landauer.

Julie Boghardt
Minna Flake
Macht und Ohnmacht der roten Frau:
Von der Dichtermuse zur Sozialistin
Band 9, 1997. 104 Seiten mit 11 Abb.
DM 34,–/sFr 33,–/öS 248
ISBN 3-593-35676-7

Renate Heuer, Ralph-Rainer Wuthenow (Hg.)
Antisemitismus – Zionismus – Antizionismus
1850 – 1940
Band 10, 1997. 298 Seiten
DM 68,–/sFr 64,–/öS 496
ISBN 3-593-35677-5

Zwischen den unterschiedlichen Ausprägungen antisemitischer, zionistischer und antizionistischer Ideologie wird hier ein Zusammenhang aufgezeigt. Besonderes Augenmerk wird dabei auf die zwischen 1850 und 1940 auftretende rassistische Variante des Antisemitismus gelegt.

Renate Heuer, Siegbert Wolf (Hg.)
Die Juden der Frankfurter Universität
Mit einem Vorwort von Notker Hammerstein
Unter Mitarbeit von Holger Kiehnel
und Barbara Seib
Band 6, 1997. 504 Seiten mit 117 Abb., gb.
DM 98,–/sFr 91,–/öS 715
ISBN 3-593-35502-7

Renate Heuer, Ralph-Rainer Wuthenow (Hg.)
Konfrontation und Koexistenz
Zur Geschichte des deutschen Judentums
Band 7, 1996. 344 Seiten
DM 68,–/sFr 64,–/öS 496
ISBN 3-593-35503-5

Konfrontation und Koexistenz bezeichnen im Lebenszusammenhang von Minderheit und Mehrheit gegensätzliche Existenzformen. Das Zusammenleben von Juden und Nichtjuden stellt sich als ein permanentes Spannungsverhältnis dar. Solche Kontroversen an ausgewählten, für ihre Zeit und ihren Gegenstand typischen Beispielen von 1750 bis zur Gegenwart zu zeigen, ist Thema des Buches.

Zur Information der weiteren Titel dieser Reihe fordern Sie bitte unseren Sonderprospekt an.

Wissenschaftliche Reihe des Fritz Bauer Instituts

Stephan Braese, Holger Gehle, Doron Kiesel, Hanno Loewy
Deutsche Nachkriegsliteratur und der Holocaust

Wissenschaftliche Reihe des Fritz Bauer Instituts, Band 6. 1998. Ca. 400 Seiten
Ca. DM 48,–/sFr 46,–/öS 350
ISBN 3-593-36092-6

Die Beiträge dieses Bandes präsentieren Analysen der Werke unterschiedlicher Autoren, die aus der Auseinandersetzung mit dem Holocaust und den Möglichkeiten einer Literatur »nach Auschwitz« entstanden sind.

Fritz Bauer
Die Humanität der Rechtsordnung
Ausgewählte Schriften
Wissenschaftliche Reihe des Fritz Bauer Instituts, Band 5
1998. 440 Seiten
DM 48,–/sFr 46,–/öS 350
ISBN 3-593-35841-7

Detlef Hoffmann (Hg.)
Das Gedächtnis der Dinge
KZ-Relikte und KZ-Denkmäler 1945–1995
Wissenschaftliche Reihe des Fritz Bauer Instituts, Band 4
1998. 351 Seiten mit 370 Abb.
DM 98,–/sFr 91,–/öS 715
ISBN 3-593-35445-4

Dieser reichhaltig illustrierte Band dokumentiert umfassend die Geschichte der Gedenkstätten auf dem Gelände ehemaliger nationalsozialistischer Konzentrations- und Vernichtungslager in Deutschland, Frankreich und Polen. Die Autoren untersuchen die komplexen Formen vergegenständlichter Erinnerung.

Hanno Loewy, Bernhard Moltmann (Hg.)
Erlebnis – Gedächtnis – Sinn
Authentische und konstruierte Erinnerung
Wissenschaftliche Reihe des Fritz Bauer Instituts, Band 3. 1997. 300 Seiten
DM 48,–/sFr 46,–/öS 350
ISBN 3-593-35444-6

Hier werden die sozialen, nationalen und kulturellen Formen vergesellschafteter und damit konstruierter Erinnerung diskutiert.

Jacqueline Giere (Hg.)
Die gesellschaftliche Konstruktion des Zigeuners
Zur Genese eines Vorurteils
In Zusammenarbeit mit dem Verband Deutscher Sinti und Roma
Wissenschaftliche Reihe des Fritz Bauer Instituts, Band 2
1997. 162 Seiten
DM 38,–/sFr 37,–/öS 277
ISBN 3-593-35443-8

Hanno Loewy, Bettina Winter (Hg.)
NS-»Euthanasie« vor Gericht
Fritz Bauer und die Grenzen juristischer Bewältigung
Wissenschaftliche Reihe des Fritz Bauer Instituts, Band 1
1996. 199 Seiten
DM 38,–/sFr 37,–/öS 277
ISBN 3-593-35442-X

Fritz Bauer Institut
Überlebt und unterwegs: Jüdische Displaced Persons im Nachkriegsdeutschland
Jahrbuch 1997 zur Geschichte und Wirkung des Holocaust
1997. 381 Seiten mit zahlreichen Abb.
DM 48,–/sFr 46,–/öS 350
ISBN 3-593-35843-3

Fritz Bauer Institut
Auschwitz: Geschichte, Rezeption und Wirkung
Jahrbuch 1996 zur Geschichte und Wirkung des Holocaust
2. Auflage, 1997. 410 Seiten, 46 Abb.
DM 48,–/sFr 46,–/öS 350
ISBN 3-593-35441-1

Sozial- und Zeitgeschichte

Studien zur historischen Sozialwissenschaft

Gero Fischer
United We Stand – Divided We Fall
Der britische Bergarbeiterstreik
1984/85
Vorwort von Tony Benn
Band 26, 1998. Ca. 300 Seiten
Ca. DM 68,–/sFr 64,–/öS 496
ISBN 3-593-36097-7

Karl H. Müller
Marktentfaltung und Wissensintegration
Doppel-Bewegungen in der Moderne
Band 25, 1998. Ca. 300 Seiten
Ca. DM 68,–/sFr 64,–/öS 496
ISBN 3-593-36109-4

Der Band wartet mit einer Reihe von neuartigen Perspektiven für eine sozialwissenschaftlich orientierte Geschichtswissenschaft auf. Dazu zählt ein innovativer Zugang zu einer integrierten Analyse von langfristigen Wissens- und Gesellschaftsentwicklungen in der Moderne.

Hans Georg Zilian
Satanische Masken
Jugend und Rechtsorientierung in der
österreichischen Provinz
Vorwort von Marie Jahoda
Band 24, 1998. 191 Seiten
DM 48,–/sFr 46,–/öS 350
ISBN 3-593-35974-X

Reith, Reinhold (Hg.)
Praxis der Arbeit
Probleme und Perspektiven der
handwerksgeschichtlichen Forschung
Band 23, 1998. 356 Seiten
DM 78,–/sFr 73,–/öS 569
ISBN 3-593-35968-5

Katharina Simon-Muscheid (Hg.)
»Was nützt die Schusterin dem Schmied?«
Frauen und Handwerk vor der
Industrialisierung
Band 22, 1998. 178 Seiten
DM 48,–/sFr 46,–/öS 350
ISBN 3-593-35951-0

Studien zur Geschichte der deutschen Großforschungseinrichtungen

Bernd-A. Rusinek
Das Forschungszentrum
Eine Geschichte der KFA Jülich von ihrer
Gründung bis 1980
Band 11, 1996. 841 Seiten
DM 98,–/sFr 91,–/öS 715
ISBN 3-593-35636-8

Siegfried Buchhaupt
Die Gesellschaft für Schwerionenforschung
Geschichte einer Großforschungseinrichtung
für Grundlagenforschung
Band 10, 1995. 302 Seiten
DM 78,–/sFr 73,–/öS 569
ISBN 3-593-35297-4

Quellen und Studien zur Sozialgeschichte, IISG Amsterdam

Markus Bürgi
Die Anfänge der Zweiten Internationale
IISG Amsterdam, Band 16
1996. 651 Seiten mit 22 Abb.
DM 148,–/sFr 137,–/öS 1080
ISBN 3-593-35505-1

Wilhelm Dittmann
Erinnerungen
Herausgegeben und eingeleitet
von Jürgen Rojahn
IISG Amsterdam, Band 14
1995. 1562 Seiten, gb. 3 Bände
DM 420,–/sFr 379,–/öS 3066
ISBN 3-593-35285-0

Ursula Langkau-Alex,
Thomas M. Ruprecht (Hg.)
Was soll aus Deutschland werden?
Der Council for a Democratic Germany in
New York 1944–1945
IISG Amsterdam, Band 15
1995. 314 Seiten, gb.
DM 88,–/sFr 82,–/öS 642
ISBN 3-593-35392-X

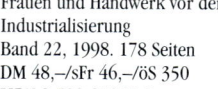

Register/Bestellschein

___ Ex.	Körner, Das Lied	(11)	98,–/91,–/715
___ Ex.	Krauss, Herrschaftspraxis	(11)	98,–/91,–/715
___ Ex.	Kühl, Rassisten	(13)	38,–/37,–/277
___ Ex.	Kühme, Bürger und Spiel	(11)	68,–/64,–/496
___ Ex.	Kühne, Männergeschichte	(10)	39,80/38,80/291
___ Ex.	Lacouture, Michel de Montaigne	(5)	58,–/55,–/423
___ Ex.	Langkau-Alex, Deutschland	(18)	88,–/82,–/642
___ Ex.	Le Goff, Die Liebe zur Stadt	(4)	39,80/38,80/291
___ Ex.	Le Goff, Geschichte Europas	(6)	29,80/28,80/218
___ Ex.	Le Goff, Geschichte	(11)	58,–/55,–/423
___ Ex.	Lepape, Diderot	(5)	78,–/73,–/569
___ Ex.	Lepape, Voltaire	(5)	78,–/73,–/569
___ Ex.	Lepenies, Aufstieg und Fall	(12)	20,–/19,–/146
___ Ex.	Loewy, Erlebnis	(17)	48,–/46,–/350
___ Ex.	Loewy, NS-»Euthanasie«	(17)	38,–/37,–/277
___ Ex.	Loth, Verwandlungspolitik	(13)	48,–/46,–/350
___ Ex.	Mann, Geschichte der Macht, Band 3	(7)	ca. 78,–/73,–/569
___ Ex.	Metken, Kampf um die Hose	(12)	68,–/64,–/496
___ Ex.	Metz-Becker, Der verwaltete Körper	(10)	78,–/73,–/569
___ Ex.	Möhle, Ehekonflikte	(10)	78,–/73,–/569
___ Ex.	Müller, Marktentfaltung	(18)	ca. 68,–/64,–/496
___ Ex.	Neubauer, Judenfiguren	(15)	48,–/46,–/350
___ Ex.	Pastoureau, Teufels Tuch	(12)	68,–/64,–/496
___ Ex.	Paul, Medizingeschichte	(8)	78,–/73,–/569
___ Ex.	Pichot, Geburt der Wissenschaft	(8)	98,–/91,–/715
___ Ex.	Pocock, Andere Bürgergesellschaft	(12)	36,–/35,–/263
___ Ex.	Reith, Praxis der Arbeit	(18)	78,–/73,–/569
___ Ex.	Ribbat, Religiöse Erregung	(11)	58,–/55,–/423
___ Ex.	Robinson, Islamische Welt	(6)	98,–/91,–/715
___ Ex.	Roper, Das fromme Haus	(10)	Ca. 38,–/37,–/277
___ Ex.	Rusinek, Forschungszentrum	(18)	98,–/91,–/715
___ Ex.	Schlich, Organtransplantation	(8)	68,–/64,–/496
___ Ex.	Schmidt, Beruf: Schwester	(9)	78,–/73,–/569
___ Ex.	Schnell, Frauendiskurs ...	(9)	78,–/73,–/569
___ Ex.	Schönwälder, Historiker und Politik	(11)	68,–/64,–/496
___ Ex.	Schulin, Arbeit an der Geschichte	(12)	38,–/37,–/277
___ Ex.	Schulte, Verkehrte Welt	(9)	ca. 39,80/38,80/291
___ Ex.	Seemann, Hedwig Landauer-Lachmann	(16)	48,–/46,–/350
___ Ex.	Sieferle, Kulturen der Gewalt	(4)	48,–/46,–/350
___ Ex.	Siegrist, Europ. Konsumgeschichte	(4)	148,–/137,–/1080
___ Ex.	Simon-Muscheid, Schusterin	(18)	48,–/46,–/350
___ Ex.	Spülbeck, Ordnung und Angst	(15)	58,–/55,–/423
___ Ex.	Stengers, Erfindung	(8)	48,–/46,–/350
___ Ex.	Strauß, Abgrund	(14)	48,–/46,–/350
___ Ex.	Süßenberger, Abenteurer ...	(5)	58,–/55,–/423
___ Ex.	Süßenberger, Klaviere des Henkers	(5)	58,–/55,–/423
___ Ex.	Vattimo, Interpretation	(12)	36,–/35,–/263
___ Ex.	Vernant, Mythos der Religion	(12)	28,–/27,–/204
___ Ex.	Villari, Mensch des Barocks	(7)	58,–/55,–/423
___ Ex.	Vovelle, Mensch der Aufklärung	(7)	58,–/55,–/423
___ Ex.	Weickmann, Rebellion der Sinne	(10)	44,–/42,–/321
___ Ex.	Weingart, Doppelleben	(14)	39,80/38,80/291
___ Ex.	Wysocki, Geheime Staatspolizei	(13)	78,–/73,–/569
___ Ex.	Zilian, Satanische Masken	(18)	48,–/46,–/350

Hiermit bestelle ich aus dem Campus Verlag durch die Buchhandlung:

Name: _____

Straße: _____

PLZ/Ort: _____

Datum, Unterschrift: _____

Campus Verlag, Heerstr. 149, 60488 Ffm. Bestell-Nr. 999 64. Preisänderungen und Irrtum vorbehalten. Stand: 1. Juli 1998

Wenn er auch »Leichentuch« zum Laken und »Fahne« zum Tischtuch sagt, so achtet der Herr aus dem Périgord doch mit großer Sorgfalt auf die Wäsche. Mag er es kuschelig? Fröstelt er? Nein. Doch angesichts der Sitten seines Zeitalters ist er um Hygiene sehr besorgt – und bei Tisch, wo er sich wenig um den gerade aufkommenden Gebrauch von Gabeln schert, entfernt er die Spuren seiner Völlerei so rasch wie möglich aus seinem Gesicht und zeigt sich unbedingt als Mann des Hofes.

4

»Edelfrauen« und Kurtisanen

Wir wissen, daß Montaigne in seinem Liebesleben darauf achtete, sich weder besonders hervorzuheben noch sich besonders zurückzuhalten. Mag er auch verheiratet und alt sein, wie es im dritten Buch der Essais heißt, so war er doch kein Kostverächter und flüchtigen oder sogar heftigen Liebschaften nicht abgeneigt; die entsprechenden Zitate Vergils haben ihn denn auch zu pikanten Abschweifungen angeregt.

Reisen, das ist allseits bekannt, schürt die Glut der Sinne: Aus diesem Grund setzen sich Frischvermählte in den Zug oder ins Auto – und fahren besonders gerne nach Italien. Doch man könnte nicht behaupten, daß unser Edelmann bei seiner Reise aus dem Häuschen geraten sei. Ob es sich um vornehme Damen oder einfache Mädchen, Herzoginnen oder Metzen handelt, er nimmt die klassische Haltung eines reisenden Franzosen ein, schielt nach ihnen, plaudert mit ihnen, liebkost sie, wenn sich die Gelegenheit bietet, und stellt fest, daß Ehemänner an Badeorten ihren Nachwuchs mehren können, sofern sie sich dort nicht sehen lassen.

Macht sich sein Alter hier bemerkbar? Hat ihn die Reise ermüdet? Sind die Ritte so anstrengend? Oder ist der Schreiber so schamhaft? Sorgt sich Montaigne um seinen »Stand« gegenüber den jungen Reisegefährten, seinem Bruder und seinem Schwager? Tatsache ist, daß das *Tagebuch* mehr als die *Essais* ein Buch für jedermann ist. Der Kanoniker Prunis, ein Freidenker und Zeitgenosse Crébillons, war in diesem Punkt vielleicht ein wenig enttäuscht, als er zwei Jahrhunderte später den ehrwürdigen Staub von dem Buch klopfte.

Nicht daß man auf sein Urteil über die Schweizerinnen gespannt warten würde! Daß er sie »groß und weiß (…) gemeinhin schön« (Tb, S. 37) fand, ist uns in Erinnerung und freut uns. Über die deutschen Frauen verliert er wenig Worte, nur die bewunderungswürdige Übereinstimmung, in der sich Männer und Frauen unterschiedlicher Religionszugehörigkeit verbinden, ist ihm eine Erwähnung wert: Bei Heiraten zwischen Katholiken und Lutheranern nehme »der Teil, der am meisten Verlangen hat, (…) den Glauben des anderen an« (Tb, S. 62). Stellen wir uns Heinrich von Navarra und Margot vor: Eine Nacht ist eine Messe wert! An einer Kirche in Sterzig in Tirol spricht er eine »junge, hübsche Dirne«[10] (Tb, S. 79) auf Latein an – er hatte sie für einen Schüler gehalten!

Wo sonst, wenn nicht in Italien sollte sich das große Schauspiel der sanften Erotik entfalten? Von Venedig bis Lucca über Florenz und Rom läßt Montaigne im Geist die Damenwelt an sich vorüberziehen, sowohl Damen, die ihrem Stand gemäß ehrbar sein müssen, als auch andere, die es bestenfalls in Anbetracht ihrer Talente sind. Mit seinem ruhigen, aber keineswegs erloschenen Feuer, erweist sich der Schloßherr von Montravel als interessierter Beobachter von höchster Aufmerksamkeit, mögen ihn auch Soutanen und Klistiere ein wenig dabei behindert haben.

Kaum ist er in Venedig angekommen, stellt sich das ewig Weibliche in Gestalt einer Dichterin ein, einer ehemaligen Kurtisane, um die Wahrheit zu sagen, die als »venezianische Edelfrau«(Tb, S. 97) bezeichnet wird (woran man sehen kann, daß das eine das andere nicht ausschließt). Sie läßt Montaigne durch einen Diener, der dafür zwei Taler erhält, »ein kleines Buch Briefe« (Tb, ebd.) zukommen. Das ist viel für einen Botengang, aber wenig für ein Gedicht. (Dabei scheint Montaigne ein peinlicher, fürchterlicher Fehler unterlaufen zu sein, der keineswegs als Flegelei ausgelegt werden sollte, denn nach den Listen der Stadtpolizei waren in Venedig zwei Taler der Preis für Damen aus dem ältesten Gewerbe der Welt.)

Nach sechs Tagen in der Stadt der Dogen weiß der Schreiber über Montaigne und die *ragazze* zu berichten:

»Er konnte nichts von der berühmten Schönheit, die man den Damen von Venedig zuschreibt, bemerken, obwohl er die vornehmsten von denen, die damit Handel trieben, sah. Dagegen fand er es mindestens so staunenswert, sie in solcher Zahl zu treffen, etwa hundertundfünfzig[11], die an Möbeln und Kleidern den Aufwand einer Prinzessin trieben; dabei haben sie keine andere Quelle des Verdienstes als diesen Handel; mehrere vom Adel hielten solche Kurtisanen für ihre Person ganz aus, was jedermann wußte und richtig fand.« (Tb, S. 97)

Typisch Venedig? Typisch italienisch? Erinnert er sich so wenig an seine Pariser Jahre? Erst bei seinem zweiten Besuch in Florenz fallen ihm die Schönheiten der florentiner Damenwelt auf. Aber auch der erste Abstecher hat zu der Bemerkung geführt, daß beim Abendessen, zu dem der Großherzog geladen hatte, die Gattin des Hausherrn »auf dem Ehrenplatz saß, dann (…) der Großherzog« (Tb, S. 113). Das hätte auch im Louvre oder in Bordeaux in Mode kommen können! Doch zu einem solchen Vorschlag ringt er sich nicht durch; lieber hält er fest, daß die erhöht sitzende Herzogin »eine üppige Brust und Brustwarzen ganz nach dem Geschmack (der Italiener) hat« (Tb, ebd.) – jedenfalls von unten gesehen. Als er das zweite Mal in die Stadt der Medicis kommt und endlich zugibt, »daß sich Florenz mit Recht das schöne nenne« (Tb, S. 240), schreibt er über seine Bewohnerinnen:

»Am gleichen Tag machte ich mir das Vergnügen, den Damen einen Besuch zu machen, die das niemand verbieten. Ich sah die berühmtesten: nichts Besonderes. Ihre Wohnungen liegen alle in einem besonderen Viertel und sind darum miserabel, schlecht und in keiner Weise mit denen der römischen oder venezianischen öffentlichen Frauenzimmer zu vergleichen, ebensowenig wie sie selbst deren Schönheit oder Grazie oder Haltung gleichkommen.« (Tb, S. 240 f.)

In Rom kann er aber besonders gut beobachten, wie es im 16. Jahrhundert in Italien um die Frauen und um ihre Schönheit steht. Seine erste, wohlwollende Feststellung: Bei einem Abendessen, das der »Kastellan« gab (der kein geringerer als der Sohn des Papstes ist), »wurden die Damen von ihren Männern bedient, die stehend ihnen aufwarteten und ihnen zu trinken und was sie sonst verlangten, brachten« (Tb, S. 142). Doch auch hier enthält er sich jeden Kommentars zu dieser hübschen Sitte. Gesprächiger wird er erst nach dem »Karneval«, denn am Faschingsdienstag hat er Gelegenheit genug gefunden, nach den römischen Schönheiten zu schielen:

»Während dieser Tage ließen sich die schönen römischen Edelfrauen in aller Ungezwungenheit sehen: in Italien tragen sie nämlich keine Maske wie in Frankreich und zeigten sich ganz unverhüllt. Die vollkommene und seltene Schönheit ist, wie er fand, bei ihnen auch nicht häufiger als in Frankreich und drei oder vier Fälle ausgenommen, sah er nichts Hervorstechendes; dafür ist ihr Durchschnitt annehmbarer und soviel Häßlichkeit wie in Frankreich sieht man nicht. Der Kopf

ist unvergleichlich vorteilhafter geputzt, ebenso der unterhalb des Gürtels befind-
liche Teil der Kleidung. Dagegen sieht der Leib selbst in Frankreich besser aus;
hier tragen die Frauen die Partie um die Hüften zu lose, so daß sie wie die
Schwangeren bei uns einhergehen. Dafür ist wieder die Haltung imponierender,
voller und sanfter. Unsere Gewänder lassen sich an Reichtum gar nicht mit den
ihrigen vergleichen: alles ist hier voll Perlen und Edelsteinen. Überall, wo sie sich
öffentlich sehen lassen, im Wagen, auf Festen, im Theater, sind sie von den Männern getrennt, jedoch haben sie Tänze, wo die Geschlechter recht frei miteinander in Berührung kommen und wo es Gelegenheit zu Gesprächen und Handdrücken gibt.« (Tb, S. 140 f.)

»Handdrücken«? Nun ja (…) Montaigne mag sich noch so greis vorkommen, einige nette Momente liegen noch vor ihm. Und wenn die
»römischen Edelfrauen (…) die Partie um die Hüften zu lose« tragen und,
sich »von den Männern getrennt« haltend, zu sehr auf ihre Sittsamkeit
bedacht sind, so bleiben ihm immer noch »die Damen an den Fenstern«.
(Tb, S. 157) Natürlich ist auch hier mit Enttäuschungen zu rechnen. In
der Gewißheit, sie »zu Pferde (…) besser (zu sehen), aber das tun nur (…)
unansehnliche Leute wie ich (…)« (Tb, S. 158), beschreibt er einen Bum-
mel mit bitterer Pointe:

»(…) Die Kurtisanen, die sich an ihren Jalusien mit einer so durchtriebenen Kunst
zu zeigen verstehen, daß ich mich oft verwundert habe, wie sie unseren Blick auf
sich zu ziehen wissen: oft, wenn ich vom Pferde sprang und es erreichte, daß mir
geöffnet wurde, konnte ich darüber staunen, wieviel hübscher sie am Fenster
schienen, als sie in Wirklichkeit waren. (…) Wenn man die Nacht für einen Taler
oder für vier bei ihnen geschlafen hat, dann darf man ihnen am nächsten Tag die
Cour auf die gleiche Weise öffentlich machen.« (Tb, S. 158)

Vier Ecus, soviel kann der Ruhm selbst einem Geizkragen wert sein!
Montaigne »beschäftigten« nach eigenen Aussagen »all diese Vergnügungen (…) ausreichend«, und »zu Melancholie, die mein Tod ist, und Ärger
fand sich keine Gelegenheit«. (Tb. S. 164) Doch er wunderte sich, daß
einige »der öffentlichen Damen (…) die bloße Unterhaltung – diese suchte
ich bei ihnen, um sie sprechen zu hören und an ihrer Behendigkeit meine
Freude zu haben – gerade so teuer wie den ganzen Handel verkauften
und sich gerade so sparsam dabei zeigten.« (Tb, ebd.)

Aber schließlich lebten in Italien nicht nur »Edelfrauen«, die sich zu
»lose« um die Hüfte kleideten, oder Kurtisanen, die unmaskiert an ihren
Fenstern saßen. Bei seinem Badeaufenthalt in La Villa hatte der Herr aus
der Gascogne den hübschen Einfall, einen Ball zu veranstalten. Es war

nicht der Ball von Don Giovanni, doch immerhin setzte der Reisende eine Art Preis für die schönsten Mädchen der Gegend aus. Es war ihm ein Vergnügen, und angeblich eines ohne Hintergedanken: »Wirklich suchte ich bald diese, bald jene aus: wobei ich nicht verfehlte, meine Aufmerksamkeit auf Schönheit und Zierlichkeit zu richten, in der Meinung, daß die Anmut des Tanzes nicht nur von den Füßen abhängt, sondern noch mehr von den Bewegungen und der Anmut der ganzen Person.« (Tb, S. 220)

Kann man auf schicklichere Weise Kavalier sein? Ein Paar Tanzschuhe, so flicht er ein, schenkte er »einem jungen, schönen Mädchen außerhalb des Balles« (Tb, S. 219). Ob sie die ehrbarste war?

5

Über Gemüse

Wie Montaigne uns selbst mitteilt, war er ein erbärmlicher Landwirt, völlig ungeeignet, seine Besitzungen zu bewirtschaften, konnte er doch einen Kohlkopf nicht von einem Salatkopf unterscheiden. Die Reise scheint ihm die Augen geöffnet und den Geruchsinn wiedergegeben zu haben. Von seiner Stute aus begutachtet er mit fachmännischem Auge die Landschaften der Schweiz und Italiens. In der Fremde scheint der kleine Landadlige aus Guyenne Geschmack an der Landwirtschaft gefunden zu haben und interessiert sich für Saatgut, für die Vorteile bei der Trockenlegung von Sümpfen und auch für den Unterschied zwischen Brachland und bestelltem Boden.

Ob im Tal des Adge, in der Po-Ebene oder auf den Hügeln der Toskana, er wägt das Gewicht der Trauben, schätzt den Reifegrad des Weizens und interessiert sich leidenschaftlich für hydraulische Maschinen, sei es, daß sie der Unterhaltung dienen wie in Florenz, Pratolino oder Tivoli, oder zur Entwässerung der Täler benutzt werden wie in Latium und Umbrien. Hören wir, welche lobenden Worte er für landwirtschaftliche Techniken wie die Terrassenanbauweise in der Toskana findet. Es klingt wie von Buffon:

»Man kann die Schönheit und die Nützlichkeit ihrer Anbaumethode, die bis auf die Bergkämme reicht, nicht genug loben. Sie besteht aus kreisförmig angelegten Stufen, die teils von starken Mauern, teils von Befestigungen anderer Art abgestützt werden, wenn die Erde allein nicht fest genug ist. Je nachdem, ob sie sich an den schmalsten oder an den breitesten Stellen befinden, hat man bei den Erdaufschüttungen der Treppe Korn gesät. Am äußersten Rand zum Tal hin, das heißt entlang der Kreislinie, wird Wein angebaut. Und Wein findet sich schließlich überall, wo der Boden ungleichmäßig ist, wie zum Bergkamm hin.«

Sollte er Françoise de La Chassaigne seine Hefte zu lesen gegeben haben, dürfte sie über solch lyrische Töne zur Landwirtschaft sehr erstaunt gewesen sein.

6

Über einige Gemälde

Es ist schon sehr verwunderlich, wie wenig Montaigne im *Tagebuch einer Reise* auf die Bildhauerei in Italien eingeht, und es gehört mit Sicherheit zu den Themen, vor denen der Montaigneforschung am meisten bange ist.

Den klaren Urteilen, die er über verschiedene Städte von Basel bis Augsburg und von Verona bis Lucca abgibt, wird man oft zustimmen können, obwohl man sich fragen kann, warum ihn Venedig und Florenz (auf den ersten Blick) ein wenig enttäuscht hatten und warum er unbedingt nach Sienna zurückkehren wollte, um den muschelförmigen Platz, auf dem der *Palio* stattfindet, so zu rühmen, wie es ihm gebührt.

Lange Zeit wurde diese Zurückhaltung als etwas Selbstverständliches angesehen: Erst Chateaubriand und anschließend Stendhal, der aufgeklärte Liebhaber der italienischen Kultur, brachen damit und verurteilten Montaignes Gleichgültigkeit in Fragen der Ästhetik. In jüngster Zeit haben einige Forscher, zum Beispiel Richard Sayce, dagegen eingewandt, daß man im 16. Jahrhundert schließlich nicht durch Italien reiste wie zu Zeiten Winkelmanns, Mérimées oder Ruskins. Das ist sicher richtig. Doch wer Montaigne liebt, wer seine umfassende Bildung bewundert und ihm gerührt zusieht, wenn er in der Vatikanischen Bibliothek liebevoll die Handschriften eines Vergil, Seneca oder seines verehrten Plutarch streichelt, dem tut es in der Seele weh, wie unempfänglich er beim Besuch der Paläste von Venedig oder Florenz für die Schönheit dieser Bauwerke ist. Oder muß man bis zum Februar 1581 dem jungen Sekretär einen Teil der Schuld daran geben?

Die Fragestellung könnte sich als anachronistisch erweisen: Montaigne reiste Ende des 16. Jahrhunderts, jenes *Cinquecento*, das von Tizian beherrscht wurde, also viele Jahrzehnte, nachdem die Meister des *Quattrocento* ihren Höhepunkt hatten und in den Schulen von Florenz bis Sienna ihre glanzvollsten Meisterwerke entstanden. Museen gab es damals natürlich nicht. Doch der namhafte Herr von Montaigne wird in Venedig, in der Toskana, in Padua und Rom von Kirchenfürsten und Angehörigen des höheren Adels empfangen. Tatsächlich weist er auf Michelangelos Grabmal der Medicis in Florenz hin und auch auf nicht näher bezeichnete Fresken Vasaris – doch nur, weil es sich um die Darstellung einer Heldentat seines Freundes Monluc handelt. Auch das Martyrium des Heiligen Laurentius von Bronzino wird erwähnt. Doch was nimmt ihn daran ein, das Kunstwerk oder das Thema?

An wie vielen Bildern Giottos, Mantegnas, Botticellis, Simone Martinis ist er vorübergegangen? Von den »milliasses« Meistern und ihren Werken, an denen sich erst wenige französische, spanische oder deutsche Eroberer bedient hatten, ist Montaigne nur ein Name in Erinnerung geblieben, der Michelangelos. Bei allen anderen ist man darauf angewiesen, einer Auflistung von Themen oder Gegenständen zu folgen. Das läßt auf ein gutes Auge schließen, auf lebhafte Eindrücke – aber der Reisende, der Zutritt zu Palästen hatte, in denen der Name Leonardo da Vinci in aller Munde war, gerät auf dem Gebiet der darstellenden Künste vor allen Werken ins Stottern, die nicht aus der Antike stammen und mit dem entsprechenden Gütesiegel ausgezeichnet sind. Man lese nur einmal, welchen Eindruck er bei seinem Besuch in der Ville d'Este gewonnen hat:

> »In Rom hatten mir am meisten gefallen: der Adonis beim Bischof von Aquino; die bronzene Wölfin und der Dornauszieher auf dem Kapitol; der Laokoon und der Antinous im Belvedere; die Komödie auf dem Kapitol; der Satyr in der Vigna des Kardinals Sforza; und aus der neuen Schule der Moses vom Grabmal in San Pietro in Vincoli[12] und die schöne Frauengestalt zu Füßen des Papstes Paul III.[13] in der neuen St. Peterskirche.« (Tb, S. 169)

Von Lucca, wo ihn die Aufforderung erreichte, das Bürgermeisteramt von Bordeaux anzutreten, kehrte er nach Rom zurück und besuchte den Palazzo Caprarola. Mehr als die wundervollen Gemälde fielen ihm die Persönlichkeiten aus seiner Zeit auf, die er dort entdecken konnte: »Die Personen sind so lebensgetreu porträtiert, daß man unseren Konnetabel[14], die Königinmutter, ihre Kinder Karl, Heinrich, den Herzog von

Alençon und die Königin von Navarra sofort wiedererkennt, (…) auch
König Franz, Heinrich II., Pietro Strozzi und andere.« (Tb, S. 274) Das
hört sich an wie Monsieur Prudhomme[15] in den Ferien.

Zugegeben, die Form des Reisens hat sich gewandelt, unser Zugang zu
Bildung ist ein anderer, und die Existenz von Museen hat unseren Blick
verändert. Und dennoch sind solche einfältigen Bemerkungen, wie »sieht
so ähnlich aus wie«, »man glaubt, man wäre zu Hause« und »sie machen
unseren Großen alle Ehre« ein wenig enttäuschend, schließlich handelt es
sich um einen der Erfinder des modernen Bewußtseins, der uns in so vielen anderen Bereichen gelehrt hat, aufmerksam und wach zu sein …

7

»Ars politica«

Können wir es dabei belassen, in Michel de Montaigne nur einen krän-
kelnden Touristen zu sehen, der sich für die Kulturdenkmäler der Antike
begeistert? Oder soll der Freund eines de l'Hospital, eines de Thou und
eines Heinrich von Navarra unter dem Deckmantel seiner Vergnügungs-
und Bäderreise vielleicht eine Geheimmission erfüllt haben? Diese Frage
wurde oft gestellt. Und niemand hat sie mehr bejaht als der frühere Professor für Literatur an der Universität Bordeaux, Pierre Barrière, der hartnäckig nach Hinweisen in dieser Richtung forschte. Erste Anhaltspunkte
dafür zeigen sich bereits bei der Ankunft der Reisegesellschaft in Lothringen,
ihren Höhepunkt erreicht die Spurensuche aber bei der Mitteilung jener
»Herren von Bordeaux«, durch die der Reisende, den sie soeben zu ihrem
neuen Bürgermeister gewählt haben, nach Hause zurückgerufen wird.

Man kann Montaignes Reise mit der Suche nach Linderung für seine
Krankheit erklären. Sie kann auch damit begründet werden, daß er mit
einem Besuch der bedeutenden Stätten der römischen Antike seine Bildung vervollkommnen wollte, wie es jeder Humanist seines Jahrhunderts anstrebte. Und wir werden noch sehen, daß er auf seinem Weg
durch die lutherischen Länder bis zur Hauptstadt des Katholizismus mit
besonderem Interesse Fragen der Religion nachgegangen ist. Braucht
man zur Begründung dieses Unternehmens zusätzlich eine politische
Dimension?

Den Begegnungen des Reisenden mit den verschiedenen französischen Gesandten bei der Republik Venedig und beim Pontifex maximus kann man keine große Bedeutung beimessen: Arnaud de Ferrier, den er in der Stadt der Dogen trifft, ist ein alter Bekannter, den er einst in Paris oder Toulouse kennengelernt hatte, der konvertiert war und später von Heinrich IV. zum Kanzler ernannt wurde. D'Aubain empfängt ihn in Rom, wie es sich für den Vertreter Frankreichs – der zudem ein guter Humanist ist – gehört, wenn er einen Schriftsteller auf Reisen begrüßt, und sein Stellvertreter Paul de Foix verkehrt mit ihm wie mit einem Freund und Nachbarn – was sie ja auch sind. Spannender ist die Verbindung, die Montaigne zu Kardinal de Pelvé aufnimmt, einem Intriganten, der später Anführer der Liga wurde. Mit ihm dürfte er harte Auseinandersetzungen gehabt haben.

Und was ist mit dem Papst, der die Bartholomäusnacht so sehr gelobt hatte? Montaigne hat später sehr wohlwollend von ihm gesprochen. Haben sie ihre Gedanken und ihre politischen Vorstellungen ausgetauscht? Pierre Barrière weist in eine andere Richtung: »1580 befindet sich Gregor XIII. in finanziellen Schwierigkeiten, und zu jener Zeit hat der Papst das meiste Geld traditionell aus Frankreich bezogen. Außerdem ist es schon ein merkwürdiger Zufall, daß Paul de Foix ausgerechnet in dem Augenblick als Gesandter in Rom eintrifft, als Montaigne sich dort aufhält.«[16]

Vielleicht sollten wir noch darauf eingehen, was Frau Jagolnitzer zu den Gesprächen anmerkt, die Montaigne mit dem Kalvinisten Hotmann im Oktober 1580 in Basel führte? Heinrich von Navarra hatte Hotmann mit einer quasi diplomatischen Mission für die Schweiz betraut. Was die Beziehung zwischen Savoyen und Frankreich angeht, hätten ihre Gespräche daher, so folgert sie, ebenso eine politische wie religiöse Bedeutung haben können.[17] Und ist es wirklich so erstaunlich, daß der von der Kriegskunst begeisterte Montaigne so sehr auf seine Unterredung mit einem großen Heerführer, dem Toskaner Silvio Piccolomini pocht, und daß er sich so häufig Fragen zur Befestigungstechnik stellt?

Aber diese Fragen führen alle nicht weiter. So wenig wie die Besuche beim Großherzog der Toskana oder bei den einflußreichen Kardinälen Farnese oder Caraffa. Eine Erfahrung, die Montaigne in politischer Hinsicht von seiner Italienreise mit nach Hause nimmt, hat eindeutig zum Verlust seiner Illusionen über die Freiheiten in Venedig geführt. Vom französischen Gesandten erfährt er, daß die Führer der Erlauchten Republik keinen Kontakt zu Ausländern haben dürfen. Mit solchem Verbot wird ein Staat regiert, in dem Etienne de la Boétie, dem jede Form der Knechtschaft verhaßt war, einst gerne geboren worden wäre ...

8

Über die Religionen und ihre Geistlichen

In religiöser Hinsicht läßt sich der Reise des gascognischen Edelmanns vielleicht eher eine Bedeutung zuweisen als auf politischer Ebene (doch kann man Politik und Religion zu jener Zeit überhaupt trennen?). Denn es sieht ganz so aus, als hätte Montaigne, der im Sommer 1580 bei einem Zwischenstopp in Paris mit König Heinrich III. sprach und bei der Belagerung von La Fère, wo sich der gesamte französische Adel eingefunden hatte, mit zahllosen Würdenträgern zusammentraf, den Auftrag erhalten, Erkundungen über die Beziehungen zwischen den Angehörigen des katholischen Glaubens und den reformierten Gruppierungen einzuziehen, und zwar sowohl in Ländern, die unter dem Einfluß von Luther, Zwingli und Calvin regiert wurden, als auch in römisch-katholischen. Oder sollte es für ein Land, in dem gerade der siebte Religionskrieg aufflammte, aus den unterschiedlichen Situationen in den anderen Ländern nichts zu lernen geben?

Durchaus möglich, daß nichts dergleichen vor der Abreise Montaignes besprochen oder geplant war. Doch niemand wird bestreiten, daß sich Montaigne auf der Reise mit dem diplomatischen Geschick, der Gewandtheit und der Würde bewegt, die für die Erfüllung einer solchen Mission erforderlich sind. Das hat Fausta Garavini in einem bemerkenswerten Artikel gezeigt: »Überall versucht Montaigne, den Finger auf die wunden Punkte zu legen, spricht er die entscheidenden Bruchstellen zwischen Katholiken und Reformierten an. Und er versäumt es nicht, sich zu merken, was die verschiedenen Sekten der Reformierten voneinander unterscheidet (...) Doch trotz mancher Dispute, die im Namen Martin Luthers geführt werden, bieten die Städte des Kaiserreichs dem Reisenden das Bild eines friedlichen Zusammenlebens ihrer Bürger.«[18] Allem Anschein nach wünschte er sich für Frankreich eine an französische Verhältnisse angepaßte Form des Prinzips »*cuius regio, eius religio*« – »wie der Fürst, so die Religion«. Nach der Praxis auf der anderen Seite des Rheins schien diese Lösung nahezuliegen.

Während des ersten Teils der Reise hat Michel de Montaigne sein großes Talent in der »Gesprächs- und Diskussionskunst«, von der das berühmte Kapitel III, 8 der *Essais* handelt, also darauf verwandt, die Beziehungen zwischen katholischen und protestantischen Gesellschaften und die zwischen den verschiedenen Strömungen innerhalb der Reformation zu erforschen. Doch woher hatte Montaigne das Wissen, das er im Verlauf dieser Gespräche gezeigt hat? Vielleicht aus den Unterredungen, die er zu Beginn seiner Reise in Epernay mit dem Jesuiten Juan Maldonado oder Jean Maldonat führte, der einige Jahre zuvor durch seine Philosophievorlesungen am *Collège von Clermont* in Paris berühmt geworden war. Daß der Priester und der Philosoph, die sich später in Rom häufig und zusammen mit einem anderen bedeutenden Jesuiten, Hochwürden Pater Toledo, trafen, damals spontan Freundschaft schlossen, beweist keineswegs, daß sie in der Champagne das Untersuchungsprogramm oder den Fragenkatalog entwickelt hätten, der allen Gesprächen des Reisenden mit seinen reformierten Gesprächspartnern zugrunde liegen könnte. Nach den Tagebucheinträgen des Schreibers haben Montaigne und Maldonado nur über Heilbäder gesprochen. Bei einem Jesuiten könnte man vor soviel Unschuld leicht auf den Gedanken kommen, es müsse mehr dahinter stecken. Überzeugend klingen solche Spekulationen aber nicht.

Montaigne war auf alle Fälle nicht der einzige von beiden, der das Gespräch mit den Reformatoren suchte. So grundlegend sich seine Gedanken auch von denen Luthers unterschieden, war Maldonat doch ebenso darum bemüht, die in der Scholastik erstarrte christliche Glaubenslehre aus den Quellen der Heiligen Schriften neu zu begründen. Stellte er die Frage nach der Heiligkeit Christi wie die Sozinianer?[19] Tatsache ist, daß seine Strenggläubigkeit angezweifelt wurde und daß der eher zu Fragen als zu fertigen Antworten neigende Maldonado wie gerufen kam, um Montaigne für sich einzunehmen und seine Kunst der »Unterredung« zu schärfen und zu verbessern.

Auf der mehr oder weniger untereinander abgestimmten Reisestrecke kommt der Station Basel deshalb besondere Bedeutung zu. Die Stadt, in der Erasmus starb, war ein Zentrum religiöser Vielfalt geblieben. Hier konnte der Reisende Anhänger der unterschiedlichen Reformrichtungen treffen, von Grynäus über Zwingli bis zu dem berühmten Arzt Platter, vor allem aber den bedeutenden Arzt François Hotman, der auch Streitschriften für die Hugenotten verfaßte und sich dafür, wie manch anderer, bei La Boéties *Abhandlung über die freiwillige Knechtschaft* bedient hatte. Wie bekannt, verurteilte Montaigne den Mißbrauch des Textes seines geliebten Freundes, doch scheint er es Hotman kaum nachgetragen zu haben, denn einige Wochen nach ihrer Zusammenkunft in Basel schrieb er aus Italien an ihn wie an einen alten Freund.

Sehr wichtig ist auch sein Treffen mit Johannes Tilianus in Kempten. Der ehemalige Mönch, der wie Luther dem Augustinerorden angehörte, schrieb eine neue Fassung der »Augsburger Konfession«, die dem Katholizismus gegenüber versöhnlicher war. Seine Thesen stehen der römischen Doktrin erklärtermaßen näher als die Thesen Zwinglis oder Calvins. Sollte es den Mittelweg, von dem Etienne de La Boétie nach Abschluß seiner Mission in Agen[20] und kurz vor seinem Tod noch träumen konnte, vielleicht doch geben?

Ob ihm Maldonados Gedanken den Weg gewiesen haben oder nicht, der Reisende war jedenfalls kein Theologe. Im Lauf seines Ritts durch die deutschen Länder konnte er jedoch feststellen, daß die vorsichtigen geistigen Annäherungen zwischen den Gelehrten dort zu einer klugen und menschlichen Form des Zusammenlebens geführt hatten. In den protestantischen Kirchen, die nicht zum Kalvinismus gehörten, hingen Bilder, überkonfessionelle Heiraten waren nichts Ungewöhnliches, und es gab immer die Bereitschaft zum Gespräch. Aus einem Land kommend, das durch Intoleranz auseinandergefallen und durch blutige Auseinandersetzungen gespalten war, konnte der gascognische Edelmann auf seiner Reise durch die Schweiz und Deutschland überall Toleranz und Vernunft in gesellschaftlichen Auseinandersetzungen lernen. Warum sollte er auch keine Lehren daraus ziehen, wo er doch so sehr zur Vernunft neigte?

Man kann darin den Grund für sein äußerst eigenartiges Verhalten nach der Ankunft im Lande des Papstes sehen: Montaigne war in erster Linie Katholik und erst dann Christ. Er praktizierte seine Religion, kämpfte für sie, wenn es sein mußte, und brachte für das Verhalten ihrer Führer, wie wir gesehen haben, ein sehr weitreichendes »Verständnis« auf. Er war seinem Lager treu verbunden, und Rom war für ihn immer die Hauptstadt der Christenheit, für wie verdorben er sie auch immer hielt. Verdankte Paris seine Vorrangstellung vielleicht seiner Tugendhaftigkeit?

Der Reisende, der im Morgengrauen des 30. Dezember 1580 Rom betritt, wird diese päpstlich-cäsarische Gesellschaft immer mit dem ungezwungenen Blick eines Mannes betrachten, der das Fremdartige genießt, mit den Augen eines gutmütigen Agnostikers. Und sein Talent ist noch feinsinniger geworden: »Rom ist ganz Hof und Adel, und jedermann hat seinen Anteil an dem kirchlichen Müßiggang.« (Tb, S. 152) Wer hat es in wenigen Worten jemals zutreffender ausgedrückt? Die Besuche beim Papst, die Messen, das Verhalten der Gläubigen und des Klerus, die Auseinandersetzungen mit den Zensoren des *Sacro Palazzo*, alles beschreibt er mit einer leichten Ironie: Erst als Montaigne nach Loreto pilgert und dort auf die Knie fällt, hat er sich untertänig gezeigt wie ein wahrer Sohn der Kirche – und deshalb vielleicht ein wenig kindisch.

Montaignes Besuch bei Gregor XIII. ist die Probe aufs Exempel. Der Gesandte d'Abain sorgte dafür, daß er »(...) beim Papst zum Fußkuß erscheinen konnte. Der Herr von Estissac und er setzten sich in die Kutsche des Gesandten«. (Tb, S. 127) Der Bericht beginnt wie ein Kapitel aus *Candide*. Und im gleichen Tonfall fährt er fort:

»(...) Nach ein oder zwei Schritten beugen die Eintretenden, wer sie auch sein mögen, ein Knie bis zur Erde und warten, bis der Papst ihnen den Segen gibt; danach erheben sie sich wieder und treten bis in die Mitte des Zimmers vor. (...) Auf halbem Weg beugt man zum zweitenmal die Knie und wartet den zweiten Segen ab. Dann erst tritt man sieben bis acht Fuß näher, bis an einen Samtteppich, der vor den Füßen des Papstes liegt. Am Rande dieser Vorlage kniet man mit beiden Knien hin. In ihrem Fall setzte nun der Gesandte, der sie vorstellte, ein Knie auf den Boden, schlug das Gewand vom rechten Fuß des Papstes zurück und es kam ein roter Pantoffel mit einem weißen Kreuz zum Vorschein. Die Knienden rutschen in ihrer Lage bis zum Fuß hin und beugen sich nieder, um ihn zu küssen. Der Herr von Montaigne erzählte, der Papst habe die Spitze des Fußes ein wenig gehoben.« (Tb, S. 127)

»Die Sprache des Papstes ist italienisch, und zwar klingt sie sehr nach seiner bolognesischen Heimat, wo der schlechteste italienische Dialekt im Schwang ist; dazu kommt, daß er von Natur aus Schwierigkeiten beim Sprechen hat. Im übrigen ist er ein schöner Greis, mittelgroß, aufrecht mit majestätischem Gesicht, langem weißem Bart und für sein Alter von mehr als achtzig Jahren[21] außerordentlich gesund und von aller wünschenswerter Kraft, er kennt weder Gicht noch Koliken (...).« (Tb, S. 128)

Spricht hier ein frommer Sohn der Kirche über den Papst oder ein *Gobineau* über irgendeinen Sultan aus dem hintersten Orient? Auf den Wortwechsel zwischen dem Verfasser der *Essais* und den Zensoren des Vatikans, die ihn zu sich gerufen hatten, haben wir schon hingewiesen.[22] Ungezogener hätte man die einst gefürchtete Einrichtung, deren Wut der arme Giordano Bruno 1600 zu spüren bekam, kaum abhandeln können: Erst listet er ihre Beanstandungen an seinen *Essais* auf, und dann versichert er uns immer wieder, seine Zensoren – die von seinen eigenen Landsleuten auf ihn gehetzt worden waren – hätten sich in Entschuldigungen ergangen und ihn gebeten, von ihrer Kritik nur soviel zu berücksichtigen, wie ihm belieben würde.

Montaigne sagt nichts über die Gründe, warum er sich als Laie in Religionsfragen einer Pilgerreise nach Loreto unterzogen hat. Sein Verhalten an dem Ort, zu dem der Himmel angeblich das Geburtshaus Jesus' von Nazareth getragen hat, zeigt keine besonderen Auffälligkeiten: Wenn sich die Gebetsmühle erst einmal dreht, bringt sie so schnell keiner zum Stehen. Im übrigen gründet die Gläubigkeit des Pyrrhoneers auf seinen Zweifeln, und in diesem Punkt sollte Pascal ihm folgen.

Beim Besuch von Loreto also, der so viele »Philosophen« von damals[23] bis heute verblüfft hat, ist er nur ein gewöhnlicher Pilger, der sich mit Glaubensgewißheiten gewappnet hat und sich sicher ist, mit Ablässen überhäuft zurückzukehren. Er hat dafür eine Erklärung, über die Renan entzückt gewesen wäre – »Die offenkundige Frömmigkeit ist hier größer als an jedem anderen Orte, den ich gesehen habe« –, und er stützt diese Erklärung mit einem Argument, das heutzutage den größten Skeptiker überrascht: »Die Geistlichen, die für jeden Wunsch, betreffs der Beichte, Abendmahl oder sonst etwas, von der größten Bereitwilligkeit sind, nehmen ebensowenig etwas an.« (Tb, S. 183)

Den tollsten Erklärungsgrund für die Pilgerreise nach Loreto und das Wunder, das er dort vielleicht erhofft hatte, nachdem es angeblich einem seiner Freunde zuteil geworden war, findet man allerdings in den *Essais*: »Bis zu diesem Augenblick hat sich mir allerdings noch keines dieser Wunder oder seltsamen Ereignisse gezeigt. Ich kenne kein anderes Ungeheuer oder Wunder außer mir selbst.« Und das schrieb einer im 16. Jahrhundert während des siebten Religionskrieges!

Muß man seinen betont lässigen Umgang mit der Religion seiner Väter nicht für ungerechtfertigt halten? Man denke nur daran, was er über die Vorfahren seiner Mutter schreibt! Wenn er über die vorherrschende, die florierende, praktisch einzig gültige Religion noch mit leichter und zurückhaltender Ironie spricht, so klingt er gleich viel schärfer, ja sogar verletzend, sobald es sich um eine Minderheit und ihren Glauben handelt, selbst wenn sie mit Gewalt kleingehalten oder gar verfolgt wird. Beschämt wagt man kaum die gleichgültigen und deshalb grausamen Aufzeichnungen zum römischen *Palio* anzuführen, wo neben anderen Entrechteten auch Juden gezwungen wurden, unter dem Blick der höhnenden Menge wie Vieh um die Wette zu laufen. Das gleiche gilt für sein »Vergnügen« an den Predigen des »bekehrten« Rabbiners, die sich einige Dutzend seiner ehemaligen Glaubensbrüder zu ihrer Erbauung anhören mußten.

Was den Bericht über die Beschneidung in einem Armenviertel Roms angeht, bei der Montaigne zugegen war, so berührt einen seine schonungslose Neugier und Pikanterie recht unangenehm. Was konnte ein hitzköpfiger Kapuziner auf der Kanzel nicht alles mit einem solchen Text anstellen:

»Schließlich beseitigt der Beschneider mit seinen kräftigen Nägeln noch ein anderes kleines Häutchen an der Eichel und zerreißt es mit Gewalt, indem er es hinter die Eichel zurückstülpt. Die Operation scheint sehr gewaltsam und schmerzhaft zu sein; gleichwohl finden sie keine Gefahr darin und die Wunde heilt auch immer in vier bis fünf Tagen. Das Kind schreit dabei geradeso wie die Kinder bei uns während der Taufe. In dem Augenblick, wo die Eichel so freigelegt ist, reicht man dem Beschneider eiligst Wein: er nimmt einen Schluck in den Mund und saugt nun die blutige Eichel des Kindes aus; das ausgesaugte Blut speit er aus und nimmt einen neuen Schluck; das wird dreimal wiederholt. Darauf reicht man ihm in einer kleinen Papiertüte ein rotes Pulver, das nach ihrer Aussage Salpeter ist; er reibt damit die ganze Wunde ein und bedeckt sie (...).« (Tb, S. 139)

9

Über Steine und Bäder

Ob Montaigne nun von irgendeinem politischen Führer hinsichtlich der Beziehungen zwischen den Religionsgruppen in Deutschland, in der Schweiz oder in Italien mit einer »Mission« betraut worden ist oder nicht, ob er von einem einflußreichen Jesuiten diesbezüglich Unterweisungen erhalten hat oder nicht, es war gleichwohl sein Steinleiden, das ihn im Frühjahr 1580 dazu gebracht hat, durch halb Europa zu reisen. Die erste

Station ist Plombières, seine letzte ist Lucca mit den Bädern von La Villa. Für die Zeit dazwischen nehmen die Ausführungen zu seinen »Nierensteinen« und den Wirkungen der verschiedenen Mineralwasser, mit denen er badend oder trinkend Abhilfe sucht, mehr als ein Zehntel seines *Tagebuchs* ein.

Als Abbé de Prunis, der »Entdecker« des Manuskripts, bei d'Alembert Rat suchte, ob eine Veröffentlichung des *Tagebuchs* angebracht wäre, empfahl dieser ihm, die »unappetitlichen und überflüssigen Einzelheiten«[24] zu Montaignes Körper wegzulassen. Damit hatte er das umfassende Vorhaben des Verfassers der *Essais* völlig falsch eingeschätzt. War dieser nicht mit der Gewißheit angetreten, daß den Belangen des Körpers – entgegen der kirchlichen Lehre – eine außerordentliche Würde zukommt, und wollte er nicht als Zeuge seines gesamten Seins auftreten? Aus diesem Grund vertraute der erste Herausgeber des *Tagebuchs*, Meunier de Querlon, in einer heilsamen Reaktion dem gesunden Menschenverstand der Montaigneleser und nahm dem Text weder die »Steine« noch die »Bäder«.

Ab der siebten Seite, als die Reisegesellschaft in Plombières ankommt, sieht sich der Leser mit dem Problem konfrontiert. Vom zehntägigen Aufenthalt im Lothringer Heilbad erfahren wir, daß der Reisende im Anschluß an »heftige Koliken, viel schlimmer als seine gewöhnlichen, (…) zwei kleine Steine von sich (gab), die in der Blase waren, später einigemal Sand (…)«. (Tb, S. 22)

Einen Monat später wird er in Tirol erneut von einer Kolik heimgesucht: »(…) beim Aufstehen gab er einen Stein von mittlerer Größe von sich, der leicht zerbrach. Von außen war er gelblich, inwendig zeigte er eine weißere Farbe. (…) Seit dem Bergpfad beklagte er sich über seine Nieren, was auch, wie er zugibt, der Grund der verlängerten Tagesreise war: er glaubte sich zu Pferd erleichtert zu fühlen.« (Tb, S. 79)

Man könnte zwanzig andere Stellen zitieren, die beschreiben, wie der Edelmann aus der Gascogne, sei es in Bädern, in Herbergen oder auf langen Ritten, mit seiner Krankheit zu kämpfen hatte. Wir wissen alles über die Größe, die Form, die Beschaffenheit seiner Nierensteine, die er, ob in Baden-Baden oder Abano, unter Schmerzen ausschied. Unter Mitwirkung seines Schreibers schildert er sein Leiden mit einer solchen klinischen Genauigkeit, daß man in seinem Bericht über die Ankunft in La Villa, von dessen Bädern er sich am meisten Linderung erhofft, mit Verwunderung liest, dieses Thema sei bislang etwas zu kurz gekommen, und er wolle sich »diesmal des Näheren darüber verbreiten«. (Tb, S. 224) Armer d'Alembert!

»Am 21. setzte ich mein Baden fort. Danach taten mir die Nieren sehr weh. Der Urin war sehr trüb. Grieß schied ich wenig aus. Der Schmerz in den Lenden war nach meiner Ansicht von Blähungen veranlaßt, die sich allenthalben erhoben. Am trüben Urin erkannte ich, daß ein paar große Steine niederstiegen. Ich riet nur zu gut.« (Tb, S. 257 f.)
   »Am 24. schied ich morgens einen Stein aus, der in der Röhre steckenblieb. Ich hielt von da bis zur Tischzeit den Urin an (...). Damit konnte ich endlich, nicht ohne vorherige und nachherige Schmerzen und Blutung, den Stein ganz ausscheiden. Er war groß und lang wie ein Tannenzapfen, aber an einem Ende dick und von der Gestalt einer Bohne – um die Wahrheit zu sagen, so hatte er vollständig die Form eines männlichen Gliedes. Es war ein großes Glück für mich, daß ich ihn hatte austreiben können. Ich hatte noch nie einen Stein von dieser Größe ausgeschieden.« (Tb, S. 259)

Wen diese »unappetitlichen und überflüssigen Einzelheiten« anwidern, wie d'Alembert, sollte umblättern und die folgenden Sätze lesen, aus denen die ganze Größe Montaignes spricht, der weit davon entfernt ist, die Drangsale seines Lebens zu verbergen, sondern sie zu einer schmerzvollen Bestandsaufnahme nutzt – um sich zu einer Weisheit aufzuschwingen, in der jeder nach Belieben einen stoischen oder christlichen Unterton heraushören kann:

»Es wäre zu große Feigheit und Schwäche von mir, wenn ich dem Tode, der mich auf diese Weise jeden Tag bedroht und jede Stunde näher rückt, nicht so unerschrocken wie möglich ins Gesicht sähe und auf ihn vorbereitet wäre. Inzwischen aber wird es das Vernünftigste sein, froh das Gute hinzunehmen, das Gott uns zu senden gefällt. Es gibt kein anderes Heilmittel, keine andere Vorschrift, keine andere Wissenschaft, das Übel zu vermeiden, wie und wie groß es auch sei und das von allen Seiten und zu jeder Stunde den Menschen bedroht, als sich zu entschließen, es menschlich zu ertragen oder aber mutig und unversehens ihm ein Ende zu setzen.« (Tb, S. 259)

Hier erweist sich das *Tagebuch* mehr denn sonstwo als gedanklicher Entwurf oder Skizze zum dritten Buch der *Essais*. Man muß diese Aufzeichnungen und die verschiedenen Ausführungen im vierten Kapitel des dritten Buches nur einmal nebeneinanderstellen, um diese Nähe zu sehen. Im Essay »Über die Ablenkung« werden der Tod des Sokrates, den er hier mehr denn je zum Vorbild nimmt, und sein eigenes Leiden mit aller Macht in den Vordergrund gerückt: »Da sich meine Nierensteine hartnäckig festzusetzen pflegen, vor allem in der Rute, haben mich zuweilen lange Harnverhaltungen von drei, vier Tagen Dauer heimgesucht und mich dem Tod so nahegebracht, daß es Torheit gewesen wäre zu hoffen, ich möchte ihm entgehen – ja angesichts der in diesem Zustand losbrechenden teuflisch grausamen Schmerzattacken es auch nur zu wünschen.« (III, 4)

Gegen den fanatischen Stoizismus hat Montaigne immer das Recht in Anspruch genommen, klagen zu dürfen – solange die Klage oder das Bekenntnis ihn die »Schmerzen« leichter ertragen ließen. Es ist sogar vorgekommen, daß er das Recht zur Selbsttötung verteidigte.[25] Nachdem er die Fünfzig überschritten hatte und vor zwei großen Prüfungen stand, entschied er sich allerdings dafür, die Angst vor dem Sterben durch das klare Bewußtsein vom Tod zu überwinden: »Der Tod brachte mich keineswegs aus der Ruhe, wenn ich ihn mir als unser aller Los ansah, als jedermanns Ende. Im ganzen meistere ich ihn, im einzelnen jedoch er mich.« (III, 4)

In La Villa geht die Bädertour zu Ende, die der Philosoph so würdevoll gepriesen hat. Ohne den gewünschten Erfolg: Krank war er aus Montaigne abgereist, um nunmehr, nach seinen Worten, in noch schlechterer Verfassung zu sein. »Ich begann des Bades hier müde zu werden« (Tb, S. 261), notiert er unter dem 1. September 1581, bevor er von einem entmutigenden Gespräch mit einem ansässigen Greis berichtet, der ihn darauf aufmerksam machte, daß die Toskaner ebensowenig zum Baden nach La Villa kämen, wie Leute aus der Umgebung von Loreto selbst eine Wallfahrt dorthin machten (eine kühne Parallele, zumindest in den Augen des Heiligen Offiziums). Der Greis fügte noch hinzu, daß »(…) die Bäder mehr schadeten als nützten« und »daß mehr Leute an den Bädern hier sterben als genesen«. (Tb, S. 264) Donnerwetter!

Kein Wunder, daß der Badegast bereits vor Erhalt des Rufes aus Bordeaux beschlossen hatte, das Weite zu suchen. Er ist bereits mit den Vorbereitungen zur Abreise beschäftigt, als man ihm am 7. September 1581 einen Brief seines Freundes de Tauzin aus Bordeaux überbringt, der ihn darüber informiert, daß er am 1. August durch die Räte »einstimmig« (Tb, S. 264) zum Bürgermeister gewählt worden war.

Fünfhundert Tage durch unterschiedliche Länder, Gesellschaften, Glaubensrichtungen, Landschaften und Klimazonen, vom Bodensee bis zum

Adriastrand, von den Tiroler Alpen bis zum Mont Cenis, von den protestantischen Kirchen Basels bis zum Ex-voto von Loreto, von den Kurtisanen Venedigs bis zu den schönen Mädchen der Toskana, vom Fuß des Papstes bis zu den Kurgästen von La Villa – wie hätte sich der reisende Edelmann in dieser Zeit nicht verändern sollen?

Es lag in der Natur Montaignes, sich den Unebenheiten der Welt anzupassen, ihre Wunder ebenso in sich aufzunehmen wie ihre Stimmungen. Pascal oder Hegel können reisen, ohne ihre Haltung zu verändern. Ganz anders Goethe. So wenig wie er es konnte, wollte es der Verfasser der *Essais*. Als er im November 1581 nach Montaigne zurückkehrt, um vor der Übernahme des Bürgermeisteramts in Bordeaux Françoise und Léonor zu sehen, ist Montaigne ein neuer Mensch.

Davon zeugt sein Buch zum Glück in aller Deutlichkeit. Der phantasievolle Gelehrte, der sein Werk aus tiefgründigen Einsichten und nebensächlichen Alltäglichkeiten strickt, der zwischen der Herausforderung durch die »Menschenfresser« und jener Anpassung schwankt, die ihn streckenweise zu frauenfeindlichen Haltungen treibt, kommt aus Deutschland und Italien unendlich freier oder »gelöster« zurück, als er es je war. Hätte er es zehn Jahre davor gewagt, ein Lob der Erotik zu verfassen wie in »Über einige Verse des Vergil«, Machiavelli oder die Epikureer zu preisen wie in »Über das Nützliche und das Rechte« und »Über die Erfahrung«?

Es gibt ein deutliches Indiz: Die beiden ersten Bücher der *Essais* wurden mit Wohlwollen aufgenommen. Man konnte nur wenig störende oder beunruhigende Flecken oder Schlaglichter in ihnen entdecken. Und die römischen Zensoren sahen darin nichts Verwerfliches. Das dritte Buch hingegen hat Empörung, Entsetzen und Entrüstung ausgelöst. Ein gutes Zeichen. Der Gelehrte war Philosoph, der Ruheständler ein Kämpfer geworden. Das Umherschweifen am Rhein, in der Schweiz, Bayern, Tirol und Italien hat dazu beigetragen, daß aus Montaigne der Mann wurde, der den Lauf der Geschichte mitbestimmt hat.

KAPITEL 10

Bürgermeister auf Biegen und Brechen

Bordeaux, ein strategischer Knotenpunkt ❖ Gewählt auf Anord-
nung des Königs ❖ »Nicht aber in Lunge und Leber« ❖ Marschall
Matignon ❖ »Ein gascogner Fuchs« ❖ Von den »Politikern« ❖
Gegen Merville und Vaillac ❖ Der Groll der Ratsherren ❖ Vom
Kampf gezeichnet, doch wiedergewählt ❖ »Da der Starke den
Schwachen tragen soll« ❖ Puffer zwischen Navarra und den Königs-
treuen ❖ Montaigne der Kühne ❖ Das entsetzliche Unheil: die Pest

Welche Bedeutung hatte Bordeaux eigentlich zur Zeit der großen Erschüt-
terungen im 16. Jahrhundert, als der Nationalstaat entstand? Und welche
Rolle spielten die Bürgermeister dieser Stadt dabei? Überlassen wir es
einem Einheimischen, fast noch ein Zeitgenosse Montaignes, die Hauptstadt von Guyenne zu beschreiben, auch wenn er vielleicht etwas dick
aufträgt und sie mit reichlich Glanz umgibt:

»Die Stadt Bordeaux genießt in allen Ländern Europas den Ruf, eine der vornehmsten, bevölkerungsreichsten und berühmtesten Städte des französischen
Königreiches zu sein (...). Die Bürgermeister und Magistratsbeamten, die dieser
Stadt vorstehen, führen von alters her die Titel Regent und Gouverneur, und
ihrem Range nach mußten sie in allen Angelegenheiten nicht nur von den Adligen
der Provinz, sondern von allen Adligen des Königreichs gehört werden (...). Der
Bürgermeister der besagten Stadt wurde unter den edelsten, tapfersten und fähig-
sten Männern der Provinz ausgewählt (...).«[1]

So sehr die Religionskriege die Entwicklung von Bordeaux hemmten, der
Handel mit Edelmetallen aus Amerika sorgte für eine aufblühende Wirtschaft und regte ein, wenn auch unbeständiges Wachstum an. Bordeaux
erlebte ein zweites Goldenes Zeitalter wie einst unter der Verwaltung der
englischen Schutzmacht. Während der Kolonialzeit sollte sich diese Blüte
noch einmal wiederholen.

Doch die Stadt erlangte ihre Bedeutung weniger durch ihr Handelsge-
schick und ihre hervorragenden Weine als durch ihre politische und

militärische Lage an der Schnittstelle der beiden entscheidenden Mächte, den katholischen Valois im Norden und den protestantischen Bourbonen im Süden. Auf einem Gebiet, das von den Pyrenäen, dem Atlantik und einer Linie von La Rochelle bis zu den Cevennen umschlossen wird, entschied sich die Zukunft des Landes. Bordeaux stand im Mittelpunkt der Konflikte und militärischen Auseinandersetzungen: Deshalb häuften sich

ABBILDUNG 10
Stadtplan von Bordeaux aus dem Jahr 1563. Bibliothèque nationale, Paris

die Missionen im Auftrag des Hofs, die, manchmal von der Königinmutter persönlich geleitet, nach Agen, Nérac oder ins Béarn führten. Zehn Jahre nach den Massakern von 1572 war noch immer jeder siebte Einwohner Bordeaux' ein Reformierter, und es blieb eine der wenigen Städte, in denen beide Konfessionen zu einem friedlichen Zusammenleben hätten finden können, wie Montaigne es gerade in verschiedenen deutschen Städten bewundert hatte.

Deshalb mußte der Bürgermeister von Bordeaux am Ende jenes Jahrhunderts mehr sein als bloß ein Ädil, mit dem sich die Stadt schmückte, mehr als ein seiner Gemeinde dienender Verwalter wie fünfundzwanzig Jahre zuvor Pierre Eyquem. Nicht zufällig war Biron, der Vorgänger Michel Montaignes im Bürgermeisteramt, ebenso wie sein Nachfolger Matignon Marschall von Frankreich. In den kriegerischen Auseinandersetzungen war das Bürgermeisteramt von Bordeaux ein strategisch bedeutender Posten geworden, der einen Diplomaten erforderte. Als kriegserfahrener Mann hatte Armand de Gontaut-Biron, Pate des zukünftigen Kardinals Richelieu, die Stadt zum Schutz vor einem Einfall der Hugenotten zu einer Festung ausgebaut. Doch jetzt sollte Bordeaux nach dem Willen des Königshauses eine andere Rolle spielen.

Nach den jahrelangen Zusammenstößen in der Folge der Bartholomäusnacht hatten die Abkommen von Beaulieu und anschließend von Bergerac und Fleix den Weg zu einer Form des friedlichen Zusammenlebens, vielleicht sogar der Toleranz geebnet. Der Alptraum von 1572 war kaum überwunden, da schielte Katharina von Medici für ihren Lieblingssohn, den »Edlen« Herzog von Anjou, auf den Thron von Flandern – was ein Mindestmaß an Übereinstimmungen mit seinen künftigen Untertanen, Reformierten nämlich, vorausgesetzt hätte. Doch ein solcher diplomatischer Salto konnte nicht ohne einen Wechsel in den höchsten Ämtern gelingen.

Biron verkörperte die Strategie der Konfrontation mit dem König von Navarra, der zugleich auch, zumindest auf dem Papier, Gouverneur des französischen Königreichs in der Provinz Guyenne war. Sein ewiger Kleinkrieg, diese »Bironaden«, wie Heinrich sie nannte, hatten den Navarrer, der in Okzitanien noch immer der »Kleine König« oder »nousté Henric« (»unser Heinrich«) genannt wurde, so sehr gegen Biron aufgebracht, daß er den Hof in Paris wissen ließ, es könne kein Einlenken von seiner Seite geben, solange Biron in Bordeaux sitze. Und der »Reyot de Nabarra« war stark genug, um jeden Fortschritt in der Friedenspolitik zu blockieren.

In dieser Atmosphäre wird Michel de Montaigne ins Rathaus von Bordeaux berufen (denn um eine Berufung handelte sich eher als um eine »Wahl«). Zwar versichert er in den *Essais*, die Räte von Bordeaux hätten ihn im Andenken an seinen Vater, in Anerkennung von dessen Fähigkeiten und dessen Engagement gewählt. Doch er führt uns damit hinters Licht, denn er weiß ganz genau, warum und wozu man ihn aus Italien zurückkommen läßt: Der Brief des Königs, der ihn zur Amtsübernahme zwingt – wir werden noch darauf zu sprechen kommen –, ist nicht an den Sohn des trefflichen Herrn Eyquem gerichtet, sondern an einen Vertrauensmann von Format, dem die königlichen Verhandlungsführer zutrauen, die hugenottenfeindlichen Umtriebe Marschall Birons durch den Geist der Versöhnung zu ersetzen, den der Friede erforderte.

Der Schloßherr von Montaigne ist allen, die bei diesem Spiel die Karten mischen, gut bekannt: Er erfreut sich der Empfehlungen seines mächtigen Nachbarn, des Marquis von Trans (bei dem die Verträge von Fleix unterzeichnet worden sind), er ist Kammerherr sowohl König Heinrichs III. als auch Heinrichs von Navarra, der ihn persönlich sehr schätzt, zumal er auch die Sympathien seiner Frau, der »Reine Margot«, und seiner Mätresse, der »schönen Corisande«, besitzt. Katharina von Medici schätzt seine Gewandtheit und seinen Scharfsinn, Heinrich III. bewundert die *Essais*, und bei Marschall Matignon, der ihn als Statthalter des französischen Königs in Guyenne unterstützen soll, ist er seit der Belagerung von La Fère gerne gesehen. Er ist also ganz der Mann der Stunde – gewandt, gemäßigt, geachtet und … Gascogner.

Hatte er, was auch immer er darüber sagen mag, mit dieser Berufung gerechnet? Hatte er sich darauf vorbereitet? Die Kontakte, die er 1580 in Paris und La Fère aufnahm, sowie seine mehr oder weniger improvisierten Informationsgespräche mit Reformierten in Deutschland, später mit den katholischen Kirchenfürsten, lassen es denkbar erscheinen. Eines ist klar: Als ihn auf seiner Bäderreise in der Toskana die Nachricht von seiner Wahl zum Bürgermeister erreichte, kann er nicht so überrascht gewesen sein, wie gemeinhin angenommen wird, denn wenige Tage zuvor hatte er im *Tagebuch* notiert: »(…) wenn ich die erwarteten Nachrichten aus Frankreich (…) erhielt, war ich bereit, am ersten besten Tag aufzubrechen.« (Tb, S. 261 f.)

Dieser versteckte Hinweis deutet eher auf ein politisches als ein familiäres Geheimnis hin. Hätte er so sehr auf eine Nachricht gewartet, wenn man ihn über die Vorgänge im Dunkeln gelassen hätte? Die Bürgermeisterwahl von Bordeaux stand seit Monaten an, und die lange Kurreise war vielleicht eine Möglichkeit, sich zu schonen und den Ränken und

Intrigen Birons aus dem Weg zu gehen, der sich in Bordeaux an sein Amt klammerte oder es für seinen Sohn reservieren wollte.

Die Kommentare, die Montaignes »Annahme« seiner Wahl in der Forschung fanden – manchmal läßt man ihn um ein Haar den Monolog von Hamlet sprechen (»Bürgermeister sein oder nicht sein ...«) –, tragen wenig zur Erhellung bei, und wenn, dann höchstens zu der seiner Zwangslage: Wer in einer Monarchie lebt, und das zu einer Zeit, in der die Könige alle Zwangsmittel in der Hand haben[2], der hat nichts abzuwägen, wenn er, wie Montaigne, vom Herrscher einen Brief folgenden Wortlauts erhält, der an seine römische Adresse gerichtet war und den er nach seiner Rückkehr in Bordeaux vorfand:

»Herr von Montaigne! Da ich Sie für Ihre höchste Treue und Ergebenheit in meinem Dienste hoch schätze, habe ich mit großer Freude vernommen, daß man Sie zum Mayor[3] meiner Stadt Bordeaux gewählt hat, und ich habe dieser Wahl, die mir äußerst genehm ist, mit um so größerer Freude zugestimmt, als sie ohne Ränkespiel und trotz Ihrer langen Abwesenheit getroffen wurde.

Aus diesem Grund befehlige ich Ihnen und fordere Sie hiermit ausdrücklich auf, nach Erhalt dieses Briefes sofort und unverzüglich zurückzukehren, Ihrer Pflicht nachzukommen und Ihr Amt anzutreten, zu dem Sie nach Recht und Gesetz berufen worden sind. Und ich wäre Ihnen sehr gewogen, wenn Sie dem entsprächen, das Gegenteil aber würde ich mit großem Mißfallen zur Kenntnis nehmen. Gebe Gott, daß Sie, verehrter Herr von Montaigne, bei guter Gesundheit sind. HEINRICH.«

Was hat den Verfasser der *Essais* später, als er die Bürde seines Amtes wieder los war, veranlaßt, sein zwiespältiges Verhältnis zur Übernahme solcher Ämter mit ein paar prächtigen Bemerkungen zu glossieren?

»Ich lasse mich selten auf etwas ein (...). Meine Meinung ist, daß man anderen sich zwar leihen sollte, sich hingeben aber nur sich selbst. (...) Wenn man mir zuweilen die Führung fremder Geschäfte aufdrängte, versprach ich, sie zwar in die Hand zu nehmen, nicht aber in Lunge und Leber, sie zu schultern, nicht aber, sie mir einzuverleiben. (...)

Die Herren Räte von Bordeaux wählten mich zum Bürgermeister ihrer Stadt, als ich fern von Frankreich weilte und mir jeder derartige Gedanke noch ferner lag. Ich lehnte zunächst ab, aber man überzeugte mich schließlich, daß dies unrecht sei, zumal der Befehl des Königs hinzukam.

Es ist ein Amt, das um so schöner erscheinen muß, als es keinen anderen Lohn oder Gewinn einbringt denn die Ehre, es auszuüben. (...)

Bei meiner Ankunft in Bordeaux legte ich den Ratsherren getreu, gewissenhaft und lückenlos dar, wie ich zu sein glaube: ohne Gedächtnis, ohne Geistesge-

· Voicy du grand Montaigne vne entiere figure,
Le Peinctre a peinct le corps et luymesme l'esprit:
Le premier par son art egale la Nature,
Le second · la surpasse en toutce qu'il escrit.
    ·Thomas de Leu fecit·

ABBILDUNG 11
Porträt Montaignes von Thomas de Leu. Bibliothèque municipale, Bordeaux

genwart, ohne Erfahrung und ohne Tatkraft, ohne Ehrbegierde, ohne Habsucht und ohne Neigung zu Gewaltanwendung (...). Wir betreiben eine Sache niemals gut, wenn wir von ihr umgetrieben und besessen sind (...). Wer hingegen allein sein Geschick und seinen Verstand ins Spiel bringt, geht gelöster zu Werke (...).« (III, 10)

»Gelöster« ... Das ist ein schönes Rezept für einen Bürgermeister, dem wir in harten, bisweilen gewaltigen Herausforderungen begegnen werden und der als Stoiker und hingebungsvoller Staatsdiener im äußersten Fall sogar sein Leben aufs Spiel setzt. »Gelöster«? Vielleicht. Stammen von ihm nicht die Worte: »Um so freudiger[4] diene ich meinem Fürsten, weil ich es wiederum aus freien Stücken tue (...)«? (III, 9) Mag er auch behaupten, »die meisten unserer Tätigkeiten sind Possen«, »der Bürgermeister von Bordeaux und Montaigne, das waren immer zwei«, »wir wissen Hemd und Hose nicht auseinanderzuhalten«, und »es reicht, sich das Gesicht zu schminken, das Herz bedarf dessen nicht«, so ist er doch während der ganzen vier Jahre unverzagt im Einsatz. Zumindest bis zu jenen letzten Wochen im Juli 1585, in denen die Pest herrschte und die man ausnehmen muß. Sein Verhalten in jener Zeit entsprach weniger seiner Verantwortung als Bürgermeister als seinem moralischen Selbstverständnis.

Zum Spaß könnte man eine Theorie der »gelösten« oder »freudigen Machtausübung« ausarbeiten, die auf der Unterscheidung zwischen »der Hand« auf der einen Seite, und »Lunge und Leber« auf der anderen beruht, die im Unterschied zwischen Haut und Hemd, zwischen Gesicht und Brust ihre Begründung hat. Dabei könnte man von der erstaunlichen Erfahrung eines hedonistischen Schriftstellers ausgehen, der sich zu einem Bollwerk der öffentlichen Ordnung, schließlich zum Geburtshelfer des Friedens gemausert hat und der im Gegensatz zu Raymond Arons »tätigem Zuschauer« zum »unbeteiligten Mitspieler« geworden ist. Sich heraushalten und doch mitmachen bei der ganzen, wenn man es so nennen will, »Farce«, birgt nichtsdestoweniger eine Menge Gefahren und zeitigt einige Folgen, wie wir noch sehen werden. Ein distanzierter Schauspieler muß die Klippen des Hamlet-Monologs oder der Stanzen des Cid ebenso umschiffen wie einer, der in seiner Rolle aufgeht. Und hat – von Alkibiades bis Talleyrand oder Disraeli – der sarkastische oder ironische Ton jemals die Gefahren verringert, die im großen Spiel der Macht liegen?

Diese Rolle, in die Montaigne bisweilen schlüpft, wurde ihm zumeist im tosenden Streit um die Thronfolge und um die Religionen abverlangt: Wir sollten nicht vergessen, daß im selben Augenblick, als Montaigne die Amtspflichten übernahm, Heinrich von Guise Philipp II. um Verstärkung für seine Truppen bat, worauf der König von Spanien antwortete, er werde schnell ein Kontingent von Albas Soldaten schicken, für die er keine Verwendung mehr habe. Und er hielt Wort. Was für die katholische Partei in Guyenne eine einzigartige Stärkung

JACQUES SIRE DE MATIGNON
Marechal de France Gouv.^r de Guienne.
Né en 1526. Mort en 1597.

ABBILDUNG 12
Marschall Matignon. Bibliothèque nationale, Paris

war. Ob mit Albas Truppen oder nicht, der »Major« und Philosoph hätte sein gefährliches Spiel nicht spielen können, wenn er nicht einen Mann von außerordentlicher Größe und Fähigkeit an seiner Seite gehabt hätte: Marschall Matignon, der kurz vor Montaignes Amtsan-

tritt vom König zum Statthalter in der Provinz Guyenne ernannt worden war.

Jacques de Goyon de Matignon war ein herausragender Heerführer
seiner Zeit: Als Heinrich III. noch Herzog von Anjou war, hatte er ihm zu
den Siegen über die Hugenotten bei Jarnac und bei Moncontour verholfen, und später hatte er Metz und La Fère erobert, zu dessen Belagerung
auch Montaigne gekommen war. Obwohl er aus einer bretonischen Familie stammte, bezeichnete man ihn als Normannen: Tatsächlich zeichnete
er sich durch ein ausgewogenes Urteil und große Umsicht aus. Brantôme
bezeichnet ihn als »äußerst raffiniert und gewitzt«. Er teilte im wesentlichen die Ansichten des neuen Bürgermeisters von Bordeaux: Beide hielten
an der bestehenden Monarchie fest, die Heinrich von Navarra zum legitimen Thronerben bestimmte, und beide schätzten die überragenden Eigenschaften des Béarners in zivilen wie in militärischen Angelegenheiten.
Zudem genoß er das uneingeschränkte Vertrauen des Hofs, wo man auf
ihn bauen konnte wie auf keinen anderen.[5] Bei alledem verfügte er – im
Gegensatz zum Bürgermeister von Bordeaux – über die Mittel, seine Vorhaben durchzusetzen.

Man sollte sich hüten, die Vorstellungen und noch mehr die Vorstöße
des Bürgermeisters mit denen des Marschalls zu verwechseln. Montaigne
setzte sich für den Frieden ein; er war ein echter Südfranzose, von Grund
auf tolerant, und wie Plutarch liebte er große Gestalten. Seine Sympathie
galt dem Herrscher von Nérac. So treu er der französischen Krone ergeben war, so sehr bemühte er sich, den Herrscher von Nérac für sich zu
gewinnen. Matignon war vor allem ein großer Staatsdiener und dabei keineswegs ein Gegner militärischer Gewalt, auch wenn er es vorzog, sie
sparsam einzusetzen. Er hätte Navarra niemals geschont, denn er war
dessen König keineswegs so herzlich zugetan wie Montaigne. Aber er
suchte auch nicht die Auseinandersetzung mit ihm wie Biron – er nahm
ihn mal als Partner, mal als Gegner und mal als Verbündeten.

Während der ganzen vier Jahre bildeten die beiden ein einträchtiges
Zweigespann, der große Heerführer, der sich vorbildlich für den Staat
und seine Rechtsordnung einsetzte und dabei von religiösen oder lokalen
Interessen offensichtlich unberührt blieb, und der geniale, in Glaubens-
angelegenheiten ausgesprochen sachkundige Stadtvorsteher, der in der
Region stärker verwurzelt war, auch wenn er sie gerne verließ, der sich
ebenso sehr nach seinem Schloßturm sehnte, wenn ihn die Arbeit in Bor-

deaux hielt, wie ihn die Reiselust packte, wenn er sich in seiner Bibliothek verschanzt hatte.

»Ein gascogner Fuchs der eine, ein normannischer der andere« – ein Jahrhundert später hat La Fontaine mit einen Geniestreich das Gespann Matignon-Montaigne wieder aufleben lassen. Wenn man dieses historische Bestiarium noch um Heinrich von Navarra ergänzt, den dritten Fuchs aus Nérac, kann man den Glücksfall noch besser ermessen, den dieses Paar darstellt.

»Jener Teufelskerl von einem Gascogner, ältester Sproß einer jungen gascognischen Linie, der selten ein Hemd trägt, eher ein löchriges Wams, und sich nur nach seinem Sinn und seinen Interessen richtet«[6], läßt Matignon bisweilen schwindlig werden. Nicht so den schöpferischen Montaigne, der es versteht, auch bei Sturm im selben Wasser zu schwimmen, in dem der wütende Navarrer sich tummelt. Wie oft kommt es in der Geschichte zu einer solchen Konstellation, wo große Fähigkeiten, geistige Horizonte und leuchtende Visionen zusammenwirken? Ganz abgesehen von den anderen Trümpfen, die der Frauenfreund Montaigne ins Spiel bringt, indem er seine Beziehungen zu Diane d'Andoins, der Gräfin von Guiche und Gramont nutzt, der »schönen Corisande«, die zu dieser Zeit des anrüchigen Heinrich einzige Mätresse von Rang ist.

Nein, das öffentliche Amt Montaignes bestand keineswegs in der friedlichen Verwaltung des Erbes, das der emsige Pierre Eyquem hinterlassen hatte, den seine Mitbürger post mortem in der Gestalt eines unbekümmerten, aber berühmten Sohnes ehrten, der in einigen Ratssitzungen zu Themen wie Abwasserentsorgung, Müllbeseitigung und Verkauf von Kastanienwäldern schlummernd den Vorsitz führte. Obwohl der erste Teil dieser Geschichte, die erste Amtsperiode von 1581 bis 1583, wenn auch zu Unrecht, den Eindruck hätte erwecken können, als handelte es sich um nichts anderes.

Es stimmt: Die ersten beiden Jahre brachten Michel de Montaigne nicht hinter die Schießscharten. Bis kurz vor seiner Wiederwahl hatten die Aufgaben, die er erledigen mußte, nichts mit dem zu tun, was er in den Kapiteln »Über den Ruhm« (II, 16) oder »Über die römische Größe« (II, 24) beschreibt. Doch sie lieferten ihm den Stoff, um später über die »Gesprächs- und Diskussionskunst« (III, 8), über den »rechten Umgang mit dem Willen« (III, 10) und natürlich über »die Eitelkeit« (III, 9) schreiben zu können.

Abbildung 13
Das alte »Rathaus« von Bordeaux mit seiner Galerie aus dem 17. Jahrhundert.
Foto: André Kumurdjian

In einer Sache wenigstens begegnet man ihm in Bestform, als es nämlich um die Behandlung von Kindern geht. Außerdem tritt er, neben anderen, als Verteidiger jener Prinzipien auf, die das Gleichgewicht zwischen
Macht, Staat und städtischer Selbstverwaltung sichern, sowie der Han-
delsfreiheit, der Bordeaux seine Blüte zu verdanken hat.

Kaum hatte Michel de Montaigne im Dezember 1581 seinen Amtssitz
im Rathaus bezogen, genauer gesagt in der »Mairie«, einem großen
Stadthaus in der Rue des Ayres – die Ratssitzungen fanden in den Gewöl-
besälen des Belfrieds statt, unter dem »Großen Glockenturm«, der das
Symbol für die städtischen Freiheiten war –, mußte er im Rat bereits sein
ganzes Ansehen für ein Vorhaben des Königs in die Waagschale werfen,
das von den Honoratioren der Stadt entschieden abgelehnt wurde: In
Bordeaux sollte ein neuer Gerichtshof mit vierzehn Richtern geschaffen
werden, die fast alle aus Paris kamen. Damit sollte dem Parlament von
Guyenne, das von Anhängern der extremen katholischen Liga »unterwandert« war[7], eindeutig Konkurrenz gemacht werden.

Das hatte sich nicht Montaigne ausgedacht. Was auch immer er von
der Sache halten mochte – wahrscheinlich begrüßte er den neuen
Gerichtshof, weil er darin einen Vermittler sah, und lehnte ihn zugleich
ab, weil er sich als Einheimischer um die Freiheit der Stadt sorgte –, im
Januar 1582 führte er den Vorsitz bei der Eröffnungssitzung dieser unbe-
liebten Einrichtung, zu der Männer zählten, die er seit langem kannte und
bewunderte, und die zu den bedeutendsten seines Zeitalters zählten. Man
kann sagen, daß der Staat allem Anschein nach seine besten Staatsdiener
nach Bordeaux gesandt hat, um die Stadt enger an sich zu binden: Darunter befanden sich der Gerichtspräsident Pierre Séguier, Vertreter der
Generalstaatsanwaltschaft, wie Antoine Loysel und Pierre Pithou,[8] oder
der Historiker Jacques-Auguste de Thou. Sie alle verkörperten mit Montaigne und Matignon die Politik der Versöhnung, wie sie von der Krone
betrieben wurde.

Antoine Loysel hielt den Eröffnungsvortrag mit dem bezeichnenden
Titel: »Das Auge der Könige und das Recht« – als wollte er daran erinnern, daß letzteres unter Aufsicht des Herrschers stehe und sie deshalb in
der Rechtsprechung wie in der Politik mit Mäßigung zu urteilen hätten.
Montaigne beglückwünschte ihn zu seinem Vortrag. Loysel bedankte sich
sechs Monate später mit einer Rede zum Ende der Sitzungsperiode des
Rats bei ihm, in der er den neuen Bürgermeister von Bordeaux als einen

ABBILDUNG 14
Die »große Glocke« neben dem Rathaus. *Foto:* André Kumurdjian

jener Männer pries, die sich in vergangener Zeit um die Provinz Guyenne besonders verdient gemacht hätten.

Obwohl sie nicht lange dauerte, war es eine bedeutende Sitzung: Wie ein Rat der Weisen traf hier eine Elite zusammen, die bis zur Thronbesteigung Heinrichs IV. den Grundstein zum Frieden legte: eine »zeitgenössische *Intelligenzija* oder Gruppe fortschrittlicher und realistischer Männer des ausgehenden Jahrhunderts, die »Politiker« genannt wurden und die überzeugt davon waren, daß der Frieden über die Idee des Nationalstaats und seiner symbolischen Repräsentation in der Gestalt eines allgemein anerkannten Königs wiederhergestellt werden müßte.«[9]

Diese fruchtbare Zusammenkunft und die Rolle, die Montaigne dabei spielte, finden einen aufschlußreichen Widerhall in den *Memoiren* seines Freundes Jacques-Auguste de Thou, der meint, er habe »von den Einfällen des Michel de Montaigne reichlich profitiert, des damaligen Bürgermeisters von Bordeaux (...), einem Mann mit eigenständigem Kopf, der keiner Partei angehörte (...), der sich in unseren Angelegenheiten aber bestens auskannte, besonders wenn sie seine Heimat, Guyenne, betrafen, denn die kannte er wie seine Westentasche«.[10] So entstand zwischen dem Philosophen und dem Historiker eine Freundschaft, die ihren Höhepunkt 1588 bei der Versammlung der Generalstände in Blois[11] erlebte.

Montaigne stellte sich also auf die Seite derjenigen, die für eine Politik der Versöhnung eintraten, wie sie der neue Gerichtshof im Namen der Krone verkörperte. Das schürte mit Sicherheit den Groll, den die Mehrzahl der Würdenträger von Bordeaux, vor allem im Parlament, gegen den neuen Bürgermeister hegten. Doch bevor wir uns den Auseinandersetzungen im Wahljahr 1583 zuwenden, wollen wir an die Erfolge Montaignes als »Manager« und Garant des Gemeinwohls erinnern.

Auf die ausgezeichneten Beziehungen, die Montaigne zu den Jesuiten unterhielt, angefangen bei seiner Freundschaft mit Maldonat, wurde bereits hingewiesen. Für Montaigne war der Orden ein Hort großer Männer auf allen Gebieten. Doch unter den Mitgliedern dieser leuchtenden Gemeinschaft verdienten die Ordensbrüder von Bordeaux, wie wir bereits gesehen haben, seine Bewunderung und seine Freundschaft am allerwenigsten. Wir wissen nicht, was er von Edmond Auger hielt, der auf der Kanzel die Bartholomäusnacht von Bordeaux herbei predigte. Doch wir kennen seine Maßnahmen gegen die »guten« Patres, die in der Prioratskirche von Saint-James Kinder verhungern ließen, die ihrer Obhut anvertraut worden waren.

Die Kirche war der Gesellschaft Jesu 1573 zur Einrichtung des *Collège de la Madeleine* überlassen worden. Im Gegenzug verpflichtete sich der Orden, die an diese Kirche gekoppelten Aufgaben zu übernehmen, in erster Linie, für den Unterhalt von Findelkindern zu sorgen. Die Jesuiten hatten diese Verpflichtung gegen eine Aufwandsentschädigung einem gewissen Noël Lefèvre übertragen, der unter dem Vorwand, die Nahrungsmittel hätten sich verteuert, die Ammen hungern ließ, die selbst … Kurz: Die Säuglinge waren gestorben. Es gab einen Skandal.

Knapp vier Monate nach seinem Amtsantritt versammelte Montaigne die Magistratsbeamten und gewählten Rechtsbeistände. Wie der Stadthistoriker Paul Courteault ausführt, mündete die Beratung in eine Reihe von Beschlüssen, die ihrer Zeit weit voraus waren: Die Jesuiten wurden aufgefordert, die Einnahmen des Priorats offenzulegen; der Lohn der Ammen sollte an die Preisentwicklung gekoppelt werden; um Klarheit über die Ursachen zu erhalten, die zum Tod der Kinder geführt hatten, sollten ihre Leichen untersucht werden. Das waren kühne Beschlüsse, denn sie liefen darauf hinaus, aus der geübten »Mildtätigkeit« ein soziales Gesetz zu machen.

Claude-Gilbert Dubois hat ganz richtig bemerkt, daß diese Maßnahmen des Bürgermeisters von Bordeaux auf einer Linie mit den Gedanken lagen, die Montaigne als Pädagoge und Verteidiger der »Rechte des Kindes« in den *Essais* formuliert hat, Rechte, die auch für arme und verlassene Kinder gelten sollten. Zumal die Beschlüsse, die damals auf seine Initiative hin gefaßt wurden, das Gemeininteresse über die privaten und in diesem Fall auch kirchlichen Interessen stellten. Sich für die kleinen Ausgestoßenen mit dem mächtigen Orden anzulegen, war wirklich eine mutige Tat.

Ebenso ließ es sich der Bürgermeister von Bordeaux nicht nehmen, die alten Stadtrechte wieder in Kraft zu setzen, vor allem im Steuerrecht, wo der Druck aus Paris immer größer wurde. Im August 1582 bestieg er wieder einmal sein Pferd, um sich »mit umfangreichen Gesuchen und Anweisungen« gerüstet, bei seinen Pariser Freunden dafür einzusetzen. Unter anderem hatte er den Auftrag, für Bordeaux die Aufhebung der »traite foraine« zu erwirken, einer Handelsabgabe, die bei Märkten und Messen erhoben wurde. Der Erfolg seiner Verhandlungen hat sicherlich dazu beigetragen, daß er noch einmal als Bürgermeister bestätigt wurde. Denn obwohl er das Amt nicht angestrebt hatte, wünschte er sich später nichts sehnlicher als eine Verlängerung seiner Amtszeit und kämpfte darum, die Wiederwahl aus eigener Kraft zu erringen.

Als Beobachter könnte man fast den Eindruck gewinnen, die Geschichte Montaignes als Bürgermeister von Bordeaux beginne erst mit diesem Kampf.[12] Bis Juli 1583, und trotz der Bedeutung der soeben geschilderten Beschlüsse, scheint der Verfasser der *Essais* an seiner eigentlichen Mission im Rathaus, unter dem Blickpunkt »großer historischer Ereignisse« betrachtet, eher gescheitert zu sein: Montaigne spielte vor allem die Rolle des friedfertigen Ehrenmanns, dem es oblag, den Platz des lästigen und unzeitgemäßen Marschalls Biron einzunehmen, ohne »Wellen zu schlagen«. Er stellt eher einen ehrgeizlosen Mann dar als einen Friedensstifter.

Doch im Laufe des Sommers 1583 wird aus dem »Stadt-Halter« ein Feldherr: Der scheinbare Ölgötze erwacht und zeigt im Ringen um die Wiederwahl wie im Kampf gegen die Liga alle Eigenschaften eines energischen Tatmenschen. Seine Mitbürger und Zeitgenossen mochten daran zweifeln – für die Nachwelt reichte es nicht einmal dazu, ihn als Vertreter dieser Art von Tapferkeit in Erinnerung zu behalten.

1583 erfüllte Montaigne also die herausragende politische Rolle, die ihm zwei Jahre zuvor die Strategen in Paris und seine gemäßigten Freunde an der Seite von Matignon zugedacht hatten: Er verhinderte den Vorstoß der extremen Katholiken, die in Bordeaux ständig mit den Säbeln rasselten und ihre Bauern in Stellung brachten.

Montaigne war noch kein halbes Jahr auf seinem Posten unter den Gewölben des großen Glockenturms (und es sollten noch anderthalb Jahre folgen), da starteten die Anführer der extremen Katholiken, Jacques d'Escars de Merville und der Herr von Vaillac, einen Feldzug gegen ihn. Ersterer war seines Zeichens Großseneschall[13] von Guyenne und Kommandant in Fort Hâ in der Stadtmitte von Bordeaux, zweiterer Gouverneur von Château-Trompette, der Zitadelle am Flußufer. Beide standen unter dem Schutz des Erzbischofs Prévôt de Sansac und wurden von der Mehrheit im Parlament unterstützt.

Hätte sich Michel de Montaigne, nachdem er seine erste Amtsperiode tadellos hinter sich gebracht hatte, auch für eine Wiederwahl zur Verfügung gestellt, wenn nicht diese Intrigen gegen ihn und gegen das, wofür er stand, gesponnen worden wären? Er war von seinen Mitstreitern, die froh um seine Klugheit und Rechtschaffenheit waren, zu diesem »Wahl-kampf« gedrängt worden – vor allem von Matignon, der sich keine bes-sere Zusammenarbeit als mit ihm wünschen konnte. Anders gesagt: Der Mann des Staates und der mit den geheimen Triebfedern in dieser beweg-ten Provinz vertraute Mann der Stadt ergänzten sich gegenseitig. Mon-taigne sah die Herausforderung und war entschlossen, sie anzunehmen. Nahm er diesen Kampf nun »vor die Hand«, um sein Bild zu verwenden, oder nahm er ihn »in Lunge und Leber«? Niemand eignet sich besser zum furchtlosen Kampf als ein Friedensfreund.

Es zeigte sich schnell, wer zu welcher »Partei« gehörte: Um Montaigne auszuschalten und seine eigene Wahl zu sichern, konnte Merville auf Vail-lac, Erzbischof Sansac, den zweiten Präsidenten des Parlaments Jean de Villeneuve[14] sowie auf die Mehrzahl der dort Versammelten zählen, die die Liga für ihre Vorstellungen und Interessen gewonnen hatte. Mit ande-ren Worten: Die Kirche, die örtlichen Militärführer und die meisten Par-lamentarier standen auf Seiten Mervilles.

Woher rührte die Feindschaft seiner ehemaligen Kollegen? Was brachte so viele Robenträger gegen den ehemaligen Rat auf? Von unter-schiedlichen politischen (oder politisch-religiösen) Auffassungen abgese-hen, liegt der Grund offenbar in Montaignes unverzeihlichen Ausführun-gen über die Männer des Gesetzes, ihre üblichen Praktiken und die Gesetze selbst. Nicht jeder hatte die *Essais* gelesen, doch wie immer in sol-chen Fällen brachten ein paar gute Freunde ausgewählte Textstellen in Umlauf, die ihre schädliche Wirkung entfalteten, ohne daß sich jemand den Kopf darüber zerbrechen mußte.

Ein gewaltiges Bündnis, das Haß auf die Reformation und rachgieriger Standesdünkel zusammengeschweißt hatten. Hinzu kam Gift aus einem familiären »Vipernnest«: Präsident Jean de Louppes de Villeneuve war ein Cousin ersten Grades seiner Mutter Antoinette. So hatte auch diese nachtragende Person noch ihre Rolle gespielt.

Der Bürgermeister konnte auf die Treue der Magistratsbeamten und auf die Unterstützung Matignons zählen, hinter dem die Krone stand – im Hintergrund aber auch, was ihn in den Augen seiner Gegner zusätzlich kompromittierte, auf Heinrich von Navarra, dessen gascognisches Unge-stüm und dessen Kurzschlußhandlungen seine Freunde häufig in Verle-genheit brachten. Das nutzten die Papisten aus, um die Umtriebe der

Hugenotten anzuprangern. Zu alledem war Montaigne auch noch häufig abwesend. Nicht nur, daß es ihn immer wieder auf sein Landgut zog, wo er an der Neuausgabe der *Essais* arbeitete, er nutzte seine Abwesenheit, um nützliche Verbindungen zur »anderen Seite« zu knüpfen: Nur wenige Meilen von Montaigne entfernt lagen Sainte-Foy und Bergerac, wo ihm die Protestanten oder Anhänger von Navarra bereitwillig zuhörten.

Nachdem sie die Vorbereitungen der extremen Katholiken zu einer Offensive mitbekommen hatten, entschieden sich der Bürgermeister und seine Freunde dafür, dem Angriff zuvorzukommen: Als die beiden Festungskommandanten Merville und Vaillac ihre Streitkräfte in anmaßender Weise mißbrauchten, um den Verkehr auf dem Fluß mit Zöllen zu belegen, ausgenommen ihre Anhänger unter den städtischen Beamten und Siegelbewahrern, sandten die Magistratsbeamten Ende 1582 einen Beschwerdebrief an Matignon, um diese Praktiken zu unterbinden.

Die beiden unter Verdacht geratenen Offiziere, die nur eine Auseinandersetzung vom Zaun brechen wollten und von dem bedeutenden Rechtsgelehrten Thomas de Ram, dem Stellvertreter des Seneschalls und Ratgeber des Erzbischofs, beraten wurden, schlugen daraufhin mit einer Eingabe zurück, in der Montaigne vorgeworfen wurde, sich ein Haus auf einem für städtische Zwecke reservierten Grundstück errichten zu lassen und dazu einen Flecken Land erworben zu haben, die Esplanade des Chartrons, die den Verteidigern des Château-Trompette als Glacis diente. Man warf ihm also ein doppeltes Vergehen vor: Verstoß gegen das Gemeinwohl und Verletzung der Sicherheitsinteressen der Stadt. Da Matignon sich weigerte, diese Argumentation ernst zu nehmen, begab sich Vaillac an den Hof und legte seine Klageschrift dem König persönlich vor, der sich davon aber nicht erschüttern ließ – und an Matignon schrieb, er möge Montaigne jede Bautätigkeit untersagen, »obgleich ich besagtem Bürgermeister keine Schuld gebe«[15], wie er betonte.

Man kann sich vorstellen, wie sehr es Montaigne kränkte, daß der König in seiner offensichtlichen Neutralität glauben konnte, er sei imstande, seine Interessen über die des Gemeinwohls zu stellen. Er reagierte prompt und richtete eine neue Streitschrift gegen Merville und Vaillac, in der er sie bezichtigte, die Einfuhr von Weinen aus dem Hinterland nach Bordeaux zu begünstigen. Diesmal traf er seine Gegner mitten ins Herz: Denn Wein war das heiligste Gut von Bordeaux. Die Festungskommandanten begingen Verrat an der heiligen Sache, wenn sie – für welche

Gegenleistung? – dem »Fusel« aus Bergerac oder Buzet Vorteile ver-
schafften.

Bevor am 1. August 1583 Montaignes Wiederwahl erfolgte, hatte sich
die Stimmung also schon zugunsten des Bürgermeisters gewendet, der
auch bei kleinen Affären zeigte, daß er seinen Machiavelli kannte. Die
Archive des Magistrats schweigen über die Intrige, die vom Seneschall
Merville und seinen Anhängern angezettelt worden war. Sie verzeichnen
jedoch die Wut der Gegner Montaignes, namentlich seines Cousins Villeneuve, die ihren Siedepunkt in einem Gesuch zur Annullierung der Wahl
erreichte, den sie an den Staatsrat richteten. Das hohe Gericht bestätigte
das Wahlergebnis der Bürgermeisterwahl, beschloß jedoch, die Wahl der
Magistratsbeamten vorerst auszusetzen, und nur das persönliche Eingreifen Marschall Matignons führte schließlich zu einer Aufhebung dieses
Beschlusses.

Ein lächerlicher Kleinkrieg? Ja und nein. Ja, weil es nur um unterge-
ordnete Interessen, um alte Gewohnheiten ging und (mit Ausnahme von
Montaigne) nur zweitrangige Persönlichkeiten betroffen waren. Nein,
weil es die Vorboten der großen politischen Schlachten waren, in denen
sich der wiedergewählte Bürgermeister zwischen 1583 und 1585 für das
politische Gleichgewicht in Guyenne und die legitime Thronfolge schlagen mußte – und in diesen Auseinandersetzungen bewies er endgültig,
daß der Hof, der Clan der Navarrer und der Marquis von Trans die richtige Wahl getroffen hatten, als sie ihn in seiner Abwesenheit für das Amt
bestimmten. Denn bald sollte sich zeigen, was ein Weiser zu tun vermag,
wenn der Wahnsinn sich zum Gesetz erheben will.

Bis dahin hatten sich dem Schloßherrn von Montravel die Vorkommnisse bei seiner Wiederwahl tief ins Gedächtnis eingegraben: Davon zeugt
die Würdigung, die er im dritten Buch der Essais der »vortrefflichen Bürgerschaft von Bordeaux« zukommen läßt, »die alles in ihrer Macht Stehende tat, um mir gefällig zu sein, sowohl ehe sie mich kennenlernte wie
danach; denn noch mehr Ehre als mit der ersten Wahl zum Bürgermeister
hat sie mir dadurch erwiesen, daß sie mir das Amt zum zweitenmal
antrug«.

Die Verlierer der Wahl vom 1. August 1583 hatten natürlich nicht die
Waffen gestreckt, sondern warteten nur auf eine Gelegenheit, Montaigne
loszuwerden. Doch der wiedergewählte Bürgermeister widmete seine

Aufmerksamkeit plötzlich weniger der brennenden Frage des Religions-
friedens als vielmehr dem ebenso ehrenhaften Problem der sozialen
Gerechtigkeit.

Ist es Taktik, um die Auseinandersetzung auf ein anderes Feld zu ver-
lagern? Oder gehorcht er seinem unbezweifelbaren Gerechtigkeitssinn,
den er bereits in früheren Jahren an den Tag gelegt hat? Kaum ist er heil
aus einer Auseinandersetzung hervorgegangen, in der sich die Mehrzahl
von Bordeaux' Würdenträger gegen ihn gestemmt haben, wagt es Montaigne, ein »Gesuch« von unglaublicher Kühnheit an denjenigen zu richten, auf den er sich bei seinen Kampf um Bordeaux am meisten stützen
konnte, an den König von Frankreich.

Man muß diesen Brief ausführlich zitieren, denn er zeigt die Handschrift eines Vorkämpfers für soziale Reformen, oder vielmehr für eine
gerechte Verteilung der Steuerlast, und widerlegt damit ein für allemal die
lächerliche These, Montaigne sei ein egoistischer und menschenscheuer
Konservativer gewesen, der sich kränkelnd und unverbesserlich in seinem
Turm und hinter seinen Privilegien verschanzt habe:

»Majestät, Die Bürgermeister und regierenden Räte Ihrer Stadt (…) Bordeaux
(…) überreichen Ihnen in aller Bescheidenheit (…) ihre Klagen und Beschwerden
über die Nöte und übergroßen Belastungen, unter denen sie gelitten haben und
täglich weiter leiden. (…) Alle Steuererhebungen sollten gleichermaßen auf alle
Personen verteilt werden, und da der Starke den Schwachen tragen soll, ist es nur
vernünftig, daß diejenigen, die über die größeren Mittel verfügen, die Last mehr
zu tragen haben als diejenigen, die von der Hand in den Mund und im Schweiße
ihres Angesichts leben. Dennoch soll es in den letzten Jahren und sogar in diesem
vorgekommen sein, daß die reichsten und wohlhabendsten Familien der besagten
Stadt wegen der Privilegien, die sie angeblich genießen, durch die Beamten des
Gerichts von den Steuern ausgenommen worden sind, die Ihre Majestät erhoben
haben (…). Und so wird seither, wenn eine Abgabe oder Steuer entrichtet werden
soll, diese auf die bedürftigste und ärmste Bevölkerung der Städte abgewälzt, was
ganz und gar unmöglich ist (…).
Da Könige durch die Gerichtsbarkeit herrschen und da diese alle Staaten
erhält, ist es erforderlich, daß für alle unentgeltlich Recht gesprochen wird, auch
für die mindesten Geschöpfe aus dem Volk, soweit es sich machen läßt. Eure
Majestät kennen das Problem sehr gut und wollten mit Ihrem überaus vorbildli-
chen Erlaß, jede Käuflichkeit von Richtern im Amte zu verbieten, die Hauptur-
sache dieses Übels beseitigen. Sollte sich die Anzahl der Beamten indessen weiterhin vervielfachen, wie es bisher der Fall war, ist besonders das arme Volk
davon geplagt (…), zumal alles, was früher nur einen Sou kostete, jetzt zwei
kostet und man für einen Gerichtsschreiber heute soviel zahlt wie früher für drei

(…), so daß die Armen in den meisten Fällen gezwungen sind, auf die Verfolgung ihrer Rechte zu verzichten, da sie nicht über die Mittel verfügen, so hohe Ausgaben zu tätigen (…).«[16]

Ein bewunderungswürdiger Text, in dem bereits der Ton der »Cahiers de doléances«[17] von 1789 anklingt. Bedenkt man, in welcher Zeit er geschrieben wurde, welche Mächte sich gegenüberstanden und auf welche Mächtigen, auf welche möglichen Bündnisse man Rücksicht nehmen mußte, hat Montaigne mit diesem Brief auf einzigartige Weise Mut gezeigt. Obwohl er sein Mandat soeben erst gegen den Willen hoher Würdenträger der Kirche, des Geldes und der Rechtsprechung durchgesetzt hat, stellt Montaigne zwei im Grunde revolutionäre Forderungen: Verteilung des Steueraufkommens nach Vermögen und unter Ausschluß adeliger Vorrechte, Gleichheit vor dem Gesetz und die Möglichkeit, kostenlos sein Recht einzuklagen. Das klingt bereits nach Drittem Stand, nach Mirabeau …

Die Größe dieses Textes und die Schönheit seiner Formulierungen (»da der Starke den Schwachen tragen soll«, »da Könige durch die Gerichtsbarkeit herrschen und da diese alle Staaten erhält«) verbieten es, in ihm lediglich einen Vorschlag im Rahmen des Üblichen zusehen, der darauf abzielte, seine Gegner in der Oberschicht von Bordeaux aus dem Sattel zu heben, die gerade vergeblich versucht hatten, dem kleinen Herrn von Montaigne »das Fell über die Ohren zu ziehen«. Die meisten dieser Vorschläge oder Kritikpunkte sind auch in den *Essais* zu finden, wo sie überarbeitet oder zurechtgerückt und besonders in Bezug auf die Rechtsprechung noch weiter zugespitzt oder, wenn man so sagen will, fortschrittlicher formuliert worden sind.

Diesen von Gerechtigkeitssinn und sogar sozialem Reformeifer gepackten Montaigne, den Colette Fleuret in ihrem bereits erwähnten, bemerkenswerten Beitrag in *Europe* beleuchtet hat, entdeckt Géralde Nakam noch deutlicher in einer Reihe von Randnotizen, die er zu einem Reformvorhaben verfaßte, das der richterliche Beirat von Béarn ausgearbeitet hatte und das ihm sein Freund Duplessis-Mornay im Namen Heinrichs von Navarra zur Begutachtung vorlegte. Aus jeder dieser Bemerkungen Montaignes spricht sein Gerechtigkeitssinn, ob es um den Grundsatz geht, daß jeder sein Recht kostenlos einklagen kann, um die Anzahl der Richter oder um die Gleichheit aller vor dem Gesetz: Mit jedem Vorschlag zeigt sich Montaigne in Hochform, und mit der Schlußbemerkung paraphiert er

quasi sein »Gutachten« für den Béarner: »Achten Sie darauf, daß die Männer der Kriegskunst, des Glaubens und der Rechtsprechung das Recht in
Ehren halten.«

Eigentlich erwartet man den Bürgermeister von Bordeaux und Mitstreiter
Matignons auf einem viel schwierigeren Gelände, nämlich dort, wo in
Guyenne und Umgebung über Frieden und Einheit des Königreichs entschieden wird, denn schließlich haben die Valois einerseits und die Bourbonen andererseits auf ihn gesetzt, um mit ihm die Guisen bei ihrem
großen Vorhaben aufzuhalten, die Reformation in Frankreich zu zer-
schlagen, Heinrich von Navarra auszuschalten und, wenn schon nicht die
Thronerhebung des »Narbigen« oder seines Bruders, des Kardinals von
Lothringen, so doch wenigstens die eines Mannes aus ihrem Clan durchzusetzen.

In jenem Sommer 1583 scheint die Zeit für die Versöhnung gekommen
zu sein: Matignon hat einen urkundlichen Brief von Heinrich III., in dem
er aufgefordert wird, die Beziehungen zwischen der Krone und dem Hof
von Nérac zu verbessern und sich möglichen Angeboten seines Schwagers
gegenüber aufgeschlossen zu zeigen. Aufgabe Montaignes ist es, seinen
Mitstreiter zu Kompromißbereitschaft anzuhalten. Auf der Seite des
Béarners drängt Philippe Duplessis-Mornay in dieselbe Richtung.

Drei Krisen werden die beinahe schon zur Einigung bereiten Männer
jedoch Schlag auf Schlag gegeneinander aufbringen. Die vielfältigen persönlichen, religiösen und dynastischen Verflechtungen sowie die der
militärischen Positionen sind einer einvernehmlichen Lösung nicht gerade
förderlich. Hinzu kommt die Überschneidung der Zuständigkeitsbereiche
Heinrichs von Navarra, des Gouverneurs von Guyenne[18] und Anführer
eines Heeres, dessen Stellungen an ein Leopardenfell erinnern, und Marschall Matignons, des Königs Statthalter in derselben Provinz und
Befehlshaber einer Streitmacht, die den Hugenottenführer in Schach halten soll.

Im August 1583 hatte jener Heinrich III., angeblich auf der Suche nach
einer Einigung mit seinem Namensvetter in Béarn, die glorreiche Idee,
dessen Ehefrau (seine eigene Schwester), die berühmte »Reine Margot«,
aus dem Louvre zu verbannen. Als Vorwand diente ihm der lasterhafte
Lebenswandel von zweien ihrer Hofdamen – und die Geburt eines Kindes
im Louvre, dessen Vater laut Gerüchten er selbst war. Heinrich III. erteilt

Lehren in Sachen Moral! Tatsache ist, daß »Margot« unter schmachvollen Umständen nach Nérac zurückgeschickt wurde, was Heinrich von Navarra zugleich in seinem Verhältnis zu Corisande (ein wenig …) störte und in seinem Stolz verletzte, da über seine Frau eine Strafe verhängt wurde. Und der Navarrer tobte unter dieser Beleidigung.

Montaigne war hier der richtige Vermittler, um die Beteiligten zur Vernunft zu bringen: Mit Corisande befreundet, von Margarete geschätzt und von beiden Heinrichen bewundert, war er als erklärter Hedonist und sensibler Unterhändler der Mann der Stunde. Und doch ist diese Krise die einzige in einer Kette von Krisen, über die er sich ausschweigt.

Wenn es dagegen um die »Affäre von Mont-de-Marsan« geht, ist seine Stimme nicht zu überhören. Die Stadt in den Landes, die der Mann aus Béarn für einen der wertvollsten Steine seiner Krone hält, ist in die Hände der Katholiken gefallen. Heinrich fordert ihn von Matignon zurück. Doch der Statthalter des Königs, dem der »Reyot de Nabarra« bereits einige Streiche gespielt hat, will die Stadt als Faustpfand behalten. Da er dies nicht hinnehmen kann, erobert Heinrich mit Hilfe eines katholischen Edelmanns, des Barons von Castelnau, den Landstrich zurück. Deshalb nimmt Matignon wiederum die Ortschaften Bazas und Condom in unmittelbarer Nähe von Nérac ein. Sollten die erst kürzlich eingestellten »Bironaden« wieder beginnen?

Nein. Kurz nach der Rückeroberung Mont-de-Marsans legte der König von Navarra Wert darauf, seinen Schritt in einem Brief an Montaigne zu rechtfertigen. Sein Schreiben ist verlorengegangen, nicht jedoch der Brief seines engsten Mitarbeiters, Duplessis-Mornay, der auf ihn verweist:

»25. November 1583. Mein Herr, der König von Navarra, hat Ihnen geschrieben, wie er Zutritt zur Stadt Mont-de-Marsan erlangte. Die unerhörte Anmaßung ihrer Bewohner und die endlosen Aufschübe des verehrten Herrn Marschalls haben ihn zu diesem Schritt bewogen. Wie Sie wissen, hat alles eine Grenze, auch unser Wohlwollen. Und da ihr Wahn kein Ende nehmen wollte, war er irgendwann mit seiner Geduld am Ende. Indessen war Gott so gnädig, alles ohne nennenswertes Blutvergießen und ohne Plünderung geschehen zu lassen (…).«

Von nun an dienen Montaigne auf der einen und Duplessis-Mornay auf der anderen Seite als Puffer – und er vertraue ihm, schrieb Duplessis-Mornay an Montaigne, da er »weder an Umtrieben beteiligt noch umgetrieben« und »weder Unruhe stifte noch selbst unruhig« sei.

Auf Bitten Matignons begibt sich Montaigne nach Mont-de-Marsan, wo er ein gern gesehener Gast ist. Seinem Verbündeten teilt er mit: »Ich konnte dem Fürsten meine Aufwartung machen; hinsichtlich des ersten Auftrags dürfen wir uns keine großen Hoffnungen machen (…). Er will es unter allen Umständen als Pfand halten (…). Er liegt uns ständig mit Bazas in den Ohren (…).« Mit anderen Worten, der »Fürst«, von dem die Rückgabe Mont-de-Marans gefordert wird, antwortet mit der Forderung, man möge ihm zuerst Bazas zurückgeben!

Nun überstürzen sich die Ereignisse, als würden sie wie ein Pferd mit Montaigne auf und davon preschen, denn der Bürgermeister von Bordeaux wird zum Verbindungsmann zwischen dem König von Navarra und dem Marschall und reitet, zwischen Bergerac und Bordeaux, Montaigne und Nérac, Sainte-Foy und Le Fleix hin und her. Die Vorschläge, die er unterbreitet und die von Duplessis-Mornay gefiltert oder ausgelegt werden, tragen Früchte: Bald kann er Matignon einen Brief des Navarrers überbringen, in dem dieser »das aufrichtige Bemühen um Ruhe im Königreich« begrüßt, für das der Marschall sich ersichtlich einsetze, was ihm »Genugtuung« verschaffe und wofür er »ihm verbunden« sei. Zwischen Montaigne und Duplessis-Mornay sind die Fäden geschlagen, und über die beiden auch zwischen dem König und dem Marschall.

Wenige Wochen später schreibt der Bürgermeister nach Rückkehr von einer Mission auf hugenottischem Gebiet in einem ganz anderen Ton an Matignon. Jetzt geht es nicht mehr um die Umtriebe des »Reyot de Nabarra«, der sich wie ein Freibeuter Ortschaften unter den Nagel reißt, sondern um den legitimen Thronerben von Frankreich: Am 20. Juni 1584 starb der Bruder des Königs, der Herzog von Anjou, im Alter von dreißig Jahren an Tuberkulose; »Politiker« wie Matignon und Montaigne sowie Duplessis-Mornay auf der Gegenseite haben nunmehr die Aufgabe, die Thronbesteigung des Oberhaupts der Bourbonen vorzubereiten, was nach Ansicht der ersten beiden nicht ohne eine Rückkehr des Béarners zum Katholizismus möglich ist. Ein Brief Montaignes an Matignon gibt Aufschluß darüber, daß Heinrich III. bereits seinen Günstling, den Herzog von Eperon, zum neuen Thronerben entsandt hat, um ihn von der Notwendigkeit einer Bekehrung zu überzeugen. Ohne Erfolg …

Nun geht es also darum, nicht nur die Provinz Guyenne vor den tödlichen Auseinandersetzungen zu retten, sondern das ganze Königreich. Doch bevor der König aus Béarn zwei Kronen auf seinem Kopf vereinen kann, müssen die Friedensstifter von Bordeaux noch das große Komplott aufdecken, das die Verlierer der Wahl vom 1. August 1583 dort gegen sie anzetteln.

Der extreme Flügel der Katholiken, auch die »Guisarden« genannt, konnte natürlich nicht tatenlos zusehen, wie nach einem Heinrich III. ohne Erben der Thron früher oder später an einen protestantischen Fürsten fallen würde. Und Heinrich von Navarra schien nicht bereit zu sein, ein zweites Mal den Glauben zu wechseln[19], so zärtlich ihn die bekennende Katholikin Corisande auch darum bat.

Seine Religionszugehörigkeit wäre ihm vielleicht weniger vorgeworfen worden, hätte sie nicht als Deckmantel für die eigentlichen Ziele Heinrich von Guises und seines Bruders, des Kardinals von Lothringen, dienen müssen, denn diese hatten einen Mann der Liga, den alten Kardinal von Bourbon zu ihrem Thronanwärter erkoren. Um die Ansprüche dieses Kirchenfürsten zu unterstützen, trat im März 1585 die Liga feierlich zusammen, jene »Heilige Liga«, die – nunmehr mit offener Unterstützung von Seiten des spanischen Regenten – versucht hatte, einen intoleranten Katholizismus gegen den Geist der Versöhnung durchzusetzen, der durch Montaigne und seine Freunde gereift war.

In Bordeaux wie anderswo »zeigte die Liga ihren Gegnern die Hörner« (Paul Courteault). Mit dem Segen Erzbischof Sansacs wurde dort ein Mann zu ihrem Anführer gewählt, den wir gut kennen: der Herr von Vaillac, Festungskommandant von Château-Trompette, der beim »Wahlkampf« im Frühjahr 1583 Montaigne bekämpft und ihn in einen Schlagabtausch von bösartigen Anklagen verwickelt hatte.

Die letzten Abschnitte des »Königsspiels« zwischen Navarra, dem Hof und Matignon, zwischen Religionsgruppen und Thronansprüchen konnten die Anhänger der Liga in Bordeaux nur noch heftiger gegen ihren 1583 wiedergewählten Bürgermeister aufbringen: Die beschwichtigende Rolle Montaignes war bekannt, seine Bemühungen, eine Verständigung zwischen dem Heinrich in Béarn und dem in Paris herbeizuführen, waren offensichtlich. Außerdem wußte jeder, daß er Ende November 1584 den König von Navarra mit einem Gefolge von mehreren Dutzend hugenottischen Edelleuten auf seinem Schloß beherbergt hatte.[20] In den Augen der »Guisarden« spielte dieser Verräter ein hinterhältiges Doppelspiel, das dem Feind, dem »stinkenden Häretiker« von Nérac, nur Vorteile verschaffte.

Anfang April 1585 hält Vaillac den Augenblick für gekommen, Bordeaux von Château-Trompette aus unter seine Gewalt zu bringen sowie Matignon und den Bürgermeister auszuschalten. Montaigne hat sich nach einer sehr arbeitsreichen Phase in der »Bürgermeisterei« Ende 1583 und Anfang 1584[21] auf sein Schloß zurückgezogen. Sucht er lediglich Erholung? Oder hat ihn der Mut verlassen, weil die Bemühungen der Königstreuen bei dem dickköpfigen Navarrer so wenig Erfolg haben, der hartnäckig an seiner Religion festhält?

Matignon, der gewarnt ist vor den Schlichen Vaillacs, drängt den Bürgermeister, in die Stadt zurückzukehren und mit ihm gemeinsam die drohende Gefahr abzuwenden. Das Kräfteverhältnis spricht nicht für die »Legalisten«: Waffenträger, Kirchenmänner und Parlamentsräte bilden gemeinsam eine Opposition gegen die Politik des Schulterschlusses mit Navarra, die in Bordeaux durch den Bürgermeister und den Marschall vertreten wird.

Die Nachrichten aus Paris geben Anlaß zur Vermutung, der König sei aus Angst vor dem wachsenden Druck seitens der Ligisten bereit, Zugeständnisse zu machen: Im Juni 1585 unterzeichnet er schließlich den »Frieden von Nemours«, mit dem er sich dem Guisen auf Gedeih und Verderben ausliefert. Dies erklärt die wachsende Selbstgewißheit Vaillacs, der seine Mitstreiter aufhetzt und dem Guisen schwört, ihm Bordeaux zu übergeben. Im Frühjahre 1585 brodelt es in der Stadt.

Montaigne ist nicht der Mann, der, wie er es ausdrückt, »das Hasenpanier ergreift«, wenn Gefahr in Verzug ist. Ende Februar 1585 teilt er Matignon mit, er sei im Begriff, »aufs Pferd zu steigen«, um an seiner Seite zu stehen, benötige »aufgrund der Überschwemmungen« jedoch länger als einen Tag für die Strecke nach Bordeaux und müsse einen Umweg über Podensac machen, um dort seine Anweisungen entgegenzunehmen. Er versäumt es nicht, in seinem Brief darauf hinzuweisen, daß der Navarrer immer mehr durch Guyenne wirbele und »Madame Gramont ziemlich krank« sei – eine schlecht Nachricht für die »Gemäßigten«, zu denen er und Matignon gehören, da die Mätresse des Thronanwärters ihre beste Verbündete im Kampf um dessen Rückkehr zum Katholizismus ist.

Nachdem Montaigne in Bordeaux eingetroffen ist, geht Matignon zum Angriff über, um Vaillac zuvorzukommen, der ganz unverhohlen seine Vorkehrungen getroffen hat. Die Aktion, die der Sieger von La Fère am 21. oder 22. April in Bordeaux durchführt, ist von Paul Courteault ausführlich dargestellt worden. Sie erinnert daran, daß die Größe eines historischen Geschehens nicht von der Anzahl der Beteiligten oder der Größe des Schlachtfelds abhängt, sondern von der Handlungsfähigkeit und der Entschlossenheit einzelner.

Erster Akt: Mit Montaignes Hilfe ruft Matignon die Magistratsbeamten und Richter, die Präsidenten und Parlamentsräte, kurz alle »Diener des Königs« und Beamten der Stadt in den Sitz des Gouverneurs. Unter ihnen befindet sich natürlich auch Herr von Vaillac, der keinen öffentlichen Auftritt scheut, da er sich seiner Sache gewiß ist. Als die Versammlung vollzählig ist, befiehlt der Marschall seinem Wachhauptmann, einem gewissen Londel d'Auctoville, die Türen zu schließen und den Palast zu verriegeln

Vor dem bunt gemischten Auditorium gibt der Marschall daraufhin im Namen des Königs bekannt, die Stadt werde bedroht. Er wendet sich Vaillac zu und erklärt, er sei »beim König unter Verdacht« gefallen (obgleich der König kurz davor steht, den Vertrag von Nemours mit der Liga zu unterzeichnen!), und fordert ihn auf, die Festung Château-Trompette an ihn zu übergeben. Der Anführer der Liga in Bordeaux fällt aus allen Wolken. Er sitzt in der Falle und begnügt sich damit, gegen die »Schmach« zu protestieren, die seine Ablösung darstellt.

»Schmach«? – So vorsichtig und »gewitzt« Matignon sonst ist, jetzt greift er zum äußersten Mittel: Sollte sich Vaillac nicht fügen und die Festung nicht übergeben, müsse man ihn als Aufständischen betrachten und ihn »vor der versammelten Garnison enthaupten«. Angesichts der Machtverhältnisse in der Stadt war dieses Urteil leichter auszusprechen als zu vollstrecken. Doch Vaillac sitzt im Netz, das Spiel entscheidet sich im Palast: Der Anführer der Ligisten wird festgenommen, entwaffnet und unter starker Bewachung zur Festung gebracht, die er an Matignons Männer übergeben soll.

Montaigne ist so glücklich, daß er noch am selben Abend dem Navarrer eine Nachricht schickt, der ganz hingerissen ist und Matignon noch am 24. April ausrichten läßt: »Edler Herr, ich hatte die große Freude, von Herrn von Montaigne Nachricht über Sie zu erhalten. Ich habe ihn beauftragt (...), Ihnen mitzuteilen, wie sehr ich Ihnen zugetan bin (...).« Die Affäre um Mont-de-Marsan ist vergessen. Vor der Gefahr rückt man schnell zusammen, und nichts verbindet mehr, als sie gemeinsam zu meistern.

Die Liga hatte eine Schlacht verloren, nicht den Krieg, und wenn Château-Trompette auch in den Händen der »Gemäßigten« war, so doch nicht die Stadt. Bei der im Mai stattfindenden großen »Heeresschau«, der Truppenparade, sollte man sehen, wer der Stärkere war. Der Termin rückte näher, da wurde Marschall Matignon nach Agen gerufen, wo wieder Unruhen ausgebrochen waren. So war Montaigne Mitte Mai allein dafür verantwortlich, die Ordnung in der Stadt aufrechtzuerhalten, in der sich sämtliche Waffenträger einschließlich der »Bürgerwehren«, die von der Liga unterwandert waren, zur großen Truppenparade sammelten.

Nie zuvor waren seine Fähigkeiten als Politiker so auf die Probe gestellt worden. Sollte er die gefährliche Demonstration vielleicht absagen, weil Matignon abwesend war? Doch Montaigne hatte aus dem Schicksal des armen Gouverneurs Tristan de Moneins gelernt, den man 1548 bei vergleichbarem Anlaß ermordet hatte, weil er der wütenden Menge nicht mit aller Entschiedenheit entgegengetreten war. Er entschied sich also für das Gegenteil und bot der Menge die Stirn – wie er im ersten Buch der *Essais* erzählt:

»In der Ratssitzung behandelte man die Frage, ob man eine allgemeine Heerschau verschiedener Waffengattungen abhalten sollte oder nicht (denn bekanntlich finden dabei oft geheim vorbereitete Racheakte statt, die sich nirgends mit größerer Erfolgsaussicht verüben lassen). Es gab öffentliche, unübersehbare Anzeichen, daß die Sache für manche nicht gut ausgehen könnte (…). Man trug verschiedene Meinungen vor (…). Die meine besagte, daß man vor allem vermeiden müsse, sich diese Furcht auch nur im geringsten anmerken zu lassen, vielmehr solle man sich hinbegeben und mit erhobenem Kopf und offnem Gesicht durch die Reihen schreiten. Statt der Veranstaltung einschränkende Auflagen zu machen (…), müsse man im Gegenteil die Hauptleute ersuchen, den Soldaten einzuschärfen, daß sie nicht am Pulver sparen dürfen, sondern ihre Salven zu Ehren der Anwesenden so prächtig und mächtig wie möglich abzufeuern hätten. Und in der Tat wurde das von den verdächtigen Truppen als Auszeichnung angesehen und führte von Stund an zu einem sehr heilsamen wechselseitigen Vertrauen.« (I, 24)

Wunderbar! Dieses mit »erhobenem Kopf und offnem Gesicht«, diese »prächtigen und mächtigen« Salven! Als Leser der *Essais* und treue Anhänger lieben wir ihn am meisten, wenn er diese Willensstärke beweist, die so eng mit seiner gedanklichen Klarheit verbunden ist. Hier zeigt er sich in »Bestform«, wie man heute sagen würde, dieser sokratische Machiavelli, der Mann der *virtù*, der so viel psychologisches Feingefühl und so viel Charakter zeigt.

Die Anhänger der Liga waren so eingeschüchtert, daß sie es nicht wagten, den verhaßten Bürgermeister zu erschießen, der ihren Dolchen und
Arkebusen seine Brust darbot – allerdings nur für die Zeit der »Truppenschau«, solange die Truppen durch die Stadt zogen. Denn ihre Anhängerschaft wurde immer dreister und erhielt von allen Seiten Unterstützung.
Zwei ihrer Anführer, die Herzöge von Mayenne und von Elbeuf, marschierten auf Bordeaux. Und erneut war Matignon im Umland unterwegs, wo es zu immer mehr Zwischenfällen kam. Am 22. Mai 1585
bestellte Michel de Montaigne seinem Oberhaupt:

»Es geht das Gerücht um, die Galeeren aus Nantes seien auf dem Weg nach Brouage²² (…). Wir stehen hinter unseren Türen und Wachen, und da Sie nicht hier
sind, haben wir unsere Wachsamkeit noch erhöht. Dabei bange ich nicht nur um
die Sicherheit dieser Stadt, sondern auch um Ihre eigene Sicherheit, denn ich
weiß, daß die Feinde der Königstreuen ein ziemlich genaues Bild davon haben,
wie wichtig Sie sind (…).
    Bis zur Stunde ist alles ruhig. Monsieur du Londel²³ besuchte mich heute morgen und wir berieten über die Verteilung seiner Truppen. Monsieur d'Elbeuf hat
Anger hinter sich gelassen (…) und marschiert mit einer Truppe von viertausend
Mann zu Fuß ins südliche Poitou. Das Gerücht besagt auch, Monsieur du Maine
(…) begebe sich nach Rouergue und bewege sich auf uns zu, das heißt auf den
König von Navarra, gegen den sich dieser Aufzug richtet (…). Ich teile Ihnen mit,
was mir zu Ohren kommt, und mische unter die Tatsachen alles, was mir nach den
Gerüchten in der Stadt als wahrscheinlich vorkommt, damit Sie ganz im Bilde sind,
und ich bitte Sie ergebenst, zurückzukehren, sobald es Ihre Angelegenheiten erlauben (…). Bis dahin werden wir nichts unversucht lassen und, wenn es nötig sein
sollte, unser Leben dafür opfern, daß alles in Gehorsam des Königs bleibt (…).«

Das schreibt ein Mann, der sich an anderer Stelle als einen bezeichnet, der
sich »selten auf etwas einlasse,« und versichert, man dürfe sich anderen
nur »leihen«! Am 27. Mai, als die Gefahr vor der Stadt steht, schreibt der
Bürgermeister in Angst und Sorge an Matignon:

»Aus der Umgebung Monsieur de Vaillacs²⁴ erreichen uns besorgniserregende
Zeichen (…). Ich verbringe jede Nacht in der verteidigungsbereiten Stadt oder vor
der Stadt im Hafen und hatte, bevor uns Ihre Warnung erreichte, bereits eine Nacht
auf ein neues, mit Bewaffneten besetztes Schiff gewartet, das hier durchkommen
sollte (…). Doch es blieb aus (…). Ich hoffe, Sie finden die Stadt noch in dem
Zustand vor, in dem Sie sie uns überlassen haben. Ich schicke heute morgen zwei
Magistratsbeamte ins Parlament, um es über die zahllosen Gerüchte zu unterrichten, die in der Stadt kursieren, und darüber, daß sich zweifelsfrei bereits viele verdächtigte Männer hier aufhalten (…). Ich bin jeden Tag in Château-Trompette
zugange (…). Desgleichen gehe ich täglich in den erzbischöflichen Palast.«

Ob an der äußeren oder an der inneren Front (wir würden es »die fünfte Kolonne« nennen), dieser höchsten Gefahren ausgesetzte Bürgermeister geht wirklich keiner Auseinandersetzung aus dem Weg, damit Matignon »die Stadt noch in dem Zustand vorfindet«, in dem er sie Montaigne überlassen hat, einem Zustand, auf den die Bevölkerung von Bordeaux voller Stolz blicken konnte, als der Marschall 1585 Michel de Montaigne im Amt folgte.

Der Bürgermeister konnte seine Amtszeit schließlich mit einem entscheidenden diplomatischen Erfolg krönen: Er lag Matignon so lange mit Bitten im Ohr, bis dieser manchmal ein wenig zu »gewitzte« Normanne, der ein Zusammentreffen mit dem König von Navarra hartnäckig von sich wies, endlich einlenkte. Im Juni trafen sich der Marschall und der König von Navarra bei Marmande am Ufer der Garonne. Damit war es Montaigne nicht nur gelungen, die Liga in Bordeaux in Schach zu halten, er hatte darüber hinaus der Versöhnung zwischen der Partei des französischen Königs und der des Königs von Navarra den Weg gebahnt, die vier Jahre später ein und dieselbe sein sollten.

Bekanntlich neigt Montaigne bei vielen Sachverhalten dazu, sich in einer Art »umgekehrter Aufschneiderei« als nachgiebiger, unsicherer und ahnungsloser darzustellen, als er in Wirklichkeit war. Doch der Tonfall, den er in den *Essais* anschlägt, wenn er über die Ausübung seines städtischen Amtes spricht, dieser zurückhaltende, kleinlaute Ton, der so klingt, als wollte er sich für seine unzureichenden Leistungen entschuldigen, hat Erstaunen hervorgerufen, und nicht wenige sind ihm auf den Leim gegangen:

»Manche behaupten von meiner Führung des Bürgermeisteramtes von Bordeaux (…), ich hätte mich hierbei als ein Mann gezeigt, der sich allzuschwer zu etwas bewegen lasse und keinen rechten Eifer zeige – und damit geben sie genau den Anschein wider. (…) Aus dieser naturgegebenen Trägheit darf man indes keinen Beweis für eine etwaige Untauglichkeit ableiten (denn Mangel an Eifer und Mangel an gesundem Menschenverstand sind zweierlei) und noch weniger für eine schnöde Undankbarkeit gegenüber dieser Bürgerschaft (…); wäre sie in Bedrängnis geraten, hätte ich gewiß nichts unversucht gelassen, ihr herauszuhelfen. Jedenfalls habe ich mich für sie in gleichem Maße gerührt wie für mich selbst – handelt es sich doch um ein vortreffliches, edelmütiges und kampffreudiges Volk, das gleichwohl zu gehorchen und Disziplin zu wahren weiß; wenn es richtig geführt wird, ist es jederzeit für eine gute Sache einzusetzen. Es wird auch gesagt, meine Amtszeit sei vorübergegangen, ohne bleibende Spuren zu hinterlassen. Gut so! In einer Zeit, da fast jeder des Zuvieltuns überführt ist, möge man mich getrost des Nichtstuns zeihen.« (III, 10)

»Ohne bleibende Spuren«? Haben wir die Absurdität diese Urteils nicht schon hinreichend belegt? Vielleicht war sein »Nichthandeln« sehr verdienstvoll. Vielleicht war es lobenswert, weniger zu tun, wenn andere zuviel taten. Doch die Wahrheit war eine andere. Montaigne hat in Bordeaux weder einen Triumphbogen hinterlassen noch eine Festung errichtet, er hat keinen Boulevard angelegt, keine Brücke gebaut und keine Flußregulierung vorgenommen – aber er hat den Lauf der Geschichte verändert. »Die Titel, die dir für das Ausbessern eines alten Stücks Mauerwerk oder das Entschlammen eines öffentlichen Rinnsteins zugefallen sind, mögen von Marmortafeln so hoch in den Himmel gehoben werden, wie es dir gefällt – von Leuten mit gesundem Menschenverstand aber bestimmt nicht!«

Wäre Bordeaux in diesen aufregenden Frühlingstagen des Jahres 1585 in die Hände d'Escars oder Vaillacs gefallen, wäre es zu einer Trutzburg der »Guisen« gegen den König von Navarra und seine Anhänger, bald gegen König Heinrich IV. geworden. Die Folgen wären nicht auszudenken gewesen – hörte der spanische König die Hilferufe doch nur zu gut, die die Liga an ihn richtete. Was für ein schöner Brückenkopf für die Ausdehnung des spanischen Machtbereichs wäre Bordeaux gewesen!

Als Bürgermeister von Bordeaux hätte Montaigne eine prächtige Bilanz vorzuweisen gehabt, was seinen Gerechtigkeitssinn und seine Versöhnungsbereitschaft anbelangt, wie auch in Hinblick auf sein Wirken für den Frieden und die rechtliche Stellung Bordeaux' – wäre seine Amtszeit nicht von einer Sache überschattet worden, die man allerdings in diesen historischen Zeitabschnitt stellen muß und die man in einem Wort zusammenfassen kann: die Pest.

Wenn man es sich zur Aufgabe gemacht hat, das öffentliche Wirken Michel de Montaignes zu beleuchten, das bis weit in die zweite Hälfte des 19. Jahrhunderts geduldig seiner Enthüllung harrte, sowie an seine großen Verdienste und an seine außerordentliche Kühnheit zu erinnern, dann erbittert einen nichts so sehr wie der ewige Einwand: Ist ja gut und schön, aber als seine Bürger von der Pest heimgesucht wurden, hat er sie im Stich gelassen. Es schreit einem geradezu entgegen. Mag sich Montaigne noch so sehr und unter größten Gefahren darum bemüht haben, die Stadt aus dem Bürgerkrieg herauszuhalten oder den Frieden und die Einheit des Königreichs wiederherzustellen, es ist, also ob dies nicht zählte. Wie bei Molières *Harpagon*, wo man nur »die Schatulle« erwähnen muß, genügt auch hier ein Wort: »Die Pest«!

In der Montaigneforschung wird diese Anschuldigung mit großer Mehrheit zurückgewiesen. Dabei werden ihr zwei Argumente entgegengehalten: Zum einen ging die Amtszeit des Edelmanns aus dem Périgord zu Ende, zum anderen hat kein Zeitgenosse, ob Politiker oder Geschichtsschreiber, Montaigne je einen Vorwurf daraus gemacht. Erst das überreizte, »stumpfsinnige« 19. Jahrhundert hat sich in anachronistischer Weise über seinen Rückzug empört, der zu seinen Lebzeiten als selbstverständlich und verzeihlich erachtet wurde.

Wir sind da anderer Auffassung. Montaigne ist eine so überragende Persönlichkeit, daß man ihn nicht allein an der Latte der Sitten und Gebräuche seines Zeitalters messen sollte. Wer in seiner Rechtsauffassung, seiner Toleranz und in seiner Kritik an Rassismus und Kolonialismus seiner Zeit um mehrere Jahrhunderte voraus ist, hat einen Anspruch darauf, unabhängig von den Auffassungen oder Moden seines Zeitalters beurteilt zu werden.

Zwei Monate vor Ende seiner zweiten Amtsperiode im Juni 1585 kehrt Michel de Montaigne auf sein Schloß zurück. Er ist erschöpft von den aufregenden Wochen, die er hinter sich hat. Zur selben Zeit mehren sich in Bordeaux wieder einmal Anzeichen für eine Epidemie, die Jahr für Jahr zu Beginn der Hitzeperiode die Hafenstadt bedroht, wo Schiffe aus aller Welt anlegen. Die hygienischen Verhältnisse in Bordeaux haben sich verschlechtert, besonders schlimm sind sie in den Vierteln um einen Sumpf namens *Palu*, was übrigens (selbst in Anbetracht der damals üblichen Unachtsamkeit und der beschränkten Gegenmittel) jenem Stadtoberhaupt angelastet werden muß, das seit vier Jahren im Amt ist.

Als in Bordeaux die Pest ausbricht, verbringt der Verfasser der *Essais* bestimmt keine vergnügliche und erholsame Zeit auf Schloß Montaigne: Auch das Tal der Dordogne ist von der Epidemie bedroht, und marodierende Banden plündern die abgelegenen Landgüter der Gegend. Der Bürgermeister von Bordeaux ist selbst Herr eines Landguts, auf dem einige Dutzend Menschen leben, für die er Verantwortung trägt.

Mitte Juni erhält Montaigne die Nachricht von der Ausbreitung der Epidemie: Bald spricht man von vierzehntausend Pestopfern in einer Stadt, die ungefähr fünfzigtausend Einwohner hat. Der Parlamentsrat M. de La Motte teilt Montaigne mit, »das niedere Volk stirbt weg wie die Fliegen«.

Matignon, der in Bordeaux zurückgeblieben ist, schreibt dem König: »Die Pest in dieser Stadt greift so sehr um sich, daß sie jeder verlassen hat, der die Möglichkeit besitzt, anderswo zu leben.[25] Gegenwärtig sind nur noch der erste Vorsitzende des Magistrats und der Herr von Gourgues in der Stadt, die in besonderer Hingabe an den königlichen Dienst hier zurückgeblieben sind, weshalb es mir große Schwierigkeiten bereitet, die Stadt und die Schlösser zu sichern, zumal in der Festung Hâ und im Rathaus bereits die Pest grassiert.«[26]

Am 25. Juli, eine Woche vor Ende seiner Amtszeit, wenden sich die beiden Magistratsbeamten, die von den ursprünglich sechs in Bordeaux ausharren, mit der Bitte an ihren Bürgermeister, er möge zurückkehren, um die Übergabe seines Amts an seinen Nachfolger vorzubereiten. Dieser Nachfolger ist Matignon, der in Personalunion königlicher Statthalter und Bürgermeister werden soll: Unter diesen Umständen wird kein Vaillac es wagen, sich ihm entgegenzustellen.

Die Antwort, die Montaigne ihnen am 30. Juli zukommen läßt[27], ist vielleicht der einzige Text dieses großen Mannes, den man lieber nicht lesen würde:

»Meine Herren, durch Zufall habe ich hier die Nachrichten gefunden, die der Herr Marschall mir durch Sie hat zukommen lassen. Ich werde weder mein Leben noch sonst etwas scheuen, um Ihnen meine Dienste zu erbieten, und ich überlasse es Ihnen zu beurteilen, ob der, den ich Ihnen durch meine Anwesenheit bei der nächsten Wahl erweisen kann, es wert ist, daß ich die Gefahr auf mich nehme, in die Stadt zu eilen, die sich, insbesondere für Leute, die aus einem gesunden Klima kommen, wie ich, in einer so üblen Verfassung befindet. Ich werde mich Ihnen am Mittwoch so weit nähern, wie es mir möglich ist (…), bis Feuillas[28], sollte das Übel dort noch nicht eingetroffen sein, wo es mir angenehm wäre, wie ich auch Herrn de la Motte[29] schreiben werde, Ihnen die Ehre zu geben, um Ihre Anweisungen entgegenzunehmen (…). Möge Gott Ihnen, verehrte Herren, ein langes und glückliches Leben gewähren.
Zu Libourne, am 30. Juli 1585.   Ihr ergebenster Diener und
                                          Bruder, Montaigne.«[30]

Schweigen wäre besser gewesen. Haben die beiden tapferen Ratsherren, die auf ihrem Posten geblieben waren, das auch so empfunden und ihm deshalb nicht geantwortet? Haben sie deshalb auf das Treffen in Feuillas verzichtet?

Wer darf sich hier zum »Richter« über Montaigne aufschwingen? Wer weiß, was »sich geziemt«, wenn die Pest vor der Tür steht? Man kann solchen entsetzlichen Fragen nicht dadurch ausweichen, daß man auf die Gepflogenheiten oder die »Sitten der Zeit« hinweist oder anführt, Montaignes Amtszeit habe am 1. August geendet und er sei am 15. Juli schon »fast nicht mehr« im Amt gewesen. Selbst wenn man darauf beharrt, daß er sich bei Ausbruch der Pest nicht in Bordeaux aufhielt und daher nicht vor ihr »davongelaufen« war: Montaigne wollte sich nicht der Gefahr aussetzen und war nicht bereit, sich in diesen Schlund zu stürzen.

Verglichen mit dem Bild, das wir uns von Montaigne als einem Schüler Senecas, Plutarchs und Sokrates' gemacht haben, ist keines dieser Argumente stichhaltig. Auch müßte man seine Haltung mit der de Thous vergleichen, der als Ratspräsident in Paris zurückblieb, als dessen Bewohner vor der Pest heimgesucht wurden, obwohl ihn nichts dazu zwang; oder mit der des Herrn Rotrou, eines Ratsherren im Amtsbezirk von Dreux, der unter ähnlichen Umständen auf seinem Posten blieb und an der Pest starb, oder einfach mit Matignon, der Bordeaux ebenfalls nicht verließ.

Montaigne – soviel muß man sagen – war kein Held und wollte nie einer sein: Sich mitten unter Pestkranke zu begeben, nur einer feierlichen Amtsübergabe wegen, wäre bloße Angeberei, Großmannssucht gewesen. Der Verfasser der *Essais*, und mehr noch, der sehr engagierte und dafür von den verfeindeten Parteien häufig »geprügelte« Vorkämpfer für mehr Toleranz zeigte uns durchaus, daß er zu heldenhaften Taten in der Lage war. Zwanzig Jahre zuvor hatte er aus Freundschaft das beste Beispiel für seine Entschlossenheit gegeben, als er bis zuletzt an der Seite seines geliebten Etiennes blieb, der derselben Krankheit zum Opfer gefallen war, obwohl sein sterbender Freund um seine Ansteckung fürchtete und ihn anflehte zu gehen. So heldenhaft er als Freund war, als Bürgermeister ist er es nicht gewesen.

Das beste Argument, das man heranziehen kann, um diese »Weisheit« (wer hätte es nicht genauso gemacht?) zu verteidigen, lautet: Hätte Michel de Montaigne in edelmütigem Wahn sein Leben geopfert, hätte er das dritte Buch seiner *Essais*, das schönste und für uns unersetzliche, nicht schreiben können. Wollen wir einen heroischen Montaigne oder sind wir damit zufrieden, daß er seine ganze Weisheit in einem Buch entfaltet, um das uns sein Heroismus vielleicht gebracht hätte?

Michel de Montaignes Urteil über den Bürgermeister von Bordeaux ist vielschichtig. Wie wir gesehen haben, gibt er sich alle Mühe, die Rollen auseinanderzuhalten: »Der Bürgermeister von Bordeaux und Montaigne, das waren immer zwei.« (III, 10) Aber welche Stelle nimmt dabei der besonders von seinen Erfahrungen im Bürgermeisteramt und als Politiker geprägte Verfasser des dritten Buches der *Essais* ein, der von sich behauptet hat, »den rechten Umgang mit dem Willen« zu haben? Ist das Montaigne oder der Bürgermeister? Ist es der Montaigne, der Bürgermeister spielt? Oder der Bürgermeister, der sich als ganzer Mensch erweist, wenn er (abgesehen von den letzten Tagen) die schwere Aufgabe, die er von 1583 bis Juni 1585 übernommen hat, so gut erfüllt? Montaigne und der Bürgermeister sind zwei verschiedene Gestalten, doch zu einer so fruchtbaren Menschlichkeit, wie sie der Verfasser des dritten Buches der *Essais* besitzt, gelangt man nur durch eine Synthese.

Überlassen wir das letzte Wort dem Essayisten, der den Bürgermeister zu streng beurteilt:

»Als Bürgermeister hatte ich nur alles zu bewahren und so in Gang zu halten, wie ich es vorfand, und das ist ein unscheinbares Tun, das kaum auffällt. Innovationen können glanzvoll sein; sie verbieten sich jedoch in einer Zeit, da es gerade Neuerungen sind, die uns derart bedrängen, daß wir nicht wissen, wie wir uns ihrer erwehren sollen. Nichthandeln ist oft ebenso verdienstlich wie Handeln (...). Ich hatte ja den Leuten meine Unzulänglichkeit für die Führung solch öffentlicher Angelegenheiten beredt genug dargelegt (und dabei eignet mir noch etwas Schlimmeres als diese Unzulänglichkeit: daß sie mir nämlich kaum mißfällt und ich im Hinblick auf meinen angestrebten Lebenswandel kaum den Versuch mache, ihr abzuhelfen). (...) Trotzdem nahm ich mein Zwischenspiel in Bordeaux keineswegs auf die leichte Schulter, sondern habe das, was ich mir zu erreichen versprach, doch annähernd zustande gebracht – und was ich jenen versprach, mit denen ich zu tun hatte, sogar weit übertroffen (...). Ich bin ziemlich sicher, daß ich weder Groll noch Haß hinterlassen habe.« (III, 10)

»Weder Groll noch Haß«? Die Liga hat ihn bald spüren lassen, wieviel Haß er, der ihn in sich nicht aufkeimen ließ, bei anderen erregte.

KAPITEL 11

Zwischen den drei Heinrichen

Valois, Bourbone und Guise ❖ »Es geziemt sich, ihn zu nehmen, wie er ist« ❖ Der »Reyot de Nabarra« ❖ »Der Narbige« als Verführer ❖ Unterhändler der Fürsten ❖ Guelfen gegen Ghibellinen ❖ Montaigne auf der Flucht ❖ Von der Königinmutter gerufen ❖ Im Gäßlein von »Margot« ❖ Aus Liebe zu Frankreich ❖ Saint-Brice oder das Mißverständnis ❖ Coutras, Montaigne und Corisande

Durch Zufall haben drei Persönlichkeiten zur selben Zeit denselben Vornamen erhalten: ein Valois, ein Bourbone und ein Guise. Mit der Klinge in der Hand entscheiden sie in einem Zeitraum von fünfzehn Jahren zwischen 1574 und 1588 über das Schicksal Frankreichs. Montaigne nimmt an dieser Auseinandersetzung als unerschrockener Begleiter teil.

Prälaten und Pastoren, Feldherren und Geldgeber, Feudalherren, »Günstlinge«, Kurtisanen und gedungene Mörder, fremde Monarchen (und die noch immer mächtige Königinmutter) mischen dabei mit, manipulieren, schmieden Komplotte, schlagen mal hier und mal da zu. Um den größten Einsatz aber, um die französische Krone, streiten sich die drei Heinriche: »der Dritte«, König von Frankreich und rechtmäßiger Throninhaber; der Navarrer, der auch »der Béarner« genannt wird, militärischer Führer der Hugenotten und Schutzherr der »vereinigten (protestantischen) Provinzen« Südfrankreichs; und der Guise, genannt »der Narbige«, die Galionsfigur des militanten Katholizismus.

Heinrich III. sollte wie seine Brüder ohne anerkannte eigene Nachkommen[1] bleiben. Als sein jüngster Bruder, der Herzog von Alençon, dann von Anjou, 1584 an Tuberkulose stirbt, wird Heinrich von Bourbon rechtmäßiger Thronerbe, denn als Abkömmling Robert von Clermonts, des sechsten Sohnes Ludwigs IX., des Heiligen Ludwig, ist er ein Cousin (achtundzwanzigsten Grades) des Herrschers. Die Erbfolgeregeln der französischen Könige schlossen zwar Frauen und uneheliche Kinder von der Erbfolge aus, nicht aber Häretiker – was auch immer die Wortführer

des offiziellen Katholizismus behaupteten, denen die Gründer der Katholischen Liga, Heinrich von Guise und sein Bruder, der Kardinal von
Lothringen, ihren mächtigen militärischen Arm liehen.

Heinrich von Guise wurde nicht als Abkömmling desselben Bluts
betrachtet, und obwohl auch er als direkter Nachkomme Karls des
Großen galt, konnte er keinen Anspruch auf den Thron geltend machen.
Aber er protegierte einen anderen Bourbonen aus demselben Zweig der
Familie gegen den von Navarra, den Kardinal von Bourbon, der im

ABBILDUNG 15
Die »schöne Corisande«, Diane d'Andoins, verwitwete Gräfin von Guiche
und von Gramont. Bibliothèque municipale, Bordeaux

August 1572 Heinrich und »Margot« getraut hatte. Außerdem konnte
»der Narbige« auf die Hilfe des streng katholischen Königs von Spanien
zurückgreifen, dessen Golddublonen, reguläre Truppen und Freibeuter
starke Trümpfe in diesem Machtspiel waren.

Alle »Politiker« – alle, die bemüht waren, die religiösen oder feudal-
herrschaftlichen Auseinandersetzungen auf einer höheren Ebene zu

führen, und die sich nur auf den Grundsatz der Rechtmäßigkeit beriefen, demzufolge der Thron Heinrich von Navarra zufiel, ob sie nun de Thou, Pibrac, Pithou, Loysel oder auch Michel de Montaigne hießen –, mußten zwischen diesen drei gegeneinander stehenden Persönlichkeiten verhandeln und vermitteln.

Der König war der dritte Sohn von Heinrich II. und Katharina von Medici. 1574 folgte er seinem Bruder Karl IX. auf dem Thron, also zwei Jahre nach der Bartholomäusnacht, die er als Herzog von Anjou mitzuverantworten hatte. Dazwischen war er für einige Monate auch auf dem polnischen Thron.

In der historischen Beurteilung seiner Person kommt man heute zu einer neuen Bewertung. Weniger über sein Liebesleben – er war offenbar bisexuell, außerdem unfruchtbar – oder über seine Grausamkeit, die er beim großen Massaker von 1572, bei der Ermordung des Fürsten von Condé in Jarnac (1569) und bei der des Guisen in Blois (1588) unter Beweis gestellt hatte, als vielmehr über die Unentschlossenheit, den Leichtsinn und vor allem die Feigheit, die ihn ausgezeichnet haben sollen.

Die Rehabilitierung des Königs der »Günstlinge« hat einen berühmten Vorfahren: Alexandre Dumas. In seinem *Heinrich III. und sein Hof* von 1828 erscheint der König beinahe als Witzfigur: »eine schwache, kindische Figur mit plötzlichen Anfällen von Mut«. Nachdem er mehr über die Zeit und insbesondere das Tagebuch Pierre de L'Estoiles gelesen hatte, bescheinigte ihm der Romancier »zwanzig Jahre später« (jawohl!) in *Die Fünfundvierzig*, von seiner »eigenartig poetischen Natur« sei »höchste Erhabenheit« ausgegangen.[2]

Zeitgenössische Historiker, die nach einer Annäherung suchen, die Heinrich III. eher gerecht wird, betonen vor allem den hohen Bildungsgrad des Königs, mit dem er selbst zur Zeit der Renaissance Aufsehen erregte. Wir haben schon gesehen, daß er Montaigne zu den *Essais* beglückwünschte. Als Gründer einer Akademie der Dichter erhielt er dort einen Platz zwischen Ronsard und d'Aubigné, und de L'Estoile, der ihn als Fürsten haßte, einen »Sardanapale« nannte und als »Hure im Gefühlsleben, im Handeln und in seinen Gewohnheiten«[3] bezeichnete, würdigte an anderer Stelle seinen guten Geschmack, seinen Ruf, »sicher im Urteilen« zu sein, und sein dichterisches Talent, das nur »wenige Dichter seiner Zeit in Abrede gestellt hätten«.[4]

Dem Heerführer werden die Siege der Katholiken bei Montcontour und bei Jarnac zugeschrieben, dem Politiker ein modernes Staatsbewußtsein, mit dem er die Grundlagen für eine Staatsverwaltung schuf, deren Früchte Heinrich IV. erntete. Begriff er auch schon frühzeitig die Notwendigkeit, die Wege nach Navarra zu öffnen, da dort der fähigste unter seinen mutmaßlichen Nachfolgern herrschte? Auf jeden Fall war ihm der Béarner immer noch lieber als der Guise, den er haßte, und seine theatralische Frömmigkeit ließ ihn wahrscheinlich nur so tun, als wäre er blind – doch seine Wege sind verschlungen. Halten wir jedenfalls fest, daß Montaigne ihn nicht mochte, auch wenn er seinem König treu ergeben war, und die beiden anderen Heinriche in seiner Hochachtung weit über dem Valois standen. Bei ihm begnügte er sich jedoch damit, seinen Freund Pibrac zu wiederholen: »Es geziemt sich, ihn zu nehmen, wie er ist.«

Den Navarrer hingegen umgibt strahlender Ruhm, und wie bei einem Feuerwerk platzt ein Rakete nach der anderen an seinem Himmel. Seine Worte, seine Taten, seine Kehrtwendungen, seine Siege, seine Liebschaften, seine Beharrlichkeit in allen Schicksalsprüfungen, seine Großzügigkeit in der Stunde des Triumphs, sein Ruf als Reformer, der erreichen wollte, daß jeder Bauer in Frankreich »jeden Sonntag ein Huhn in der Suppe« hat, und auch das Messer, mit dem er erdolcht wurde – alles trägt dazu bei, aus ihm den einzigen Herrscher zu machen, der selbst vor den Augen der Sansculotten Gnade fand.

Der junge Fürst, der durch den Tod seines Vaters bei der Belagerung von Rouen mit neun Jahren auf den Thron von Navarra gelangte und dessen ganze Familie 1560 unter dem Einfluß seiner Mutter Johanna von Albret (die laut Agrippa d'Aubigné außer ihrem Geschlecht nichts Weibliches an sich hatte) zum Kalvinismus konvertiert war, heiratete mit neunzehn Jahren unter politischen Zwängen Margarete von Valois und schürte damit das Feuer der Bartholomäusnacht, die er selbst nur überlebte, weil er seinem Glauben abschwor und vier Jahre lang unter den Bedingungen einer Geiselhaft am Hof Katharinas von Medici blieb. Mit dreiundzwanzig Jahren mauserte er sich zu einem Draufgänger, der »Margot« links liegenließ, von einem Mädchen zum anderen rannte, einen Strauß nach dem anderen ausfocht, mal mit dem Degen, mal mit der Arkebuse, der stank, fluchte und siegte, der, kurz gesagt, die Nase und den Bart stets in den Wind hielt. Als solcher wurde er zur Zielscheibe kalvinistischer Prediger, die ihm sittliche Vorhaltungen machten, enttäuschter Mätressen, seiner entrüsteten Frau sowie seiner hinterlistigen Schwiegermutter, und doch galoppierte er unter der Begleitmusik seiner vielen Intrigen, Liebschaften, Kuhhändel und Kämpfe unaufhaltsam auf Frankreichs Thron.

Wie Stiere, die den Menschen zwingen, sich zum Kampf in ihre Querencia, ihr Zufluchtsgebiet zu begeben, wählte Heinrich die Provinz Guyenne – wo er in gewisser Weise belagert wurde und deren Hauptstadt Bordeaux ihre Pforten vor ihm verschlossen hielt – zu seinem Kampfgebiet, zu seiner »Waffen-Provinz« (Anne-Marie Cocula). Vor seinem entscheidenden Sieg 1587 bei Coutras verließ er kaum einmal dieses Gebiet, wo sich seine Wege immer wieder mit denen Montaignes kreuzten, dem er ebenso wohlgesonnen war, wie er ihm viel abverlangte.

Zwischen den beiden gascognischen Rittern, den Steinpilzsuchern, Kastanienessern und Schürzenjägern, zwischen dem »Reyot de Nabarra« und dem Herrn von Montravel, der ihn auch »nosté Enric« (unseren Heinrich) nennen durfte, war sozusagen der Funke übergesprungen. Wir haben gesehen, wie Montaigne als Bürgermeister von Bordeaux, wenn auch nicht ganz auf den Béarner setzte, so doch alles tat, damit dieser zwischen Hof und Liga nicht aufgerieben wurde – ungeachtet der Launen und Provokationen des Herrschers aus Nérac.

Nachdem er Heinrich von Navarra so wichtige Dienste erwiesen hatte, wartete Montaigne von 1585 bis 1589 mit großer, um nicht zu sagen, mit zorniger Ungeduld darauf, daß sein Freund sich zum Katholizismus bekannte, denn er hielt dies für unabdingbar, um seinen Anspruch auf den Thron durchzusetzen. Das lange Warten, die Ausflüchte und Winkelzüge des Béarners erschütterten mit der Zeit Montaignes Vertrauen, der wenig auf den König gab, der sich allmählich aber fragte, ob das »Schicksal« nicht dem dritten Heinrich gewogen wäre.

Heinrich »der Narbige« (ein Beiname, den er aufgrund einer Kriegsverletzung erhielt) erfreute sich kaum eines besseren Rufes als der »Günstlings«-König: In *Heinrich III. und sein Hof* zeigt Dumas ihn als brutalen Tyrannen, der seine Frau mit dem Panzerhandschuh malträtierte. Die Nachwelt hat dem Sohn Herzog Franz' von Guise, der in den *Essais* als edelmütiger Held dargestellt wird[5], die Hauptschuld am großen Massa

ker vom 24. August 1572 gegeben. Ganz gleich, ob man die These von der
Verschwörung der Fürsten oder die von der Vorwegnahme des Pariser
Volksaufstands durch den König vertritt, der Guise steht jedesmal im
Mittelpunkt der Greueltaten. Und daß er anschließend den fanatischen
Bund der »Heiligen Liga« gegründet hat, verhilft ihm in den Augen der
Nachwelt auch zu keinem besseren Ansehen.

ABBILDUNG 16
Heinrich III. Bibliothèque nationale, Paris

Seine Rücksichtslosigkeit nimmt ihm jedoch nichts von seiner Größe. Er
selbst neigte kaum zu Fanatismus, erwies sich als geschickter Taktiker,
scheute sich nicht vor großen Entscheidungen und zeigte sich von einer
Großmütigkeit, der auch Montaigne einiges zu verdanken hatte. Dieser
würdigte ihn nicht nur in der privaten Familienchronik – und das noch
wenige Tage vor seinem Tod –, sondern auch ausführlich in den *Essais*,
wo er nach einer Kritik an den Ausflüchten eines großen Führers, in dem
man unschwer den Navarrer erkennen kann, über den Valois schreibt:

»Ich kenne einen andern Großen, der unverhoffterweise sein Glück dadurch gefördert hat, daß er ein-, zweimal den genau entgegengesetzten Weg einschlug. Tapferkeit, deren Ruhm zu erringen alle so begierig sind, zeigt sich, falls Not am Mann ist, auf genauso großartige Weise im Wams wie in schimmernder Wehr, im Kämmerlein wie im Kampfgetümmel, mit gesenktem wie mit zum Streich erhobenen Arm.« (I, 24)

ABBILDUNG 17
Heinrich von Guise. Bibliothèque nationale, Paris

Katharina von Medici beschrieb »den Narbigen« als »Schilfrohr in der Farbe einer Eisenstange«. Freilich mußte sie vor diesem vor-getäuschten Eisen echtes Schilf spielen. Und als der König den Leichnam des Guisen betrachtete, den er von seinen fünfundvierzig Gascognern hatte erdolchen lassen, meinte er keinen mittelmäßigen Agitator, wenn er sagte: »Eine tote Bestie kann kein Gift mehr versprühen« – womit er ihm zweifellos zuviel der Ehre angedeihen ließ, denn das Gift sollte ihn überleben.

Man kann die außerordentliche Vielschichtigkeit des »Spiels der drei Heinriche (um die Macht) « nicht ermessen – ebensowenig wie die vielen Fäden, die zwischen ihnen hin- und herliefen und in denen sich der scharfsinnige Montaigne beinahe verheddert hätte –, wenn man sich nicht das dichte Gewebe ihrer Bindungen vor Augen führt, die Vielzahl der Intrigen, die sie mal zu Komplizen, mal zu Feinden oder Verbündeten und schließlich zu ihren gegenseitigen Henkern machten.

In den *Erinnerungen* des Herzogs von Nevers liest man über ihre gemeinsame Zeit am Collège de Navarra gegen Ende der sechziger Jahre: »Heinrich der Bourbone hatte den Herzog von Anjou zum Gefährten, der etliche Zeit später König wurde, und desgleichen den Herzog von Guise, der alles tat, was in seiner Macht lag, um König zu sein. Diese drei Heinriche, die einmal unversöhnliche Feinde werden sollten, waren in ihrer Jugend so eng miteinander befreundet, daß sie nicht nur dieselben Neigungen, sondern auch dieselben Vergnügungen hatten; und sie waren einander so außerordentlich zugetan, daß es während ihres Aufenthalts am Collège nicht die kleinste Streitigkeit zwischen ihnen gab (…).«[6]

In der Bartholomäusnacht beteiligten sich der Herzog von Anjou und der Guise mehr oder weniger an der Ermordung der Freunde des Navarrers. Der entging dem Massaker nur dank der Gnade König Karls IX. und seiner eigenen Gemahlin. Eigenartigerweise führte das aber noch nicht zum vollständigen Bruch zwischen ihnen. Während der Bruder des Königs nach Polen ging, um dort den Thron zu besteigen, wurde der Navarrer, obwohl er im Grunde genommen ein Gefangener im Louvre war, vom Herzog von Guise geradezu umworben, wie Agrippa d'Aubigné in seinen *Mémoires* berichtet: »Diese beiden Fürsten schliefen in einem Zimmer, speisten gemeinsam und veranstalteten gemeinsam Maskenbälle, Ballette und Reitvorführungen, zu denen Aubigné, der die *Circée* verfaßte, welche Heinrich III. bei der Hochzeit des Herzogs von Joyeuse aufführen ließ, die Vorlagen lieferte (…).«[7] Ist das nur Klatsch oder Prahlerei? Nahezu zeitgleich bestätigt der Historiker Pierre Mathieu ihre seltsame Beziehung: »Sie teilten ein Zimmer im Louvre, gingen gemeinsam zur Jagd, standen sich beim Paumespiel gegenüber, würfelten zusammen, besuchten dieselben Damen, und der König von Navarra ließ den Herzog von Guise hinter sich in den Sattel steigen und ritt mit ihm durch Paris (…).«

Ein nuancenreicheres Bild zeichnet wie immer Pierre de L'Estoile: »Der König von Navarra spielte mit dem Herzog von Guise Paume, doch die Geringschätzung, mit der man dem kleinen Gefangenen des jungen Königs begegnete, den man bei jeder Gelegenheit mit Reden und Sticheleien antrieb wie einen gewöhnlichen Pagen oder Lakaien am Hof, schmerzte viele aufrichtige Männer, die ihnen beim Spiel zusahen.«

HENRICVS IV. CONINCK VAN VRANCKRYCK

ABBILDUNG 18
Heinrich von Navarra. Bibliothèque nationale, Paris

Diese bizarre, eheähnliche Gemeinschaft von Kerkermeister und Gefangenem – der Heinrich von Navarra später auf einem Jagdausflug in Senlis entfloh – war Ende 1572 anscheinend der Anlaß, Michel de Montaigne nach Paris zu rufen, der in diesen verwickelten Verhältnissen vielleicht die Gemüter beruhigen sollte. Jedenfalls kann man es als erwiesen ansehen, daß er um diese Zeit in Paris war, wahrscheinlich nach dem Massaker in Bordeaux Anfang Oktober 1572.

Wer hatte ihm die Rolle als Fürsprecher und Vermittler – heute würde man sagen als »Moderator« – in diesem Gefecht angetragen, bei dem die Spitzen der Floretts zwar eine Zeitlang mit dem Knopf geschützt, aber nichtsdestotrotz seit langem vergiftet waren? Laut Jean-François Payen, dem die Montaigneforschung seit Mitte des 19. Jahrhunderts eine umfangreiche Dokumentation zum Leben Montaignes verdankt, hatten Katharina von Medici und der Guise den Edelmann aus dem Süden Frankreichs ausgesucht, um die Wunden des jungen Königs von Navarra zu verbinden. Für den Historiker Roger Trinquet, der sich von seinen Kollegen am besten auf diesem Gebiet auskennt, stammte das Ansinnen möglicherweise von der Gegenseite. Tatsache ist, daß von dieser seltsamen Mission zwei Varianten überliefert sind, eine in den *Essais*, die andere in den *Memoiren* von Jacques-Auguste de Thou.

Im ersten Kapitel des dritten Buchs beschreibt Montaigne seine Schritte so doppeldeutig und ausweichend, daß man die Abschnitte, in denen er auf »die wenigen Verhandlungen« blickt, »die ich zwischen unseren Fürsten zu führen hatte«, eher auf die Zeit der Verschwörungen und des Palavers im Louvre beziehen würde. Noch war Montaignes Zeit als großer Diplomat, als der er sich in den Jahren 1586 bis 1588 erwiesen hat, nicht gekommen, und Aussagen wie: »Dabei ist immer noch mehr zu meiner Kenntnis gelangt, als ich wollte« (III, 1), lassen eher auf vertrauliche, persönliche Beziehungen schließen als auf einen offiziellen diplomatischen Auftrag oder eine politische Mission. Es ist vielmehr die Rolle eines Fürsprechers, eines Vertrauten und eines »Puffers«, die er hier beschreibt. Daß man ihm zwischen 1572 und 1576 eine solche zugewiesen hatte, scheint auch Jacques-Auguste de Thou in seinen (lateinisch geschriebenen) *Memoiren* zu bestätigen. Darin berichtet er, was ihm sein Freund Montaigne 1588 in Blois während der Versammlung der Generalstände vertraulich mitgeteilt hat.

Als Montaigne auf seine Vermittlerrolle zwischen dem König von Navarra und dem Herzog von Guise während ihres gemeinsamen Aufenthalts am Hof Karls IX. zu sprechen kam (die er »in der Vergangenheit« inne hatte), versicherte er, der Guise habe »alles Erdenkliche getan, um durch seine umfassende Fürsorge, sein Entgegenkommen und seine ständige Anwesenheit die Freundschaft des Königs von Navarra zu erlangen; doch statt der erhofften Freundschaft erntete er für all seine Bemühungen nur unerbittlichen Haß (...)«. Deshalb konnte dieser Haß, so vertraute Montaigne de Thou an, »nur durch den Tod des einen oder des anderen enden; denn der Herzog und sein Haus könnten sich niemals sicher fühlen, solange der König von Navarra lebte; wohingegen dieser überzeugt war, sein Recht auf die Thronfolge niemals durchsetzen zu können, solange der Herzog am Leben wäre.«

Was einen an der Sache, wie Montaigne sie gegenüber de Thou dargestellt hat, jedoch am meisten aufhorchen läßt, berührt den religiösen
Aspekt:

»Alle beide versuchen (damit), sich voreinander aufzublasen; für jeden ist es ein
guter Vorwand, um die Anhänger seiner Partei um sich zu scharen, deren Ziele
jedoch weder den einen noch den anderen interessieren. Allein die Furcht, die
Protestanten könnten von ihm abfallen, hält den König von Navarra davon ab,
zur Religion seiner Väter zurückzukehren, und der Herzog würde keinen Finger
breit von der Augsburger Konfession[8] abrücken, die er durch seinen Onkel, den
Kardinal von Lothringen, kennengelernt hat, solange es seinen Interessen nicht
abträglich wäre (...).«[9]

Was Montaigne de Thou zuerst anvertraute, bezieht sich wahrscheinlich
– wenn es auch nicht als erwiesen gelten kann – auf eine weit zurücklie-
gende Vergangenheit (im Lateinischen: *aliquando*), als beide Männer
»sich am Hof aufhielten«, also auf die Zeit nach der Bartholomäusnacht
zwischen 1572 und 1576. Das erklärt die Bemühungen des Schlächters,
den Überlebenden zu umschmeicheln, ebenso wie dessen Reaktion darauf. Als Freund der Opfer hatte der Navarrer gute Gründe, sich bedeckt
zu halten und auf der Hut zu sein.

Das zweite Zitat muß sich auf eine an die Gegenwart heranreichende
Epoche beziehen, als der König von Navarra sich erneut gedrängt sah,
den Glauben zu wechseln (1572 hatte er diesen Schritt, wie wir wissen,
nur unter Druck vollzogen), und als der Guise offensichtlich mehr die
politischen Verhältnisse im Auge hatte – ganz abgesehen davon, daß die
»Augsburger Konfession«, auf die hier Bezug genommen wird, Anfang
der achtziger Jahre in einer Weise abgeändert worden war, daß selbst ein
so sturer Katholik wie Kardinal Karl von Lothringen, der Mentor des
»Narbigen«, zu ihrem Anhänger wurde.

Von dieser Phase der »Verhandlungen mit unseren Fürsten«, die
Michel de Montaigne zwischen 1586 und 1588 führte, handelt dieses
Kapitel. Die Vermittlungsversuche in der Zeit zwischen der Bartholomäusnacht und dem Vertrag von Beaulieu (1576) können dagegen nur
als Versuch erachtet werden, den jungen Fürsten einen »guten Dienst« zu
erweisen, dem noch bluttriefenden Guisen, der den Quasi-Gefangenen
mit tausend Streicheleinheiten für sich einnehmen wollte, ihn durch seine
Anmaßung aber nur noch mehr verletzte, und dem jungen Herrscher aus
der Gascogne, der entrüstet, aber gebannt war und vor Angst zitterte,

denn eine zweite Bartholomäusnacht, so seine Frau Margarete in ihren *Memoiren*, lag in der Luft.

Bei den Verhandlungen aber, die Montaigne parallel zu seiner Arbeit am dritten Buch der *Essais* führte, ging es um konkretere Dinge, vor allem um die Konversion des Königs von Navarra, die für seine Thronbesteigung unbedingt notwendig war. Angesichts des Vertrauens, das jener seinem Kammerherrn entgegenbrachte, und der Bewunderung, die seine Schwiegermutter Katharina von Medici, seine Frau, Margarete von Valois, und seine Geliebte, Corisande, Montaigne zollten, konnte der König aus Béarn solche Empfehlungen nicht ohne weiteres vom Tisch wischen. Aber man kann einer Empfehlung auch zustimmen, ohne ihr Folge zu leisten, und bei einem Gascogner ist der Spielraum dazwischen noch größer als sonst.

Anfang 1586, sechs oder sieben Monate nach Ende seiner Amtszeits als Bürgermeister von Bordeaux, hat es gewiß nicht den Anschein, als würde Montaigne das nationale Schicksal noch einmal mitbestimmen. Voller Lust sitzt er wieder über seinen *Essais* und schreibt die großartigen Anfangskapitel des dritten Buchs »Über das Nützliche und das Rechte«, »Über das Bereuen«, »Über einige Verse des Vergil«. Doch das Unheil seiner Zeit holt ihn immer wieder ein, er hat die Pest und den Krieg vor der Haustür. Das zwölfte Kapitel des dritten Buches »Über die Physiognomie« berichtet eindringlich von den Prüfungen, denen er in dieser Zeit ausgesetzt ist.

Bisher konnte der erklärte Katholik die Kriegsstürme ohne nennenswerte Schwierigkeiten überstehen. Für seine Glaubensbrüder ist er ein treuer Unterstützer der Regierung, für die Reformierten ein toleranter Ehrenmann, der ihren Glauben achtet, und der einen Bruder, eine Schwester sowie viele Freunde besitzt, die sich der Reformation angeschlossen haben. Seine Ausführungen über den Krieg, die im ersten Buch der *Essais* hervorstechen[10], zeigen zweierlei: Als Freiwilliger (auf katholischer Seite) war er zwar an Kriegshandlungen beteiligt, aber weit entfernt von seinem Gut im Poitou und in der Île-de-France. Und je weiter er weg war, um so unberührter davon blieben sein Privatleben, seine Familie und seine Untertanen.

Als Bürgermeister hat er die Erfolge der Reformation in Guyenne und besonders im Garonnetal gebilligt, die unter den Vorstößen des Königs von Navarra immer größere Verbreitung fand. Zurück auf seinem Schloß, das

von reformierten Truppen umzingelt ist, die östlich bei Castillon, westlich in
Sainte-Foy und im Norden über Bergerac stehen, fürchtet er die Reformierten und fühlt sich von ihnen bedroht. Von allen Seiten bedrängt, kann er
sich nicht mit seiner Lage abfinden, ohne seine Befürchtungen abzustreifen:
»Nun gut – bisher bin ich davongekommen. Aber es mißfällt mir, (…) unter
einem anderen Schutz als dem der Gesetze zu stehn. (…) Wie die Dinge liegen, lebe ich mehr als zur Hälfte von fremden Gnaden (…).« (III, 9)

Im Juni 1586 spitzt sich die Lage schlagartig zu. Nach einer gewaltigen
Kehrtwendung in der königlichen Politik und der Abkehr von jener Strategie, die Montaigne als Bürgermeister von Bordeaux an der Seite Matignons verfochten hatte, war Heinrich III. ein Jahr zuvor im Vertrag von
Nemours mit der Liga ein Bündnis gegen den König von Navarra eingegangen. Matignon, der in jedem Fall dem königlichen Befehl gehorchte,
wurde in die große Hugenottenjagd hineingezogen, die zu Beginn des
Jahres 1586 einsetzte. Das neue Kräfteverhältnis machte sich in der Provinz Guyenne zum ersten Mal bemerkbar, als die königlichen Truppen
unter Matignon und dem Herzog von Mayenne, dem Bruder des »Narbigen«, gegen die Hochburgen der Protestanten zu Felde zogen, die in der
Umgebung von Montaigne lagen.

Diesmal findet der Krieg vor seiner Haustür statt. Von seinem Schloß
nach Castillon sind es nur zwei Meilen. Unter den Hugenotten, die die
kleine Stadt verteidigen, befinden sich auch Freunde von ihm, wie
Turenne. Und zu den Belagerern gehört sein ehemaliger Kampfgefährte
und Nachfolger in Bordeaux, Marschall Matignon, der für diesen Feldzug den Heerbann über alle Edelmänner aus Guyenne ausgerufen hat.
Auch Montaigne wird zu den Waffen gerufen, doch er folgt dem Heerbann nicht, was ihm bestimmte Leute nie verziehen haben.

Es kommt noch schlimmer. Ende August bricht die Pest in der belagerten Stadt und in ihrer Umgebung aus. Ob die Belagerer aus Bordeaux sie
eingeschleppt haben? Sie dringt bis an das Ufer der Lidoire vor, wo Truppen von Mayenne lagern, und steht also unmittelbar an der Grenze zu
Montaignes Ländereien. Die Lage des Hausherrn ist eigentlich unhaltbar,
sowohl was die Versorgungslage angeht, als auch in politischer und psy-
chologischer Hinsicht.

Könnte man sich besser in seine Lage versetzen, als bei der Lektüre dieser packenden Seiten aus dem zwölften Kapitel des dritten Buches der
Essais?

»Ich schrieb dies ungefähr zu der Zeit, da in unseren Kriegswirren schwere Gewitterwolken sich mehrere Monate lang über mir zusammenzogen und mit ihrer ganzen Gewalt geradewegs auf mich zu entladen drohten: Auf der einen Seite hatte ich die Feinde vor meinem Tor, auf der anderen die Plünderer, die schlimmsten Feinde von allen (…). So erlitt ich alle Unbill des Krieges auf einmal. (…) Welch Monstrum von Krieg! Die anderen wüten gegen einen äußeren Feind, dieser gegen sich selbst: Sein eigenes Gift zerfrißt und zersetzt ihn. (…) Er will den Aufruhr aus der Welt schaffen und ist selber voll davon (…). Zur Verteidigung unsrer Gesetze unternommen, leistet er der Rebellion gegen die eigenen Vorschub.« (III, 12)

Hier spricht er bereits wie Montesquieu – der ebenso am Niedergang der Gesetze gelitten hätte, wenn er in seiner Haut gesteckt hätte. Man kann nicht umhin, diese berühmten Sätze weiter zu zitieren:

»Außer diesem Schlag mußte ich noch weitere einstecken. Zum Beispiel bekam ich die Widrigkeiten zu spüren, die eine gemäßigte Haltung in solch krankhaften Wirren mit sich bringt. Alle wollten mir etwas am Zeuge flicken: Dem Ghibellinen war ich ein Guelfe, dem Guelfen ein Ghibelline[11] (…). Die Lage meines Hauses und der freundschaftliche Umgang mit den Menschen in meiner Nachbarschaft schien mich von der einen Seite zu zeigen, mein Leben wie mein Handeln von der andren. (…) Es handelte sich nur um heimliche Verdächtigungen, die unter der Hand umliefen (…). Soviel steht fest: Über dem, was mir damals widerfahren ist, hätte ein Ehrgeizling sich erhängt (…). Nach den damaligen Übeln brach ein noch schlimmeres über mich herein: Vor und in meinem Haus bleckte plötzlich die Pest in ihrer bösartigsten Form gegen mich die Zähne (…). Das konnte ja heiter werden! Schon der Anblick meines Hauses jagte mir Angst ein (…). Ich, der ich so gastfrei bin, sah mich größten Schwierigkeiten gegenüber, eine Zufluchtstätte für die meinen zu finden: eine verstört herumirrende Familie, die, selbst von Furcht ergriffen, ihren Freunden und Bekannten Furcht einjagte (…). All dies würde mich weit weniger berührt haben, hätte ich am Leiden der anderen nicht mitleiden und in diesem Elend der Karawane sechs Monate lang zum Führer dienen müssen.« (III, 12)

Mitten in dieser grauenhaften Zeit vom Sommer bis Ende 1586 erreicht dieses schillernde Leben voller Abenteuer, hehrer Missionen, sprachlicher Erfindungen und großartig erfüllter Pflichten seinen Tiefpunkt auf der leidvollen und demütigenden »Wanderschaft« der Montaignes, der tragischen Wiederholung jener »Karawane«, die er fünf Jahre zuvor von Lothringen in die Toskana führte. Montaigne sitzt also wieder im Sattel – doch diesmal ist der muntere, von Kardinälen und Kurtisanen gehätschelte Reiter nichts weiter als ein Flüchtling vor der Pest, der seine Frau, seine Tochter Léonor und einige seiner Bediensteten mit sich schleppt, und dem seine Nachbarn und Freunde, die von Trans' oder von Foix', zu verstehen geben, daß er gut beraten wäre, mit seiner übel riechenden und an Ruhr leidenden Gefolgschaft das Weite zu suchen.

Die Pest verschwindet, und keiner aus seiner Familie ist ihr zum Opfer gefallen. Doch den Glauben an die Treue seiner Freunde hat sie ihm restlos genommen. Unter den Belagerten von Castillon hat die Pest mehr Opfer gefordert als unter den Belagerern; die Stadt fällt an die Katholiken. Doch das »Monstrum von Krieg« um Montaigne nimmt kein Ende: Es heißt, Mayenne wolle Sainte-Foy belagern. Der Schloßherr, der sich geweigert hat, sich den königlichen Truppen anzuschließen, wird immer mehr geschmäht. Er ist sozusagen neutral: Als Freund der Besiegten irrt er umher und ist bei seinen Freunden schlecht gelitten ... Ist er in Ungnade gefallen?

Doch der Wind drehte sich. Am Hof zeigten sich die unerfreulichen Auswirkungen des Bündnisses mit dem Guisen und der Liga rasch. Heinrich III. erkannte mit jedem Tag mehr, was er sich bei diesem Geschäft eingehandelt hatte: Während der »Narbige« seine Vormachtstellung in den Städten und Provinzen des Nordens und Ostens in aller Ruhe ausbaute, oblag dem König die kostspielige Aufgabe, gegen die Hugenotten im Süden und im Westen, besonders im Périgord und in der Charente, Krieg zu führen. Auf Kosten des Königtums und zum Nutzen der Lothringer und der Liga ging der Bürgerkrieg in die nächste Runde.

Nachdem sie ihren Irrtum eingesehen hatten, beschlossen Katharina von Medici und ihr Sohn, sich dem Béarner zumindest soweit wieder anzunähern, daß zwischen dem Navarrer und dem Lothringer ein Gleichgewicht herrschte. Und es bestärkte sie nur in ihrem Beschluß, daß ihre Beziehungen zur Liga durch die Überheblichkeit ihrer Anführer gestört wurde, aber auch durch den Fehler, den der Heilige Stuhl im September 1585 beging: Papst Sixtus Quintus sprach sich förmlich gegen den Thronanwärter von Navarra aus und mischte sich damit in innerfranzösische Angelegenheiten ein – ein unverzeihliches Vergehen für die gallikanischen Katholiken.

Gleichzeitig veränderten sich die militärischen Kräfteverhältnisse: Hinter die Tore von Nérac und La Rochelle zurückgedrängt, hatte Heinrich von Navarra die reformierten deutschen Fürsten zu Hilfe gerufen, die für ihn ein Reiterheer am Rhein zusammenstellten, dessen Eingreifen früher oder später schwerwiegende Folgen hätte haben können. Noch war der Thronerbe nicht geschlagen.

Es mußte also verhandelt werden. Diesmal nahm Katharina, die Königinmutter, die Sache selbst in die Hand. Die Bartholomäusnacht, an der sie nach Auffassung der Hugenotten die Hauptschuld trug, lag vierzehn Jahre zurück, war aber noch längst nicht vergessen. Eigentlich müßte man davon ausgehen, daß diese Königin mit den noch immer blutigen Händen nicht gerade die beste Botin des Friedens war. Verhandlungen mit den Katholiken? Ja, aber doch nicht mit der da! Der Navarrer ließ sich monatelang bitten, bis er das Angebot schließlich annahm. Letztendlich hatten ihn zwei Argumente überzeugt: Durch die direkten Beziehungen zum Königshaus, das heißt zu seiner Familie, konnte er seinen Thronanspruch untermauern. Schließlich war der König sein Schwager, und Katharina seine Schwiegermutter! Zum anderen hatte er von der Unzufriedenheit des »Narbigen« Kenntnis erhalten, der das Treffen unter allen Umständen verhindern wollte. Was den »Narbigen« so ärgerte, konnte ihm nur recht sein.

Vielleicht hatten ihn die »Politiker« auf der anderen Seite, wie Montaigne, zu dem sein Berater Duplessis-Mornay Verbindung hielt, darauf hingewiesen, wie ungeduldig die meisten Franzosen auf sein Einlenken warteten. Von den Fanatikern unter Hugenotten und Ligisten einmal abgesehen, wünschten sie nichts sehnlicher als eine Verständigung. Roger Trinquet zitiert aus einer bemerkenswerten Quelle, der »Rede an die Königinmutter, bevor sie zu Verhandlungen mit dem König von Navarra abreiste«, in der die schrecklichen Folgen der Kriege beschrieben werden: »(…) in allen Kantonen des Königreichs (trifft man) verelendete Tagelöhner aus zahllosen vornehmen Familien (…), die nur noch von Almosen ihr Leben fristen, und die meisten sind von Pest und Hunger bedroht.«[12]

Im katholischen Lager gab es keinen besseren als Michel de Montaigne, um den Dialog mit »lo nosté Enric« fortzusetzen, dem vor dem Schloß von Nérac ein Denkmal mit dieser Unterschrift errichtet worden war. Neben den Bildnissen von Männern, deren Wirken eng mit dieser Stadt verbunden ist, wie Theodor Beza, Sully, Duplessis-Mornay, La Noue, genannt »Eisenarm«, du Bartas – alle Hugenotten freilich – und neben dem Bildnis, man glaubt es kaum, des »braven Herrn von Pibrac« hängt dort auch das Montaignes.

Wir wissen nicht, wann und wie oft er den Hof von Nérac besucht hat, doch es besteht kein Zweifel daran, daß er öfter dorthin kam, besonders in der Zeit, als seine Bewunderin, Königin Margarete, dort versuchte, mit ihrem flatterhaften Ehegatten in einer pluralistischen Beziehung zusammenzuleben, in der jeder nach Belieben seiner Lust frönen konnte. Der Verfasser von »Über einige Verse des Vergil« hätte kein günstigeres Klima zur Entfaltung seines Hedonismus finden können. Und die freizügigen Gedichte der »Reine Margot« müßten dem Essayisten eigentlich gefallen haben.

Für Patrick Tachouzin, einem Historiker aus Nérac[13], steht fest, daß Montaigne dort in den Jahren 1579 und 1580 Tischgenosse der Königin war. Zweifellos war der Verfasser der *Essais*, die an diesem Ort viel Bewunderung fanden, bei »Margot« um so willkommener, als Guy de Pibrac – dem die ketzerischen Kalvinisten seine Apologie des Massakers von 1572 anscheinend nicht sehr verübelten – ihr Kammerherr (wahrscheinlich sogar noch mehr) war. Und auch ihr Beichtvater François de Foix-Candale, Bischof von Aire-sur-l'Adour, war ein alter Freund des Schloßherrn aus dem Périgord.

Am Ufer der »Baïse«, wie das plätschernde Flüßchen hier genannt wurde, das am Schloß vorüberfloß, traf man Dichter wie du Bartas und d'Aubigné. Ebenso sanft und weiblich wie die »Baïse« sollen auch die Geliebten des Königs gewesen sein, Dayelle oder Fleurette, die kleine Gärtnerin, die aus Liebe zu »nosté Enric« starb, oder die gerade fünfzehnjährige Fousseuse, die »lou grand nez« lieber einen Sohn schenkte (der von »Margot« entbunden wurde), statt für ihn zu sterben, oder auch die Frau eines Köhlers namens Jeannette.

Ob vor seinem Aufbruch zur Italienreise, ob während oder nach seiner Amtszeit als Bürgermeister, mit Heinrich und seinen Beratern unterhielt sich der Verfasser der *Essais* zweifellos über andere Themen. Von Montaigne ließ es sich der Béarner sicher eher gefallen, immer wieder den Rat zu hören, die Treue zu den Hugenotten gegen die Krone Frankreichs einzutauschen, als von einer Medici.

Beide erkannten den Ernst dieser »religiösen« Auseinandersetzung besser als andere. Als Gascogner hatten beide ein Gespür dafür, daß in der Provinz Guyenne mit ihrem ungewöhnlichen und laut Janine Garrisson »tadellosen« Gouverneur der Grundstein für die nationale Wiedervereinigung gelegt werden konnte. Und für nichts anderes arbeiteten sie. Zwischen Nérac und Castillon, zwischen Bergerac und Libourne waren sie durch das Land gereist, hin und her geritten über seine fetten Weiden und steinigen Äcker, von seinen Weinbergen zu seinen geschützten Jagdgründen, durch seine Kastanienwälder und Weizenfelder, und hatten dabei ein Königreich entworfen, ein Frankreich des Südens, das zum Schmelztiegel des künftigen Staates werden sollte, den es zu errichten galt, wenn die Linie der Valois und ihre Thronansprüche für immer erloschen wären.

Von dem Dialog zwischen dem anrüchigen Béarner und dem Junker aus der Dordogne, der das moderne Denken erfand, besitzen wir kein unmittelbares Zeugnis. Wer wäre so kühn, ihn nachträglich zu erfinden? Einen Widerhall dieser Gespräche am Ufer der Baïse finden wir allerdings in dem wunderbaren Brief, den Heinrichs einflußreichster Berater (Sully stand noch im Hintergrund und war erst der energische Herr von Béthune), Philippe Duplessis-Mornay, im Jahre 1585 an ihn schrieb, als die großen Verhandlungen begannen, von denen wir nun berichten werden. Dieser Aufruf ist wirklich eines Montaigne würdig und scheint – als Anleitung für den Thronanwärter – geradezu aus Montaignes Feder geflossen zu sein: »Alle Augen richten sich auf Euch (…). Als ein Mann, der für alle geboren ist (…), müßt Ihr im Rufe stehen, tugendhaft und umsichtig zu sein. (…) Mit den Liebchen, mit denen Sie sich gerne zeigen und denen Sie so viel Zeit widmen, ist es nun vorbei. Heute, Majestät, müssen Sie die ganze Christenheit und besonders die von Frankreich lieben.«[14]

Ende 1586, nach der ziellosen Flucht vor Krieg und Pest, war Montaigne noch zu sehr vom Geschehen abgeschnitten, hinkte der Entwicklung noch zu sehr hinterher, um bei den Verhandlungen von Beginn an dabei zu sein. Doch man kann sicher sein, als die Königinmutter gegen Ende dieses für ihn so unheilvollen Jahres auf dem Weg nach Guyenne war, um den Frieden zu schließen, den er so sehr herbeisehnte, wünschte er sich von Herzen, die Mission der undurchsichtigen Médici, die er vorbehaltlos bewunderte, möge zu einem glücklichen Ende führen. War es die letzte Chance zu einer Vereinbarung zwischen der von Intrigen und schlaflosen Nächten gezeichneten Königin und dem Thronanwärter aus Béarn, der auf allen Vieren die Stufen zum Thron hinauf kroch, obwohl es nicht sicher war, daß er je dort Platz nehmen könnte? Sicherlich nicht: Eine »neue« Chance gibt es immer. Hätte man diese Chance jedoch genutzt, wären viele weitere Verwüstungen vermieden worden.

Am 13. Dezember 1586 standen sich die alte Regentin und Mutter dreier Könige und ihr Schwiegersohn Heinrich von Navarra im Schloß von Saint-Brice bei Cognac gegenüber. Heinrich, der »Reyot« von Navarra, konnte von einer verführerischen Liebenswürdigkeit sein. Doch seiner Schwiegermutter gegenüber gab er sich ruppig, wenn nicht gar unhöflich, und hoffte mit dieser von Haß genährten Überheblichkeit seine augenblicklich verhältnismäßig schwache Stellung zu überspielen, denn sein alter Gegner, Marschall Biron, und sein einstiger Partner Matignon, auf den Montaigne keinen mäßigenden Einfluß mehr ausübte, machten auf Befehl des Königs in ganz Aquitanien Jagd auf ihn. Was also hatte die alte Regentin vor? (Er wußte es natürlich genau, doch er wußte auch, sein Mißtrauen als Waffe zu gebrauchen.)

Nach drei Gesprächen zwischen dem 13. und dem 16. Dezember waren die Verhandlungen gescheitert, ohne daß es zum Bruch gekommen wäre. Man trennte sich mit der Ankündigung eines Waffenstillstands. Heinrich zog aus der unerquicklichen Zusammenkunft nur einen Schluß: Die Valois wollten ihn benutzen, um ein Gegengewicht zum Guisen zu schaffen: Er sollte nützlich sein, mehr nicht. Damit hatte er Katharina unterschätzt.

Weit davon entfernt, eines ihrer üblichen taktischen Spielchen zu spielen, war die alte Dame tatsächlich bereit, den Prozeß der rechtlichen Anerkennung des Thronanwärters einzuleiten. Erster Schritt dazu sollte – diese Meinung vertrat sie mit vielen anderen – seine Konversion zum Glauben der Mehrheit sein. Dabei überging sie geflissentlich, daß der König von Navarra achtzehn Monate zuvor dasselbe Angebot von Seiten des Königs schon zweimal zurückgewiesen hatte, als ihn der Herzog von Epernon erst in Saverdun, dann in Pamiers aufgesucht hatte. Katharina glaubte, persönlich könne sie bei ihm erreichen, was einem Günstling ihres Sohnes nicht gelungen war. Weit gefehlt.

Doch diese Königsmacherin war hartnäckig. Sie versuchte, die Verhandlungen wieder in Gang zu bringen, indem sie einen Vermittler einschaltete, der keine so schmutzigen Hände hatte wie sie und der den hugenottischen Verhandlungspartner für sich einzunehmen verstand. Dieser Mann war Michel de Montaigne, den sie gut und seit langem kannte – was bei aller gebotenen Vorsicht (nach Strowski und Nicolaï) auch Donald Frame einräumt: Ja, er stellt sogar die These auf, die *Essais* seien im Grunde genommen ein Plädoyer für die Politik des Gleichgewichts der Königinmutter, die letzten Endes auf Versöhnung abzielte. Doch soweit muß man ihm nicht unbedingt folgen.

Wir haben uns bereits die Frage gestellt, ob es Katharina war, die Montaigne in den Jahren zwischen 1572 und 1576 an den Hof berufen hatte, damit er als »Puffer« zwischen ihrem hugenottischen Schwiegersohn und dem Guisen wirkte – letzterer war bis zu ihrer Vermählung mit dem Navarrer ein Liebhaber ihrer Tochter. Die Frage bleibt offen; doch mit Sicherheit hielt Katharina große Stücke auf Montaigne. Aus diesem Grund diktierte sie am 31. Dezember, zwei Wochen nach Abbruch der Verhandlungen von Saint-Brice, den folgenden Brief:

»Hiermit erkläre ich Herrn Raoul Féron, meinem erlauchten Schatzmeister und oberstem Finanzbeamten, meinen Willen und weise ihn an, Herrn Montaigne, den ich in einem Brief zusammen mit seiner Frau zu mir befohlen habe, zusätzlich zu den C (fünfhundert) Ecus, die ihm in diesen Tagen bereits durch Sie zugegangen sind, noch einmal einhundertfünfzig Ecus zu überbringen, um eines der Pferde von seinem Kutschwagen auszuwechseln, wie auch um den außerordentlichen Aufwendungen für die Reise zu genügen und um die notwendige Reisekleidung kaufen zu können (…).«[15]

Es sind Zweifel laut geworden, ob besagter Montaigne nicht ein Namensvetter mit dem Vornamen François gewesen sein könnte, der zum Gefolge der Königin gehörte.[16] Auch der Beitrag zur »Reisekleidung« fiel recht ärmlich aus, wenn man bedenkt, daß es sich um einen Kammerherrn des Königs handelte. Doch man sollte nicht vergessen, in welch erbärmlichen Zustand sich der Schloßherr von Montravel Ende des Jahres 1586 befand. Daß der »Kutschwagen« und außerdem seine Frau genannt werden, scheint seine trostlose Wanderschaft und die Härten, die sie für seine Familie brachte, auf den richtigen Nenner gebracht zu haben.

Die Anweisung deutet also zielsicher auf unseren Montaigne. Leider kennen wir seine Antwort nicht, doch wir können uns recht gut vorstellen, daß sie mehr oder weniger hinhaltend ausfiel: Schließlich hatte er seine Familie und seine Untertanen »am Hals«. Deshalb richtete die Königin einen neuerlichen, dringenderen Brief an ihn und verlieh ihm mit einer großzügigeren Unterstützung mehr Nachdruck als beim ersten Mal. Am 18. Februar 1587 informierte sie ihren Sohn, den König: »Verehrter Sohn, ich habe, Ihrer Durchlaucht, Herrn von Malicorne nach Ihrem Willen darüber in Kenntnis gesetzt, was Sie mit Montaigne vorhaben, und ihm die entsprechenden Anweisungen erteilt. Ich werde die Sache wie alle anderen Angelegenheiten, die Ihnen dienen, Ihrem Willen gemäß weiter verfolgen, sei es in der Provinz, sei es hier vor Ort.«

Man hat eingewandt, zur damaligen Zeit könne es nicht Montaignes Wunsch gewesen sein, als Dolmetscher zwischen Katharina und dem Navarrer zu dienen. Nicht daß er die Vorstöße der Regentin für unangebracht gehalten hätte oder seine Sympathien für den Navarrer erloschen gewesen wären, aber als Vertreter des Machbaren erachtete er eine Rückkehr seines Freundes aus Nérac in den Schoß der katholischen Kirche für unmöglich. Warum hätte er sich dessen Gunst bei einem aussichtslosen Unterfangen verspielen sollen?

Dieser Einwand ist nicht stichhaltig. Sicherlich kannte Montaigne die außerordentlichen Schwierigkeiten dieses Unterfangens genau, die weniger in den religiösen Grundsätzen des Thronanwärters lagen als in seinen Beziehungen zur Gemeinschaft der Kalvinisten, zu ihren Truppen und zu ihrer Kultur. Wie könnte man den Navarrer aus einem sicheren Umfeld mit begeisterten Anhängern in eine Welt voller Spione und potentieller Attentäter locken, wie er sie im Louvre zwischen 1572 und 1576 kennengelernt hatte? Heinrich war nicht bereit, jene Art Wiedergeburt zu vergessen, die er nach seiner Flucht aus dem Louvre und seinem Ritt von Senlis nach Nérac erlebt hatte, und er hatte auch nicht vergessen, mit welcher Begeisterung ihn seine Glaubensbrüder in Béarn empfingen, als er in die protestantische Welt zurückgekehrt und dort aus vielerlei Gründen als ihr Held gefeiert worden war.

Doch Michel de Montaigne wußte auch, daß der Thronanwärter, dessen Ziel und Lebenszweck die Krone war, sich darüber im klaren war, durch den Willen der Vorsehung zum Herrscher berufen zu sein – einer Vorsehung, die hart zuschlagen und einen scharfen Dolch besitzen sollte. Und er wußte genau, daß von Nancy bis Bayonne achtzig Prozent der Franzosen dem katholischen Glauben anhingen, und daß sie zwischen ihrer Gefolgschaft für einen König und ihrer Treue zur Kirche keinen großen Unterschied machten. So sehr er den Béarner auch bewunderte, er neigte immer mehr dazu, seine Größe und Befähigung zum Herrscher danach einzuschätzen, ob er in der Lage wäre, den Gordischen Knoten zu durchschlagen, den das Glaubensbekenntnis für ihn darstellte.

In welchem Maße Montaignes Hochachtung für »nousté Enric« davon abhing, kann man am folgenden Ausschnitt aus einem Porträt ersehen, in dem man aufgrund des kritischen Tonfalls lange Zeit Heinrich III. zu erkennen glaubte, dem Montaigne, wie wir wissen, wenig zugetan war. Erst seit ein Hinweis von Montaignes Freund Florimond de Raymond aufgetaucht ist, erkennen die meisten Gelehrten, die sich mit Montaigne beschäftigen, darin das Abbild Heinrichs von Navarra: »Ich kenne einen Großen (…), den man mit folgenden Überredungsversuchen von Tag zu Tag unglücklicher macht: Er solle sich bei den Seinen einschließen, auf kein Versöhnungsangebot seiner alten Feinde eingehen, sich aus allem heraushalten und sich nie in die Hände von Stärkeren begeben, was immer man ihm auch zusagen und welchen Nutzen auch immer er darin sehen möge.« (I, 24)

Diese Zuschreibung ist von grundlegender Bedeutung. Denn aus diesen Zeilen spricht Montaignes Enttäuschung über das Scheitern der Verhandlungen von Saint-Brice und seine Verurteilung der Unnachgiebigkeit (die manche gleichwohl Treue nennen), die der Sohn Johannas von Albret an den Tag legte, als es darum ging, sich durch eine Abkehr vom Kalvinismus den Weg auf den Thron zu ebnen. Ob man will oder nicht: Bis 1591 war Montaigne dieser Auffassung, ebenso wie Katharina von Medici und seine »politischen« Freunde. In Umkehr der berühmten Formel, mit der 1594 die Kehrtwendung des Béarners auf den Punkt gebracht wurde, mag der Seufzer des gascognischen Philosophen gelautet haben: Ein paar Psalme sind es wert, auf Thron und Frieden zu verzichten.

Wie stark Michel de Montaigne in die Verhandlungen eingebunden war, die man als »Fortsetzung von Saint-Brice« bezeichnen kann, ist noch nicht geklärt. Doch selbst Donald Frame, der sich für gewöhnlich sehr zurückhaltend über das politische und öffentliche Wirken Montaignes äußert, schreibt in diesem Fall: »Es kann als sicher gelten, daß der Mann, den Katharina rief, um den zögerlichen Navarrer zum Anschluß zu bewegen, kein anderer war als der ehemalige Bürgermeister von Bordeaux, den sie kannte, achtete und dem sie schon viele Jahre ihr Vertrauen schenkte.«

Das folgende Bekenntnis des Essayisten wird man jedenfalls nicht übergehen können. Auch wenn wir nicht wissen, von wann es stammt: Es bezieht sich offensichtlich auf den historischen Zeitraum, um den es hier geht:

»Die Ermahnung, mich an mich selbst zu halten und von den äußeren Dingen zu trennen, predige ich mir schon seit langem, trotzdem richte ich meinen Blick noch immer ständig zur Seite: Kaum grüßt mich ein Großer mit einem Kopfnicken, richtet ein paar huldvolle Worte an mich oder macht mir eine freundliche Miene, (…) und schon bin ich in Versuchung. Noch immer höre ich ohne Stirnrunzeln die Schmeicheleien an, mit denen man mich ins Licht der Öffentlichkeit locken will, und ich wehre mich derart schwach dagegen, daß es aussieht, als ob ich ihnen im Grunde lieber nachgäbe.« (III, 12)

Dieser kleine, gewundene Text, der durch seine Ausgewogenheit unterschwellig eine große Wirkung entfaltet, zeigt einen Montaigne, den man »ins Licht der Öffentlichkeit ziehen« will, dorthin also, wo gehandelt und verhandelt wird, wo man im Mittelpunkt des Geschehens steht, eines Montaigne, der sich nur »schwach« dagegen wehrt und nur darauf wartet, »nachzugeben«, zu werden wie damals, als man ihn zum Bürgermeister von Bordeaux machte.

Doch im Unterschied zu 1581 befiehlt Heinrich III. dem Navarrer diesmal nicht, seinem Befehl zu gehorchen. Im Gegenteil, der König weist seine Mutter an, sich nicht lange mit dem Problem aufzuhalten: Wenn der Navarrer ein Abtrünniger bleiben wolle, möge er sich in Nérac oder La Rochelle einschließen – und schlimmstenfalls den Herren Guisen das Feld überlassen ...

Montaigne ist beinahe bereit, die Auffassung des Königs und der Königinmutter zu teilen, die gekränkt ist vom Fehlschlag der Verhandlungen von Saint-Brice und dem Benehmen ihres Schwiegersohnes (dessen Beziehung zu ihrer Tochter »Margot« sich zusehends verschlechtert, bis es zum offenen Krieg kommt ...). Seine Zuneigung für den Navarrer und seine Überzeugung von der Überlegenheit dieses Heinrichs halten ihn nicht vom Gedanken ab, Heinrich könne seine Chance verpaßt haben. Wenn ihm, wie es scheint, die Kalvinistenklause in Nérac lieber ist als der katholische Louvre in Paris, dann mag Heinrich von Guise das Schicksal gewogen sein.

Müssen wir noch einmal die Hypothese von Roger Trinquet[17] in Erinnerung rufen, nach der Montaigne, was auch immer er über den Mörder aus der Bartholomäusnacht gedacht haben mag – schließlich hatte auch er relativierende Erklärungen für die entsetzliche Tat gefunden –, fasziniert war von dem unerschrockenen Anführer der Liga, der es verstand, seine Chancen wahrzunehmen? Es scheint, als habe der Verfasser der *Essais* nach dem Scheitern der Gespräche von Saint-Brice und vor ihrer Wiederaufnahme durch den Navarrer eine Zeitlang den Guisen vorgezogen. Eine Vielzahl von Überlegungen in seinem Buch, die dem »Narbigen« gewidmet sind, bestätigen dies ebenso wie die bereits zitierte Bemerkung im »Beuther«, mit der er 1588 fast wie in einer Grabrede seine Bewunderung für den Ermordeten ausdrückte.

Würde man sogar sagen, daß Montaigne ohne dieses Pendeln zwischen dem Guisen und dem Navarrer nicht Montaigne wäre? Sollte seine Abneigung gegen »Neuerungen« so weit gegangen sein, daß er nachsichtig gegenüber der Liga wurde, diesem Bollwerk der herrschenden Ordnung? Sollte ihn seine Verehrung für die Helden Plutarchs dazu gebracht haben, im »Narbigen« mit dem Eisenhandschuh und der furchtlosen Verwegenheit einen der Großen zu sehen? Sollte er seine Toleranz auf die Spitze getrieben und die Intoleranz toleriert haben? Man muß dieses Spiel nicht so weit treiben, zumal die Beteiligten den Dialog bald wieder aufnahmen der schließlich zu einer Verständigung führte.

Ein Brief von 1587 bestätigt, daß der Schloßherr von Montaigne wieder Kontakt mit den Hugenotten aufgenommen und die Rolle eines Dolmetschers zwischen dem Hof von Nérac und Marschall Matignon, seinem Nachfolger in Bordeaux, gespielt hatte. Im August teilte der Marschall dem Hof mit, er habe von einem seiner Edelleute Nachricht erhalten, daß der König von Navarra jetzt mehr als zuvor geneigt sei, Frieden zu schließen.[18] Handelte es sich bei diesem Edelmann um Montaigne? Man möchte es gerne glauben. Leider weiß man es nicht. Auf alle Fälle war Montaigne wieder der alte und spielte wieder seine Rolle als Vermittler, Friedensstifter und Fürsprecher des Königs.

Bevor es jedoch zum Frieden kam, hatten die drei Heinriche noch einen hohen Blutzoll zu entrichten. Gegen Ende des Sommers 1587 zeigte sich die Lage wie folgt: Da er sich nach dem Scheitern der Verhandlungen von Saint-Brice mit der Krone überworfen hatte, wurde der Navarrer auf »seinem« Gebiet in Guyenne hart bedrängt von den königlichen Truppen. Über seiner bewegten Liebesaffäre mit Corisande hingen schwere Wolken, zumal er sich in La Rochelle in eine gewisse Esther d'Isambert, die Tochter eines dort ansässigen Bürgers, vernarrt hatte. Unterdessen machte »Margot«, seine Gemahlin, aus ihrer häuslichen Gemeinsamkeit ein strategisches Zwischenspiel und brachte Agen gegen ihn auf. Der Stern des Navarrers schien zu sinken.

Der Guise hingegen stand auf dem Höhepunkt seiner Macht, seit er durch den Vertrag von Némours Einfluß auf die Entscheidungen bei Hof erlangt hatte. Er hatte jedoch nicht begriffen, daß Heinrich III. und Katharina um so gefährlicher waren, je weiter sie sich in die Enge getrieben fühlten, und daß die Macht über Paris ihnen, zumindest schien es lange

Zeit so, die Schiedsrichterrolle in diesem Kampf der Religionen, der Provinzen und der Dynastien sicherte.

Der König war sich dieses Vorteils sehr bewußt und versuchte bald, seine Karten auszuspielen: Im Süden setzte er der militärischen Vorherrschaft des Navarrers ein Ende, im Norden ließ er die Truppen des Guisen gegen das Reiterheer im Dienste des hugenottischen Thronanwärters zu Felde ziehen. Sollte letzterer vom Heer seines Günstlings Anne de Joyeuse geschlagen und der »Narbige« durch die Auseinandersetzung mit den deutschen Reitern geschwächt werden, wäre ihm, dem letzten König aus dem Hause der Valois, allein die Rolle des Schlichters zugefallen.

Doch es kam anders als gedacht: Statt vom reformierten Reiterheer über den Haufen gerannt zu werden, fügte Heinrich von Guise den Deutschen am 26. Oktober 1587 eine schlimme Niederlage zu und zwang sie wenige Wochen später zur Kapitulation. Noch schlechtere Nachrichten erhielt der König aus Guyenne. Auf Drängen der Scharfmacher von der Liga hatte er seinen geliebten Anne de Joyeuse, der von seinen Gnaden zum Großadmiral von Frankreich ernannt worden war, gegen den Hugenotten ins Feld geschickt. Der Günstling, der die Anweisung hatte, sich in der Gegend von Bordeaux mit den Truppen Marschall Matignons zu vereinen, wurde über die (berechnete?) Verspätung des Nachfolgers von Montaigne ungeduldig und griff die Hugenotten an, ohne weiter zu warten: Am 20. Oktober 1587 wurde der »Günstling« des Königs bei Coutras geschlagen und starb durch die Hand des Béarners, für den dies der erste große Sieg war.

Heinrich von Navarra feierte diesen Sieg auf eine Weise, die ihn weit über einen vom Glück begünstigten Feldherren erhob: Er verzichtete darauf, die Besiegten zu verfolgen und zu vernichten, ließ die feierlich aufgebahrten, sterblichen Überreste von Joyeuse und dessen Bruder Saint-Sauveur nach katholischem Ritus beisetzen und zog mit den eroberten Fahnen bis ins tiefste Béarn, bis nach Navarrenx, wo er sie zum Zeichen des Sieges der »schönen Corisande« überbrachte. Sie war zwar seine Mätresse (und würde es noch für einige Zeit bleiben), doch sie war zugleich die bekannteste und einflußreichste streitbare Katholikin in seinem Gefolge. Das heißt, er verwandelte ihren Alkoven in einen Altar des Friedens. Nach seinem Gnadenakt am Ende der Schlacht war dies das zweite Zeichen seiner Versöhnungsbereitschaft.

Er sollte noch ein drittes Zeichen geben, das uns noch mehr interessiert: Drei Tage nach der Schlacht von Coutras, noch bevor er nach Navarrenx weiterzog, traf Heinrich auf Schloß Montaigne ein und bat den Schloßherren um seine Gastfreundschaft. Es war das zweite Mal, daß Heinrich sich dort aufhielt. Doch anders als bei seinem ersten Besuch drei Jahre zuvor, hat der Schloßherr den zweiten Besuch des Königs nicht im »Beuther« festgehalten: Das beweist, daß es sich diesmal um einen Aufenthalt von hoher politischer Bedeutung handelte. Montaigne hatte durch lange Erfahrung gelernt, daß auf diesem Feld Verschwiegenheit das Gebot der Stunde ist.

Raymond Ritter, Verfasser eines ausgezeichneten Werks über Corisande d'Andoins[19], sieht im Besuch des Königs bei Montaigne nach der Schlacht von Coutras eine Geste des Dankes an seinen Gastgeber und ist sich sicher, daß Marschall Matignon, obwohl Coutras vor den Toren Bordeaux' liegt, Anne de Joyeuse nur deshalb nicht zu Hilfe geeilt war, weil Montaigne seinen alten Freund davon überzeugt hatte, sich nicht einzumischen.

Hier ist man auf Vermutungen angewiesen. Doch es ist so gut wie sicher, daß der Schloßherr bei seiner Unterhaltung mit dem Gast auf das Scheitern der Gespräche in Saint-Brice und die Aussichten auf die Rückkehr Heinrich von Navarras zur Religion seiner Väter zu sprechen kam. Würde eine Konversion mit dem Sieg in Coutras nicht in einem anderen Licht erscheinen, nicht als Unterwerfung eines durch Gefangenschaft oder Sieg Gedemütigten, sondern als edelmütige Tat eines Siegers? Doch wir wollen dem Verfasser der *Essais* keine Worte in den Mund legen, die seine eigene Argumentation nur schwächen könnten, denn zweifellos sprühte sie von tausend Funken vor dem hitzköpfigen Navarrer.

Kurz, der König von Navarra begab sich zu Corisande. Daß die Besiegten nicht verfolgt wurden, daß man in Nérac länger auf seine Ankunft warten mußte, als man erwarten durfte, brachte das Gerücht auf, er sei gefallen. Es war so hartnäckig, daß Heinrich von Guise sich dazu verleiten ließ, sich bei Heinrich III. nach dem Navarrer zu erkundigen. Pierre de L'Estoile berichtet, der König habe am Kamin gestanden und sich gewärmt, als der Herzog ihm die Frage stellte. Er habe zu lachen begonnen und geantwortet: »Ich kenne das Gerücht, das im Umlauf ist, und weiß, weshalb Ihr fragt. Er ist so tot wie Sie. Er ist wohlauf und bei seiner Metze.«[20]

Wer von den beiden war betroffener? Zweifellos der König, dessen Lachen falsch klang, wie nach einer schwachen Vorstellung. Der Béarner hatte in Coutras Joyeuse geschlagen, »der Narbige« hat das Reiterheer in Lothringen aufgerieben, und jetzt nahmen ihn der Fuchs und der Wolf in die Zange. Letzterer versammelte in Nancy alle verfügbaren Ligisten und Anhänger der Guisen durch einen Heerbann und schickte sich an, Heinrich III. seine Bedingungen zu diktieren. Ende des Jahres 1587 sah alles danach aus, als könnte »der Narbige« die Macht an sich reißen, wenn sich der Valois und der Navarrer nicht bald einigen würden.

Um dieses unerfreuliche Ende zu verhindern, um die Möglichkeit einer rechtmäßigen Thronfolge zu erhalten, um die Eintracht zu bewahren, die nach acht Religionskriegen noch immer in Frankreich herrschte, leitete Michel de Montaigne in den ersten Tagen des Januars 1588 die größte politische Mission seines Lebens ein, die genügt hätte, ihn in die Reihe jener Staatsmänner zu stellen, deren Wohlwollen wir es verdanken, daß ein bißchen weniger Gewalt zwischen den Menschen herrscht. Seinen Platz dort hatte er aber schon mit den *Essais* gefunden.

KAPITEL 12

Die große Mission von 1588

Wo Montaigne wieder sein Pferd sattelt und in einen Hinterhalt
gerät ❖ Ein Wort an die Königinmutter ❖ Sir Edward und Don
Bernardino ❖ Das Scheitern Montaignes ❖ Marie tritt in sein
Leben ❖ Die Essais in der Bastille ❖ »Der Narbige«? Nein, der
König! ❖ »Tot wirkt er noch größer als lebend!«

Am 24. Januar 1588 schrieb Philippe Duplessis-Mornay, der einflußreichste Berater Heinrichs von Navarra, aus Montauban, der zweiten
Hauptstadt der Hugenotten, an seine Frau in Nérac: »Herr von Montaigne hat sich an den Hof begeben. Wir haben Nachricht, daß uns neu-
trale Personen bald um Frieden ersuchen werden.«

»An den Hof …«: Es handelte sich natürlich um den Hof Heinrichs III.
und seiner Mutter Katharina. »Um Frieden ersuchen«: Die Friedensver-
handlungen zwischen den beiden Königen, die wie der wandernde Taler
mal hier, mal dort, erst in Saverdun, dann (durch Vermittlung des Herzogs von Epernon) in Pamiers und anschließend (unter Katharina) in
Saint-Brice stattfanden, sollten also fortgesetzt werden, diesmal unter der
Führung Montaignes.

Und das Hauptthema würde diesmal vielleicht nicht die Abschwörung
des Béarners sein, der immer wieder seinen Widerwillen dagegen bekun-
det hatte. Die Beziehung zwischen Heinrich III. und seinem Schwager war
inzwischen aber so gespannt, daß man Montaigne für diese Mission den
Grafen Odet de Thorigny zur Seite stellte, einen ranghohen Offizier und
Sohn seines Freundes Marschall Matignon. Die Mannschaft, die fünf
Jahre zuvor den Frieden in Guyenne gerettet hatte, sollte also wieder ans
Werk gehen.

Diese Personen »neutral« zu nennen, wäre zuviel gesagt – und Duplessis-Mornay, der Montaigne gut kannte und schätzte, wußte, woran er
war: Der ehemalige Bürgermeister von Bordeaux war zwar nicht »neutral«, als Katholik war er aber trotzdem der Überzeugung, daß der Friede

und die Einheit des Königreichs unabhängig von den religiösen Verwicklungen zwischen dem Valois und dem Bourbonen gefunden werden
mußte.

Doch welchen Auftrag hatten der in die »Staatsangelegenheit« ver-
wickelte Philosoph und der Offizier aus dem Hochadel? Seltsamerweise
starteten die katholischen Gesandten diesmal von hugenottischem Boden
aus mit einem Friedensgesuch an den König, der leidenschaftlich an den
päpstlichen Ritualen festhielt. Hier fand also eine Umkehrung, wenn
auch nicht im Ziel, so doch zumindest in der Richtung der Verhandlungen
statt.

Wenngleich die Beweise fehlen, deutet alles darauf hin, daß Montaigne
sich mit Heinrich von Navarra traf, bevor er nach Paris ritt. Vielleicht in
Moissac, unweit von Montauban, von wo Duplessis-Mornay schrieb
und wo sich der Béarner zu der Zeit wahrscheinlich aufhielt. Um den
Faden wieder aufzunehmen, hatte sich der Essayist auf alle Fälle beim
König von Navarra rückversichert, und vielleicht war er auch in dessen
Auftrag unterwegs. Daß ihn der Sohn des umsichtigen Marschalls begleitete, deutet mit großer Sicherheit auf die Zustimmung, wenn nicht sogar
auf die dringende Bitte des Hofes hin: Heinrich III. und Katharina bewun-
derten zwar Montaigne, konnten sich aber nicht sicher sein, daß er nicht
eigenmächtig handelte.

Wer aber bat wen um was? Hatte Montaigne in Anbetracht der jüngsten Entwicklung Ende 1587 (Heinrichs Sieg in Coutras bei gleichzeitiger
Niederlage seiner deutschen Verbündeten sowie beruhigende Zeichen des
Béarners gegenüber den Katholiken) den Auftrag, Heinrich III. davon zu
unterrichten, daß sein reformierter Schwager es nicht mehr gänzlich aus-
schloß, bei der Frage der Konversion einzulenken? Fest steht, daß bei den
Hugenotten Gerüchte kursierten, in denen die Reise Montaignes einen
ablehnenden oder sogar ängstlichen Widerhall fand und in denen die Sorgen zum Ausdruck kamen, die sich die unversöhnlichsten Gefolgsmänner
des Herrschers von Nérac nun machten. Sollte er den Forderungen des
Papstes doch nachgeben?

Es war falscher oder vorschneller Alarm. Zu Beginn des Jahres 1588
deutete im Gegenteil alles darauf hin, daß der Navarrer an seinem Glauben festhalten würde. Obwohl er ihr die Fahnen von Coutras überbracht
hatte, war seine Leidenschaft für Corisande ein wenig abgekühlt, und sei
es nur wegen seines Liebesverhältnisses mit Esther. Bei seinen Besuchen in

La Rochelle hatte er Gelegenheit, mit den strengsten Kalvinisten in Kontakt zu kommen: Wenn Ihr schon sündigt, dann wenigstens im Schoße der Reformation. Montaigne kannte diese Haltung. Sollte er Zweifel daran gehegt haben, nach den Gesprächen in Moissac (oder Montauban) waren diese ausgeräumt.

Die Mission, die den Essayisten an den Hof führte, berührte folglich nicht die religiöse Kapitulation des Königs, der ihn im Oktober auf seinem Schloß besucht hatte. Bei den Verhandlungen oder dem Meinungsaustausch konnte es nur um die Beziehungen des königlichen Herrschers zu dem Hugenotten auf der einen und dem »Narbigen« auf der anderen Seite gehen. Oder sollte Heinrich III. nach der Niederlage von Joyeuse in Guyenne und dem Sieg des Guisen über das deutsche Reiterheer nicht erkannt haben, daß die Liga ein starkes Übergewicht bekommen hatte? War er zu schwach und zu isoliert, und mußte er nicht deshalb ein Bündnis mit seinem Schwager gegen den Guisen anstreben, der immer anmaßender wurde? Der Navarrer war jedenfalls feinfühlig genug, um das zu erkennen.

Gegenstand des Abkommens, das Montaigne bei seiner »großen Mission« aushandeln sollte, hätte ein Militärbündnis gegen die Guisen sein können, mit dem der Vertrag von Némours ausgehebelt würde. Die Religionsfrage dagegen stand diesmal wahrscheinlich nicht auf der Tagesordnung. Der Lauf der Ereignisse wird uns die Stichhaltigkeit dieser Hypothese bestätigen.[1] Die Tatsache, daß ein ranghoher Soldat den Philosophen bei seinem diplomatischen Dienst begleitete, stützt diese These.

War es die wichtigste aller diplomatischen Missionen, mit denen Montaigne seit den Tagen nach der Bartholomäusnacht bis zu seiner Dienstzeit als Bürgermeister von Bordeaux, von den Kontakten mit den Reformierten in Basel bis zu seinen Gesprächen mit dem Navarrer betraut war? Jedenfalls ist es der Auftrag, der am besten mit Dokumenten belegt ist, der am meisten »historische«, wenn man so will. Betrachten wir diese diplomatische Reise also Schritt für Schritt mit Hilfe der Depeschen und Geheimbotschaften, die Gesandte und andere Beteiligte hin- und hergeschickt haben.

Man kann davon ausgehen, daß das Unternehmen in Moissac begann. Von dort ist Michel de Montaigne nach verschiedenen Gesprächen mit Beratern des Navarrers – vielleicht sogar mit dem König selbst – und mit

Matignon, der ihm die Unterstützung durch seinen Sohn anträgt, am 23. Januar 1588 nach Paris aufgebrochen. Am 26. oder 27. Januar scheint er einen Abstecher nach Montaigne gemacht zu haben. In der Zwischenzeit hatte Duplessis-Mornay mit dem oben zitierten Brief seine Frau und damit auch den Hof von Nérac über die Mission Montaignes informiert (nicht aber die Vertreter des Navarrers in Paris, die sich später auch übergangen gefühlt haben).

Am 1. Februar, während Montaigne und Thorigny auf ihren Pferden nach Paris unterwegs sind, sendet der englische Gesandte Edward Stafford, der selbstredend mit dem protestantischen Lager verbunden ist, folgende Botschaft an seinen Minister, Sir Francis Walsingham: »Uns hat die Nachricht erreicht, daß der Sohn Marschall Matignons nach Paris kommt. Er wird jeden Augenblick hier erwartet. Er soll von einem gewissen Montigny begleitet werden, einem sehr gelehrten Edelmann aus dem Gefolge des Königs von Navarra, mit dem er dem König seine Aufwartung machen will. Dieser Mann ist mir gänzlich unbekannt.«[2] Man konnte also ein beflissener Gesandter sein, ohne sich im zeitgenössischen Kulturleben auszukennen, obgleich man Montaigne, wie wir gesehen haben, bei seinem Italienaufenthalt sieben Jahre zuvor als Verfasser eines Werkes geehrt hatte, das beim Adel und den Honoratioren seiner Zeit viel gelesen wurde. Außerdem war Montaigne zweimal Bürgermeister von Bordeaux, einer Stadt, für die sich die Briten immer interessiert hatten.

Die Nachricht des englischen Gesandten bedarf zweier Anmerkungen: Bisher sind keine Zweifel daran laut geworden, daß es sich bei jenem »Montigny« um den Verfasser der *Essais* handelt, und sei es auch nur aufgrund der Tatsache, daß er als Edelmann des Königs von Navarra bezeichnet wird. Was die »Audienz« eines Mannes angeht, den Heinrich III. seit langem gut kannte, so dürfte diese nicht Herrn von Thorigny überlassen worden sein.

Kurz, das Unternehmen war auch den bedeutendsten Beobachtern aus dem Ausland aufgefallen. Doch nicht nur sie interessierten sich für den Ritt des Abgesandten des Königs: Bald nach ihrer Abreise aus Guyenne schrieb Montaigne an den Vater seines Reisebegleiters:

»Verehrter Herr, wie Sie wissen, wurden wir im Wald von Villebois[3] unseres Gepäcks beraubt (…). Sie brachen wie ein Sturm über uns herein, und mein Geld lag in meiner Kiste. Ich habe nichts mehr davon wiedererlangt, und die meisten meiner Unterlagen und Gepäckstücke befinden sich in ihren Händen (…). Der

König hat die Herren von Bellièvre und von La Guiche zu Herrn von Guise gesandt, um ihn an den Hof zu zitieren. Wir werden am Donnerstag dort ankommen.«

Montaigne und Thorigny waren also in einen Hinterhalt geraten. Waren es Räuber? Obwohl »Geld« und »Gepäckstücke« in den Händen der Angreifer verblieben (um einen Raubüberfall vorzutäuschen?), kann es als sicher gelten, daß es sich um einen Handstreich der Hugenotten handelte, die möglicherweise von der Mission der Reisenden Wind bekommen hatten. Tatsache ist, daß Montaigne Matignon in seinem Brief auch mitteilte, daß Thorigny und er nach Eingreifen des Fürsten von Condé[4] freigelassen worden waren, einem der Heerführer des hugenottischen Lagers, der in der Nähe, in Saint-Jean-d'Angély, seinen Stützpunkt hatte. Daraus kann man ersehen, daß es sich um einen »Ausrutscher« handelte oder um die Tat von Fanatikern, deren übereifrige Wut sich an den Reisenden aus dem anderen Lager entladen hatte. Lösegelder von Papisten zu erpressen, galt damals jedenfalls als fromme Tat.

Außerdem geht aus Montaignes Brief hervor, daß einer der beiden Reiter einen Umweg über Montrésor bei Orléans machte, wo die Familie des Herzogs von Joyeuse ihren Sitz hatte, um den Verwandten des Verlierers von Coutras ihre Aufwartung zu machen. Dabei handelte es sich wahrscheinlich um eine politische Geste, mit der das katholische Lager beschwichtigt werden sollte, wenn sie nicht sogar auf die Liga zielte, deren erklärter Anhänger der glücklose Günstling des Königs war.

Um den 20. Februar erreichten Montaigne und Thorigny Paris. Dort trafen sie auf eine aufgepeitschte, ihrem Vorhaben eher abträgliche Stimmung. Mit unverhohlener Feindseligkeit war die Öffentlichkeit gegen den Béarner und für den Guisen eingenommen. Montaigne, der die Hauptstadt schon einige Jahre nicht mehr besucht hatte, war offenbar überrascht von dieser Atmosphäre, die Roger Trinquet als die »des Aufruhrs, der blindwütigen, abgöttischen Verehrung der Liga und der Guisen« bezeichnet.

Auch sein Besuch bei seiner alten Gesprächspartnerin, der Königinmutter, den er sogleich nach seiner Ankunft unternahm, konnte ihn nicht beruhigen: In Katharinas Gefolge war der Einfluß des »Narbigen« ständig spürbar, obwohl der Herzog von Epernon, der einzige von des Königs Günstlingen, der noch am Leben war, seine Sympathien für die Gegenseite deutlich zeigte. Dieser gascognische Edelmann konnte allerdings ganz allein das Zünglein an der Waage spielen, denn er war der Gründer und Anführer der gefürchteten Phalanx der »Fünfundvierzig«, die auf ihre Stunde wartete.

Kurz, Montaigne und Thorigny stießen bei ihrer Pariser Mission auf ein feindseliges Klima – besonders wenn es stimmen sollte, daß ihr eigentliches Ziel die Verkehrung der Bündnisverhältnisse und die Aufhebung des Vertrags von Némour durch eine Koalition der beiden Könige gegen den Guisen war. Hinzu kam, daß die beiden ausländischen Mächte, die – mit Gold und Waffen – am tiefsten in die französische Politik verstrickt waren, das anvisierte Bündnis mit Mißtrauen betrachteten: die englische Königin Elisabeth, weil sie darin einen Schritt des Béarners zum Anschluß an den Katholizismus sah, der ihr langfristig gefährlich werden könnte, der spanische König Philipp II., weil dieser Vorstoß auf nichts Geringeres zielte als auf die Beseitigung seiner Verbündeten und Schuldner von der Liga.

Die diplomatischen Briefwechsel, die Montaignes große Mission hervorgerufen hatte, sind von außerordentlichem Interesse, sowohl hinsichtlich des Machtspiels während der französischen Religionskriege als auch hinsichtlich der Methoden, die damals von den »Berufspolitikern« eingesetzt wurden. Und schließlich zeigt sich in diesen Briefen die Persönlichkeit des Essayisten im Blickwinkel ausländischer Beobachter.

Noch am Tag der Ankunft Montaignes und Thorignys in Paris schreibt der wachsame Sir Edward Stafford an seinen mächtigsten Freund am Hof von London, Schatzkanzler Lord Burghley:

»Ich habe Herrn Minister Walsingham in einem verschlüsselten Brief von der Ankunft eines gewissen Montaigne benachrichtigt, der zusammen mit dem Sohn Matignons vom König von Navarra hierher gesandt wurde. Und wie eifersüchtig alle hiesigen Diener des Königs von Navarra seine Ankunft beäugt haben, zum einen, weil er keine Nachrichten für sie im Gepäck führt, und zum anderen, weil sie kein Jota über die Gründe wissen, die ihn hierher geführt haben; außerdem wird ihr Mißtrauen noch dadurch verstärkt, daß er bei der Gräfin von Bishe[5] in hohem Ansehen steht, die eine sehr gefährliche Frau ist und, wie es heißt, den König von Navarra nach ihrem Belieben beherrscht. Sie bringt den König von Navarra überall in schlechten Ruf, denn er ist vollkommen vernarrt in sie, wie es heißt. Daher befürchten sie, wie ich auch, daß er zu besonderen Verhandlungen mit dem König und vor allem wegen der Religionsfrage gekommen ist. Sicher ist nur, daß niemand weiß, worum es geht, und man glaubt, daß weder Duplessis-Mornay noch Vicomte Turenne, noch sonst ein Anhänger dieser Religion die geringste Ahnung davon hat.

Es handelt sich bei dem Mann übrigens um einen Katholiken. Er ist äußerst befähigt, war einmal Bürgermeister von Bordeaux und ist gewiß nicht der Mann, der die Aufgabe übernehmen würde, dem König eine Botschaft zu überbringen, die ihm mißfiele. Auch hätte Marschall Matignon ihm keinesfalls Geleitschutz durch seinen Sohn gegeben, wenn er sich nicht sicher gewesen wäre, daß sein Auftrag (…) im Sinne des Königs ist. Ich habe nicht ohne Absicht geschrieben (…), daß ich befürchte, der König von Navarra könnte sich wohl oder übel genötigt sehen, den König zufriedenzustellen; was meiner Meinung nach nicht einfach ohne das Wissen der Königin zuwege kommen kann, und ohne daß sie irgendeinen Anteil an der Sache hätte.«[6]

Bei all den Lücken in seiner literarischen Bildung, dieser Botschafter versteht sein Geschäft! Welche Schlüsse, welche Informationen – auch wenn er glaubt, Duplessis-Mornay sei nicht auf dem laufenden (was wir besser wissen), und zu befürchten scheint, es ginge bei dieser Mission um die Konversion des Béarners! Doch abgesehen davon entwirrt Sir Edward, der seine Pappenheimer kennt, die Fäden des Knäuels mit bewundernswertem Scharfblick. Wir werden sehen, daß auch dieser Mann Schwächen besaß. Trotzdem zählte er mit seinem Scharfsinn und seinem »Sachverstand« zu jenen Männern, die jahrhundertelang für die Überlegenheit der englischen Nachrichtendienste sorgten. Nur fünf Tage später, am 25. Februar, schrieb der spanische Gesandte in Paris, Don Bernardino de Mendoza, an seinen König Philipp II.:

»Heute erhielt ich neue Briefe aus Erac[7], die besagen, daß der Béarner sich zu einem Gespräch mit Memoranci[8] getroffen hat. Ihr Treffen hat zum Ergebnis, daß der Béarner seine Entscheidung nicht vor Ende März bekannt machen kann. Bei dem Treffen waren zwei Edelleute des Gouverneurs von Bordeaux, Herrn von Matignon, als Abgesandte zugegen; sie hatten Briefe und Botschaften mitgebracht. Das läßt auf eine Fortsetzung der geheimen Unterhandlungen schließen, die dieser König (Heinrich III.) angeblich mit dem Béarner führt. Hier in Paris ist, wie es heißt, Herr von Montaigne eingetroffen, ein katholischer Edelmann, der unter der Führung Matignons dem Béarner seine Dienste zur Verfügung stellt. Da die Männer, die hier die Angelegenheiten des Béarners vertreten, den Grund seines Kommens auch nicht kennen, vermuten sie, daß er mit irgendeiner Geheimmission betraut ist.«[9]

Wer sich über diese oder jene gleichlautende Information in den Depeschen des Engländers und des Spaniers wundert, sollte eines wissen: Der eine verkaufte seine Informationen an den anderen. Das sei unwahrscheinlich zu einer Zeit, in der die Spannungen zwischen den beiden Königreichen auf dem Höhepunkt waren, und Spanien mit seiner »Unbesiegbaren Armada« den Versuch unternahm, England zu erobern? Tatsache ist, daß der englische Diplomat, mag er »Verräter« oder vielleicht nur ein guter Verwerter seiner Fähigkeiten gewesen sein, saftige Trinkgelder von seinem spanischen Rivalen für »Tips« bekam, die für ersteren bereits »alte Hüte«, zumindest jedoch überholt waren, da er diese Nachrichten schon nach London übermittelt hatte.

Der weitere Verlauf der Angelegenheit zeigt, daß Mendoza die Nachrichten, die er aus zweiter Hand erhielt, nicht immer richtig zu verwerten wußte. Am 28. Februar geht von Paris diese Nachricht an Philipp II.:

»Herr Montaigne, von dem ich Euer Majestät am 25. geschrieben habe, gilt als ein Mann der Verständigung, wenngleich er ein wenig zu wirren Gedanken neigen soll. Wie ich höre, besitzt er großen Einfluß auf die Comtesse de La Guisa[10] – eine sehr schöne Dame, die bei der Schwester des Béarners lebt[11], weil sie die Geliebte ihres Bruders ist. Man sagt, der Béarner stehe in Verbindung mit ihm. Man ist deshalb überzeugt, daß er in seinem Auftrag hier ist und daß der König sich Montaignes bedienen will, um bei der besagten Comtesse de La Guisa zu erreichen, daß sie den Béarner davon überzeugt, dem Wunsch des Königs zu entsprechen.

Die Hugenotten versichern, beim Treffen (Heinrichs von Navarra) mit Memorenci sei das Bündnis von neuem bestätigt worden, das er mit ihm geschlossen hat; er habe sogar darauf geschworen.«

Der letzte Hinweis ist falsch: Montmorency-Damville traf sich bisweilen mit seinem Nachbarn von Navarra, doch nachweislich nicht zu jener Zeit. Und die Auffassung, Heinrich von Navarra würde seinem Glauben abschwören, wenn das Bündnis gegen die Liga zustande käme, wird hier mit plumper Hartnäckigkeit wiederholt. Dabei mußte es doch seit Beginn der Mission Montaignes auch durch die Mauern des Louvre gedrungen sein, daß es (noch?) nicht an der Zeit war, über diese Forderung des Königs gegenüber seinem Schwager zu verhandeln.

Im Grunde war die Mission des Philosophen und des Hauptmanns schon jetzt gescheitert. So lebhaft auch sein Haß auf den anmaßenden »Narbigen« war, Heinrich III. war zu sehr zwischen seiner Mutter, seinen Günstlingen und Beichtvätern eingezwängt, um in der Religionsfrage einen Kompromiß zu schließen. Solange der Navarrer nicht abschwor, würde es kein Bündnis geben. Selbst wenn der Béarner darauf hingewiesen haben sollte (was wir nicht sicher wissen), daß er nach einem Sieg über den Guisen die Vorteile der römisch-katholischen Kirche vielleicht mehr schätzen würde.

Jedenfalls fiel die Entscheidung des Königs, in der Religionsfrage nicht nachzugeben und kein militärisches Bündnis mit seinem Schwager einzugehen, bevor dieser nicht abgeschworen hatte, schon kurz nach Montaignes Ankunft in Paris. Am 5. März meldete man aus Nérac das Eintreffen eines Gesandten, der Ende Februar vom Louvre aufgebrochen war, um dem Béarner diese Antwort zu überbringen.

Man weiß nicht, warum ein anderer Gesandter damit beauftragt wurde, dem Hof in Béarn die Anwort zu überbringen. Wollten der König und seine Mutter Montaigne die »Bürde« ersparen, seinem Freund eine enttäuschende Nachricht zu bringen? Waren er und sein Begleiter zu erschöpft, um sich wieder auf den Weg zu machen? Montaigne war sechsundfünfzig Jahre alt und, wie sein Freund Pierre de Brach berichtet, an der Gicht erkrankt, die in jenem Jahr noch zu seinem Steinleiden kam.

Der Gesandte – es handelte sich um François de Montesquiou, den Herren von Sainte-Colombe, einen engen Vertrauten des Königs von Navarra – hatte nicht nur den Auftrag, seinem Herrscher mitzuteilen, daß dessen Konversion die unabdingbare Voraussetzung für jedes Bündnis mit dem Hof sei, sondern ihm gegenüber noch einmal darauf zu beharren, er möge sich in diesem Sinne entscheiden.

Am Hof von Navarra hieß es damals, Heinrich habe unter dem Druck der Katholiken in seiner Gefolgschaft – unter denen sich natürlich auch Corisande befand – mit dem Gedanken gespielt, die Bedingung anzunehmen, sich zuletzt aber seinen hugenottischen Beratern gebeugt, die damit drohten, daß ihm kein einziger Hugenotte mehr Folge leisten würde – wohingegen Corisande in die Waagschale warf, daß es eine große Zahl von Katholiken gebe, die ihm genauso »ergeben« seien wie seine Glaubensbrüder.

Ein Brief des Béarners aus dieser stürmischen Zeit zeugt von einem tiefen Zwiespalt in ihm. Am 8. März schreibt er an seine Mätresse:

»Der Teufel ist los. Man kann mich nur bedauern, und es ist ein Wunder, daß ich unter der Last nicht zusammenbreche. Wäre ich nicht Hugenotte, ich würde Türke werden! Ha! Welchen schweren Prüfungen mein Kopf ausgesetzt ist! Ich werde entweder bald verrückt oder zum Fuchs (…). Alle Gehennas, die sich vor einem Geiste nur auftun können, stürzen auf mich ein.«[12]

Tatsache ist, daß Montesquiou de Sainte-Colombe am selben Tag eine Botschaft an Heinrich III. richtete. Darin dankt der König von Navarra dem Herrscher im Louvre für seinen »guten Willen«, erneuert das von

Montaigne übermittelte Angebot, ihm »bei der Beendigung des Krieges im Staat und beim Kampf gegen die Liga zu helfen«, und betont, er könne »sein Gewissen nicht zum Schweigen bringen«. Woraufhin Montesquiou sich neue Weisungen aus Paris erbat, falls die Verhandlungen wieder aufgenommen werden sollten.[13]

Mit einem Wort: Montaignes Mission, die anspruchsvollste, die ihm je übertragen worden war, ist gescheitert. In den *Essais* kommentiert der Gesandte diesen Mißerfolg mit einer gewissen Bitterkeit. Dabei behandelt er die Anhänger der Liga, die Heinrich III. und vor allem Katharina belagerten, ganz offenkundig mit Nachsicht und wälzt die Hauptverantwortung auf die Hugenotten im Gefolge des Königs von Navarra ab: »Jene, die den Fürsten wachsamstes Mißtrauen unter dem Vorwand predigen, ihnen ihre Sicherheit einschärfen zu wollen, predigen sie in Untergang und Schande. Nichts Edles geschieht ohne die Bereitschaft, sich zu gefährden.« (I, 24) Vielleicht zielt dieser scharfe Satz aber auch auf diejenigen, die den Erben der Valois im Louvre unter Hausarrest gestellt hatten.

Ein Mißerfolg? Sicher. Doch der Landedelmann aus der Gascogne wußte besser Bescheid als jeder andere, wie vielfältig die »Gefahren« im öffentlichen Leben waren: Wer als Gebieter in den Senat kam, konnte von Dolchstichen durchbohrt hinausgetragen werden, und ein heute Verbannter konnte morgen schon Kaiser sein. Das einzige, was zählte, war die geistige Freiheit des Weisen angesichts der »Gefahren« des Schicksals und der Launen der Mächtigen.

Auch war er nicht allein deshalb nach Paris gekommen, um über den Wechsel der Bündnisse zwischen den Königen und den Fürsten zu verhandeln. Denn vor allem war Michel de Montaigne der Verfasser der *Essais* – oder soll man sagen: des dritten Buches der *Essais*? Bei seinem Gesundheitszustand hatte er diesen neuerlichen Ritt durch das Königreich sicher nicht »nur« als Botschafter der Versöhnung unternommen, sondern auch als Schriftsteller, der die Herausgabe seiner um die dreizehn Kapitel des dritten Buches erweiterten Neuausgabe der *Essais* überwachen wollte, die im Juni 1588 bei Abel l'Angellier in Paris erschien (ein Verleger, von dem er sich mehr Aufsehen für sein Werk versprach, als wenn es bei Simon Millanges in Bordeaux herausgekommen wäre). Im dritten Buch hat man der Reihe nach Montaignes *Fürsten*, seine *Gedanken*, *Bekenntnisse* und *Erinnerungen von jenseits des Grabes* finden können, als hätte er diese Werke Pascals, Rousseaus und Chateaubriands vorweggenommen.

Der Schriftsteller Montaigne sollte auf dieser Reise jedenfalls ein Zeichen der Bestätigung und der tiefen Verehrung erhalten, das ihn in dieser Rolle vor allem in Frankreich zu höchstem Ansehen verhelfen sollte: die Bewunderung einer sehr jungen, zweiundzwanzigjährigen Frau, die sich dem Verfasser der *Essais* »an den Hals warf«, wie andere vor Chateaubriand oder Hugo auf die Knie fielen.

Marie La Jars de Gournay hat in der Literaturgeschichte keinen sehr guten Ruf.[14] Man nennt sie ein »gelehrtes Frauenzimmer«, übertrieben auch einen »Blaustrumpf« oder eine »alte Jungfer« (Donald Frame). Sie soll das Andenken des berühmten Mannes, den sie im vorgerückten Alter kennenlernte, an sich gerissen und sich in seinem Vermächtnis mit fragwürdigen Zitaten einen Platz verschafft haben. Soweit die gängige Meinung.

Das einzige, als zuverlässig geltende Porträt von ihr, zeigt sie mit Stupsnase, blassem Gesicht, gewölbter Stirn und stechendem Blick. Ein wenig besaß sie schon den Widerspruchsgeist der Fronde, in der Grammatik kannte sie sich besser aus als im Liebesgeplänkel, und sie war weniger überspannt als vielmehr sich ihres Geschmacks und ihrer Neigungen sicher. Wie hätte ein alternder Gascogner sich davon nicht geschmeichelt fühlen sollen? Kaum hatte er in Paris den Brief von ihr erhalten, in dem sie sich als seine Schülerin vorstellte, suchte er sie auf und war wohl nicht im geringsten bestürzt – wie es in vergleichbaren Fällen häufiger vorkommt. Er beschloß, Marie zu seiner »geistigen Adoptivtochter« (II, 17) zu machen. Das ist eine hübsche, für den Autor von »Über einige Verse des Vergil« aber sehr keusche Formulierung.

In den *Essais* hat die Begegnung mit Marie kein großes Echo mehr gefunden bis auf jene rührende Stelle, die selbst durch die Veränderungen nicht abgeschwächt werden, die diese eifrige Bewunderin ohne besondere Gewissensbisse vornahm: »Ich habe (...) eine Jungfer gesehen, die, um ihre Zuneigung, die Inbrunst ihrer Versprechen und auch ihre Standhaftigkeit zu bezeugen, eine große Nadel hervorzog, die sie in ihren Haaren trug, und sich damit vier, fünf tiefe Stiche in den Arm beibrachte, so daß die Haut aufriß und sie vom Blut überströmt wurde.« (I, 14).

In den Ausgaben, die zu Lebzeiten Montaignes erschienen, findet man nichts über diese »Jungfer«. In einer posthumen Ausgabe erläutert Marie de Gournay, der Verfasser habe das Mädchen »in der Picardie« besucht, was ein sicherer Hinweis auf sie selbst ist. Im Sommer 1588 hatte Montaigne einige Wochen bei ihr in Gournay-sur-Aronde verbracht. Die Bemerkung ist schön. Doch sie hätte mehr *virtù* gezeigt, wenn sie diese »aufgerissene Haut« nicht für sich beansprucht hätte.

ABBILDUNG 19
Marie de Gournay. Stich von Matheu.
Bibliothèque nationale, Paris

Wer sich im 20. Jahrhundert mit Montaigne beschäftigt, erkennt in der stupsnäsigen jungen Frau aus der Picardie – trotz der Selbstgefälligkeit ihrer Anmerkungen und der Art und Weise, wie sie nach dem Tod des

berühmten Mannes das Lob wiederholte, das er auf sie sang – eine gute
Verwalterin der Werke des Mannes, den sie so überschwenglich liebte,
daß sie sich »mit der Nadel, die sie in ihren Haaren trug« (war es eine
Nadel, die ihren Knoten festhielt?) eine blutende Wunde zufügte. Den
Hedonisten, so darf man wohl annehmen, müßte dieser Liebesbeweis
abgestoßen haben. Der alte, adlige Schriftsteller hingegen war gerührt.

Zurückhaltender in seiner Freundschaft zu Montaigne als Marie oder
kurze Zeit darauf Pierre Charron, der den Meister der *Essais* überschwenglich zu einem neuen Heiland hochstilisierte, war Pierre de Brach.
Dieser Dichter aus Bordeaux begleitete den Herrn von Montravel, wenn
nicht von Bordeaux nach Paris, so auf jeden Fall im Sommer, als dieser
nach Rouen ritt, wo sich König Heinrich III. aufhielt, der aus Paris geflohen war.

Pierre de Brach verdanken wir die Kenntnis von der schweren Krankheit, die den Essayisten und Diplomaten in jenem Sommer 1588 in Paris
ereilte.[15] Während »die Ärzte sein Leben aufgaben, und er selbst auf sein
Ende hoffte«, entwickelte Montaigne »standhaften Mut, um diejenigen
zu beruhigen, die sich besonders um ihn sorgten (...), wobei die
Schwäche seines Leibes der Stärke seiner Seele keinen Abbruch tat.« Und
Pierre de Brach schließt mit dem Satz, der eines Plutarch würdig ist: »Er
hatte den Tod hinters Licht geführt durch die Gewißheit, mit der er an
ihn glaubte, und der Tod führte ihn dadurch hinters Licht, daß er ihn
genesen ließ.«[16]

In einer Anspielung bezeichnet der Essayist seine Krankheit als »eine
Art von Gicht«. Jeder weiß, wie schmerzhaft diese Krankheit ist, besonders wenn sie zusammen mit akuten Nierenkoliken auftritt. Doch sie öffnete ihm nicht die Pforten des Todes. Wir sind hier aber nicht an den klinischen Aspekten seiner Krankheit interessiert und wollen nur festhalten,
daß unser Edelmann in diesem jämmerlichen Zustand den Anfang einer
neuen, gefährlichen Phase der Geschichte erlebte: die Zeit der Barrikaden
in Paris bis zur Flucht des Königs, in der sich die strategischen Rückzüge
überschlugen, weil der König um sein Überleben kämpfte, und in der
jeder Gesinnungswandel des Königs eine Palastrevolte auslöste. Diese
Zeit sollte Montaigne (leider!) in die Bastille bringen, Heinrich den »Narbigen« in den königlichen Gemächern von Blois« in einen tödlichen Hinterhalt locken und zur Abdankung Katharinas führen.

Im April hatte der mächtige Guise mit seiner hochmütigen Anhängerschaft dem König bei den Gesprächen von Soisson seine Bedingungen
diktiert: völliges Verbot der Reformation in allen Provinzen, Wieder-
einsetzung der Inquisition, und, für ihn, die Position eines Reichsverwe-
sers über das gesamte Königreich. Das Diktat des Siegers. Wutent-
brannt und des Nachgebens leid, verbot Heinrich III. daraufhin dem
»Narbigen« den Zutritt zur Hauptstadt. Nicht einmal acht Tage später,
am 5. Mai, war der Anführer der Liga in Paris, wo ihn das Volk begeistert empfing. Am 10. Mai wurden die ersten Barrikaden errichtet. Das
Herrscherhaus war am Ende. Der König hatte nur noch zwei Möglichkeiten: Entweder er kapitulierte und unterwarf sich der Führung eines
allmächtigen Majordomus, oder er zog sich in eine königstreue Stadt
zurück.

Er tat letzteres. Roger Trinquet, bezeichnet sein Verhalten als »verachtenswert und, wie gewöhnlich, der Gefahr aus dem Weg gehend« – eine
bei diesem Wissenschaftler überraschende Fehleinschätzung. Denn ist es
wirklich »verachtenswert«, sich zurückzuziehen? Von Cäsar bis de Gaulle
haben große Staatsmänner immer wieder zu diesem Ausweg gegriffen.
Und in den Aufzeichnungen des ausgezeichneten Zeitzeugen Pierre de
L'Estoile erweckt Heinrich III. eher den Eindruck eines klugen Strategen.
Von den Ligisten, den Anhängern des Guisen besiegt, konnte er sich mit
sieben oder acht Edelmännern ihrem Zugriff entziehen. Obwohl die Stadt
voller Barrikaden war, auf denen Soldaten der Liga standen, und man bis
in die Innenhöfe des Louvre Jagd auf ihn machte, gelang es dem König,
mit verhängten Zügeln Chartres zu erreichen, wo Montaigne ihn kurze
Zeit später aufsuchte.

Wäre dieser König so »verachtenswert« gewesen, warum hätte der
Philosoph aus der Gascogne den ehr- und hoffnungslosen Flüchtling auf-
suchen sollen, zumal er ihn nicht sonderlich mochte und sich, ohne sich
um ihn zu kümmern, nach Montaigne hätte zurückziehen können? Einige
Forscher vertreten die Auffassung, daß er auf Bitten der Königinmutter
handelte, die die Verbindung zwischen ihr, dem Guisen und dem König
nicht abbrechen lassen wollte. Wir glauben dagegen eher, daß der Valois
in den Augen des Essayisten seine Regierungsfähigkeit bewiesen hatte,
indem er sich weigerte, die Demütigung hinzunehmen, und lieber das
Weite suchte – während in Nérac der Navarrer, als er die Nachricht von
den überraschenden Ereignissen in Paris bekam, aus seinem »Liebesnest«

sprang und ausrief: »Noch haben sie den Béarner nicht!«[17] Die Figuren in
Montaignes »Spiel« stehen weiter bereit.

Der Guise hatte den Kampf um Paris gewonnen. Doch wie später die
Fronde im Kampf gegen Mazarin hatten die Gegner das Weite gesucht.
Bald würde der König in Chartres, wo Matignon zu ihm stieß, wie auch in
Mantes und Rouen sich gnädig dazu herablassen, die Abordnungen aus
Paris zu empfangen. Die erste führte die Königinmutter an, die er barsch
zurückschickte, weil sie sich in die Abhängigkeit der Liga begeben hatte,
während er den Anführer der zweiten, Heinrich von Guise persönlich, an
seine Tafel lud. Als er mit dem Mann anstieß, der ihn aus seiner Hauptstadt
vertrieben hatte, lachte der König seinem Bezwinger ins Gesicht und trank
»auf unsere lieben Hugenotten« und »… auf unsere Freunde auf den Barrikaden in Paris!«[18] Kein Zweifel, der Mann wuchs über sich hinaus.

So kam es, daß Heinrich III., nachdem er im Juli das »Edikt zur
Union« mit der Liga unterzeichnet hatte, den »Narbigen« zum Oberbe-
fehlshaber seiner Truppen ernannte und damit für ihn das Amt eines Konnetabel wieder auferstehen ließ, wobei er, wie es L'Estoile in einer trefflichen Formulierung ausdrückte, ihm »von seiner Größe ein wenig Glanz
abgab«. Und um zu zeigen, daß die Krone noch immer auf seinem Haupt
saß, berief Heinrich III. für September die Generalstände nach Blois. Der
Verlierer machte das Spiel.

Montaigne war dem König also nach Chartres, Nantes und Rouen
gefolgt. Man kann darin eine der gewagtesten, bedeutungsvollsten und
bewunderungswürdigsten Gesten seines öffentlichen Wirkens sehen. Er
war, wie wir wissen, hingerissen von der beeindruckenden Verwegenheit
des Guisen und sah in ihm wahrscheinlich auch den künftigen Sieger.
Doch Montaigne hielt am Grundsatz der Rechtmäßigkeit fest, der über
allen anderen Überlegungen stand, und blieb deshalb an der Seite des
Königs. Nachdem er ohne Umschweife gezeigt hatte, zu welcher Partei er
gehörte, meinte Michel de Montaigne, gefahrlos nach Paris zurückkehren
zu können, das den Männern auf den Barrikaden gehörte, doch weiterhin
Hauptstadt des Königreichs war. Es sollte ihm schlecht bekommen …

Am 10. Juli, er hatte sich wegen eines Schmerzes, den er im Bein ver-
spürte, ins Bett begeben – der Beginn des Gichtanfalls, der ihn peinigen
und an den Rand des Todes bringen sollte –, wurde der Herr von Montravel, der im Faubourg Saint-Germain untergekommen war, überraschend von den Männern des Guisen festgenommen:

»Ich kam aus Rouen zurück, wo ich Seine Majestät besucht hatte, und wurde auf meinem Pferd in die Bastille gebracht. Die Königinmutter, die durch Gerüchte im Volk davon Wind bekommen hatte, und mit dem Herrn von Guise zu Rate saß, erbat sich meine Freilassung von ihm (…). Er gab dazu den schriftlichen Befehl (…). Am selben Tag um acht Uhr brachte ein Palastherr der Königin die besagten Anweisungen, und aufgrund eines beispiellosen Gnadenakts kam ich wieder frei (…). Nie zuvor hatte ich ein Gefängnis von innen gesehen (…).«[19]

Montaigne mußte erfahren, daß er »aufgrund des Rechts zu Vergeltungsmaßnahmen« verhaftet und in die Bastille gesteckt worden war, um die Gefangennahme eines Verwandten des Herzogs von Elbeuf, eines bekannten Anhängers der Liga, in Rouen zu rächen. »Nie zuvor hatte ich ein Gefängnis von innen gesehen«? Schade, daß wir uns nicht mit ihm dort umsehen dürfen: »Ein Tag in der Bastille« von Montaigne, das wäre bestimmt ein prächtiger Lesestoff gewesen!

Kurz, der sanfte Philosoph geriet ins Auge des Zyklons, wurde zur Zielscheibe oder sogar Geißel der Ligisten, zum Gegenstand eines »beispiellosen Gnadenakts« von Katharina und dem Guisen. Der zimperliche Edelmann, den bald darauf die treue Marie in Gournay-sur-Aronde verhätschelte, konnte sich von nun an beim besten Willen nicht mehr heraushalten: Er wurde Zeuge des letzten Akts der Tragödie bei der Versammlung der Generalstände, die der König nach Blois einberufen hatte.

Heinrich III. ging nun mit aller Entschlossenheit vor. Er leitete die Versammlung, die ebenso berühmt ist wie die Probleme, die zu ihrer Einberufung führten, mit einem aufsehenerregenden Handstreich ein: Auf einen Schlag entließ er alle seine Minister – Villeroy, Bellièvre, Cheverny ebenso wie Pinart. Sie waren im übrigen alle der Königinmutter ergeben. Der vollständige Bruch mit diesen Männern konnte nur die radikale Abkehr von der Politik bedeuten, die sie verfolgt hatten, und deren Quintessenz die Annäherung an die Liga und die Erneuerung der alten Komplizenschaft aus der Bartholomäusnacht war, von der sich abzugrenzen Katharina von Medici in den vorausgegangenen fünfzehn Jahren so gut verstanden hatte. Ein neuer Heinrich III. zeigte sich, der statt willenlos zu sein, nun tatkräftig durchgriff. Jetzt legte dieser Heuchler seine Karten auf den Tisch, und der Guise wußte nun, woran er war.

Es ist schwierig zu sagen, was Montaigne über diesen Paukenschlag eines Mannes dachte, den er für »weichlich« gehalten hatte. Sicherlich war er überrascht. Vielleicht auch enttäuscht, daß Männer in Ungnade

gefallen waren, die er sehr schätzte. Vielleicht war er besorgt, daß der
rechtmäßige Herrscher sich in ein solches Abenteuer stürzte und entgegen
den Ratschlägen einer Expertin, wie es seine Mutter Katharina war, dem
Schicksal trotzte. Als der Essayist im November aus Gournay kommend
in Blois eintraf, hatte die Versammlung der Generalstände, die anfangs
friedlich zusammengetreten waren, bereits die Phase offener Auseinandersetzungen erreicht.

Er kam in eine aufgeheizte Stadt. Aus dem Schloß drangen fortwährend die schlimmsten Gerüchte. Kein Tag verging, an dem man sich
nicht zuflüsterte oder lauthals beteuerte, jeder der beiden Heinriche
werde versuchen, den anderen aus dem Weg zu räumen. Die Herzogin
von Montpensier, die Schwester des »Narbigen«, spazierte mit einer am
Gürtel angebrachten, für jedermann sichtbaren Schere durch die Gänge
des Schlosses, damit sie, wie sie hochmütig sagte, »dem König den Kopf
scheren kann, bevor man ihn in ein Kloster sperrt.«[20] Dem Guisen wurden vielfach Hinweise und Notizen zugesteckt, die ihn warnten, auf der
Hut zu sein, da der König einen Hinterhalt plane. Lachend schlug er alle
Warnungen in den Wind: »Dazu ist er ein viel zu großer Feigling!«[20]

Zwar ist erwiesen, daß Montaigne an der Versammlung der Generalstände im Herbst 1588 teilnahm, der berühmtesten bis zur Versammlung
von 1789, doch es ist unbekannt, in welcher Funktion. War er Vertreter
der Adligen – oder des dritten Standes – von Guyenne? Sein Name steht
nicht in den Sitzungsprotokollen. Einer seiner ersten Biographen bemerkt, daß er »an den Verhandlungen teilnahm«, aber nicht als Abgeord-
neter, was er sich auch nicht gewünscht hätte. Doch was gab es zwischen
diesen beiden Männern noch zu verhandeln, von denen jeder nur auf die
Gelegenheit wartete, als erster den Dolch aus dem Futteral zu ziehen? Die
Wahl der Waffen?

An dieser Stelle wollen wir Alphonse Grün das Wort erteilen: »Montaigne kann in Blois nicht an einer Intrige beteiligt, sondern höchstens das
Ziel einer Intrige gewesen sein. Der Herzog von Guise kannte ihn seit langem. Er schätzte seine Fähigkeiten und wußte, daß er, wenn nicht dem
König, so doch dem Königtum ergeben war. Möglicherweise hat er versucht, ihn auf seine Seite zu ziehen, denn er versuchte ständig, auf Kosten
des Königs Mitstreiter zu gewinnen. Vielleicht unterbreitete er Montaigne
dieselben Vorschläge wie de Thou.« Dieser berichtet, Montaigne habe
den Herzog »trotz aller Komplimente und Schmeicheleien (…) so schnell

wie möglich verlassen. Er konnte die dauernden Meinungsverschiedenheiten des Herzogs und Seiner Majestät des Königs nicht gutheißen;
zuletzt sah man um Herzog von Guise nur die korruptesten Männer des
Königreichs (...).«[21]

Wahrscheinlich muß man Montaignes Rolle in Blois als die eines jener
großen Beobachter bezeichnen, die, ob als Historiker, Diplomat, Rechtsgelehrter, Schriftsteller, Chronist oder Philosoph, Beratungen und Sitzungen aller Art mit einer Fülle von Gutachten, Ratschlägen und Informationen begleiteten, die sich zu Befragungen und zum Nachdenken zur
Verfügung stellten und überall einsprangen, wo sie gerade gebraucht wurden. Das waren unter anderem seine Mitstreiter de Thou und de Pasquier,
die Vertreter eines aufrechten Bewußtseins und wichtigsten Zeugen jener
erschütternden Tage in Frankreichs Geschichte.

Stimmte der Edelmann aus der Gascogne mit dem Guisen darin überein,
daß der König ein »Feigling« sei? Lange Zeit war dieser von ihm und seinen Freunden für ebenso willensschwach wie überspannt gehalten worden.
Mit dem Spiel, das der Valois seit seiner Flucht aus Paris und der Entlas-
sung seiner Minister in der Provinz spielte, hatte er seine Handlungsfähigkeit jedoch eindeutig unter Beweis gestellt. Würde Heinrich III. sein Schicksal in die Hand nehmen? Ein schönes Gesprächsthema für die Gelehrten,
die nach der Schilderung von Pasquier den Schloßhof von Blois mit großen
Schritten durchmaßen, während sie darüber diskutierten, wie der Kampf
wohl ausgehen würde, der hier noch ohne gezückte Dolche unter den
Augen der Kenner von Tacitus und Macchiavelli ausgefochten wurde.

Bei einer solchen Unterhaltung hatte Montaigne seinen Freunden von
seiner Rolle als Fürsprecher zwischen dem Guisen und dem Navarrer
nach der Bartholomäusnacht berichtet, von den Verlockungen des ersteren, von den Ausflüchten des zweiten, und davon, daß damals beide zugegeben hätten, in der Glaubensfrage nicht auf eine Konfession festgelegt zu
sein: Der Navarrer fühlte sich vom Katholizismus angezogen, während
der Guise von der Augsburger Konfession, dem Manifest des deutschen
Protestantismus, begeistert war.

Während die weisen Männer im Hof des Schlosses auf- und abgingen,
und Etienne Pasquier vergeblich versuchte, seinen Freund zu bewegen, die
Essais von dem »eigentümlichen gascogner Rankwerk« zu befreien, an
dem Montaigne stur festhielt, trafen die Rasenden in den königlichen
Gemächern die Vorbereitungen zum letzten Akt.

Am frühen Morgen des 23. Dezember bittet der König Heinrich von Guise und seinen Bruder, den Kardinal, zu sich in sein »altes Kabinett«. Der Herzog eilt herbei. Er ist allein, trägt ein graues Wams. Als er das königliche Gemach betritt, kann er eine Unpäßlichkeit nicht verbergen, die Pierre de L'Estoile, der sich gewöhnlich davor hütet, »unter die Gürtellinie« zu zielen, den »nächtlichen Ausschweifungen mit einer Dame, die fast dem ganzen Königreich gehörte«[22] zuschreibt. Kaum hat er die Schwelle überschritten, stürzen sich ein Dutzend der fünfundvierzig Haudegen des Königs auf ihn, die sich hinter einem Wandbehang versteckt hatten, und durchbohren ihn mit Dolchen, bis er auf den schäbigen Teppich niedersinkt.

Bevor er sein Kabinett verläßt, versetzt der König »dem armen Toten einen Fußtritt ins Gesicht, geradeso wie einst der Herzog von Guise dem seligen Admiral.[23] (…) Nachdem er ihn kurz betrachtet hat, sagt der König laut: »Mein Gott, wie groß er ist. Tot wirkt er fast noch größer als lebend!« (Pierre de L'Estoile). Der Kardinal von Lothringen, den der König offenbar anfänglich schonen wollte, wurde in ein Zimmer gesperrt und am nächsten Tag erstochen. Dazu heißt es bei L'Estoile: »So endete dieser Kardinal, der nur den Krieg duldete und immer nach Blut dürstete.«[24]

Obwohl sich Montaigne sehr entschieden auf die Seite des Königs gestellt hatte, brachte er immer wieder sein Bedauern über die Ermordung des »Narbigen« zum Ausdruck, den er in seiner Familienchronik als einen der »ersten Männer seiner Zeit« gerühmt hat. In den *Essais* ist ihm ein sehr feierlicher Nachruf gewidmet:

> »Es gibt schöne und glückhafte Tode. Ich habe einen gesehn, wie er einem Menschen, den Lebensfaden mitten im schwungvollen Voranschreiten, in der Blüte seiner jungen Jahre durchschnitt und ihm damit ein derart glänzendes Ende bereitete, daß meiner Meinung nach selbst seine ehrgeizigen und mutigen Pläne nichts so Erhabenes hatten wie ihre Verabschiedung. Er erreichte sein Ziel, noch ehe er sich auf den Weg machte: auf eine großartigere und ruhmreichere Weise, als er es hätte wünschen können; und die Macht und das Ansehen, auf die sein Lauf gerichtet war, übertraf er durch seinen Sturz.« (I, 19)

Der Kreis hat sich geschlossen, wir sind wieder mitten in der Problematik vom »Nützlichen« und »Rechten«. Ob der Philosoph wohl ins Wanken geriet durch seine Gefühle für den König einerseits, dem er diente, obwohl er ihn verachtete, da er ihn für ebenso nützlich wie ehrlos hielt, und für den Guisen andererseits, den er schon bewundert hatte, lange bevor er ihn auf so »großartige und ruhmreiche Weise« sterben sah, daß er fast ein Heiliger wurde?

Dieser Montaigne, der größten Wert darauf legte, einen klaren Verstand zu bewahren und auf Grundlage der Vernunft zu handeln, der neben Machiavelli als einer der Erfinder des politischen Pragmatismus gilt, war von der starken Persönlichkeit des Guisen, in der er als Leser Plutarchs Züge eines Cäsar oder Skylla erkannt hatte, so sehr in den Bann geschlagen, daß er von dem Geschehen ebenso überrascht wurde, wie er es verabscheute. Roger Trinquet hat deshalb geschrieben: »In diesem Jahr (1588) war der ehemalige Bürgermeister von Bordeaux in sich gespalten, und neben dem vernünftigen, umsichtigen Denker (...) war er ein Dichter der Tat, der in seiner beständigen Beschwörung der großen Gestalten der Antike manchmal pragmatische Politik mit seiner Begeisterung für historische Größe verwechselte.«[25]

Nicht weniger als vom Herzog von Guise ist der weise Montaigne in dieser Zeit vom König verwirrt und aus der Fassung gebracht worden. Zwar stellte er ihm nach dem Verbrechen weiterhin seine Dienste zur Verfügung, doch von nun an hielt er ihn unwiderruflich für irrsinnig, launisch, »unwägbar«. Und weil er der Kunst des »Verstehens« im vollen Bedeutungsumfang dieses Wortes einen so großen Stellenwert einräumte, verzieh er dem König seinen verschlungenen Zickzackkurs nicht, der so undurchsichtig war, daß selbst der feinsinnige Montaigne in seinem Urteil nicht selten fehlgeleitet wurde. Montaignes Verhalten blieb dagegen weiterhin makellos. Mag sich der »Politologe« zu jener Zeit in seinen Analysen und Voraussagen getäuscht haben, der Staatsdiener ist keinen Deut von seiner Treue gegenüber dem Thron abgewichen und hielt unbeirrt an seinem Weg zum Frieden fest.

Als Montaigne Anfang 1589 Blois und seine tödlichen Fallen verließ und nach Guyenne zurückkehrte (möglicherweise mit einer Botschaft des Königs an Matignon[26]), dachte er ständig über die Beziehungen zwischen dem »Nützlichen« und dem »Rechten« nach. Er wußte natürlich, daß der verabscheuenswürdige Hinterhalt von Blois sich unfehlbar binnen kurzer Zeit als nützlich erweisen würde, wenn es um das von ihm so genannte »Gemeinwohl« ging – zumindest für eine gewisse Zeit.

Die dynastische Thronfolge, die von den Lothringern und ihren Forderungen bedroht war, schien nun frei. Doch so erschüttert die Liga auch war, unter der Führung des Herzogs von Mayenne, des Bruders von Heinrich dem »Narbigen«, verfolgte sie ihren Kampf weiter, und so verbissen, wie er den Kampf führte, konnte die Kraft – heute würde man sagen »das Charisma« – des Toten von Blois nicht in Vergessenheit geraten.

In diesem blutigen Malstrom, in dem das Gesetz der Mörder galt, konnte nur am Prinzip einer rechtmäßigen Begründung der monarchischen Ordnung festgehalten werden. Ein Prinzip, das sich in den folgenden Monaten nackt und unerbittlich zeigte, da wenige Tage nach der Ermordung Heinrichs von Guise auch noch Katharina von Medici starb.

Heinrich III., der den Guisen – muß man sagen, auch seine Mutter? – losgeworden war, glaubte nun, endlich allein herrschen zu können. Doch die Heere der Liga, angeführt von Mayenne und vom Geist der Vergeltung oder gar der Rache angestachelt, belagerten ihn auf seinem Geviert in der Touraine. Er geriet so stark unter Druck, daß er bald keinen anderen Ausweg sah, als jenes Bündnis mit Heinrich von Navarra einzugehen, das ihm Montaigne und Thorigny ein Jahr zuvor vorgeschlagen hatten.

Am 30. April 1589 trafen sich die beiden Könige in Plessis-lès-Tours und unterzeichneten ein Abkommen, das ihre Streikräfte vereinte und ihre Rechte übereinbrachte. Auf diese Weise konnten sie wenig später einen großen Gegenangriff auf die Liga starten. Seite an Seite marschierten Katholiken und Hugenotten auf Paris, wo die »Barrikadenkämpfer von 1588« eine Regierung gebildet hatten. Der Valois und der Bourbone glaubten, die Stadt im Handstreich einnehmen zu können. Doch von der Glut der Ligisten entflammt, hielt sie stand. Es kam zur Belagerung.

Am Morgen des 1. August begibt sich der jakobinische Mönch Jacques Clément in das Haus der Gondis in Saint-Cloud, wo der König wohnt[27], und bittet um eine Audienz. Heinrich III. ist noch im Schlafrock. »Lassen Sie ihn eintreten! Was würden die Pariser sagen, wenn ich es ablehnte, einen Mönch zu empfangen?«[28] Kaum hat dieser das Zimmer betreten, stößt er ein Messer »gezielt in den kleinen Bauch« des Herrschers. Sein Todeskampf dauert fast zwanzig Stunden.

Den bewaffneten Edelmännern, die sich um sein Bett drängen, erklärt der Sterbende: »Dort ist Euer König!« Er weist auf Heinrich von Navarra. Sogleich wird der Béarner zum »König über Frankreich und all seine Heere« erklärt. Doch der Herzog von Epernon, der letzte große Günstling des Königs, dem er die Aufgabe übertragen hatte, mit dem Navarrer über die Einleitung der vorgeschriebenen Schritte zu seiner Thronfolge und die damit verbundene Konversion zu verhandeln, protestiert lautstark und in voller Rüstung, er könne »sein Schwert nicht für einen häretischen König führen«, und verläßt den Raum.

Einen Tag nach dem Mord tauchte in Paris, das noch von den Anhängern der Liga gehalten wurde, eine Schmähschrift mit dem Titel »Gegen die zwei Heinriche« auf:

> »Beide sind geile Schweine, die Inzest und Böses nicht schreckt,
> Beide hat der päpstliche Bann getroffen,
> Doch während der eine sein liederliches Leben verbarg, führt der andere es vor.
> Der eine starb von der Hand eines Mönchs, und auch der andere
> wird einen Henker finden, der ihm die Krone aufsetzt, die er verdient.«

Sicher ist, daß es mehr bedurfte als der Mörder von Blois und des Attentäters von Saint-Cloud, um einen König zu machen. Der Weg zum Thron stand Heinrich von Navarra nun offen. Doch der rechtmäßige Herrscher mußte noch zeigen, daß er die Krone zurecht trug. Mit Waffengewalt? Gewiß! – und der große militärische Durchbruch gelang ihm im September 1589 mit dem Sieg von Arques bei Dieppe. Doch er mußte auch diejenigen auf seine Seite bringen, die wie Epernon noch nicht bereit waren, ihr Schwert »für einen häretischen König zu führen«.

Die Aufgabe, die den »Politikern« zufiel, blieb außerordentlich groß, besonders für die kritischen Freunde des Navarrers, zu denen neben de Thou, Loysel oder Matignon auch Montaigne zählte.

KAPITEL 13

Abschied vom König

Rückkehr nach Bordeaux ❖ Die Zurechtweisung des Königs ❖ Der Traum von der grauen Eminenz ❖ Wo »nousté Enric« um Montaignes Hilfe nachsucht und dieser ungehalten ist! ❖ »Seine Niederlagen gereichen ihm mehr zum Ruhm als seine Siege« ❖ Die letzten »Ergänzungen«, die letzten Jahre ❖ Im Sterben mußte er zur Feder Zuflucht nehmen ❖ »Mich anderen hingeben (...), ohne mich preiszugeben.«

Michel de Montaigne kehrte in seinen Turm zurück. Doch nur für wenige Monate, die gerade ausreichten, um ein wenig Atem zu schöpfen und sein Buch mit einigen hundert »Ergänzungen« am Seitenrand zu versehen.

Ende des Jahres 1589 stand Frankreich »auf der Kippe«. Noch war nicht entschieden, wohin sich die Schaukel neigen würde. Vieles stand auf dem Spiel, und viele verhielten sich schwankend. Eines ist jedoch sicher, und Marie de Gournay und der Historiker de Thou haben es bezeugt: Michel de Montaigne war einmal mehr mit (politischen) »Angelegenheiten« befaßt. Diesmal hatte er kein offizielles Amt wie 1585 als Bürgermeister oder 1588 als Gesandter, Verhandlungsführer und Vermittler zwischen den Königen, sondern diente jenem Mann als erfahrener und gelehrter Berater, dem mehr denn je eine Schlüsselrolle zukam: Marschall Matignon, der zugleich Bürgermeister von Bordeaux und Statthalter des Königs in der Provinz Guyenne war. Und König von Frankreich war jetzt Heinrich IV.

Dessen Herrschaft wurde mit aller Härte angefochten. Regierte er eigentlich über mehr als ein Drittel des Königreichs? Er hatte Tours zu seiner vorläufigen Hauptstadt gemacht, und während er zwischen Béarn und der Normandie hin- und herritt, breitete er seinen Machtbereich zweifellos über mehr Provinzen aus als sein Vorgänger. Doch Paris blieb noch fünf Jahre in den Händen der »Barrikadenkämpfer« von der Liga. Die standen inzwischen selbst unter der Kontrolle eines spanischen Heeres, das Alexander Farnese befehligte, der die Verteidigung der Stadt gegen den gesetzmäßigen König anführte.

Als Heinrich IV. im November 1589 an Corisande[1] schrieb, er rechne damit, Paris innerhalb von drei Monaten einzunehmen, hatte der Realist die Stärke der Truppen gewaltig unterschätzt, mit denen er sich im März 1590 bei Ivry herumschlagen mußte. Um als strahlender Sieger hervorzugehen, bedurfte es mehr als einer Niederlage des Herzogs von Mayenne, die nur ein Schritt des langsam einsetzenden Umschwungs war. Noch hatte die Liga einen festen Stand.

Das Schicksal des Königreichs entschied sich nicht allein auf den Schlachtfeldern in der Touraine, der Ile-de-France oder der Normandie, sondern in jeder Provinz, wo sich mit oder ohne Waffen diejenigen, die man noch als Anhänger Navarras bezeichnen konnte (denn unter die Protestanten mischten sich immer mehr Katholiken), und die Anhänger der Liga gegenüberstanden, wobei letztere schwer unter dem Verlust ihres charismatischen Anführers und unter der Bevormundung durch die spanischen Truppen litten, deren Eingreifen Frankreich immer mit hohem Tribut bezahlte.

Bordeaux und Guyenne blieben besonders umkämpft wegen ihrer Lage zwischen den katholischen Hochburgen und den (reformierten) »Vereinigten Provinzen« Südfrankreichs. Dort hatten, von Aquitanien bis zum Languedoc, der Hugenotte aus Béarn und die Katholiken Matignon und Montmorency-Damville inmitten der schlimmsten Wirren ein Modell des friedlichen Zusammenlebens entworfen, an dem man sich später beim Wiederaufbau des geeinten Königreichs orientiert hat.

Bordeaux blieb Dreh- und Angelpunkt in dem Konflikt, und als solcher wurde die Stadt weiterhin von dem große Staatsdiener Matignon gelenkt. Mit der klugen, zupackenden Art, die er bereits im Dienst für die letzten Valois entfaltet hatte, stellte er sich in den Dienst des neuen, rechtmäßigen Herrschers Heinrich von Bourbon. Der bekannteste zeitgenössische Geschichtsschreiber der Stadt, Jean Darnal, rühmt ihn in seiner *Chronik von Bordeaux*: »Besagter Herr rettete durch sein umsichtiges und weises Vorgehen die Stadt Bordeaux.«

Die Hauptstadt von Guyenne mit ihrer zum größten Teil katholischen Einwohnerschaft stand im ganzen genommen hinter dem Prinzip der Thronfolge. Doch eine eifernde Gruppe von Ligisten schürte heftigen Widerstand gegen den »Häretiker« und spann Intrigen. Angeführt wur-

den sie von denselben Männern, die bereits 1585 den Umsturz gegen
Montaigne versucht hatten: dem Erzbischof, den Ratsmitgliedern sowie
dem unbeugsamen Herrn von Vaillac und den ihm ergebenen Soldaten.

Hochwürden Prévôt de Sansac hatte weder etwas vergessen noch
etwas hinzugelernt. Er wetterte gegen den Hugenotten und weigerte sich,
einen häretischen und von Rom exkommunizierten Herrscher als rechtmäßig anzuerkennen. Ungeachtet der Gesetzestreue des Vorsitzenden
Daffis, leistete die Mehrheit des Parlaments im *Palais de l'Ombrière*
zumindest moralischen Widerstand. Und Vaillac hatte Château-Trompette wieder zurückerhalten und trotzte dort den Vertretern der königlichen Macht.

Um so viele Unruhestifter in Schach zu halten, erhoffte Matignon sich
Rat und Hilfe bei Montaigne, der ihm ab Ende 1589 wieder zur Seite
stand. In welcher Funktion und unter welchen Bedingungen ist nicht
bekannt. Doch wie wir wissen, hatte der Herr von Montravel dank der
Sorgfalt Françoise de La Chassaignes keine finanzielle Sorgen. Er diente
dem König nicht, um einen finanziellen Nutzen daraus zu ziehen: Daran
hat er ihn ein Jahr später ohne Umschweife und ohne falsche Bescheidenheit erinnert. Und was hätte es für den Philosophen Schöneres geben können als eine solche Berufung, bei der nur sein Rat und seine Fürsprache,
seine Anregungen und Hinweise gefragt waren und er selbst im Hintergrund bleiben konnte. Doch es sollte wieder auf Biegen und Brechen
gehen.

Kurz, die beiden, in den Auseinandersetzungen der achtziger Jahre
erprobten Partner – man könnte sie fast als Komplizen bezeichnen – tra-
ten Seite an Seite dem hohen Klerus, der Mehrheit im Parlament und den
Truppen Vaillacs entgegen. Da es außerhalb ihrer Macht stand, den Erzbischof zur Ordnung zu rufen, der sich geweigert hatte, anläßlich des Sieges Heinrichs IV. in Ivry oder seines Einzugs in Chartres das *Te Deum* singen zu lassen (verständlich! seine Freunde waren ja die Verlierer),
beschloß Matignon, die Jesuiten aus Bordeaux hinauszuwerfen, die sich
dort zum Sprachrohr der Liga gemacht hatten.

Trotz seiner Nähe zu den Jesuiten und seiner Freundschaft mit Hochwürden Maldonat dachte der Essayist überhaupt nicht daran, sich für
ihren Verbleib stark zu machen, so sehr hatten ihre Umtriebe dem Frieden
in der Stadt schon geschadet. Hatte er dem Marschall vorgeschlagen, ihre
Prediger durch Mitglieder des Ordens der Feuillanten zu ersetzen, die am

Prinzip der rechtmäßigen Thronfolge festhielten? Jedenfalls wurde Montaigne zwei Jahre später auf seinen Wunsch hin in der Feuillantenkirche von Bordeaux beigesetzt. Pech für die Jesuiten!

Um den Widerstand im Parlament zu brechen, beschritt Matignon einen gänzlich anderen Weg. Da sich die Herren aus dem *Palais de l'Ombrière* weigerten, den hugenottischen König offiziell anzuerkennen, ließ der Marschall ein Siegel mit dem Konterfei Heinrichs IV. prägen und tauschte das alte Siegel des ermordeten Valois aus, das bei den Räten von Bordeaux noch immer im Gebrauch war. Plötzlich prangte auf ihren Akten das Siegel des Häretikers. Den Robenträgern blieb nichts anderes übrig, als den Erlaß vom 20. Januar 1590 zu unterzeichnen, durch den der neue König mit ihrer unfreiwilligen Hilfe von der Provinz Guyenne offiziell anerkannt wurde.

Heinrich IV. und der Mann, der ihm seit 1577 ununterbrochen als Kammerherr gedient hatte, stimmten in ihren Vorstellungen weitgehend überein, was sich auch in ihren Beziehungen widerspiegelte, und das Vorgehen des Fürsten fand sicher Montaignes Beifall. Tatsache ist aber auch, daß der König nicht immer erkannt hatte, was sich für einen Thronfolger geziemte, und daß der Verfasser der *Essais* mit Sicherheit betrübt war über die Unbeständigkeit des Béarners in seinen Beziehungen zu den Damen. Seine Freundin Corisande hatte er damals gerade um einer stürmischen Liebschaft mit Gabrielle d'Estrée willen verlassen. Letztere war zweifellos eine reizende Person, doch von der Selbstlosigkeit und dem sanften Scharfblick der Gascognerin hätte sie sich ruhig eine Scheibe abschneiden können.

Wer schrieb den ersten Brief, der König oder der Schriftsteller? Dieses Glied in ihrem Briefwechsel fehlt leider, doch alles deutet darauf hin, daß Montaigne den Dialog wiederaufnahm und seine Dienste dem König anbot, bevor er sich zur Unterstützung Matignons nach Bordeaux begab. Ein Satz in einem seiner Briefe läßt vermuten, daß er mehrere Versuche unternahm. Schade, daß die Antwort verlorengegangen ist, die ihm Heinrich IV. am 30. November 1589 zukommen ließ. Man weiß lediglich, daß er ihn drängte, nach Tours zu kommen.

Aber warum? Hatte er einen Auftrag für ihn? Sollte Montaigne für längere Zeit an den Hof kommen oder nur vorübergehend? Wir besitzen nur die Antwort des Essayisten, einen der schönsten Texte, den der Staatsmann Montaigne verfaßt hat. Da er voller Informationen steckt und ein (um die Wahrheit zu sagen, überraschendes) Bild von der Beziehung zwischen dem Schriftsteller und dem Herrscher gibt, wollen wir ihn hier ausführlich zitieren.

Die Einleitung, mit der sich der Untertan an seinen Herrscher wendet und diesen als solchen anerkennt, ist klassisch:

»SIRE, es hieße sich über die Bürde und die Menge Eurer großen und bedeutenden Aufgaben zu stellen, wollte man verlangen, daß Ihr Euch auch noch der kleinen annehmt und Euch mit ihnen beschäftigt (…). Eure Majestät haben meinen Briefen Ihre gütigste Beachtung geschenkt und erwarten eine Antwort, die ich um so lieber gebe, als sie der Güte Ihres Geistes und nicht Ihrer Macht geschuldet ist.«

Dann aber hebt der Schriftsteller und Diplomat den Ton, ruft seine Dienste und die Gefahren in Erinnerung, in die er sich im Umgang mit verschiedenen Fanatikern begeben hatte, und er gibt zu verstehen, daß der Dienst, den Matignon und er selbst in Bordeaux nun für die Sache des Königs leisteten, ebensoviel wert sei wie die Siege, die er auf dem Schlachtfeld erringt:

»Ich habe Ihr Schicksal zu jeder Zeit für so glücklich gehalten wie jetzt, und soweit ich mich erinnern kann, habe ich, selbst während ich bei meinem Priester beichten mußte, nie davon abgelassen, dem Gelingen Eurer Unternehmungen wohlwollend zuzusehen. Jetzt, wo ich noch mehr Grund und darüber hinaus die Freiheit dazu habe, begrüße ich sie aus vollem Herzen (…). Wir könnten aus der Gerechtigkeit Eurer Sache keine so starken Beweggründe ziehen, um Eure Untertanen niederzuhalten oder (unter die Krone) zu zwingen, wenn wir nicht die Nachrichten vom Gedeihen Eurer Unternehmungen verbreiteten. Ich kann Eurer Majestät versichern, daß die neuerlichen Veränderungen, die Ihr hier zu Eurem Vorteile seht, eingedenk des glücklichen Ausgangs (der Schlacht) bei Dieppe², der zum rechten Zeitpunkt kam, durch den aufrichtigen Eifer und die wunderbare Umsicht des Herrn Marschall von Matignon begünstigt sind, und ich bin überzeugt, daß Eure Majestät nicht jeden Tag so viele gute Dienste gemeldet bekommen wie von ihm, ohne daß ich Euch an meine Gewißheiten und Hoffnungen erinnern müßte (…).«

Mit dem Hinweis auf diese Dienste in der Vergangenheit wie in der Gegenwart, wagt es Montaigne, dem König eine Lektion zu erteilen. Dabei schlägt er einen scharfen Ton an, fast wie Seneca, der Nero Vorhaltungen macht:

»Mit der Gunst der Völker verhält es sich wie mit eine Welle: Hat man das Gefälle erst einmal überwunden und ihre Gunst errungen, trägt sie einen durch ihre eigene Kraft bis ans Ende. Ich hätte mir gewünscht, die Ausbeute (aus Plünde-

rungen) für die Soldaten Eures Heeres und die Notwendigkeit, sie zufriedenzustellen, hätten Euch nicht, vor allem nicht in dieser Hauptstadt, der guten Empfehlung enthoben, Eure meuternden Untertanen nach dem Siege besser zu behandeln und ihnen mehr Erleichterung zu verschaffen als ihre Schutzmächte[3], und im
Unterschied zu einem vorübergehenden und sich widerrechtlich angemaßten Vertrauen hättet Ihr (ihnen) gezeigt, daß sie aufgrund eines väterlichen und wahrhaft
königlichen Schutzes die Euren sind. Im Umgange mit solchen Geschäften wie
die, mit denen Ihr zu tun habt, muß man ungewöhnliche Wege beschreiten. Man
hat oft erlebt, daß Eroberungen, die aufgrund ihres Umfangs und ihrer Schwierigkeit nicht nur durch Waffen und Gewalt durchzusetzen waren, mit Hilfe von
Milde und Großzügigkeit vollendet wurden, denn diese sind ein vorzügliches
Lockmittel, besonders wenn es darum geht, die Menschen auf die richtige Seite zu
ziehen, auf die Seite des Rechts. Sind Strenge und Bestrafung notwendig, sollte
man damit warten, bis man wieder die Herrschaft erlangt hat. Ein großer Eroberer aus der Vergangenheit brüstete sich damit, seinen unterworfenen Feinden
ebensoviel Anlaß gegeben zu haben, ihn zu lieben, wie seinen Freunden. Und wir
spüren hier bereits die vielversprechenden Auswirkungen von dem Eindruck, den
die von Euch abgefallenen Städte erhalten, wenn sie ihre harte Behandlung mit
der jener Städte vergleichen, die in Eurem Gehorsam verblieben sind. Da ich
Eurer Majestät ein dauerhafteres und weniger gefährdetes Glück wünsche, auf
daß Ihr von Eurem Volke mehr geliebt, denn gefürchtet werdet, und da Euer
Wohl notwendigerweise an das seine geknüpft ist, freue ich mich, daß Ihr einfa-
cheren Bedingungen für den Frieden immer näher kommet, je mehr Ihr dem Sieg
entgegengeht.

Sire, Euer Brief vom 30. November hat mich erst zu dieser Stunde erreicht, so
daß der Zeitraum, den Ihr mir für Euren Aufenthalt in Tours genannt habt,
bereits verstrichen ist. Ihr habt mir eine außerordentliche Gnade zuteil werden
lassen, als Ihr geruhtet, mir mitzuteilen, daß Eure Majestät den Wunsch hegten,
mich zu sehen, und obgleich ich nicht wüßte, wie ich Euch nützlich sein könnte,
so bin ich Euch doch mehr ergeben durch meine Zuneigung als durch meine
Pflicht. (…) Eurer Majestät hat es beliebt, nicht allein vor meinem Alter, sondern
auch vor meinem Wunsche Achtung bezeugend, mich an einen Ort zu berufen,
wo Ihr ein wenig Ruhe von Euren anstrengenden Taten habt. Sollte dies bald
Paris sein, werden mich weder Umstände noch Krankheit davon abhalten, mich
dorthin zu begeben.

Montaigne, den 18. Januar 1590[4]   Euer sehr ergebener und gehorsamer
                                           Diener und Untertan, Montaigne.

Wirklich eine erstaunliche Lektion für den Herrscher, den Montaigne seinen Wunschkandidaten nannte – auch wenn das »zu jeder Zeit« etwas
übertrieben klingt und besser durch die Formulierung »seit mehr als zwölf
Jahren« hätte ersetzt werden sollen. Das hätte gereicht, um auf die lange
Zeit hinzuweisen, die er dem Béarner trotz aller Gefahren nun schon treu

diente, in Bordeaux wie auf vielen anderen Wegen, die ihn einmal sogar in die Bastille brachten! Der Philosoph und Lehrer verteilt gute und schlechte Noten und scheut sich nicht, die Brutalität der Haudegen des Königs anzuprangern, die mit den belagerten Parisern ebenso grausam umsprangen wie die sich als Herren der »Hauptstadt« aufspielenden Ligisten.

Heinrich war gutmütig und auf seine Weise ritterlich. Doch es war nicht ganz ungefährlich von dem kleinen Landedelmann aus dem Périgord, das Oberhaupt der Bourbonen, der als Reformierter nun König aller Christen geworden war, wie einen Mitstreiter gleichen Ranges oder wie seinen Schüler zu behandeln. Dieser Brief läßt erahnen, welche graue Eminenz – von einem so glanzvollen Grau wie Perlen – Montaigne an der Seite des blendenden Béarners abgegeben hätte, wie jener Text aus den *Essais*, in dem er sich vorstellt und ausmalt, Berater der Fürsten zu sein:

»Wohl aber würde ich meinem Dienstherrn, falls von ihm gewünscht, einige Wahrheiten über sich und seine Lebensführung gesagt haben (...). Schritt für Schritt (...), auf ganz einfache und natürliche Weise, um ihn erkennen zu lassen, was die öffentliche Meinung von ihm hält, indem ich mich gegen seine Schmeichler stelle. (...) Hierzu hätte ich Treue, Urteilskraft und Freimut genug besessen. Ein solches Amt dürfte keinen Titel haben, denn sonst würde es um seine Ungezwungenheit und Wirksamkeit gebracht. (...) Für eine solche Aufgabe wünschte ich einen mit seinem Los zufriedenen Mann (...), der von Geburt dem mittleren Stand angehört – zum einen, weil er dann, da nicht auf eine Karriere angewiesen, keine Angst hätte, seinem Herrn heftig und gründlich ins Gewissen zu reden, und zum anderen, weil er dank dieses mittleren Standes mit Leuten jedweder Rangstufe leichteren Umgang pflegen könnte.« (III,13)

Vor diesem sorgfältigen Selbstporträt, mit dem er das Bild des idealen Beraters umrissen hat – eines Beraters freilich, der seinen Fürsten schätzt im Unterschied zu Machiavelli, der von Cesare Borgia nicht viel hielt –, kann man sich endlos fragen, warum Michel de Montaigne sein Leben nicht bei dem König im Federbusch beschloß, der in Arques gesiegt und soeben Ivry eingenommen hatte.

Und man wundert sich noch mehr, wenn man einen anderen Abschnitt aus den *Essais* kennt, der einen noch besseren Einblick in die Beziehungen zwischen dem Herrscher und seinem gelegentlichen Mentor gibt:

»Rache ist süß, und die Gier danach eine uns von der Natur zutiefst eingepflanzte Leidenschaft. (Ich sehe es wohl, obschon ich sie an mir selbst nie erfahren habe.) Um neulich einen jungen Fürsten[5] davon abzuhalten, bin ich deshalb nicht so vorgegangen, daß ich ihm etwa gesagt hätte, man müsse dem, der einem auf die rechte Backe schlägt, aus christlicher Nächstenliebe nun die linke darbieten; noch malte ich ihm die tragischen Folgen aus, die von der Dichtung dieser Leidenschaft zugeschrieben werden. Vielmehr ließ ich sie auf sich beruhen und ging eifrigst daran, ihm die Schönheit der entgegengesetzten Vorstellung schmackhaft zu machen: Welche Ehre nämlich, welchen Beifall und welches Wohlwollen er sich durch Milde und Güte erwerben könne. Ich lenkte also seinen Rachedurst auf seine Ehrliebe ab. So muß man's machen!« (III, 4)

So hat Fénelon später zum »Grand Dauphin«[6] gesprochen. Doch die Beziehung zwischen Montaigne und dem Fürsten von Béarn ist delikater, und von der Tücke Katharinas über den häufigen Sinneswandel Heinrichs III. bis zu den Streichen des »Narbigen« mehr in den Lauf der Geschichte eingebettet. Wenn der Essayist von der »Leidenschaft der Rache« spricht oder davon, daß er die »Ehrliebe« des Fürsten ansprechen will, dann geht es hier um das Überleben eines jeden und um die nahe Zukunft des Königreichs.

Zwischen den *Essais* und den Siegen, zwischen Nérac und Montaigne, zwischen Besuchen und Verabredungen, die nicht zustande kamen, leistete dieses Paar Gascogner Pionierarbeit. Wenngleich die Versuchung für den Philosophen auf der Hand liegt, an der Seite des Königs das »Amt ohne Titel« zu erfüllen, das so voller »Ungezwungenheit« und voller Gefahren ist, die er in seinem Buch und seinen Briefen beschrieben hat, stand seinem Wunsch nicht allein die Sorge um sich selbst entgegen, denn krank und »gealtert« wollte er sich in der sanften Hügellandschaft am Flußufer ausruhen. Auch eine Flut von widrigen Umständen, verspäteten Briefen, kriegerischen Wechselfällen, Ritten und Schlachten hatte bewirkt, daß die vom König vorgeschlagenen und von Montaigne bestätigten Termine zu einem Treffen aufgeschoben wurden oder nicht stattfanden. Während der eine in Tours wartete, weilte der andere in Bordeaux. Während der eine vor den Toren von Paris kämpfte, ritt der andere im Dienste Matignons zwischen Libourne und Sainte-Foy umher.

Am 20. Juli 1590 schrieb der König jedoch nicht an seinen Freund, um ihm noch einmal eine Zusammenkunft vorzuschlagen – es war auch zu ärgerlich, daß es ihm nie gelang, seine Stationen mit denen Montaignes in Einklang zu bringen –, sondern um ihn zu drängen, mehr denn je Marschall Matignon Beistand zu leisten. Tatsächlich hatte die Sache des Königs, der vor Paris mit seinen Truppen auf der Stelle trat, in Guyenne einen Rückschlag hinnehmen müssen. Die zunehmende Unterstützung durch die Spanier stärkte die Anhänger der Liga hier und da und ließ sie wieder Hoffnung schöpfen. Die Hauptleute des Herzogs von Mayenne schürten das Feuer im Süden, sie nahmen Périgueux ein, und ein spanisches Heer überrannte das Languedoc.

Der Brief des Königs ist, wenn man so will, sehr »professionell« und nicht so vertraulich wie die vorausgegangenen. Dennoch hat er eine verheerende Wirkung auf Montaigne: König Heinrich, der sonst eher »knauserig« ist und Aufwendungen, die in seinen Diensten erbracht werden, für eine Selbstverständlichkeit hält, schlägt ihm vor, die Kosten zu übernehmen, die ihm bei dieser Mission entstünden. Montaignes heftige Reaktion darauf ist erstaunlich, denn, wie wir wissen, war seine Beziehung zu Geld immer schwankend, auch wenn sie nacheinander durch seine Erziehung als Sohn einer Kaufmannsfamilie und seine Neigung zu hedonistischem Adelstum bestimmt wurde.

Nach den Mitteilungen, er leide am »Dreitagesfieber« und habe Matignon bereits mehrmals erfolglos ein Treffen in Bordeaux vorgeschlagen, kommt Montaigne ohne Umschweife auf die Sache zu sprechen, die ihn kränkt, und verschiebt die Zusammenkunft mit dem Herrscher in eine unbestimmte Zukunft:

»Ich möchte Eure Majestät gnädigst darum ersuchen, mir zu glauben, daß ich mich nie über meinen Geldbeutel beklagt habe, auch nicht bei Angelegenheiten, für die ich mein Leben nicht geschont hätte. Ich habe niemals irgendeinen Vorteil von der Großzügigkeit der Könige genommen noch jemals einen solchen begehrt, geschweige denn verdient, und ich habe keinen Lohn für die Dienste erhalten, die ich ihnen geleistet habe und die Eurer Majestät zum Teil bekannt sind. Was ich für Ihre Vorgänger tat, werde ich noch viel bereitwilliger für Euch tun: Ich bin, Sire, so reich, wie ich es nur wünsche. Sollte mein Geldbeutel aber einmal leer und ich an der Seite Eurer Majestät in Paris sein, werde ich so kühn sein und mir erlauben, es Euch zu sagen, und sollten Eure Majestät mich für würdig genug befinden, mich weiterhin zu Ihrem Gefolge zu zählen, werdet Ihr dafür weniger aufzuwenden haben als für den geringsten Eurer Offiziere (…).« (2. September 1590)

Ein überraschendes »Ende« – und das alles nur wegen einer Frage von »Spesen«, die Montaigne sich unter anderen Umständen seitens Katharinas von Medici für Missionen hatte ersetzen lassen, die weit abenteuerlicher, unbestimmter und vielleicht weniger »rechtmäßig« waren. Wie man sich denken kann, wird der Béarner seine dichten Brauen hochgezogen haben, als er diese Lektion in staatsmännischer Tugend las. Daß aus Montaignes Vorschlag, ihn in Paris zu treffen – dessen Tore ihnen noch für lange Zeit verschlossen blieben –, nichts mehr wurde, liegt einzig und allein daran, daß der Essayist in der Zwischenzeit verstorben war. Daß der Fürst und der Philosoph ihr Gespann jedoch nicht mehr erneuerten, hat seinen Grund vielleicht darin, daß der Fürst diesen Philosophen für zu empfindlich, für einen Kleinigkeitskrämer und für zu lehrerhaft hielt. Mochte dieser auch lieber den Cyrano als den aufrichtigen Staatsdiener spielen, aufrichtiger wäre es gewesen, wenn er sich für seine Verdienste angemessen hätte entlohnen lassen, und das in aller Offenheit.

So leidet am Ende der Abschied vom König unter dem Mißklang einer Ungehörigkeit. Der historische Zusammenschluß, der den Essayisten direkt in die Vorbereitungen zum Edikt von Nantes eingebunden hätte, war wegen einer Spesenfrage geplatzt, welch ein Hohn! Tatsächlich findet sich die Politik des ersten Bourbonenkönigs in ihrer ganzen Größe bereits in dem Gedankenaustausch angelegt, der 1584 und 1587 bei seinen Aufenthalten in Montaigne begann und im nachfolgenden Briefwechsel zwischen den beiden vertieft wurde. Auf dem blutigen Weg, der von der Bartholomäusnacht zum Edikt von Nantes im Jahr 1598 führte, ritt Montaigne an der Seite dieses Königs und gab sein Bestes, damit sich bei dem, der damals nur der Navarrer war, der Geist der Rache in edlen Ehrgeiz verwandelte.

Vielleicht wird eines Tages ein Montaigneforscher die Aufgabe übernehmen und wie ein Puzzle das großartige Bild im Stile Plutarchs zusammenstellen, das Montaigne von einem Essay zum anderen von jenem Heinrich von Navarra zeichnete, der zum König von Frankreich wurde. Es besteht häufig nur aus Anspielungen, und doch ist es sorgfältig ausgearbeitet. Es wird durch Gegenüberstellungen lebendig, die manchmal hart mit ihm ins Gericht gehen und wütend Hinweise auf diese oder jene Schwäche, Verirrung oder Ausschweifung seines Verhaltens geben. Außerdem ist Montaigne, wie wir gesehen haben, alles andere als unterwürfig gewesen. Doch seine Bewunderung überwog alle Kritik – das zeigen neben vielen anderen, bereits zitierten Textstellen auch die beiden folgenden:

»Ich kenne einen, der sich lieber geschlagen gäbe, als während der Zeit zu schlafen, da andere sich für ihn schlagen, und der es nie ohne Eifersucht zu sehen vermochte, wenn die eigenen Leute etwas Großes in seiner Abwesenheit vollbrachten.« (II, 21)

»Wie jedermann (sieht) er zwar den Ernst unglücklicher Ereignisse; solche jedoch, für die es keine Abhilfe gebe, pflege er auf der Stelle hinzunehmen. Bei den

anderen ergreife er zunächst auch die erforderlichen Maßnahmen (was ihm aufgrund seiner Geistesgegenwart auch stets schnellstens gelingt) und warte dann in
aller Ruhe ab, was sich daraus ergebe. Und in der Tat habe ich ihn erlebt, wie er bei
höchst wichtigen und heiklen Unternehmungen völlige Gelassenheit zeigte und von
Anfang bis Ende seine Entscheidungsfreiheit behielt. Ich finde ihn im Unglück
größer und tüchtiger als im Glück: Seine Niederlagen gereichen ihm mehr zum
Ruhme als seine Siege, seine Demütigungen mehr als seine Triumphe.« (III, 10)

Der Zusammenhalt der »Mannschaft«, die der kampferprobte König und
der Philosoph vom Lande bildeten, beruhte mehr auf der Übereinstimmung ihrer Ziele und weniger auf der ihrer Lebensführung. Von nun an
verfolgte Montaigne einen Weg, der eindeutig von dem des davongalop-
pierenden Königs abwich. Doch wenige Monate vor seinem Tod leistete
Michel de Montaigne noch einen neuen, bedeutenden Beitrag zur Befriedung der Gemüter und der Verhaltensweisen im Königreich, einem
Königreich, von dem 1591 noch niemand mit Sicherheit sagen konnte, ob
es durch die Liga nicht unter spanische Oberhoheit oder in einen Zustand
fallen würde, der in den Essais »Auseinanderreißen und Auflösung – die
größte unsrer Sorgen!« (III, 9) genannt wird.

Montaignes alter Freund und eigentlicher Beschützer seiner politischen Karriere, der Marquis von Trans, lag im Sterben. Von den Versuchungen durch den »Integrismus« Mitte der sechziger Jahre bis zum kühnen, aber vernünftigen Friedensvertrag von Fleix (benannt nach dem
Schloß des Grafen, wo 1580, als Montaigne in Italien weilte, der Plan zu
einer umfassenden Versöhnung entwickelt worden war) hatte er ihn
begleitet. Der eine oder andere Satz in den *Essais* deutet darauf hin, daß
er in eine außergewöhnliche Raserei verfallen war: Er wurde zum
»wütendsten Herrn Frankreichs, (…) tobte wie ein kleines Kind«, nachdem ihm der Krieg einen Sohn nach dem anderen und ebenso einen Enkel
nach dem anderen entrissen hatte und die Familie durch eine Welle von
Begräbnissen erschüttert worden war.

Für den alten, wütenden Mann war die Zeit gekommen, seinen letzten
Willen bekanntzugeben – doch er konnte ihn nicht mehr selbst formulieren, sondern mußte es einem anderen überlassen. Der Marquis von Trans
bat deshalb drei Männer zu sich: Geoffroy Eyquem de Bussaguet, einen
Anhänger der Liga und Cousin von Montaigne, den Hugenotten Jacques
Caumont de La Force, und seinen Nachbarn und Vertrauten, den Verfasser der *Essais*.

Der Mann, der damals schrieb: »Was ich für den bedachtsamen Umgang mit der Welt an Erfahrungen gesammelt habe, würde ich, der ich nun gehe, leichten Herzens einem überlassen, der kommt.« (III, 10), gab dem alten Marquis Anregungen zu seinen testamentarischen Verfügungen, wenn es nicht sogar von ihm aufgesetzt wurde. Jedenfalls klingt es nach Roger Trinquet wie sein eigenes Testament: »(…) Seine Kinder und ihre Abkömmlinge müssen Katholiken sein, um in der Erbfolge zu stehen. Sie sollen die Waffen des Königs tragen, gute Diener und Untertanen Seiner Majestät sein, keiner anderen Partei anhängen, und ihrem Fürsten ohne Ansehung seiner Religion und seiner Ansichten treu und ergeben dienen (…).«

Mit dieser Regelung im Geiste der *Essais*, mit der er selbst seinen streng katholischen Cousin Bussaguet überzeugte, blieb das Privatrecht weiter von der katholische Religion abhängig, nicht aber das öffentliche Recht: Das Recht des Königs aus Béarn auf die Krone wird nie wieder von jener Abschwörung abhängen, die Montaigne so dringend gefordert und auf die er so sehr gewartet hatte. Schon jetzt, so läßt es Montaigne in Trans unter der doppelten Kontrolle des Protestanten La Force und des Katholiken Bussaguet schriftlich festhalten, war Heinrich der rechtmäßige König und sollte von der vornehmsten Familie Aquitaniens als solcher anerkannt werden. Fünfundzwanzig Jahre zuvor hatte dieses Haus noch die Bemühungen der »Extremen« in Bordeaux gegen die gemäßigte Partei des Ratsvorsitzenden Lagebaston unterstützt. So hatte sich der Grundsatz der Rechtmäßigkeit im öffentlichen Bereich gegenüber der Frage der Glaubenszugehörigkeit durchgesetzt.

Erlauben wir uns noch einmal aus dem lehrreichen Artikel von Albert Thibaudet zu zitieren: »(Montaigne) lebt in einer Zeit, in der man wählen und auf ein Pferd setzen muß und in der sich politischer Pyrrhonismus und ein Gleichgewicht der Kräfte ausschließen. Die Voraussetzungen für ein freies Handeln, für schöpferisches Agieren stehen gut. Montaigne wollte trotz seines Beichtvaters und trotz seiner Glaubensbrüder dem König die Treue halten (…). Das französische Paar Heinrich IV. – Montaigne verkörpert ein ganzes Zeitalter, eine Idee, ein Geschlecht, einen Stammbaum des Geistes. Hätte Montaigne dem kirchlichen Druck ebenso hartnäckig widerstehen können, wenn er Heinrich nicht als den König von Frankreich anerkannt hätte?«[7]

Michel de Montaigne ist in seinen Turm zurückgekehrt, den er in den letzten zwanzig Jahren so häufig verlassen hatte, um die Welt zu entdecken
und dem Staat zu dienen. Doch jetzt bleibt er wirklich.

»Solange es Papier gibt...«, feilt Montaigne an seinem Werk, dessen
Niederschrift er schon 1588 mit dem dritten Buch fertiggestellt hat, um
es auszuformen und zu ergänzen. Von einer »Ergänzung« zur nächsten
(zwischen 1588 und 1592 hat er davon mehr als tausend geschrieben),
gibt er uns noch mehr Einblicke in sein Denken, das noch reicher geworden ist durch seine Erfahrungen aus der großen Reise, dem Bürgermei-

ABBILDUNG 20
Faksimile einer Seite aus dem »Exemplar von Bordeaux«
mit den handschiftlichen Korrekturen Montaignes

steramt, den Gesprächen mit den großen deutschen Reformatoren, den Verhandlungen an der Seite Katharinas und anderer bedeutender Männer seines Jahrhunderts, den wichtigen Geheimmissionen zwischen den drei Heinrichen und aus dem vertrauten Umgang mit allen, die in dieser Zeit ihre Spur hinterlassen oder ihr Glanzlichter aufgesetzt haben, wie L'Hospital, Corisande, Matignon, de Thou, »Margot«, Pasquier, »der Narbige« und der Mann, der ihm 1584 einen Besuch abstattete, »nousté Enric«.

Jetzt läßt er das ganze, oft blutige Wissen des ersten Jahrhunderts der Aufklärung[8] in die eher angelesene, »rezitierte« Weisheit der ersten beiden Bücher einfließen. Auf dem Einband der fünften Ausgabe der *Essais* (die er offenbar für die sechste hielt) zitiert Montaigne mutig einen Ausspruch von Vergil: *Viresque acquirit eundo* (»Im Fortschreiten wächst seine Kraft«). Ist das eine absurde Herausforderung? Keineswegs, denn der Text gibt ihm recht.

Der »alte« und kranke Mann, der noch immer die Seitenränder der ersten Ausgaben seiner *Essais* mit Bemerkungen füllt, wächst weiter über sich hinaus und gewinnt neue Blickpunkte, tiefere menschliche Einsichten, der Tonfall wird noch freier, noch kühner die Selbstbetrachtung. Das Adelsbewußtsein und das Wissen, zu einer Elite zu gehören, das ihn noch 1572 beherrschte, ist zwanzig Jahren später zu Bürgernähe und hellsichtiger Toleranz gereift. Er war wieder aufgeblüht, zum Humanisten geworden.

Im »Beuther« hält er nicht mehr die großen öffentlichen Ereignisse fest (wie er es früher beim Besuch des Königs von Navarra oder der Ermordung des Herzogs von Guise tat), sondern nur noch die familiären Veränderungen:

»23. Juni 1590: Am Samstag um die Mittagszeit verließ Madame de la Tour, meine Tochter, bei der größten Hitze ihr Elternhaus, um ihren künftigen Haushalt zu übernehmen.«

»31. März 1592: Madame de la Tour, meine Tochter, hat ihr erstes Kind, eine Tochter, geboren. Es wurde durch den Pfarrer von Saint-Michel, dem Onkel ihres Gatten, und meiner Frau auf den Namen Françoise de la Tour getauft.«

Er empfängt einige Freunde – den Dichter Pierre de Brach, den Prediger Pierre Charon und wahrscheinlich den Rechtsgelehrten Florimond de Raymond – er korrespondiert mit der leidenschaftlichen Marie de Gournay und dem flämischen Humanisten Justus Lipsius. Bedeutender ist vielleicht sein Briefwechsel mit Arnaud d'Ossat, dem künftigen Kardinal und Gesandten in Rom, der einen größeren Anteil als jeder andere, abgesehen vielleicht vom »Papst der Markthallen«, René Benoist, an der Rückkehr Heinrich IV. zum Katholizismus hatte, was das Leben des Philosophen noch mehr mit dem des Königs verknüpft und dem Essayisten endgültig seine Rolle bei der Befriedung des Königreichs gibt.

Sein Steinleiden quälte ihn noch immer, dazu kommen heftige Gicht- und Migräneanfälle. Aber daran ist er nicht gestorben. Anfang September 1592, wenige Monate vor seinem sechzigsten Geburtstag, zeigte sich ein Tumor oder eine Phlegmone am Kehlkopf. Diese Halsentzündung mit eiternden Abszessen war einst unter dem Namen »Bräune« bekannt, vermutlich, weil sie mit einer seltsamen Schwellung und Verfärbung der Zunge einhergeht, die den Kranken seines Sprechvermögens beraubt und ersticken läßt.

Von seinen letzten Stunden berichtet uns Etienne Pasquier, der zwar nicht selbst Zeuge war, als guter Historiker jedoch festhielt, was ihm über Montaignes Tod berichtet wurde:

»Er starb auf seinem Gut zu Montaigne; er bekam eine Entzündung am Halse, daß er drey Tage zwar seinen vollkommenen Verstand hatte, aber nicht ein Wort hervor bringen konnte. Er mußte also, um seinen Willen an den Tag zu legen, zu der Feder Zuflucht nehmen. Wie er merkte, daß sich sein Ende näherte, bat er seine Frau, durch einen kleinen Handbrief, verschiedene Edelleute aus der Nachbarschaft her zu nöthigen, damit er Abschied von ihnen nehmen könnte. So bald sie angekommen waren, ließ er in seinem Zimmer Messe lesen, und als der Priester den Leib des Herrn erhob, richtete sich der arme Montaigne, so gut er konnte, in seinem Bette auf, faltete die Hände, und gab mit dieser letzten Geste, die den Inhalt seines Buches sehr schön widerspiegelte, seinen Geist auf.«

In Jean Darnals *Chronik von Bordeaux* heißt es, der Schloßherr von Montaigne habe, als er den Tod nahen fühlte, »die Schwierigkeiten vorausgesehen, die die Erben machen würden, und deshalb seine Diener und Vermächtnisnehmer alle zu sich gerufen und ihnen das Vermächtnis auszahlen lassen, das er ihnen in seinem Testament zugedacht hatte (…)«. Montaignes Testament ist verschollen.

Wir wissen nicht, wie König Heinrich auf die Nachricht von seinem Tod reagierte. Marie de Gournay wurde erst sieben Monate später durch Justus Lipsius davon benachrichtigt.

Seine Frau Françoise, die sich später mit aller Kraft und gemeinsam mit Marie de Gournay und Pierre de Brach der Herausgabe einer endgültigen Fassung der *Essais* widmete, ließ sein Herz auf dem Schloßgut in der Kapelle Saint-Michel beisetzen und seinen Leichnam in der Feuillantenkirche von Bordeaux begraben.

ABBILDUNG 21
Statue Montaignes. Archives municipales, Bordeaux

Wenn Françoise ihm ein Grabmal errichten ließ, das ihn als Ritter zeigt[9], erfüllte sie damit zweifellos einen Wunsch, den ihr Gatte einst geäußert hatte. Er wollte für alle Ewigkeit als ein Mann gelten, der zum Kriegshandwerk berufen war – als ein Ritter, dessen bis heute unerreichte geistige Freiheit nicht unter der Rüstung gelitten hat.

Die griechischen und lateinischen Inschriften auf dem Grabmal[10] sind zwar recht hübsch, passender wäre jedoch eine Stelle aus dem zehnten Kapitel des dritten Buchs der *Essais* gewesen:

»Ich habe mich auf öffentliche Ämter einzulassen vermocht, ohne auch nur um einen Fingerbreit von mir abzuweichen, und mich anderen hingeben können, ohne mich preiszugeben.« (III, 10) .

»Mich preiszugeben?« Der Verlust, und sei er nur um »einen Fingerbreit«, wäre unersetzlich für uns. Doch wir wollten mit diesem Buch zeigen, wie gewinnbringend und bereichernd es für das Gemeinwesen und für ihn selbst war, also auch für uns, daß er sich »anderen hingegeben« hat.

Anmerkungen

Vorwort

1 Im Original wird von »une philosophie du réel en mouvement« gesprochen, wörtlich »eine Philosophie der Wirklichkeit in steter Bewegung«, aber der von Matthias Greffrath in seinem gleichnamigen Montaigne-Lesebuch geprägte Begriff einer Philosophie *Vom Schaukeln der Dinge* (München, 1988) schien uns hier die passende Übersetzung zu sein (Anm. d. Red.)

1. *Der erste Ritt*

1 Am Collège des Arts de Bordeaux, genannt Collège de Guyenne, wurde der beste humanistische Unterricht gehalten und wehte stets ein leiser Hauch von Reformation. Es schien wie für Montaigne gegründet worden zu sein (genau sechs Tage vor seiner Geburt).

2 Pierre Eyquem hatte den deutschen Humanisten Horstanus mit dieser Aufgabe betraut, der in Frankreich später ein berühmter Arzt wurde. (Anm. d. Red.)

3 Feytaud ist Herausgeber des *Bulettin de la Société des Amis de Montaigne* (BSAM).

4 Dieser Mann gab sich nach seiner Rückkehr aus dem Krieg für einen anderen aus, lebte mit dessen Frau zusammen und wurde schließlich dafür hingerichtet. Jean de Coras hat einen Kommentar dazu verfaßt.

5 Vgl. Fortunat Strowski, *Montaigne, sa vie publique et privée.* Paris, 1938.

6 Vgl. Kap. VI.

7 Hugo Friedrich, *Montaigne.* 2. Aufl. Bern, 1967.

8 Joachim du Bellays Schrift *La Défense et illustration de la langue française* (»Verteidigung und Rühmung der französischen Sprache«) war 1549 erschienen und von großer Bedeutung für die Entwicklung der französischen Literatur.

9 Camille Jullian, *Histoire de Bordeaux depuis les origines jusqu'en 1895.* Bordeaux, 1895, S. 342.

10 *Sud-Ouest.* Bordeaux, 1995. S. 9.
11 Jenseits aller Debatten um »Oc« oder »Oïl«, um gascognischen oder nicht gascognischen Dialekt wurde die ländliche Welt doch sehr lange Zeit von zwei Schranken dreigeteilt, wie Pierre Gaubert feststellt, und zwar in die Gruppe der Analphabeten, in diejenigen, die zumindest lesen und schreiben konnten, und diejenigen, die des Lateinischen kundig waren.
12 »Ich, Ramon Eyquem, Händler, Mitglied der Gemeinde von St. Michael in der Stadt Bordeaux (…)«, in: Jean-François Pacen, *Documents inédits ou peu connus sur Montaigne.* Paris, 1971.
13 Es gibt natürlich wohlmeinende Montaigneforscher, die an dieser Stelle lieber »Eltern« statt »Väter« lesen.
14 Françoise Charpentier, »L'absente des Essais«, in: *BSAM, 6te Serie,* Nr. 17-18, 1984.
15 Thibaudet erkennt darin sogar eine Quelle für die »Modernität« Montaignes. Ein reizvoller Gedanke, wenn die Ausgangsthese stimmte.
16 Was Ralph Waldo Emerson in seinem Tagebuch einmal zu der Bemerkung veranlaßte, es sei unmöglich, das Pferd der *Essais* zu zügeln.

2. *In Paris zur Jahrhundertmitte*

1 Dort befindet sich heute die gleichnamige Rue du Bac (franz. »bac« heißt »Fähre«, Anm. d. Red.).
2 *Die Prinzessin von Clèves,* galanter Roman über das Leben am Hof Heinrichs II. von Marie-Madelaine Pioche de la Vergne, Gräfin von Lafayette, 1678 anonym veröffentlicht.
3 Vgl. Jean-Pierre Babelon, *Paris au XVIième siècle.* Paris, 1986, S. 205.
4 Von diesem Gasthaus wird er noch auf seiner Italienreise schwärmen.
5 Michel Chaillou, *Domestique chez Montaigne.* Paris, 1982, S. 90.
6 Zit. n. Jean-Pierre Babelon, *Paris* op. cit.
7 Géralde Nakam, *Montaigne et son temps.* Paris, 1993. Dieser Essay ist aus dem ersten Band ihrer Dissertation hervorgegangen: *Les Essais de Montaigne, miroir et procès de leur temps.* Paris, 1984.
8 Kolloquium: *Les Ecrivains du Sud-Ouest et la Politique au XVIe siècle.* Bordeaux, 1981.
9 Roger Trinquet, *La Jeunesse de Montaigne.* Paris, 1972. S. 215f.
10 Zit. n. Géralde Nakam, in: *Les Ecrivains du Sud-Ouest …* Op. cit., S. 100.
11 Vorbildlich geschildert wird dieser »Salon« von Abel Lefranc, in: *Vie quotidienne au temps de la Renaissance.*
12 Später hat er sich aus gutem Grund mit ihm überworfen (vgl. Kap. IX).
13 Vgl. Kap. VIII.
14 Zit. n. Trinquet, *La Jeunesse …* Op. cit., S. 566.

15 Als die hinreißend schöne und sehr begehrte Madame de Montrevel den
Herrn von Carnavalet heiratete, gratulierte ihr Heinrich II. mit den Worten,
sie haben den Mann gewählt, der sie »in allen Tugenden befördert« habe – ein
doppeldeutiges Lob. Nach dem Tod des Stallmeisters weigerte sie sich, den
berühmten Herzog von Epernon zu heiraten mit der Begründung, sie habe
»Ehemänner satt«, und widmete sich der Verschönerung ihres Stadtpalais',
das sie von ihrem gemeinsamen Freund, dem Präsidenten Ligneris, zurückge-
kauft hatte und das schließlich ihren Ruhm begründen sollte. (Heute befindet
sich darin das Musée Carnavalet, Anm. d. Red.)

16 In diesem Punkt stimmt Brantôme ausnahmsweise einmal mit Montaigne
überein und betont, es habe »kein Pferd gegeben, und sei es noch so wild, das
ihn aus den Steigbügeln hätte heben können».

17 Marie-Madeleine de la Fayette, *Die Prinzessin von Clèves*. Übers. v. V. Eva
und Gerhard Hess, Wiesbaden, 1949, S. 7-10.

18 Jean Jacquart, *François Ier*. Paris, 1981, S. 384.

19 Seine Bibliothek stand der seines Schützlings Montaigne in nichts nach. Vgl.
J. M. Compain, in: *Les Ecrivains du Sud-Ouest* ... Op. cit., S. 102 f.

20 Zit. n. Roger Trinquet, *La Jeunesse* ... Op. cit., S. 570.

21 Im Unterschied zum englischen Hof bevorzugte man in Paris allerdings Bur-
gunder.

3. *Von ehrbaren und von anderen Frauen*

1 *Tagebuch einer Reise durch Italien, die Schweiz und Deutschland 1580 und
1581*. Hg. und übers. v. Otto Flake. Frankfurt/Main, 1982.

2 Die *Satire Ménippée* ist ein kollektiv verfaßtes Pamphlet, das gegen die Heilige
Katholische Liga gerichtet war und die Thronbesteigung Heinrichs IV. begün-
stigte. Zu den Verfassern zählten u. a. auch Pierre Pithou, Jean LeRoy und
Nicolas Rapin.

3 Theodor von Beza, aus den *Juvenilia*: »Rimula disperean, ni monogramma tua
est.«

4 Mellin de Saint-Gellais, aus den *Rondeau des vits*: »Un vit d'ami la contente et
bien traite ...«

5 Marcel Conche, in: *BSAM*, 5te Serie Nr. 29-30, 1979.

6 In einem Kommentar dazu ist der einfallsreiche Interpret Jacques Feytaud auf
die Idee gekommen, diesen Rat auf Sankt Matthias zurückzuführen. Ich hingegen würde eher bei Aretin oder Vivant Denon nachsehen.

7 Heinrich II. und Katharina von Medici hatten vier Söhne: Der älteste, Franz II.,
regierte nur 1 Jahr bis zu seinem frühen Tod 1560. Ihm folgte Karl IX., der bis
1563 unter der Vormundschaft seiner Mutter stand. Nach seinem Tod 1574
gelangte der zweitjüngste Sohn, Heinrich III., vormaliger Herzog von Anjou
und kurze Zeit auch König von Polen, auf den Thron. Der Titel eines Herzogs

von Anjou ging damit auf den jüngsten Sohn, auf den Herzog von Alençon, über. (Anm. d. Red.)
8 Siehe Kap. XI.
9 Pierre Leschemelle, *Montaigne ou le mal à l'âme*. Paris, 1992.
10 Anonyme Sammlung von 25 Gedichten aus dem Priapos-Tempel des Maecenas in Rom. Die Wände des Tempels zierten Gedichte zu Ehren des Priapos von Freunden des Maecenas, wie z. B. Domitius, Cinna, Horaz, Vergil und Kaiser Augustus. Die erste Ausgabe dieser Gedichtsammlung in der Neuzeit gab der Protestant Louis Scaliger 1607 in Leyden heraus. (Anm. d. Red.)
11 Stendhal, der eigentlich Henri Beyle hieß. (Anm. d. Red.)

4. *Die Liebe, dieser heilige Bund*

1 Siehe Kap. V.
2 In einem Widmungsbrief an Henri de Mesmes bezeichnete Montaigne seinen Freund später als den »größten Mann unserer Zeiten».
3 Heinrich III. war homosexuell. Daher auch sein Beiname »König der Günstlinge«.
4 Mit großer Kühnheit hat sich Michel Chaillou zu diesem Thema geäußert, in: *Domestique …* Op. cit.
5 Siehe dazu das Vorwort von Françoise Bayard in der von ihr besorgten Ausgabe des *Discours de la servitude volontaire*. Paris, 1992.
6 In den Essais gibt Montaigne an, daß sein Freund »lieber in Venedig geboren worden wäre denn in Sarlat« (III, 28/27), d. h. lieber in einer Republik als in einer Monarchie.
7 Françoise Bayard, »Préface« in der zweiten Auflage von *Discours …* Op. cit.
8 Vgl. Kapitel 1.
9 1983 glaubte der amerikanische Montaigneforscher Malcolm Smith die scheinbare Kehrtwendung dadurch bezweifeln oder relativieren zu können, daß er die Entstehung des Textes unter Beibehaltung des Titels auf die Zeit vor dem Januar-Edikt datierte. Damit mag ein »Bruch« La Boéties mit Michel de L'Hospital ausgeschlossen sein, aber das Grundproblem eines vollkommen widersprüchlichen Verhaltens innerhalb eines Jahres bleibt ungelöst.
10 Vielleicht scheiterte das Religionsgespräch auch daran, daß es von Theologen geführt wurde, und nicht von Politikern, die grundsätzlich mehr Kompromißbereitschaft zeigen.
11 Anne-Marie Cocula, *Etienne de la Boétie*. Bordeaux, 1995.
12 Guelfen heißen im mittelalterlichen Italien die Anhänger des Papstes und der freien Städte, Ghibellinen die Anhänger des Kaisers (die Bezeichnungen gehen auf die Auseinandersetzung zwischen den »Welfen« und den Staufern von der Burg »Waiblingen« zurück. (Anm. d. Red.)
13 Pierre Barrière, *Montaigne, gentilhomme français*. Bordeaux, 1948.

14 France Quéré, »Sur la mort d'un ami« in: Dies. (Hrsg.), *Les Carnets DDB*. Paris, 1995.
15 Diese und die folgenden Zitate stammen aus Montaignes Brief an seinen Vater (zit. n. der Tietz-Übersetzung, Zürich, 1992, Bd. 2, S. 417 f.).

5. *Die Robe ist zu lang*

1 Colette Fleuret, »Montaigne et la société civile«, in: *Europe*, Januar-Februar 1972.
2 Vgl. dazu die Anmerkung von Tietz: »Diese alten französischen Verse, die das im Französischen sind, was Hans Sachsens Verse bey uns, wollen so viel sagen: der satyrische Poet will überall zupeitschen, er verschont nichts, weder Augen, Mund, oder Rücken. Sie stehen in dem Briefe des Clément Marot, *Frippelipes der Diener des Marot an den Sagon*, betittelt.« (Tietz-Übersetzung, Op. cit., Bd. 2, S. 506.)
3 Madeleine Lazard (*Montaigne*, Paris, 1972) spricht sogar von »Verachtung«.
4 Sie wurden denen der Ratsherren von Bordeaux angeglichen, die zwischen 300 und 500 Livres lagen.
5 Vgl. Kap. IV.
6 Es handelt sich um den Großvater von Françoise de La Chassaigne, der späteren Ehefrau Montaignes.
7 Zit. n. Dr. Jean-François Payen, *Recherches sur Montaigne*, Nr. 4., Paris, 1856, S. 20.
8 F. Hauchexorne, »Une intervention ignorée de Montaigne«, zit. n. Donald Frame, *Montaigne – Une vie, une oeuvre 1533-1592*. Paris, 1994, S. 66.
9 Zit. n. Alphonse Grün, *La Vie publique de Michel de Montaigne*. Paris, 1855; neue Ausgabe: Paris, 1970, S. 110 f.
10 Der Herzog von Lothringen konnte durch diese Heirat seinem herzöglichen Erbe jene Gebiete wieder angliedern, die König René von Anjou seiner Familie einst vermacht und die Ludwig XI. mit Frankreich verbunden hatte.
11 So wurden die Gebiete genannt, die Villegaignon 1557 an der brasilianischen Küste erobert hatte.
12 De Raymond galt damals noch als »Radikaler«, nahm aber später eine gemäßigtere Haltung ein.
13 Zit. n. Donald Frame, *Montaigne … Op. cit.*, S. 68.

6. Ein zu kurzes Schwert oder der Krieg der kleinen Leute

1 La Croix-du-Maine war Montaignes erster Biograph mit einem Artikel, der 1584 in Antoine Verdiers *Bibliothèque française* erschien.

2 Brantôme, *Œuvres complètes*. Paris, o. J., S. 92 f.

3 Vgl. Kap. VIII.

4 Arlette Jouanna, »Montaigne et la noblesse«, in: *Les Ecrivains du Sud-Ouest ...*, Op. cit., S. 120.

5 Am meisten schämt sich Donald Frame (*Montaigne ...*, op. cit.), der sich mit diesem Thema erst gar nicht beschäftigt.

6 M. Susane, *Histoire de l'ancienne infanterie française*. Paris, o. J., Bd. I, S. 142 (zit. n. M. Citouleux, *Le Vrai Montaigne, théologien et soldat*. Paris, 1937).

7 Jean Bouhier (Dijon 1673-1746) war Parlamentspräsident in Dijon. (Anm. d. Red.)

8 Die Herren Motheau und Jouaust.

9 Er starb nach einem Lanzenstoß, den er bei einem Turnier erhielt.

10 Ein guter Kenner der Kriege des Mittelalters machte mich einmal darauf aufmerksam, daß es bei Rittern und Soldaten aus dem französischen Adel üblich war, die »Barbarei« nicht nur von Feuerwaffen, sondern von »Wurfwaffen« zu verurteilen. Im 11. Jahrhundert hielten die Ritter der Kreuzzüge es für feige, einen Bogen, einen Pfeil, eine Steinschleuder oder eine Arkebuse zu benutzen (wie es die »Sarrazenen« taten) – aber das war im 11. Jahrhundert, und Montaigne ist schließlich nicht Godefroy de Bouillon.

11 Selbst Machiavelli hatte sich über die Zukunft dieser Art von Waffen getäuscht, allerdings fünfzig Jahre vor Montaigne.

7. Ein Eremit auf der Lauer

1 Auch das Datum seines ersten Zusammentreffens mit Etienne de La Boétie hatte Montaigne vergessen.

2 Vgl. Kap. V.

3 Ungefähr zwei bis drei Kilometer. Die Meile war damals je nach Land und Provinz unterschiedlich lang, in Frankreich meistens 4 Kilometer, in der Gascogne sogar über 5 km – vielleicht eine Prestigefrage?

4 Es stehen allerdings nicht alle französischen Könige im Ruf, allein geschlafen zu haben.

5 Dieses Zeugnis ist von vielen zuverlässigen Autoren angezweifelt worden. Es klingt aber echt.

6 Sein Bruder starb, nachdem er beim Paumespiel von einem Ball an der Schläfe getroffen wurde.

7 Auf die Anrede »Madame de« hatten nur die Ehefrauen der Chevaliers ein Anrecht – ein Titel, den Montaigne erst ab 1571 führen durfte.

8 Roger Trinquet in: *BSAM, 5te Serie*, Nr. 7-8, 1973.

9 Aus: »Briefe des Herrn von Montagne«, nach der Tietz-Übersetzung, Op. cit., Bd. 3, S. 454.

10 Vgl. Kap. I.

11 Gemeint sind Münzen.

12 In Bordeaux, Guyenne und Frankreich gab es damals viele unterschiedliche Währungen.

13 Trotzdem hat er in jener Zeit noch ein Stück Land vom Erzbischof von Bordeaux erworben.

14 Vgl. Kap. X.

15 »Montaigne à cheval« ist auch der Titel dieser Biographie im Original (vgl. Vorwort).

16 Géralde Nakam, *Montaigne…* Op. cit., S. 378.

17 Ibid., S. 397.

18 Patrick Henry, *Montaigne in Dialogue*. Stanford University, Saratoga, 1987.

19 Ibid.

20 Zit. n. Géralde Nakam, *Montaigne…* Op. cit., S. 396.

21 Vgl. Kap. VIII.

22 Dieses Schriftstück wurde von Alexandre Nicolaï aufgefunden und veröffentlicht in: *BSAM*, 2te Serie, Nr. 13-14, Januar 1949.

23 Vgl. Kap. VIII.

24 Vgl. Kap. XII.

25 In den Essais wird das Alter des Vaters fälschlicherweise mit zweiundsiebzig angegeben.

26 Der erbliche Charakter von »Nierensteinen« wird von vielen Spezialisten bezweifelt. Die meisten sehen die Ursache zu dieser Krankheit in der Lebensweise, in falscher Ernährung und unzureichender Hydratation. Bei den Montaignes, Vater wie Sohn, dürfte die üppige Ernährung eine starke Rolle gespielt haben.

27 Das gibt der These, Montaigne habe viele seiner Texte diktiert, eine gewisse Berechtigung.

8. *Das große Massaker: Montaigne und Machiavelli*

1 Vgl. Kap. I.

2 Jacques de Feytaud, *La Saint-Barthélemy ou le »silence« de Montaigne*. Bordeaux, 1993. Zu den »Fünfundvierzig« vgl. Kap. X, Anm. 2, und Kap. XII.

3 Janine Garrisson, *Marguerite de Valois*. Paris, 1994.

4 In: *BSAM*, Sommer-Herbst 1994.

5 Denis Crouzet, *La Nuit de la Saint-Barthélemy. Un rêve perdue de la Renaissance*. Paris, 1993.

6 Pibrac war auch einer der Vertrauten von Margarete von Valois, der »Reine Margot« am Hof von Nérac (vgl. Kap. X).

7 Paul de Foix, Bischof und Gesandter Karls IX. war gleichfalls ein ehemaliger Freund von Anne du Bourg.

8 Zit. n. Jacques Feytaud, *La Saint-Barthélemy …* Op. cit., S. 48 f.

9 Ibid.

10 Jean Lacouture, *Jésuites. Une multibiographie.* Bd. 1: *Les Conquérants.* Paris, 1991, S. 372.

11 Marc Fumaroli, Préface à Michael Andrew Screech, *Montaigne et la Mélancolie.* Paris, 1992.

12 Der vollständige Titel des Anti-Machiavelli lautet: *Abhandlung über die Methoden, ein Königreich oder ein anderes Fürstentum gegen Machiavelli gut und in Frieden zu regieren.*

13 Damit meint Montaigne sowohl den *Fürst* als auch die *Abhandlung.*

14 Könnte es bei Montaigne einen auffälligeren Verweis auf Machiavelli geben, als die häufige Verwendung dieser Vokabel, die in Frankreich nicht sehr gebräuchlich ist, wo Wörter wie »König«, »Herrscher«, »Führer« viel leichter aus der Feder fließen?

15 Das haben auch andere begeisterte Montaigneforscher festgestellt, wie Pierre Michel und Alexandre Nicolaï – nur Pierre Villey war da anderer Meinung.

16 Vgl. Kap. XIII.

9. *Im Sattel durch Europa*

1 Die Wahl zum Bürgermeister von Bordeaux zwang ihn zu einem vorzeitigen Abbruch der Reise.

2 Die meisten Ausgaben des Reisetagebuchs von Montaigne nennen »Beaumont-sur-Oise«, nur die Paul Faures gibt »die Kreuzung der Straßen von Saint-Denis und von Saint-Maur« als Ort des Treffens an – und damit wird die Ankunft der Reisegruppe am Abend in Meaux um einiges plausibler. Das Manuskript des Tagebuchs ist jedoch leider verlorengegangen, die vorhandenen Transskriptionen sind sehr gewagt, und die Zeitangaben häufig unsicher.

3 Tatsächlich handelte es sich um eine Abschrift des verschollenen Originals. Da wir nur über Kopien verfügen, stehen der Schriftdeutung Tür und Tor offen (siehe Anm. 2).

4 Napoleon hat seine Memoiren auf Sankt-Helena seinen ebenfalls dorthin verbannten Generälen diktiert. (Anm. d. Red.)

5 Michel de Montaigne, *Tagebuch einer Reise durch Italien.* Hrsg. u. übers. v. Otto Flake. Frankfurt, 1988. (Im Folgenden immer mit »Tb« bezeichnet.)

6 In den *Essais,* II, 12 heißt es: »Ich empfand mehr Ärger denn Mitleid, als ich ihn in Ferrara in einem so beklagenswerten Zustand sah. (…)«

7 In: Michel de Montaigne, *Journal de voyage en Italie*. Hrsg. v. Fausta Garavini. Paris, 1983.

8 In: Michel de Montaigne, *Journal de voyage en Italie*. Hrsg. v. Paul Faure. Paris, 1948.

9 Das ist keine Aufschneiderei: Die Etappen waren teilweise zehn Meilen lang, also über vierzig Kilometer, und dauerten neun bis zehn Stunden. Wie schon gesagt, begleiteten den Treck auch ein Karren und mehrere Fußgänger. Und wenn Montaigne schreibt, das Reisen sei ihm »nur wegen der Kosten, welche groß und über mein Vermögen sind, beschwerlich« (III, 9), weiß er genau, wovon er spricht: die Italienreise 1580/81 soll ihn schätzungsweise 3000 Ecus gekostet haben – das entsprach ungefähr drei Jahresgehältern eines hochrangigen Beamten.

10 Im 16. Jahrhundert meinte dieser Ausdruck noch einfach »junges Mädchen«.

11 Ein 1574 gedruckter Katalog der »gesuchtesten und angesehensten Kurtisanen Venedigs« (Tb, S. 308) verzeichnet 215 von ihnen.

12 Von Michelangelo.

13 Man muß sich wundern, daß er nicht sagt, um wen es sich dabei handelt: um Julia Farnese, die Schwester Pauls III. und Mätresse seines Vorgängers.

14 Anne de Montmorency, der 1548 für das Blutbad in Bordeaux verantwortlich war.

15 Monsieur Prudhomme ist die Hauptfigur aus Henry Monniers *Scènes populaires* (1830) und *Mémoires de Joseph Prudhomme* (1857). Er ist das Musterbeispiel des selbstgefälligen Bourgeois, ein aufgeblasener Popanz, der alles in gesalbte Worte kleidet und doch nur Banalitäten von sich gibt. (Anm. d. Red.)

16 Pierre Barrière, *Montaigne* ... Op. cit., S. 98.

17 Vgl. *BSAM*, 4te Serie, Nr. 24, 1971.

18 In: Kolloquium (Bordeaux 1988): *Montaigne et l'Histoire*. Paris, 1991, S. 201-209.

19 Fausto Sozzini (1539-1604), italienischer Theologe und Protestant aus Siena, der seit 1579 eine eigene Gemeinde in Polen um sich scharte, die Sozinianer, vertrat gegenüber der Lehre von der Dreieinigkeit die Einheit Gottes.

20 Vgl. Kap. IV.

21 Er starb zwei Jahre später.

22 Vgl. Kap VII.

23 Beispielsweise die Enzyklopädisten, die ihn gerade, nachdem die *Essais* erschienen waren, zu ihrem Helden gekürt hatten.

24 Claude Blum und François Moureau, *Etudes montaignistes en hommage à Pierre Michel*. Paris, 1984, S. 185.

25 Zum Beispiel im Buch III, Kapitel 13 der *Essais*.

10. *Bürgermeister auf Biegen und Brechen*

1 Jean Darnal, *Chroniques de la noble cité de Bordeaux*. Millanges, 1666.

2 Beauvais-Nangis schreibt in seinen *Erinnerungen* (1585) über die »Fünfundvierzig«, die Leibwache Heinrichs III.: »Man nannte sie die 45 Gefürchteten; sie bekamen für ihre Dienste einen Lohn von 1 200 Ecus, lebten am Hof und hatten keine andere Aufgabe als die Person des Königs zu beschützen.«

3 Mit dem eigenartigen Gebrauch des spanischen Wortes soll verdeutlicht werden, daß sich die Wahl Montaignes auch gegen die Politik des spanischen Königs richtet.

4 Bei Montaigne heißt es im Original auch hier »gaiement«, in der deutschen Übersetzung zuvor meistens mit »gelöst« übersetzt. (Anm. d. Red.)

5 Nicht nur, weil Matignon als Soldat in Heinrichs Diensten stand, sondern noch mehr, weil er den Grafen von Montgoméry, der Katharina von Medicis Mann, Heinrich II., beim Turnier tödlich verletzt hatte, gefangennahm und ihr auslieferte. (Der Graf starb auf der Stelle den Martertod.)

6 Claude-Gilbert Dubois, *Politique et Liberté – Montaigne maire de Bordeaux*. Caen, 1992, S. 96.

7 Die Schaffung des neuen Gerichtshofs war im Frieden von Fleix beschlossen worden, um ein Gegengewicht zum nicht sehr königstreuen Parlament von Guyenne zu schaffen.

8 Später gehörte Pierre Pithou zu den Autoren der *Satire Ménippée* (vgl. Kap. III, Anm. 2).

9 Claude-Gilbert Dubois, *Politique et …* Op. cit., S. 103.

10 Jacques-Auguste de Thou, *Mémoires* VII, S. 39

11 Vgl. Kap. XII.

12 Eine gründliche Untersuchung der Wiederwahl findet man in einem Aufsatz von Roger Trinquet in: *BSAM*, 5te Serie, Nr. 10-11, 1974.

13 Befehlshaber des königlichen Heeres, der mit richterlichen Vollmachten ausgestattet war.

14 Formell war zwar Lagebaston noch Parlamentspräsident, wegen seines hohen Alters war er aber nicht mehr in der Lage, sein Amt auch auszuüben.

15 Zit. n. Xavier Védère, in: *Revue historique de Bordeaux*, Bd. 36, S. 88-97.

16 Zit. n. *Montaigne maire de Bordeaux*, L'Horizon chimérique. Bordeaux, 1992, S. 50-55.

17 In den »Cahiers de doléances« unterbreiteten 1789 die Stände ihre Eingaben, Beschwerden und Forderungen an Ludwig XVI. (Anm. d. Red.)

18 Die meisten Katholiken von Guyenne weigerten sich allerdings, Heinrich von Navarra als ihren Gouverneur anzuerkennen.

19 Das erste Mal war Heinrich von Navarra während der Bartholomäusnacht unter der Drohung der Dolche konvertiert (vgl. Kap. VIII).

20 Vgl. Kap. XI.

21 Er machte sich stark für eine neue Schulordnung am Collège de Guyenne, die unter dem Namen *Schola aquitanica* von seinem ehemaligen Lehrer

Elie Vinet eingeführt wurde, der Direktor des ruhmreichen Collèges geworden war, und er unterzeichnet mit dem Ingenieur Louis de Foix den Vertrag zum Bau des berühmten Leuchtturms von Cordouan an der Girondemündung.

22 Ein kleiner befestigter Hafen bei Rochefort, also nicht weit von Bordeaux.

23 Jener Hauptmann, der Vaillac festgenommen hatte.

24 Nachdem Vaillac die Festung übergeben hatte, war er wieder auf freien Fuß gesetzt worden.

25 Vielleicht ist das eine Anspielung auf Montaigne?

26 Zit. n. Grün, *Vie publique* … Op. cit., S. 290.

27 Daß er am nächsten Tag, am 31. Juli 1585, einen weiteren, sehr »offiziellen« Brief an die Magistratsbeamten von Bordeaux schickte, ist der beste Beweis dafür, daß er das Schreiben vom 30. Juli nicht für den Schlußstrich seiner Amtszeit hielt.

28 Ein Weiler in den Hügeln bei Cenon auf der rechten Seite der Garonne.

29 Einer der beiden Magistratsbeamten, der in Bordeaux geblieben war.

30 Montaigne, *Œuvres complètes*. Op. cit., S. 564.

11. *Zwischen den drei Heinrichen*

1 Seine Frau Louise de Vaudémont-Lorraine (die er aus freien Stücken geheiratet hatte) wurde, ob zu recht oder zu unrecht, auch »die Königinjungfrau« genannt.

2 Alexandre Dumas, *Les Quarante-Cinq*. Paris, 1988, S. 1659. (Die Formel »zwanzig Jahre später« ist eine Anspielung auf ein anderes Werk von Dumas, die Fortsetzung der *Drei Musketiere*, die unter dem Titel *Vingt ans après* erschien. (Anm. d. Red.)

3 Pierre de L'Estoile, *Œuvres*. Paris, o. J., S. 339.

4 Ibid., S. 861.

5 Obwohl Franz von Guise für das Blutbad von Wassy 1562 verantwortlich war, den Startschuß für die Religionskriege.

6 Louis de Gonzague, Duc de Nevers, *Mémoires*, Bd. II. Paris, o. J., S. 576.

7 Agrippa d'Aubigné, *Œuvres*. Paris, o. J., S. 398.

8 Der Grundstein des lutherischen Protestantismus in Deutschland.

9 Zit. u. übers. v. Paul Bonnefon, in: *Montaigne et ses amis*. Op. cit., S. 161.

10 Vgl. Kap. VI.

11 Vgl. Kap. IV, Anm. 12.

12 In: *BSAM*, 4te Serie, Nr. 11, 1967.

13 Patrick Tachouzin, *Henri de Navarre à Nérac – Les Marches du trône*. Nérac, 1989.

14 Zit. n. ibid., S. 103.

15 Katharina von Medici, *Lettres*, Bd. IX. Paris, o. J., S. 132.

16 François Montaigne war einer der hundertelf »Sekretäre« Katharinas (und laut L'Estoile weit mehr als nur ihr Sekretär). Eine Spottschrift aus gleicher Zeit meinte sogar, er »reibe seine Speckschwarte« an der Regentin.

17 In: *BSAM*, 4te Serie, Nr. 11, 1967.

18 Patrick Tachouzin, *Henri de Navarre...* Op. cit., S. 103.

19 Raymond Ritter, *Une dame de chevalerie*. Paris, 1959.

20 Pierre de L'Estoile, *Journal pour le règne d'Henri III*. Paris, 1943, S. 510.

12. *Die große Mission von 1588*

1 Diese These wird vor allem von Roger Trinquet vertreten.

2 Zit. n. Donald Frame, »Du nouveau sur le voyage de Montaigne à Paris en 1588«, in: *BSAM*, 3te Serie, Nr. 22, 1962.

3 Gemeint ist der Ort Villebois-Lavalette bei Angoulême.

4 Heinrich I. von Condé war der Heerführer der Hugenotten, der Heinrich von Navarra am nächsten stand. (Die Adelsfamilie der Condés bildete eine Seitenlinie der Bourbonen, Anm. d. Red.)

5 Gemeint ist Corisande d'Andoins, Gräfin, erst von Guiche, dann von Gramont.

6 Der Brief wurde veröffentlicht von Donald Frame, in: »Du nouveau sur ...« Op. cit.

7 Damit ist wohl Nérac gemeint.

8 Montmorency-Damville, der Gouverneur des Languedoc, der als Katholik Heinrich von Navarra unterstützte und die »Vereinigten Provinzen« der Protestanten im Osten gegen die Anhänger der Liga abschirmte.

9 Die beiden Briefe Mendozas werden zitiert von Raymond Ritter, *Une dame de ...* Op. cit.

10 Auch hier ist natürlich Corisande d'Andoins, die Gräfin von Guiche gemeint.

11 Katharina von Bourbon, Schwester Heinrichs von Navarra, war eine gute Freundin von Corisande.

12 Zit. n. *Recueil des lettres-missives d'Henri IV*, Bd. II, Brief vom 8. März. Paris, o. J., S. 342.

13 Philippe Duplessis-Mornay, »Réponse du roi de Navarre aux propositions du sieur de Sainte-Colombe, envoyé vers lui par le roi Henri III«, in: Ders., *Mémoires et Correspondances*. Bd. IV. Paris, o. J.

14 Eine Ausnahme bildet nur der englische Literaturhistoriker Isley, Autor von *A Daughter of the Renaissance*.

15 In den Essais findet seine Krankheit nur eine kurze Erwähnung (vgl. hier S. 308 unten).

16 Zit. n. Jean-François Payen, »Recherches sur M. de Montaigne«, in: *Bulletin des bibliophiles*. Paris, 1862, S. 1293.

17 Zit. n. Pierre de L'Estoile, *Journal*... Op. cit., S. 557.

18 Ibid., S. 569.

19 Zit. n. Jean Marchand, *Le Livre de raison de Montaigne sur l'Ephemeris historia le Beuther*. Paris, 1948, S. 264. Eine andere Fassung dieser Notiz findet sich in Montaigne, *Œuvres complètes*, op. cit. Dort werden andere Einzelheiten mitgeteilt, doch der schöne Schlußsatz fehlt.

20 Nach Pierre de L'Estoile, *Journal* ... Op. cit., S. 369.

21 Jacques-Auguste de Thou, *Mémoires*. Op. cit., ohne Seitenangabe.

22 Diese Dame war Madame de Sauve.

23 Anspielung auf die Ermordung Colignys während der Bartholomäusnacht.

24 Pierre de L'Estoile, *Journal* ... Op. cit., S. 582.

25 Roger Trinquet in: *BSAM*. Op. cit., S. 19.

26 Das vermutet zumindest Donald Frame.

27 Um den »ganz außergewöhnlichen« Charakter dieses Ereignisses zu unterstreichen, berichtet Pierre de L'Estoile, daß es sich »am selben Ort, ja, sogar in denselben Räumen und zur selben Stunde abspielte, wo (siebzehn Jahre zuvor) das Massaker der Bartholomäusnacht beschlossen und (...) dieser arme, kleine König festgesetzt wurde (...).«, in: *Journal* ... Op. cit., ohne Seitenangabe.

28 Ibid.

13. *Der Abschied vom König*

1 Zu dieser Zeit war Corisande zwar nicht mehr seine Mätresse, aber sie blieb eine enge Vertraute.

2 Historiker halten Arques für den Ort der Schlacht, bei der Heinrich IV. vor seinem Sieg beinahe gefangen und getötet worden wäre. Daher Montaignes Wort vom »glücklichen Ausgang».

3 Anspielung auf die ersten Angriffe des Königs auf Paris und auf das »Recht auf Plünderung«, das die Soldaten in Anspruch nahmen.

4 Einige Autoren datieren den Brief in den Janauar 1589. Der historische Kontext deutet jedoch eher auf 1590.

5 Das Kapitel wurde wahrscheinlich 1585 geschrieben, als Heinrich von Navarra zweiunddreißig Jahre alt war.

6 Der »Grand Dauphin de France«, Herzog Ludwig von Burgund, ältester Sohn Ludwigs XIV. und Vater Ludwigs XV., war der legitime Thronerbe, starb jedoch vor seinem Vater. (Anm. d. Red.)

7 In: *Nouvelle Revue Française*, Paris, April 1933.

8 Eine gewagte Formulierung, wie einer meiner ersten Leser einwandte, aber von Rabelais bis Erasmus, von Machiavelli bis Thomas Morus, von Kopernikus bis

Montaigne zeigt das 16. Jahrhundert ebensoviele Glanzlichter der Vernunft wie das Jahrhundert Voltaires und Humes.

9 Das zum Kenotaph gewordene Grabmal steht heute im Musée d'Aquitaine in Bordeaux. Die sterblichen Überreste Montaignes, ob sie es nun tatsächlich sind oder vielleicht auch nicht, haben einige Mißgeschicke erlebt, die zweifellos seinen Witz herausgefordert hätten.

10 Der Panegyrikus stammt von einem Gelehrten aus Bordeaux, Jean de Saint-Michel.

Literatur

Montaigne, Michel de, *Essais*. Erste moderne Gesamtübersetzung, v. Hans Stilett, Frankfurt am Main 1998
- »Sur la mort d'un ami«, m. einer Einl. v. France Quéré, in: *Les Carnets DDB*, Paris 1995
- *Essais*, übers. v. Johann Daniel Tietz, Zürich 1992
- *Essais*, hg. v. Claude Pinganaud, Paris 1992
- *Tagebuch einer Reise durch Italien*, übers. u. hg. v. Otto Flake, Frankfurt am Main 1988
- *Journal de voyage en Italie*, hg. v. Fausta Garavini, Paris 1983
- »Lettres«, in: *Œuvres complètes*, Paris 1967
- »Ephéméride de Beuther«, in: *Œuvres complètes*, Paris 1962
- *Gesammelte Schriften*, übers. v. Johann Joachim Bode, hg. v. Otto Fake u. Wilhelm Weigand, München/Leipzig 1908-1915

*

Amyot, Jacques, *La vie des hommes illustres*, 2 Bde., Paris 1951
Aubigné, Agrippa d', *Œvres complètes*, Paris 1969
- *Denkwürdigkeiten aus dem Leben des Theodor Agrippa d'Aubibné*, Tübingen 1780
Aulotte, Robert, *Montaigne. Essais*, Paris 1988
Babelon, Jean-Pierre, *Paris au XVIe siècle*, Paris 1986
Barrière, Pierre, *Montaigne, gentilhomme français*, Bordeaux 1948
Bonnefon, Paul, *Montaigne et ses amis*, 2 Bde., Paris 1898
Botineau, Pierre und Lourenço, Eduardo, *Montaigne ou la vie écrite*, Bordeaux 1992
Chaban-Delmas, Jacques, *Montaigne*, Paris 1992
Chaillou, Michel, *Domestique chez Montaigne*, Paris 1982
Citoleux, Marc, *Le vrai Montaigne, théologien et soldat*, Paris 1937
Cocula, Anne-Marie, *Etienne de La Boétie*, Bordeaux 1995
- *Montaigne, maire de Bordeaux*, Vorw. v. J. Chaban-Delmas, Bordeaux 1992

Comte-Sponville, André (Hg.), »Montaigne philosophe«, in: *Revue internationale de philosophie*, 1992

Conche, Marcel, *Montaigne ou la conscience heureuse*, Paris 1964

Courteault, Paul, *Montaigne, maire de Bordeaux*, Bordeaux 1933

Dréano, Mathurin, *La Religion de Montaigne*, Paris 1969

Dubois, Claude Gilbert, *La Conception de l'Histoire en France au XVIe siècle*, Paris 1977

– *Montaigne et l'Histoire* (Kolloquium Bordeaux, 1988), Paris 1991

Duby, Georges, Wallon, Armand u. Jacquart, Jean, *Histoire de la France rurale*, Bd. II: L'Age classique des paysans, Paris 1975

Dumas, Alexandre, *Les Quarante-Cinq*, Paris 1988

Etiemble, René, *Mes contre-poisons*, Paris 1974

Fleuret, Colette, *Rousseau et Montaigne*, Paris 1980

Fouilloux, Jean-Yves, *Montaigne. Que sais-je?*, Paris 1988

Frame, Donald, *Montaigne. Une vie, une oeuvre*, 1533-1592 (Originalausg. aus dem Engl. übers. v. Jean-Claude Arnault), Paris 1994

Friedrich, Hugo, *Montaigne*, Tübingen 1967

Gardeau, Léonie u. de Feytaud, Jacques, *Le Château de Montaigne*, Bordeaux 1984

Garrisson, Janine, *Marguerite de Valois*, Paris 1994

– *1572, La Saint-Barthélemy*, Paris 1987

Gide, André, *Montaigne, dargeboten von André Gide*, übers. v. Erich Maria Landau, Zürich 1948

Grün, Alphonse, *La vie publique de Michel de Montaigne*, Paris 1855; Repr. Genf 1970

Henry, Patrick, *Montaigne in Dialogue*. Stanford University, Saratoga 1987

Jeanson, Francis, *Montaigne par lui-même*. Paris 1951 (Neuaufl. 1994)

Jouanna, Arlette, »Montaigne et la noblesse«, in: Kolloquium *Les Ecrivains du Sud-Ouest et la politique*, Bordeaux o. J.

Jullian, Camille, *Histoire de Bordeaux depuis les origines jusqu'en 1895*, Bordeaux 1895

La Boétie, Etienne, *Le Discours de la servitude volontaire*, Paris 1992

– *Von der freiwilligen Knechtschaft des Menschen*, übers. v. Heinz-Jochim Heydorn, Frankfurt am Main 1968

– *Von der freiwilligen Knechtschaft*, übers. u. hg. v. Horst Günther u. Mitarb. v. Neithard Bulst, Frankfurt am Main 1980

Lamandé, André, *La vie gaillarde et sage de Montaigne*, Paris 1927

Lazard, Madeleine, *Montaigne*, Paris 1992

Leschemelle, Pierre, *Montaigne ou la mal à l'âme*, Paris 1992

L'Estoile, Pierre de, *Journal pour le règne d'Henri III.*, Paris 1943

Magnien-Simonin, Catherine (Hg.), *Une vie de Montaigne, ou le sommaire discours sur la vie de Michel, seigneur de Montaigne* (1608), Paris 1992

Malvezin, Théophile, *Michel de Montaigne, son origine, sa famille*, Bordeaux 1875

Michelet, Jules, *Journal*, Paris 1959

Monluc, Blaise de, *Commentaires*, Paris 1964

Nakam, Géralde, *Montaigne et son temps*, Paris 1993; Wiederaufnahme v. Bd. 1 ihrer Promotion: *Les »Essais« de Montaigne, miroir et procès de leur temps*, Paris 1984

Nicolaï, Alexandre, *Les Belles Amies de Montaigne*, Paris 1950

Payen, Jean-François, *Documents inédits ou peu connus sur Montaigne*, Paris 1971

Plattard, Jean, *Montaigne et son temps*, Paris 1933

Rigolot, François, *Les Métamorphoses de Montaigne*, Paris 1988

Ritter, Raymond, *Une dame de chevalerie, Corisande d'Andoins*, Paris 1959

Schaefer, David, *The political philosophy of Montaigne*, Cornell University, Ithaca 1990

Screech, Michael Andrew, *Montaigne & Melancholy*, Cranberry (N. J.) 1992

Starobinski, Jean, *Montaigne – Denken und Existenz*, München 1986

Stéphane, Roger, *Autour de Montaigne*, Paris 1986

Strowski, Fortunat, *Montaigne, sa vie publique et privée*, Paris 1938

Tachouzin, Patrick, *Henri de Navarre à Nérac. Les marches du trône*, Nérac 1989

Thibaudet, Albert, *Montaigne*, Paris 1963

Tournon, André, *Montaigne. La glose et l'essai*, Lyon 1983

Trinquet, Roger, *La Jeunesse de Montaigne*, Paris 1972

Villey, Pierre, *Les Sources et l'Evolution des »Essais« de Montaigne devant la postérité*, Boivin 1933

– *Essais*, Paris 1933

Zweig, Stefan, *Montaigne*, Frankfurt am Main 1995

Register

Pierre Lepape

VOLTAIRE

Oder die Geburt der Intellektuellen
im Zeitalter der Aufklärung

1996. 376 Seiten, gebunden
DM 78,–/sFr 73,–/öS 569
ISBN 3-593-35465-9

Voltaire, der Klassiker, der erhabene Fürst der Dichter: Was machte ihn zur Verkörperung des ersten modernen Intellektuellen? Welche Laufbahn wählte er? War sie typisch für seine Zeit? Wie eroberte Voltaire, der Bürgerliche, die adelsstolze Salonwelt, kurz: Wie machte er Karriere?

Diese Fragen beantwortet der französische Journalist Pierre Lepape. Voltaire glaubte an die Bedeutung seiner Begabung. Er glaubte daran, daß die Gesellschaft sie höher schätzen würde als die adlige Abstammung des Ritters Rohan. Dieser Irrtum brachte den berühmtesten französischen Dichter seiner Zeit erst in die Bastille und dann ins Exil. Als er am Ende seines Lebens in Paris wie ein König empfangen wird, schaut er herab auf die Bürgerlichen, denen er ab und an seine Mitarbeit gönnt, die aber schon nicht mehr in seine Zeit gehören: die Enzyklopädisten um Diderot.

Lepape beschäftigt sich weniger mit dem Privatleben Voltaires als mit den Bedingungen und Hindernissen seines Aufstiegs. Voltaire steht für die moderne Form des Intellektuellen, für den Typus, den man seit der Aufklärung auf französisch »philosophe« nennt. Seine unermüdliche Aktivität steht als Sinnbild für sein aufgeregtes Zeitalter. Pierre Lepape legt hier seine mit essayistischer Leichtigkeit verfaßte Biographie Voltaires vor, die zugleich eine sozialgeschichtliche Studie zur Geburt der Intellektuellen in der Aufklärung ist.

Der Klassiker Voltaire erscheint in einer neuen, überraschenden Perspektive.

CAMPUS VERLAG · FRANKFURT / NEW YORK

Lucien Febvre

MARGARETE VON NAVARRA

Eine Königin der Renaissance zwischen Macht, Liebe und Religion

Mit einem Nachwort von
Peter Schöttler

1998. 384 Seiten mit 9 Abbildungen, gebunden
DM 58,–/sFr 55,–/öS 423
ISBN 3-593-35926-X

»Keine langatmige Biographie, sondern ein lebhaftes, vielfarbiges Portrait ... eine virtuose Studie«, schrieb die FAZ zu Lucien Febvres Buch *Martin Luther*. Jetzt liegt ein weiteres Meisterwerk des bekannten französischen Historikers in deutscher Sprache vor. Das Thema: Religion und Liebe zur Zeit der Renaissance. Im Mittelpunkt steht Margarete von Angoulême (1492-1549), Königin von Navarra. Sie war eine Schlüsselfigur der französischen Reformation und Autorin religiöser Gedichte. Diese tiefreligiöse Frau war aber gleichzeitig eine höchst weltliche Dame. In den letzten Jahren ihres Lebens verfaßte sie das wohl berühmteste erotische Werk der französischen Renaissance, das *Heptaméron*, ein direktes Gegenstück zu Boccaccios *Decamerone*.

Wie paßt das zusammen: die überzeugte Christin und heimliche Protestantin, die weltliche Königin und die raffinierte Schriftstellerin? Febvre löst dieses aufregende Epochenrätsel in seinem biographischen Essay. Brillant geschrieben zeigt der Autor, wie damals beides, die religiöse und die irdische Liebe, im Leben einer Person zu vereinbaren waren. Meisterhaft werden hier Fühlen und Denken aus einer zurückliegenden Epoche in die Gegenwart übersetzt. Die Biographie der Königin von Navarra gibt uns heute Einblick in die faszinierende, komplexe Welt einer »neuen« Zeit: die Zeit der europäischen Reformation und Renaissance.

CAMPUS VERLAG · FRANKFURT / NEW YORK